바울신학

Pauline Theology
Copyright ⓒ 2022 by Rev. Hyung Yong Park, Th.M., S.T.D.
Emeritus Professor, Hapdong Theological Seminary

Hapdong Theological Seminary
Published by Hapdong Theological Seminary Press
Gwanggyojungang-ro 50, Yeongtong-gu, Suwon-si, 443-791, KOREA

바울신학

초판1쇄 인쇄 | 2005년 6월 15일
재판1쇄 발행 | 2008년 3월 14일
재판3쇄 발행 | 2016년 4월 30일
재판4쇄 발행 | 2022년 9월 20일

지은이 | 박형용
발행인 | 김학유
펴낸곳 | 합신대학원출판부
주 소 | 443-791 수원시 영통구 광교중앙로 50 (원천동)
전 화 | (031)217-0629
팩 스 | (031)212-6204
홈페이지 | www.hapdong.ac.kr
인쇄처 | 예원프린팅 (031) 957-6551
값 32,000원

ISBN 979-11-978944-3-5
* 잘못된 책은 교환해 드립니다

PAULINE THEOLOGY

바울신학

박형용 지음

합신대학원출판부

바울 사도는 다메섹 도상에서 부활하신 예수님을 만난 이후 주님의 택한 그릇으로(행 9:15) 그리스도의 피로 값 주고 산 교회를 위해 귀하게 쓰임 받은 목회자요 신학자이다. 바울 사도가 기록한 13개 서신은 모두 교회를 위한 서신이다. 그는 전도여행 하면서 가는 곳마다 복음 선포를 통해 교회를 설립하고 그곳을 떠나기까지 지극 정성으로 교회를 목양하고 보살폈다. 이처럼 그리스도의 교회는 바울의 마음에서 큰 부분을 차지하고 있었다.

바울 사도는 항상 예수 그리스도의 죽음과 부활을 그의 메시지의 핵심으로 삼았다(롬 10:9-10). 예수님의 죽음과 부활은 서로 떼어놓을 없는 동전의 양면과 같은 관계이다. 예수님의 죽음이 없다면 부활이 의미가 없고, 또 예수님의 부활이 없다면 죽음이 효력을 상실한다. 그런데 바울은 예수님의 죽음보다는 부활을 더 강조한다. 그 까닭은 그가 부활하신 예수님을 만났으며, 예수님의 죽음과 부활을 되돌아보는 구속역사적 형편에서 복음을 전했기 때문이고, 또 예수님의 부활이 예수님의 죽음을 통해 이룬 구속을 확증하는 역할을 하기 때문이라고 생각할 수 있다(롬 4:25).

본서는 바울의 이런 전망을 따르기 위해 바울이 생각하는 예수님의 부활의 의의와 성도들의 부활을 중점적으로 다룬다. 예수님의 부활과 그 부활이 성도들의 구원과 삶에 미치는 영향은 하나님의 구속 계획의 깊은 뜻을 명백하게 보여준다. 성도들은 현재에도 부활생명을 누리고 있으며 앞으로 부활체를 덧입는 영광스런 삶을 살게 될 것이다. 부활은 예수님의 승리이며, 교회의 승리요, 성도들의 승리이다(고전 15:57). 본서를 통해 모든 성경학도와 성도들은 바울 사도가 이해한 예수 그리스도의 부활과 성도들의 부활에 대한 "그 너비와 길이와 높이와 깊이"(엡 3:19)를 터득하고 감사하게 될 것이다.

끝으로 본서의 원고 정리를 위해 수고한 박동근 전도사에게 심심한 감사를 드린다. 그리고 본서 출판을 위해 여러 가지 바쁜 일정 가운데서도 최선을 다해 준 합동신학대학원출판부 조주석 실장에게도 감사의 말씀을 드린다. 본 저자는 본서를 통해 한국교회 성도들이 "그리스도의 장성한 분량"(엡 4:13)에 한발 더 다가갈 수 있기를 소원한다.

2005년 4월
수원 원천 동산에서
박 형 용

바울신학 초판을 출간한 이후 재판을 계속 할 수 있게 되어 기쁘다. 이번 재판은 단순히 한 번 더 찍어내는 차원에서의 재판이 아니요, 한글 성경 번역이 개역판에서 개역개정판으로 바꾸어졌기 때문에 본서를 개역개정판에 맞게 수정하는 과정에서 여러 부분을 수정 보완할 수밖에 없었다. 그래서 저자의 말의 제목을 "재판을 내면서"라고 쓰지 않고 "개정 증보판을 내면서"라고 쓴 것이다.

바울신학은 복음의 핵심 중의 핵심인 예수 그리스도의 죽음과 부활이 성도들의 구원과 삶에 어떻게 영향을 미치는지 심도 있게 다룬 책이다. 특히 바울은 그리스도의 부활을 통해 성도들의 삶이 얼마나 영광스런 삶인지를 보여 준다. 아무쪼록 본서를 통해 한국교회가 교회의 영화로운 모습을 재발견하고 세상을 향해 담대한 메시지를 선포할 수 있게 되기를 소원한다. 본서의 재판을 위해 많은 수고를 아끼지 않으신 디자이너 김민정 선생님에게와 정성스럽게 교정을 봐 주신 강승주 목사님에게 심심한 감사를 드린다.

2022년 6월
하늘을 받들고 사는 동네(봉천동) 서재에서
63 빌딩을 바라보면서
박 형 용

차례

제1장

바울 신학 이해의 열쇠

제1장

바울 신학 이해의 열쇠

바울의 신학을 이해하기 위해 우리는 바울이 어떤 신학 활동을 했는지 알아야 하며, 또 어떻게 신학 활동을 했는지, 무엇을 위해 신학 활동을 했는지 연구해야 한다. 따라서 먼저 고려되어야 할 것은 바울이 신학자인지 아닌지를 규정하는 것이다.

바울이 신학자이냐 아니냐를 규정하는 것은 신학 활동의 본질과 전망을 고려할 때 대단히 중요한 문제이다. 우리의 신학 활동은 정확 무오한 하나님의 말씀을 기초로 전개된다. 즉 성경 66권을 영감된 하나님의 말씀으로 믿고 이 66권의 성경을 우리의 신학활동의 기반으로 삼는 것이다. 우리는 기록된 66권의 성경을 영감된 정확 무오한 하나님의 말씀으로 믿고, 신약의 반 정도를 기록한 바울 사도와 오늘날 신학자들 사이의 관계를 신학활동의 입장에서 고찰하려는 것이다.

1. 신학자 바울

신학활동의 입장에서 바울과 우리의 관계를 구체적으로 생각하기 전
에 규명되어야 할 논제는 바울 사도를 신학자라고 생각할 수 있느냐 하
는 것이다. 바울은 영감을 받아 성경을 기록한 성경 기록자이다. 성경 기
록자를 신학자라고 할 수 있겠는가? 이 문제는 신학의 성격을 규명하는
데 있어서 대단히 중요하다. 개혁주의적인 배경을 가진 학자 간에도 이
문제에 대한 견해가 다르다. 삼대 칼빈주의 학자 중의 한 사람인 카이퍼
(Abraham Kuyper: 1837-1920)와 프린스턴 신학교의 성경신학 교수였던 보
스(Geerhardus Vos: 1862-1949)는 같은 개혁주의적인 신학배경을 가지고
있지만 서로 의견을 달리한다. 카이퍼는 바울이 신학자가 될 수 없다고 주
장하는 반면 보스는 바울이 신학자라고 주장한다.[1]

카이퍼는 자신의 책 『신학 대전』 (*Encyclopedia of Theology*) 에서 개혁주
의적인 신학방법론을 설명하면서 성경은 신학의 자료이지 신학 자체가 될
수 없다고 했다. 카이퍼에 의하면 성경은 신학이 될 수 없고 신학을 포함
하지도 않으며 단지 신학의 기초가 될 뿐이라고 말한다. 왜냐하면 "신학
은 교리를 전제로 하며, 교리는 조직된 교회의 산물이고, 교회는 성경 위
에 기초하고 있기 때문이다" 라고 말했다.[2] 신학 입장이 카이퍼와는 다른
다이스만 (Adolf Deissmann) 도 같은 어조로 "정경의 각 부분들은 교회 이

---

1   약간 다른 관점의 접근이지만 N.T. Wright도 바울을 신학자로 설명한다. cf.
N.T. Wright, *The Climax of the Covenant: Christ and the Law in Pauline Theology*
(Minneapolis: Fortress Press. 1992), pp.262-266; James D.G. Dunn, *The Theology of
Paul the Apostle* (Edinburgh: T and T Clark, 1998), pp.2-6.

2   A. Kuyper, *Encyclopaedie der Heilige Godgeleerdheid*, III (Amsterdam:
Wormser, 1894), p.176; A. Kuyper, *The Principles of Sacred Theology* (Grand Rapids:
Eerdmans, 1968), pp.571ff.

전 사도적 기독교의 작품이었고 정경 자체는 기독교회의 작품이었다 . 이 발전은 기독교 교리의 기원과 같다 . 기독교는 교리를 가지고 세상에 존재하기 시작하지 않았다 . 교리는 기독교 발전의 긴 시기 동안의 산물이며 기독교 발전의 기원은 교회의 발전기간과 병행을 이루고 있다 . 교회 , 정경 , 교리 이 셋은 역사적으로 함께 속하는 것이다 ."[3] 라고 말했다 . 카이퍼는 교리 없이 신학이 있을 수 없고 교회 없이 교리가 있을 수 없다고 주장한다 .

결국 카이퍼의 견해를 따르면 성경저자들은 성령의 감동에 의해 신학의 자료가 되는 성경을 기록한 사람들이지 신학활동을 했던 사람들이라고 생각할 수는 없다. 성경에는 교리가 없으며 오직 자료만 있고 교회는 이 자료들을 사용하여 교리들을 만든다고 한다. 카이퍼는 성경저자들을 신학자라고 할 수 없기 때문에 바울 역시 신학자라고 부를 수 없다는 것이다. 카이퍼의 입장은 성경의 특이성을 강조하고 성경 저자들을 특별한 위치에 세운다. 카이퍼는 성경저자들과 오늘날 신학자들 사이에 전혀 연결점이 없다고 주장한다. 카이퍼는 성경을 신학 자료라고 함으로써 성경저자들을 똑같이 취급한다. 성경저자들 사이의 차이점에 관심을 두지 않기 때문에 카이퍼는 바울과 다른 성경저자들 간의 차이점도 인정하지 않는다. 바울과 마태, 누가 사이의 특성을 인정하지 않는 것이다. 따라서 카이퍼는 성경저자로서 바울이 지닌 특징에는 별다른 관심을 보이지 않는다.

---

3   Adolf Deissmann, *The New Testament in the Light of Modern Research* (London: Hodder and Stoughton, 1929), p.61. "The separate parts of the Canon were the work of the pre-ecclesiastical, Apostolic Christianity; The Canon itself was the work of ecclesiastical Christianity. This development is the same as the origin of Christian dogma. Christianity did not come into the world as dogma; dogma is the product of a long period of Christian development which ran parallel with the development of the Church. Church, Canon, and Dogma, these Three, belong together historically."

카이퍼의 입장은 성경과 교리, 성경저자와 오늘날 신학자 사이에 건널 수
없는 계곡이 있다는 것이다. 카이퍼는 성경저자들의 신학활동과 후대 신
학자들의 신학활동 사이에 연속성이 있느냐 하는 문제에는 관심을 보이
지 않는다. 성경저자들은 신학활동의 자료를 제공했을 뿐이며 그들이 신
학활동을 했다고 생각할 수 없고 후대의 신학자들은 성경저자들이 제공해
준 신학활동의 자료, 즉 성경을 가지고 신학활동을 하는 것이다.

그러나 보스는 바울을 신학자로 생각한다. 보스는 『바울의 종말론』
(*The Pauline Eschatology*)에서 바울 사도의 교훈을 예리하게 파헤칠 뿐만
아니라 보스 자신의 바울 연구방법론을 제시하고 있다. 보스는 말하기를
"바울은 마땅히 기독교 종말론의 시조라고 불려야 한다"[4]고 했다. 보스는
바울이 기독교 자료를 건설적인 정신으로 심오하게 연구한 사람으로[5] 조직
적인 성향과 조직적인 마음을 가지고 해당 자료들을 조직적으로 연구 분
석하는 데 천재적인 소질을 가졌다고 말한다.[6] 보스는 바울이 다른 성경저
자보다 더 조직적인 성향을 가졌다고 생각한다. 바울은 신학자로서 고도
로 발달된 조직적인 마음이 있기 때문에 다른 성경저자와는 차이가 있으
며 그 앞에 놓인 기독교 자료를 훨씬 더 조직적으로 해석했다고 보스는 생
각한다. 보스는 많은 사람들이 바울을 연구하고 이해하려고 하지만 바울
의 특성을 공정하게 판단하지 못하고 바울을 곡해하고 있음에 반해, 바울
은 이런 미숙한 잘못된 신학자들보다 훨씬 정확하고 예리한 마음으로 그
앞에 놓인 자료를 다루었다고 말한다. 보스의 이런 말은 바울이 성경을 기
록할 때 해당 기독교 자료를 해석한 신학 활동을 했다는 의미이다. 보스는

---

4   G. Vos, *The Pauline Eschatology* (Grand Rapids: Eerdmans, 1966), p.vi.

5   Vos, *The Pauline Eschatology*, p.149.

6   Vos, *The Pauline Eschatology*, p.60.

바울이 신학자로서 조직적인 마음으로 해당 기독교 자료를 해석하는 역할을 했다고 생각한다.[7] 보스는 성경저자들과 후대 신학자들의 신학활동에서 성경저자들의 신학활동은 무오하지만 후대 신학자들의 신학활동은 유오하다는 의미에서 성경저자와 후대 신학자들 사이의 다른 점을 강조하는 동시에 성경저자들이 신학활동을 통해 성경을 기록하게 되었으며 후대 신학자들은 주어진 자료를 가지고 신학활동을 한다는 의미에서 서로 간에 일맥상통한 점이 있다고 강조한다.

2. 바울 서신의 해석적 특성

특별계시는 하나님께서 성경저자들을 유기적으로 영감시켜 정확무오하게 그의 뜻을 언어로 전해주신 것이다. 다른 성경저자들이 쓴 기록과는

7　여기서 우리는 바울과 Vos 자신, 즉 오늘날 신학자들 사이에 같은 특성이 있음을 본다. 바울도 하나님의 쓰임을 받은 한 개인으로서 기독교 자료를 해석한 기독교 종말론의 선구자요, 오늘날 신학자들도 하나님의 쓰임을 받은 한 개인으로서 그 앞에 주어진 기독교 자료를 종말론적으로 해석하는 입장인 것이다. 물론 이런 점에서 바울과 오늘날 신학자들 사이에 공통적인 특성이 있지만 한 가지 명백히 해야 할 것은 바울과 우리 사이에 다른 특성도 있다는 사실이다. 즉 바울은 기독교 자료를 해석함에 있어 성령의 감동으로 기록했기 때문에 바울의 신학활동의 결과로 된 성경은 정확 무오하지만 오늘날 신학자들의 신학활동으로 얻어진 결과는 무오할 수 없다는 점이다. 성경이 하나님의 영감으로 기록되었느냐 하는 문제는 성경이 자증하고 있다(예, 딤후 3:16; 벧후 1:12-21). 성경의 축자영감 교리나 유기적영감 교리는 신학활동에 있어서 대단히 중요한 문제이다. 그러나 이 문제를 여기서 구체적으로 다룰 수는 없고, 기록된 성경 66권이 하나님의 말씀임을 믿는 신앙이 오늘날 신학자들의 방향을 잡아준다는 사실을 지적하고자 한다. 마이클슨<A. Berkeley Mickelsen, *Interpreting the Bible* (Grand Rapids: Eerdmans, 1963), pp.94f> 은 말하기를 "영감은 하나님의 선택된 종들의 말과 생활에 나타난 하나님의 행위로 그들이 선포한 것은 하나님께서 사람들이 알아야 할 것을 전한 것이다. 성경은 영감된 하나님의 말씀이다. 왜냐하면 성경은 하나님이 이전 세대에게 전달한 진리를 후세대가 알 수 있도록 하기 위해 보존의 가치가 있다고 생각하는 모든 것을 대표하기 때문이다."라고 했다.

달리 바울 서신은 바울의 조직적인 특성을 잘 보여준다. 바울은 서신들에서 역사적인 구속을 잘 풀어 설명한다. 특별계시의 역사를 분석해 볼 때[8] 특별계시는 구속 사건과 말씀으로 되어있다고 증거 한다. 구속 사건은 신약의 경우 성육신, 수난, 죽음, 부활, 승천 모두를 포함한다. 신약계시는 역사적으로 성취된 이 구속 사건들을 명백한 방법으로나 함축적인 방법으로 설명하고 있다. 그러므로 하나님의 말씀은 그의 구속 사역과 연관이 있으며 구속 사역 없이 말씀만 존재할 수는 없다.[9] 따라서 구속 사역을 생각하지 않고 말씀계시 자체만 생각하는 것은 비성경적인 생각이다. 보스는 말하기를 "계시는 구속과 서로 직조되어 있기 때문에 구속을 생각하지 않게 되면 계시는 허공에 매달리게 된다."[10]라고 했다. 같은 입장에서 바빙크 (Herman Bavinck)는 "구속 사건과 구속적 말씀 사이에 분리나 상충이 있는 것으로 가정하는 시도를 거듭했다. 구속 사건은 구속적 말씀의 실현이며 구속적 말씀에서 구속 사건이 실재적이고 구체적인 형태를 취하며 구속적 말씀은 동시에 구속 사건의 조명이요 해석인 것이다"[11]라고 했다.

말씀 계시는 하나님의 구속 사역을 확증하는(authentification) 역할을 하거나 해석하는(interpretation) 역할을 한다. 어느 성경에서나 두 요소 모두 나타난다. 즉 성경저자들은 누구나 하나님의 구속 사역을 확증하는 일과 해석하는 일에 연관이 있다. 그러나 성경저자 중 어떤 저자는 확증하

---

8   A. Kuyper는 이 사실을 환영한다. R. Gaffin, *Resurrection and Redemption* (Ann arbor: University Microfilms, 1970), p.16.

9   G. Vos, *Biblical Theology: Old and New Testaments* (Grand Rapids: Eerdmans, 1968), pp.14f. 24, 124, 324ff.

10   Vos, *Biblical Theology*, p.24.

11   Herman Bavinck, *Our Reasonable Faith* (Grand Rapids: Eerdmans, 1956), p.310.

는 일에 더 강조를 두며, 다른 저자는 해석하는 일에 더 강조를 둔다. 우리의 관심사는 말씀계시를 기록하는 데 사용된 바울의 형편이다. 바울 서신을 연구해 보면 분명해지듯 바울은 하나님의 구속 사역을 확증하는 데 관심을 가졌다기보다 하나님의 구속사역을 해석하는 데 더 많은 관심을 가졌다고 본다. 바울 서신에서는 확증하는 면보다는 해석하는 면이 더 현저하게 나타난다. 바울의 유일한 관심은 구속역사가 그리스도의 죽음과 부활에서 그 절정을 이룬 것으로 믿고 그 구속역사를 설명하는 데 있었다. 우리는 여기서 바울의 교육 배경과 성격을 계시 전달에 사용하신 하나님의 심오한 섭리와 유기적 영감의 극치의 일면을 보게 된다. 헨드릭센(Hendriksen)은 성경 영감에 관해 다음과 같이 말한다. "성경의 영감은 유기적이지 기계적이 아니다. 이 말은 영감을 생각할 때 성경저자를 하나의 역사 장면에 도달하도록 돕는 많은 행위를 떠나서는 생각할 수 없다는 뜻이다. 성경저자를 특정한 때와 장소에서 태어나게 하고, 특별한 성품을 소유하게 하고, 특별한 교육을 받게 하고, 특정한 경험을 하게 하고, 어떤 사건을 접하고 그 의미를 이해하게 하는 데 성령이 그 인간의 의식을 준비하신 것이다. 그리고 성령은 그가 글을 쓰도록 감동시키는 일을 하시며 글을 쓰는 과정에서 이전에 경험한 모든 행위와 철저하게 유기적인 관계를 유지하면서 인간 저자의 마음에 신분의 고하나 연령의 다소, 종족의 구별 없이 하나님의 뜻을 해석하는 데 가장 적절한 도구인 언어와 문체인 현재의 성경을 제시해 주셨다. 그러므로 성경의 모든 말씀이 진정으로 인간 저자의 말임과 동시에 하나님의 말씀인 것이다."[12]

---

12   W. Hendriksen, I-II *Timothy and Titus: Exposition of the Pastoral Epistles* (Grand Rapids: Baker Book House, 1974), p.302; H. Bavinck, *Gereformeerde Dogmatiek,* 3rd ed., Vol.I (Kampen: J.H. Kok, 1906), p.464.

이런 유기적 영감의 성격과 바울 사도의 교육과 성품, 바울 서신들을 연관시켜 생각해 볼 때 구속사역의 해석을 강조하는 바울 서신들을 마태나 마가로 쓰게 하지 않고 바울로 하여금 쓰게 하신 하나님의 깊은 섭리를 보는 것이다. 바울은 구속역사를 해석하고 그 구속역사가 우리에게 어떻게 적용되었느냐 하는 문제에 관심이 있었다. 즉 바울 서신의 특징은 구속역사를 해석하는 것이며 따라서 바울은 기독교 자료를 가지고 신학 활동을 한 신학자라고 할 수 있다. 이처럼 특별계시, 특히 바울 서신의 기록과정은 바울을 신학자로 생각하게 한다.

3. "이미"와 "아직"의 구속적 긴장

바울이 말씀 계시를 전달하는 도구로서 구속역사의 긴장 속에서 무오한 신학 활동을 했던 것처럼 오늘날 신학자들 역시 바울과 똑같은 구속역사의 긴장 속에 처해있다. 바울의 신학활동은 오늘날 신학자들의 신학활동과 다르다고 할 수 있지만, 바울이 예수님의 구속사역 즉 그리스도의 죽음과 부활을 되돌아보고 그리스도의 재림을 바라보는 형편에 있었던 것처럼 오늘날 신학자들 역시 그리스도의 죽음과 부활을 되돌아보고 그리스도의 재림을 바라보는 가운데 신학활동을 한다는 의미에서 같은 구속역사의 긴장 속에 처해있는 것이다. 바울도 그리스도의 죽음과 부활로 성취된 구원 사건이 어떻게 인간과 세상에 적용되느냐에 관심을 두고서 그의 서신을 기록했고 오늘날 신학자들도 같은 사건에 관심을 두고 신학활동을 하고 있다. 오늘날 신학자들은 바울과 함께 한편으로 "말세를 만난"(고전 10:11) 사람들로서 그리스도의 사건을 되돌아보고, 다른 한편으로는 "죽은 자들 가운데서 다시 살리신 그의 아들이 하늘로부터 강림하실 것"(살전 1:10)을 기다리는 사람들로서 미래를 내다보는 입장에 서 있다. 이처럼 바울과 우리는 '이미'와 '아직'이라는 구속역사적 긴장 속에 처해 있다. 이런 이유 때문에 바울 서신 속에는 미래적인 요소가 있고 예언적이며 앞을 내다보는 요소가 있다. 마찬가지로 오늘날 신학자들의 신학활동도 구속의 성취가 오늘날 우리에게 어떤 효과가 있느냐에 관심을 기울여야 하지만 역시 미래적인 요소를 소홀히 할 수 없는 것이다.

비록 바울과 오늘의 신학자들 사이에 문화적이고 역사적인 차이점이 있지만, 문화적이고 역사적인 차이점을 포함하는 구속역사의 원대한 입장에서 보면 바울의 신학활동 즉 바울 서신 기록행위와 오늘날 신학자들의 신학활동 사이에는 연속성이 있다. 예수님의 죽음과 부활을 되돌아보고 재림을 내다보는 구속역사의 입장으로 볼 때 바울과 오늘날 신학자들은 같은 구속역사적 긴장 속에서 살고 있으며 그런 의미에서 둘 사이에는 연속성이 있다.

이 사실은 오늘날 신자들의 생활에 바울 서신이 얼마나 중요한 역할을 하느냐를 지적해 준다. 오늘날 신자들은 바울이 처한 같은 구속역사적인 긴장 속에서 재림을 기다리며 살고 있기 때문에 같은 형편에 처했던 바울이 쓴 바울 서신이 다른 부분의 성경보다 더 효과 있게 신자들의 생활에 적용된다는 사실이다. 오늘날 신학자들은 바울 사도가 구속역사적 입장에서 구속사건들을 해석한 것처럼 같은 입장에서 "영세 전부터 감추어졌다가 이제는 나타내신바 된 … 신비의 계시"(롬 16:25-26)를 해석하고 그것이 오늘날 우리에게 어떻게 적용되어야 하는지를 천명해야 한다. 이 점에 있어서 오늘날 신학자들은 형편에 맞는 신학을 수립하기보다 성경계시에 기초를 둔 신학을 수립해야 한다. 오늘날 많은 신학이 신학자들의 처지(context)에 맞추어 수립되기 때문에 처지가 변하면 신학도 변하는 것을 보게 된다. 흑인신학, 정치신학, 혁명신학, 가난의 신학, 민중신학 등 많은 신학들이 그들의 처지를 근거로 수립된 신학들이다. 이런 신학들은 처지가 변하면 신학자체가 변하게 되는 하루살이 신학인 것이다. 그러나 바른 신학은 성경계시에 기초를 둔 신학이다. 바른 신학은 항상 성경 본문의 뜻이 우리의 처지를 해석하는 것이다.

바울과 오늘날 신학자들이 같은 구속역사적 형편에 처한다는 사실은 우리의 신학이 해석적이어야 한다는 것을 가르쳐준다. 우리의 신학이 그 기초를 본문에 두고 해석적으로 수립되어야 한다는 것이다. 우리는 바울이 정확무오하게 기록한 구속역사의 해석을 기초로 해석적인 신학활동을 계속해야 한다. 여기서 바울의 신학활동 즉 성경기록 행위와 우리의 신학활동 사이에 연속성이 있음을 찾을 수 있다. 신학의 원리인 성경이 신학을 포함한다고 증거 하는 것이다.[13]

4. 교회 중심의 신학 활동

바울의 모든 활동은 교회를 위한 활동이다. 바울이 서신을 쓰는 것도 교회를 위한 활동이요, 설교를 하는 것도 교회를 위한 활동이었다. 그리고 오늘날 우리의 신학활동도 교회를 위한 활동이다. 이런 관점에서 바울의 관심과 우리의 관심은 같은 궤도 선상에 있다.

---

13   우리의 신학과 신학원리 자체(성경)와의 사이에 신학활동의 연속성을 인정해야 하지만 불연속성이 있음도 간과해서는 안 된다. 신학원리, 즉 성경은 바울의 신학활동으로 성령의 영감에 의해 기록된 것으로 무오한 것이지만 우리의 신학활동은 유오한 것이다.

바울의 신학활동과 우리의 신학활동 사이의 연속성은 교회의 활동이라는 점에서 더 명확해진다. 바울의 신학활동은 그가 사도라는 사실을 교회가 인정한 것을 나타낸다. 교회는 바울의 서신을 권위 있는 말씀으로 받았다. 교회는 바울 서신의 말씀을 하나님의 말씀으로 권위 있게 받은 것이다. 그래서 바울 서신의 말씀을 교회는 신앙과 행위의 규범으로 받은 것이다. 이렇게 볼 때 바울의 신학활동 즉 성경기록 활동은 교회가 인정한 활동이요, 더 나아가서 교회의 활동인 것이다. 바울이 영감으로 기록한 계시를 교회는 그들의 교리로서 받았다.

그런데 우리의 신학활동도 교회의 활동이라고 할 수 있다. 우리가 성경을 기초로 하여 신학활동을 하는 것은 교회 내에서 하는 활동이요 교회를 위한 활동이다. 바울은 하나님의 교회의 일원으로서 무오한 신학원리를 우리에게 제공했지만 우리는 무오한 신학원리를 기초로 하여 계속되는 신학활동을 통해 계시의 말씀을 해석해 나가는 것이다. 신약계시도 교회의 활동으로 이루어졌으며 우리의 신학활동도 교회활동으로 이루어지는 것이다. 그러므로 구속역사적인 관점에서 볼 때 신약계시는 무오요, 우리의 신학활동은 유오라는 불연속성이 교회의 연속적인 개념에 포함되어 있다.[14]

바울의 신학활동과 우리의 신학활동의 연속적인 개념은 우리에게 긍지를 불러일으키고 교회에 대한 막중한 책임을 부과한다. 우리의 신학활동이 고립된 신학활동이 아니요, 구속역사 진행의 한 부분으로서 신학활동임을 알 때 긍지를 가질 수 있으며 또 우리의 신학활동 여하에 따라 교

---

14 이 내용을 도표로 그리면 다음과 같이 된다.
무오 → 불연속 ← 유오

신약계시	우리의 신학활동

교회의 활동 → 연속 → 교회의 활동

회가 윤택해질 수도 있고 그렇지 않을 수도 있기 때문에 우리에게 큰 책임이 있는 것이다. 바울 연구사를 더듬어 보면 많은 사람들이 잘못된 전제를 가지고 바울을 연구함으로써 바울을 올바로 이해하지 못하고 곡해한 경우가 많았다.

비록 바울 서신이 교리적인 논문도 아니요, 신학교재도 아니지만 바울 서신들은 조직적인 성향과 심오한 통찰력을 통해 쓰인 산물이다. 바울 서신들은 그 당시 교회의 필요에 의해서 간략하게 기록한 것들이지만 바울 서신에 나타난 사상들은 서로 연관이 있으며 빙산의 일각처럼 많은 부분은 감추어져 있고 일부만 노출되어 있는 경우가 많다.[15] 그러므로 바울을 해석하는 일은 쉬운 일이 아니다. 우리는 자신의 전제를 가지고 바울을 해석할 것이 아니라 바울 서신 속에 나타난 사상적 전망을 가지고[16] 우리가 해석할 수 있는 범위 내에서 바울 서신에 나타난 사상들을 종합하여 조직적인 사상체계를 이루어야 한다.

그러면 우리의 신학활동을 조종해 줄 바울 서신 속에 나타난 사상적 전망은 어떤 것인가?

첫째, 바울을 해석하는 사람은 바울과 함께 같은 구속역사적 입장에 서서 같은 해석적 관심을 가지고 해석해야 한다. 바울은 그리스도의 죽음과 부활의 사건을 통해 구속이 완성된 것을 되돌아보면서 신학활동을 했다. 바울을 해석하는 우리도 같은 구속적 전망을 가지고 신학활동을 해야 한다.

둘째, 바울을 해석하는 사람들은 바울을 신학자로 생각하고 그의 서

---

15 예를 들면, 둘째 아담(롬 5:12; 고전 15장)이나 첫 열매(고전 15:20)와 같은 용어는 밖으로 노출된 것 이상의 의미를 가지고 있다.

16 Vos, *The Pauline Eschatology*, p.44.

신을 취급해야 한다. 바울 서신들은 바울의 신학활동을 통해 이루어진 결과이다. 성경의 유기적 영감을 인정하면 바울을 신학자로 생각할 수밖에 없다.

셋째, 바울과 우리의 신학활동 사이에는 불연속성이 있음을 인식해야 한다. 바울의 서신은 무오하지만 우리의 신학활동의 결과는 유오한 것이다. 이와 같은 신학적 입장으로 바울을 연구하면 바울이 무엇을 말 했느냐에도 관심이 있지만 바울이 어떻게 말했느냐, 어떤 질문을 했느냐에도 관심을 갖게 된다. 즉 바울 서신의 내용도 중요하게 생각하지만 바울이 취한 신학활동의 방법론도 중요하게 생각하게 된다.

제2장

바울 연구의 역사적 고찰

바울 연구의 역사적 고찰

신학은 진공 가운데서 성립되지 않는다. 왜냐하면 성경 자체가 진공 가운데서 만들어진 책이 아니며 역사를 초월하여 기록된 것이 아니기 때문이다. 이와 같은 성경의 성격은 우리의 신학적 활동에 영향을 미치고 우리로 과거의 신학활동에 관심을 돌리게 한다.

과거의 신학이 오류를 범했을지라도 우리는 그 오류를 통해 자극을 받아 진리의 말씀을 더 깊이 깨닫는 경지에 도달해야 한다. 그러므로 우리는 바울 연구에 대한 역사적 고찰을 함으로써 과거의 오류를 지적하고 미래의 방향을 제시하고자 한다. 바울을 종합적으로 이해하려면 바울을 해석한 해석자들을 생각해 보지 않을 수 없다.

바울 사도가 그의 서신을 쓴 이래 바울 연구는 계속되어 왔다. 바울과 거의 동시대에 활동한 베드로는 "또 우리 주의 오래 참으심이 구원이 될 줄로 여기라 우리가 사랑하는 형제 바울도 그 받은 지혜대로 너희에게 이같이 썼고 또 그 모든 편지에도 이런 일에 관하여 말하였으되 그 중에 알기 어려운 것이 더러 있으니 무식한 자들과 굳세지 못한 자들이 다른 성경과 같이 그것도 억지로 풀다가 스스로 멸망에 이르느니라"(벧후 3:15-16, 개역개정)라고 했다. 베드로의 이와 같은 언급은 바울 서신들의 일반적 특징을 보여 주고 있다. "그 중에 알기 어려운 것이 더러 있으니"라는 말은 바울 서신이 다른 성경에 비해 어렵다는 것을 명시하고 있다. 그리고 "무식한 자들과 굳세지 못한 자들이 다른 성경과 같이 그것도 억지로 풀다가 스스로 멸망에 이르렀다"는 말은 고대로부터 바울 서신을 해석해 왔다는 것을 증명한다.

스위스의 신학자 오버벡(Franz Overbeck, 1837-1905)[1]은 말시온(Marcion)이 비록 바울을 잘못 이해했지만 말시온 만큼 바울을 이해한 사람도 흔하지 않다고 지적한다. 이 평가는 바울 연구의 다양성과 난해성을 단적으로 증거 하는 것이다. 이 사실은 바울 연구에 대한 역사적 이해를 살피면 더 뚜렷해질 것이다.

1. 19세기 이전

(1) 종교개혁 시대

종교개혁 시대 이전에는 로마 가톨릭 교회가 제도화되어 전통을 강조

---

1   Overbeck은 1872년에서 1897년까지 Basel 대학의 비평신학 (Critical Theology) 교수로 봉직했다. Overbeck은 그의 두 팜플렛 Über die Christlich-keit unserer heutigen Theologie (1873)와 Christentum und Kultur (1919)에서 논설하기를 기독교 신학은 교부시대부터 비기독교적이요 사탄적이라고 했다. 왜냐하면 기독교 신학은 기독교를 문명과 문학의 영역으로 끌고 들어와 기독교의 근본적 성격인 종말론을 부인했기 때문이라고 말했다.

함으로써 성경연구에 큰 장애를 가져왔을 뿐 아니라 바울 서신을 잘못 해석하는 경우가 허다했다. 긍정적인 면에서는 어거스틴(St. Augustine)의 연구가 있었지만, 오버벡이 지적한 대로 2세기에 말시온의 부정적인 바울 연구를[2] 제외하면 교회 내에서 바울연구는 황무지와 같았다. 이런 역사적인 배경을 생각할 때 종교개혁 시대는 바울을 재발견한 시대라고 말할 수 있다. 루터(Martin Luther)는 중세 로마 가톨릭 교회의 율법주의와 신비주의에 대항하여 신학 투쟁을 전개하면서 바울 서신 내의 이신칭의 개념을 강조하여 부각했다. 루터는 바울이 대항한 바리새적인 성향이 로마 가톨릭 교회 안에 존재한다고 생각하여 칭의 개념이야말로 복음이라고 믿었다.[3]

리델보스는 "종교개혁의 기본 주제인 칭의 교리는 오랫동안 바울이 전한 복음의 실제 내용으로 여겨왔고 그 주위로 바울 서신의 다른 모든 요소들이 집결된다."[4]라고 평가한다. 말틴 루터는 칭의 교리에 사로잡혀 있었다. 칭의 개념은 종교개혁의 깃발 역할을 했다. 사실상 종교개혁 시대에 칭의 개념은 로마 가톨릭의 율법주의와 신비주의로부터 하나님의 교회를

---

2   Marcion은 주장하기를 구약의 하나님은 신약의 하나님과 상관이 없는데 왜냐하면 구약의 하나님은 잔인한 반면 신약의 하나님은 자비스럽기 때문이라고 한다. 이와 같은 태도 때문에 Marcion은 구약을 완전히 그의 정경으로부터 기각했다. Marcion은 지나친 바울주의자라고 생각할 수 있다. 그의 정경은 목회서신을 제외한 10개의 바울 서신과 그가 변조한 누가복음으로 구성된다. Marcion은 갈라디아서에서 두 가지 사실을 연역해냈다. ① 복음은 오로지 하나로서 바울에게 주어진 예수 그리스도의 계시(갈 1:12)였으며 ② 유대주의적인 거짓 복음을 전파하는 사람들이 있었다는 것이다.

3   H. Ridderbos, *Paul: An Outline of His Theology* (Grand Rapids: Eerdmans, 1975), pp.13f. Luther는 칭의 개념에 사로잡혀 칭의 개념으로 신약을 평가하려 했다. 그러므로 Luther는 야고보서를 저급의 정경으로 생각하게 된 것이다.

4   H. Ridderbos, *Paul and Jesus* (Philadelphia: The Presbyterian and Reformed Publ. Co., 1958), p.63.

구하는 데 지대한 역할을 했다. 우리는 말틴 루터가 개혁자의 위치 때문에 로마 가톨릭주의에서 교회를 구하고 보호하기 위해 바울 서신에서 칭의 개념을 강조하여 연구했으리라 생각할 수 있다. 그러나 칭의 개념은 루터의 신학적 균형 감각을 흐리게 하였고 결국 루터는 칭의의 기준으로 신약성경 전체를 판단하게 되었다. 루터가 야고보서를 제2급 정경으로 취급한 사실은 바로 이 때문이었다.[5]

칼빈은 정경 결정 원리로 칭의 개념을 사용하지 않았다. 그러나 칼빈도 칭의 개념에 큰 비중을 부여한 것은 틀림없는 사실이다. 종교개혁 시대의 바울 연구는 칭의 교리를 중심으로 전개되었다. 개혁자들은 바울의 중심사상이 믿음으로 말미암아 은혜로 의롭게 된다는 칭의 교리라고 생각했다.[6] 따라서 바울 교훈의 첫째 목적은 개인이 어떻게 구원을 받느냐 하는 것이다. 즉 죄인인 개인이 어떻게 의롭다함을 얻고 하나님 앞에서 평화를 누릴 수 있느냐 하는 것이다. 종교개혁 시대에서는 구원의 서정(*Ordo Salutis*)[7] 개념으로 바울을 이해하려고 한 것이다.

---

5 G.E. Ladd, *The Pattern of the New Testament Truth* (Grand Rapids: Eerdmans, 1968), p.92; cf. N.B. Stonehouse, *Paul Before the Areopagus* (Grand Rapids: Eerdmans, 1957), pp.186-197 여기서 Stonehouse는 지적하기를 Luther의 기준은 너무 좁게 형성되어서 유기적인 신약성경 계시의 부요함을 놓치고 말았다고 하였다.

6 Gordon D. Fee (*God's Empowering Presence: The Holy Spirit in the Letters of Paul,* Peabody: Hendrickson Publishers, 1994, pp. 11-12)는 바울신학의 중심 주제를 어떤 이는 "이신칭의"로 생각하고, 다른 이는 "그리스도 안에"로 생각하기도 하지만, 바울신학의 중심주제는 한 주제로 집약시킬 수 없고 다음의 네 가지로 요약할 수 있다고 말한다. 즉 ① 종말론적 공동체로서의 교회, ② 하나님의 백성의 존재와 사고(thinking)의 종말론적 구조, ③ 그리스도의 죽음과 부활의 효과로 얻어진 종말론적 구원 그리고 ④ 예수를 그들의 메시아, 주님 그리고 하나님의 아들로 초점을 맞추는 것이라고 주장한다. 그런데 Fee의 요약은 *Ordo Salutis*의 범주를 벗어나지 못한 요약이다.

7 Order of Salvation의 뜻으로 history of salvation(historia salutis)과 대치되어 사용된다. Ridderbos는 heilsordelijke와 heilshistorische로 각각 표현했다.

여기서 우리는 독일에서 자유주의의 종식을 고하게 하고 동시에 바울 연구에서 종말론적인 관심을 불러일으킨 사람들을 관찰해 봄이 좋을 듯하다. 브레더는 다음과 같은 말로 강력하게 칭의 교리를 비판했다.

"바울의 사상 중 가장 잘 알려진 이른바 칭의 교리가 아직도 언급되지 않았다. 우리의 침묵 자체가 심판을 암시하고 있다. 종교개혁은 바울 교리의 중심점이 바로 칭의 교리인 것으로 생각하게끔 했다. 그러나 그것은 그렇지 않다. 사실상 율법에 관련된 부분을 설명할 때를 제외하면 칭의 교리에 관한 말을 한마디도 하지 않고 바울의 종교 전체를 설명할 수가 있다."[8] 슈바이처(Albert Schweitzer)도 같은 어조로 말하기를 "바울 교훈의 주요한 주제는 그리스도 안에서 구속받는 신비한 교리인데, 칭의 교리는 그 신비한 교리 테두리 안에서 보조적인 제목으로 이해되어야 한다."[9]라고 말했다

브레더와 슈바이처는 칭의 교리를 이해하는데 자신들의 편중된 표준 때문에 판단이 너무 지나쳤다. 리델보스(Ridderbos)는 "확실히 칭의 교리는 바울 교훈의 중심에 속하는 것으로서 유대인을 향한 변증으로 종속적인 것도 아니요(Wrede의 견해) 또 그리스도 안에서 구속받는다는 주요한 주제인 신비한 교리의 범위 안에서 이해되어야 할 부차적인 제목 (Schweitzer의 견해)도 아니라는 것이 틀림없다."[10]라고 말함으로 두 사람

---

8   W. Wrede, *Paul*, trans. Edward Lummis (Lexington: American Theological Library Association Committee, 1962), pp. 122f.

9   A. Schweitzer, *The Mysticism of Paul the Apostle*, trans. W. Montgomery (London: A & C Black, Ltd., 1931), p.225.

10   Ridderbos, *Paul and Jesus*, p.63: 참고. Wrede (*Paul*, pp.124-128)는 여기서 칭의의 교리가 유대주의를 대항해서 변증적으로 사용된 것에 지나지 않는다고 말한다. 즉 칭의의 교리는 구원받는데 있어서 기독교 신앙이 유대주의보다 우월하다는 사실을 확증하고 있다는 것이다. 그는 계속해서 말하기를 칭의의 교리는 유대주의를 대항해서 싸우는 하나의 무기에 지나지 않는다고 한다. 참고, A. Schweitzer, *Paul and His Interpreters*

의 견해를 비평한다. 우리는 바울신학에 있어서 칭의 교리의 중요성을 인식해야 한다. 그러나 바울신학을 오로지 칭의 교리의 관점에서만 연구하게 되면 바울의 교훈에서 종말론적이고 구속적 역사적인 개념을 도외시할 위험이 있다.

(2) 계몽주의의 영향

17세기 후반에 종교개혁의 영향이 쇠퇴하게 되자 성경의 권위는 침식되기 시작했다. 이와 함께 종교개혁 시대의 입장인 바울의 칭의 개념이 공격을 심하게 받게 된 것이다. 경건주의는 바울의 중심 교훈이 이신칭의라는 입장을 공격하고 개인 성도들의 경험에 강조를 두었다. 경건주의는 개인 성도들의 생활의 변화를 강조하였다. 또한 계몽주의의 영향으로 합리주의(Rationalism)가 득세하자 성경을 다루는 데 있어서 도덕적인 면에 강조를 두기 시작했다. 경건주의와 합리주의의 등장으로 바울 교훈의 연구는 칭의적인 요소를 떠나 도덕적인 요소에 강조를 두는 초점의 변화가 있었다.[11] 즉 칭의 교리에는 큰 관심을 두지 않고 바울 사도가 도덕적인 면을 어떻게 가르쳤느냐에 관심을 두게 되었다. 이와 같은 변화는 성경 연구의 한 방법으로 등장한 역사적 비평적 방법(Historical-Critical Method)의 온상이 된 것이다. 이 방법은 많은 성경학자들이 지금까지도 즐겨 사용하는 방법으로서 성경을 마치 하나의 역사적인 자료로 생각하여 다른 역사적 자료와 똑같이 다루어야 한다고 주장하는 잘못된 방법이다. 경건주의와 합

(New York: Schocken Books, 1964), pp.237ff. 여기서 Schweitzer는 바울의 구속교리를 그의 신학적인 개념으로 종합하고 있다.

11   A. Schweitzer, *Paul and His Interpreters*, pp.2-11.

리주의가 그 입장에서는 서로 달랐지만 바울 연구에 미치는 영향은 같은 것이었다. 왜냐하면 종교개혁 시대에는 칭의적인 면으로 치우쳤던 경향이 합리주의와 경건주의의 영향으로 바울 서신의 도덕적인 요소로 전환되었기 때문이다.

2. 19세기 이후

19세기로 접어들면서 바울 연구는 더 복잡한 양상을 보인다. 리델보스(Ridderbos)[12]의 구분대로 튀빙겐 학파(The Tübingen School), 자유주의 학파(The Liberal School), 종교사 학파(The History of Religions School), 종말론적 해석(The Eschatological Interpretation), 그리고 바울 연구의 최근 동향인 '바울에 관한 새 관점'(New Perspectives on Paul) 등 바울 연구에 대한 그들의 입장을 개론하는 것이 유익하리라 생각된다. 이상에 열거된 입장들을 편의상 역사적 순서로 다루겠지만 서로 간에 중첩되어 있다는 사실을 인식함이 중요하다. 어떤 사상이 어떤 시대에 탁월한 위치를 차지했다손 치더라도 같은 시대에 다른 사상이 전혀 존재하지 않았다고 말할 수는 없는 노릇이다. 따라서 이제 다룰 사상들은 역사적인 차서는 있지만 서로 중첩되어 나타난 부분도 있음을 인정하지 않으면 안 된다. 우리가 이런 입장들을 개론하는 궁극의 목적은 그들의 오류를 지적할 뿐 아니라 비평학자들이 제기한 질문들이 무엇이었는지를 연구하여 바울 연구의 열쇠를 찾는 데 있다.

12　Ridderbos, *Paul*, pp.16-32. Ridderbos의 구분에 따라 바울 연구의 네 가지 경향을 간추리도록 하겠다.

(1) 바우어와 튀빙겐 학파의 바울 이해

튀빙겐학파의 창시자는 바우어(F.C. Baur, 1792.6.21-1860.12.2)이며 그를 추종한 학자는 젤러(Eduard Zeller, Baur의 사위), 슈베글러(Albert Schwegler), 리츨(Albrecht Ritschl), 힐겐펠트(Adolf Hilgenfeld), 폴크마(Gustav Volkmar) 등이다. 이들을 가리켜 튀빙겐학파라 일컫는다.[13]

바우어는 초대교회의 포괄적인 역사를 쓰기 위해 헤겔(G.W.F. Hegel, 1770-1831)의 역사 철학을 연구하였다.[14] 헤겔은 에베소의 헤라클리투스(Heraclitus of Ephesus, B.C. 540-480경)의 사상을 발전시켜 자신의 역사 이해에 적용했다. 헤라클리투스는 "가장 좋은 화합은 불일치에서부터 기인하며 모든 것은 분쟁에 의해 발전한다."[15]는 명제를 제시한다. 헤겔은 헤라클리투스의 개념을 역사 발전 이해에 적용시켜 정반합이라는 변증법적 방

---

13   cf. Horton Harris, *The Tübingen School: A Historical and Theological Investigation of the School of F.C. Baur* (Grand Rapids: Baker, 1990), pp.11-133.

14   Hegel은 역사의 특정한 사건들은 그 성격상 유한하고(finite), 상대적이며(relative) 이것들은 무한하고(infinite), 절대적인 영(Absolute Geist)과 대칭을 이루고 있다고 한다. The real is the rational and the rational is the real(실재적인 것은 합리적인 것이며 합리적인 것은 실재적이다)<Cf. D.T. Kauffman, *Baker's Pocket Dictionary of Religious Terms* (Grand Rapids: Baker, 1967), p.228>라는 명제 하에 Hegel의 절대 영(Absolute Geist)은 역사 안에 표현되었기 때문에 절대 영은 역사 안에서만 찾아질 수 있다. 그러나 Geist는 하나의 역사적 현상과 동일시 할 수 없다. 즉 Geist는 역사적 현상의 특정한 사건과 동일시 할 수 없다. 오로지 역사 진전의 모든 부분들과 함께 전체 역사가 주어질 때 불분명하게나마 Geist의 표현을 찾을 수 있다. 역사의 진전은 변증법적인 형태로 나타나는데 이는 역사의 흐름이 정(Thesis) 반(Antithesis) 합(Synthesis)의 형태로 진전되는 것이다. 역사가 진전될 때 Geist는 역사적 경험의 특정한 것이 절대화되지 않도록 하는 역할을 하는 것이다.

15   Cited in K.R. Popper, *The Open Society and Its Enemies* (2 vols.; London, 1980), I, p.17: "the best harmony results from discord and everything develops by strike."

법론을 개발했다.[16] 바우어는 헤겔의 절대 관념론(Absolute Idealism)을 깊이 연구하여 그의 학문에 적용시켰다. 바우어는 헤겔의 역사 이해를 기독교 역사 이해의 기초로 삼았다. 그리고 이런 방법으로 기독교를 연구한 결과 바울을 기독교의 창시자로 생각할 만큼 중요한 위치에 올려놓았다. 바우어는 헤겔의 절대 정신(Absolute Geist) 개념에 영향을 받아 바울 사도의 중심 교훈이 기독론에 있지 않고 성령의 개념에 있다고 생각하게 되었다. 그리하여 바울의 교훈을 "영"과 "육"의 대칭 개념으로 해석하려 했다.[17]

바우어는 바울 서신 내의 "영"과 "육"을 해석함에 있어서 헤겔의 법칙을 적용하여 "영"을 무한하고 절대적인 것으로 생각하고 "육"을 유한하고 상대적인 것으로 생각했다. 따라서 영과 육의 대칭을 무한, 즉 절대적인 것과 유한, 즉 상대적인 것의 대칭으로 생각했다.[18] 바우어는 로마서 8:1-11이나 갈라디아서 5:16-24에 나타난 영과 육의 대칭을 절대적인 것과 상대적인 것의 대칭으로 해석한 것이다.[19] 바우어에 의하면 성령이 내재하는 사실 때문에 인간은 유한과 상대적인 것으로부터 해방될 수 있고 절대 자유를 획득할 수 있다고 한다.[20] 바우어는 바울의 자유의 교리와 화해의 교리 안에 사람이 하나님과 연합하는 절대의식이 구체화 되었다고 생각

---

16   cf. G.W.F. Hegel, "World History," *Philosophy of Right* (Berlin, 1821), §341-360.

17   Ridderbos, *Paul*, p.16.

18   Ridderbos, *Paul*, p.16.

19   Baur는 바울 서신 중 로마서, 고린도전서, 고린도후서, 갈라디아서만 순수한 바울 서신으로 인정하고 나머지 서신들은 바울이 쓴 것이 아니라고 주장한다. Baur가 바울의 네 서신을 순수한 바울의 저작으로 인정하는 이유는 이들 네 서신에서는 분명한 대칭 개념을 찾을 수 있다고 생각하기 때문이다(p.36 표 1 참조).

20   Ridderbos, *Paul*, p.16. "In the spirit man has a share in the Spirit of God himself, by which he is freed from the finite and relative and attains absolute freedom."

한다. 그러므로 자유의 개념 없이 바울 서신에 나타난 화해의 개념이나 성령 소유의 개념을 생각할 수 없다고 주장한다. 바우어는 바울이 다메섹 도상에서 예수를 만난 경험을 통해 절대 진리와 절대 자유의 사상이 민족적이고 율법적인 사상을 대신해서 바울의 마음을 사로잡게 되었다고 주장한다.[21] 결국 바우어는 헤겔의 영향을 받아 바울 서신 내의 영과 육의 대칭을 무한과 유한의 대칭으로 생각하고 무한과 유한이 하나가 될 때 이상적인 상태를 이룬다고 주장한다. 이런 원리로 하나님과 사람이 하나가 되어 신인(神人, God-man)이 될 수 있고 따라서 기독교를 참 종교로 생각하는 근거를 여기에서 찾는다.[22] 바우어는 결국 바울 서신 내에 나타난 영과 육의 대칭을 바울 교훈의 구조로 생각하고 이 구조를 중심으로 다른 교훈을 해석하게 된다.

바우어의 이와 같은 사상은 독창적인 면을 보여 주기는 하지만 바울의 사상과 관계가 없는 사상이다. 바우어는 자신의 전제를 근거로 설립한 사상을 바울의 사상인양 아전인수로 해석한 것이다. 바우어가 해석한 바울의 성령 개념은 결코 바울의 개념이 아니다. 그리고 바울 서신의 성령 개념이 바우어의 주장처럼 하나님과 사람이 하나 되는 것을 설명해 주는 지표라고 생각할 수 없는 것이다.

---

21   Ridderbos, *Paul*, p.16.

22   Hegel에 의하면 세상의 구원은 예수 그리스도의 특정한 인격 안에서 성취되었다 (G. Hegel, *The Philosophy of History*, Col. 303b). 예수 그리스도는 자신의 영이 하나님과 동등하게 될 수 있다는 가능성을 처음으로 본 사람이다. 왜냐하면 예수께서 말하기를 "마음이 청결한 자는 복이 있나니 그들이 하나님을 볼 것임이요"(마 5:8)라고 했기 때문이다<Cf. Daniel P. Fuller, *Easter Faith and History* (Grand Rapids: Eerdmans, 1965), p.43>. Baur의 사상이나 Hegel의 이와 같은 사상은 예수님의 성육신(Incarnation) 사상을 배격하며 모든 사람이 예수님처럼 신인(神人, God-man)이 될 수 있는 가능성이 있다고 주장하는 것이다.

〈표 1〉 바우어(F.C. Baur)가 추정한 신약성경 기록 연대 (각주 19. 참조)

마태복음	130-135년경	유대 기독교적
마가복음	140-150년경	중립
누가복음	130-140년경	바울적, 중재적
요한복음	170년경	몬타누스주의에서 시작
사도행전	130-140년경	바울적, 화해적
로마서	50-60년경	바울의 저작
고린도전서	50-60년경	"
고린도후서	50-60년경	"
갈라디아서	50-60년경	"
에베소서	120-140년경	바울적, 중재적, 노스틱의 영향 받음
빌립보서	120-140년경	"
골로새서	120-140년경	"
데살로니가전서	70-75년경	특별한 경향 없음, 깊은 사고 없음
데살로니가후서	70-75년경	"
디모데전서	150-170년경	말시온주의자를 반대하여 기록됨
디모데후서	150-170년경	"
디도서	150-170년경	"
빌레몬서	120-140년경	중재적
히브리서	70-75년경	바울적
야고보서	130-150년경	유대 기독교적, 바울을 반대하여
베드로전서	120-140년경	바울적, 중재적
베드로후서	130-140년경	바울적, 보편화함
요한1-3서	170년경	몬타누스주의에서 시작
유다서	130-140년경	절충적, 보편화함
요한계시록	70년경	유대화함

바우어는 그리스도와 바울 사이에 다음과 같은 예리한 대칭이 있는 것으로 생각했다. 예수님의 교훈은 신학이 아니라 종교의식의 표현으로 유대주의를 대표하여 율법과 유대인의 특권을 강조하고 유대주의의 특정한 입장을 절대화하려고 했다. 베드로와 야고보 역시 유대주의를 신봉하여 율법이 기독교회의 본질적인 요소로 남아 있어야 한다는 입장을 취했다. 이와는 반대로 바울은 은총의 보편성과 이방인의 자유를 믿고 유대주의에 반기를 들었다고 한다. 바울은 최초의 신학자로서 기독교인이 율법으로부터 해방되어야 한다는 입장을 취했다고 주장한다.

바우어는 율법에서 자유롭게 된 바울의 복음(Torah-free Gospel of Paul)을 "정"(正, Thesis)으로 생각하고 율법에 매어있는 유대 기독교(Torah-bound Jewish Christianity)를 "반"(反, Antithesis)으로 생각하여 "정"(正)과 "반"(反)의 타협점을 찾는 고대 가톨릭교회(The ancient Catholic Church)를 "합"(合, Synthesis)으로 생각했다.[23]

바우어는 고린도전서 1:11-12에 언급된 네 개의 분파 즉 바울파, 아볼로파, 게바파, 그리스도파를 자신의 신학적 구상에 맞추기 위해 두 파로 규정한다. 즉 아볼로파는 바울주의적으로 이해해야 하며 그리스도파는 베드로 중심적으로 이해해야 하기 때문에 결국 바울 중심의 이방 신자들과 베드로 중심의 유대 기독교 신자들로 구분한다.[24]

---

23 G.E. Ladd, *A Theology of the New Testament* (Grand Rapids: Eerdmans, 1974), p.15; J. Gresham Machen, *The Origin of Paul's Religion* (Grand Rapids: Eerdmans, 1965), p.119: "He (Baur) saw clearly what has seldom been seen with equal clearness since his day, that the historian must explain the transition not only from the historical Jesus to apostolic Christianity, but from apostolic Christianity to the Old Catholic Church."; R. Bultmann, *Theology of the New Testament*, Vol.II (New York: Charles Scribner's Sons, 1955), p.245.

24 Horton Harris, *The Tübingen School: A Historical and Theological*

바우어는 자신의 전제로 바울 서신을 연구한 결과 바울의 교훈과 그리스도의 교훈 사이에 화해할 수 없는 차이가 있다고 주장하게 되었다.[25] 그러나 바울의 기독교와 베드로의 기독교가 점차 타협함으로 구 가톨릭교회의 기독교가 되었다는 바우어의 입장은 교회 자체의 존재가 이를 부정하고 있다. 바우어의 말처럼 만약 바울과 베드로가 진정으로 근본적인 차이가 있었다면 어떻게 교회가 그렇게 빠른 시간에 이 둘을 화합시킬 수 있었겠는가?[26] 바우어는 이 질문에 대답하지 못한다.

(2) 자유주의 학파(The Liberal School)의 바울 이해

19세기 후반에 들어서면서 비평학계가 헤겔의 방법론에 도전을 함으로써 헤겔의 영향은 쇠퇴했다. 자유주의 역시 바우어처럼 바울 서신을 연구할 때 성령(πνεῦμα)에 관심을 가졌지만 자유주의가 바울 서신 내의 성령 개념을 이해할 때는 사색적이고 형이상학적인 바우어의 입장을 버리고 오히려 헬라의 인간론을 근거로 해석했다. 불트만이 지적한 대로 바우어의 방법의 논리적 귀결은 완전한 상대주의로 빠질 수밖에 없었기 때문에[27] 자유주의자들은 역사의 상대성 안에서 절대적 진리를 생각할 수 없었다. 따라서 자유주의자들은 바울을 해석할 때 도덕적인 교훈에 강조를 두었고

Investigation of the School of F.C. Baur, pp.182-3.

25   Baur의 이런 태도는 다음 시대에 Jesus-Paul 문제에 대한 논란의 여지를 마련해 주었다.

26   Machen, *The Origin of Paul's Religion*, p.120.

27   Bultmann, *Theology of the New Testament*, Vol.II, p.245: "The logical consequence would have been a complete relativism."

도덕적인 교훈이 바울의 가장 큰 관심사라고 생각했다.[28] 자유주의자들이 도덕적인 면에 관심을 집중함으로 그들은 바울 서신내의 "영"과 "육"의 대칭에서 도덕적인 표현을 찾게 되었다. 그러므로 바우어처럼 자유주의자들도 바울을 이해할 수 있는 열쇠는 영(πνεῦμα)이라고 생각했다. 그러나 자유주의자들의 영, 육의 대칭은 오히려 인간 자신 안에 있는 대칭이라고 한다. 따라서 "육"은 인간의 낮은 감각적 성질을 가리키며 "영"은 육을 제어하는 역할을 하는 고등한 이성적 원리라고 생각한다.[29]

자유주의자들은 바울 교훈의 도덕적인 면을 강조한 관계로 다이스만 (Deissmann)이[30] 바울 기독교의 특징적 표현이라고 한 "그리스도 안에"(in Christ) 혹은 "주 안에"(in the Lord)라는 개념도 도덕적인 관점에서 해석한다. 그러나 자유주의 학자들이 바울 교훈을 도덕적인 관점에서 이해하려는 데는 문제점이 있다.

---

28   자유주의자들은 예수가 도덕적 이상을 가장 훌륭하게 실현한 표본이라고 한다. 자유주의 신학자들은 공관복음이 묘사하는 예수상과 바울 사도의 교훈 가운데 묘사된 그리스도 사이에 큰 간격이 있음을 인식하고 있었다. 그러면서도 바울과 예수 사이의 통일성을 유지하기 위하여 자유주의자들은 예수님의 도덕적 인격을 절대화 시킨 것이 바울의 숭귀한 그리스도 상이라고 설명한다. 자유주의자들은 바울 교훈의 핵심이 예수가 가르쳤던 사랑, 소망, 믿음이기 때문에 바울과 예수 사이에 통일이 있는 것으로 생각했다. 이와 같은 자유주의의 입장은 F.C. Baur의 입장과는 차이가 있음을 찾을 수 있다. Cf. H. Ridderbos, *Paul and Jesus* (Philadelphia: The Presbyterian and Reformed Publishing Co., 1958), pp.4f.

29   H. Ridderbos, *Paul*, p.18: "'Spirit' and 'flesh' is an antithesis that is actualized in man himself: the spirit as the leading rational principle in man must gain the victory over the lower sensual Nature (*Sarx*) and hold it in subjection."

30   Deissmann은 "그리스도 안에"라는 표현이 바울 서신 내에서 164회 나타난다고 한다. cf. A. Deissmann, *The Religion of Jesus and the Faith of Paul* (New York: George H. Doran Co., [1923]), p.171: "The formula 'in Christ'(or 'in the Lord' and so on) occurs one hundred and sixty-four times in Paul's letters; it is really the characteristic expression of his christianity."

첫째로, 바울 서신 내의 칭의적인 교훈과 도덕적인 교훈을 서로 연관시키지 못한다. 자유주의 학자들도 바울 서신 내의 칭의 개념이 중요한 위치를 차지한다는 사실을 부인하지 못한다. 그들이 바울 서신 내의 도덕적이고 합리적인 개념을 중요시하기 때문에 칭의 개념의 중요성을 격하시키려고 애쓰지만 칭의 개념이 바울 서신 내에서 발견되는 사실은 부인하지 못한다.[31] 바울은 칭의 개념을 말할 때 인간은 은혜로만 구원받을 수 있다고 선포한다. 자유주의 학자들도 이를 인정한다. 그러나 도덕적인 교훈을 강조한 자유주의 학자들은 바울이 자아훈련과 개선을 통한 구원 성취를 선포했다고 믿는 것이다. 이처럼 자유주의 학자들은 바울 서신 내에 비(非)일관적인 교훈이 있다고 보는 것이다.[32] 플라이데러(Otto Pfleiderer, 1839-1908)도 바울 사도의 칭의적 교훈과 도덕적 교훈이 바울 서신 내에 병존하며 한 요소가 다른 요소와 상충되지 않게 움직인다고 말한다.[33]

이처럼 자유주의 학자들은 바울 교훈의 중심사상인 칭의적인 교훈과 도덕적인 교훈의 관계를 정립하지 못하고 바울을 일관성이 없는 비논리적인 사람으로 규정한다. 하지만 바울은 다른 성경 저자들보다 훨씬 더 합리적이요 조직적인 저자이다. 자유주의자들의 약점은 도덕적인 교훈을 다루면서 바울의 성령 개념을 인간 범주 안으로 축소하기 때문에 이런 난관

---

[31]   Ridderbos, *Paul*, p.18: "Although liberal theology attempts to hide the significance of these redemptive facts in Paul behind the moral-rational conception of religion (i.a., by explaining Paul's doctrine of justification from tradition and polemic), it nevertheless cannot ignore the place all this occupies in Paul's epistles."

[32]   G. Vos, *The Pauline Eschatology* (Grand Rapids: Eerdmans, 1952), pp.60,149. Vos는 바울이 조직적이고 논리적인 신학자라고 말한다.

[33]   Ridderbos, *Paul*, p.19; O. Pfleiderer는 도덕적 교훈이 바울 사도의 산물이며 따라서 그의 사상의 저변을 흐르고 있는 것은 도덕적인 요소라고 주장한다. Cf. A. Schweitzer, *Paul and His Interpreters* (New York: Schocken Books, 1964), pp.31f.

에 부딪히는 것이다.

둘째로, 자유주의자들은 바울 사도가 도덕적인 교훈에 강조를 둔다고 주장함으로 바울 사도를 도덕적 이상주의자로 만든다. 자유주의 학자들은 그리스도를 도덕 선생으로 간주한다. 그들은 예수님이 도덕군자로서 도덕적 이상을 가장 훌륭하게 실현한 사람으로 생각한다. 그러나 바울 사도는 그리스도를 완전한 신으로 생각한다. 따라서 자유주의 학자들의 그리스도 상과 바울 사도의 그리스도 상은 서로 일치할 수가 없다. 바울 사도가 도덕을 강조하지만 자유주의 학자들의 주장처럼 인간의 노력으로 예수와 같이 될 수 있다는 의미에서 도덕을 강조하지 않고 예수를 신으로 생각하고 그를 구주로 믿음으로 새사람이 되어 구질서에 속하는 것이 아니라 새 질서에 속한 사람으로서 도덕적 생활을 한다는 사실을 강조하는 것이다(엡 4, 5장).

셋째로, 자유주의 학자들은 바울 교훈 중 종말론에 관심을 보이지 못하고 있다. 바울 서신들은 바울이 역사의식을 명확히 가지고 있었다고 증거한다. 그리고 바울은 역사가 일정한 목표를 향해 움직인다고 믿었다. 바울은 역사가 완성을 향해 움직인다고 믿고 그리스도의 재림과 몸의 부활을 확신 있게 전파했다(롬 11장, 고전 15장, 고후 5장, 살전 4장). 그러나 자유주의자들은 바울 자신이 개종할 때 헬라 인간론의 영향을 받아 그가 경험한 것들을 객관화한 것이 바울의 교훈이라고 말함으로써 바울 서신과는 판이한 주장을 하고 있다. 홀츠만(H.J. Holtzmann, 1832-1910)은 바울의 신학적 입장을 이해하기 위해서는 바울이 겪은 다메섹 도상의 경험을 이해하는 것이 중요하다고 주장한다. 왜냐하면 바울이 주관적으로 경험한 것을 객관적인 구원 교리로 전파했기 때문이라고 말한다. 홀츠만에 따르면, 바울을 이해할 수 있는 열쇠는 바리새적인 교만을 자인하게 함으로 바울을 겸손하게 했던 다메섹 도상의 경험이라고 한다. 이는 유대주의적인 특별의식을 버리는 것을 뜻하며 바울이 사랑 안에서 모든 사람을 위해 개방되었다는 것을 뜻한다. 그리고 이 다메섹의 종교적 경험이 그의 서신들에서 찾을 수 있는 모든 교훈의 기초가 된다고 한다. 바울의 교훈은 그의 주관적 경험을 객관화한 것으로 생각해야 한다는 것이다.[34]

이처럼 홀츠만은 바울의 신학(Paul's Theology)과 바울의 종교(Paul's Religion)를 구분했다. 홀츠만이 바울의 종교와 신학을 구분하므로 바울의 역사적이고 종교적인 경험을 정당하게 취급하려고 했지만, 이는 바울의 교훈을 인간론적인 입장에서 해석할 때 따라오는 결과일 뿐 바울 교훈의 올바른 모습을 보여주지 못한 것이다. 래드(Ladd)는 이에 대해 다음과 같이 적절하게 언급한다. "바울은 교회에 조직신학을 남기지 않았으며, 또 의도적으로 현대 신학자처럼 일관성 있고 균형이 잡히며 조리가 선 신학체계를 완성하려고 노력하지도 않았다는 점에서 조직신학자라 불릴 수 없는 것은 자명한 사실이지만, 그가 유대주의적인 입장에서 볼 때는 신학자였고 그의 교회들의 필요에 따라 그리스도 안에서 하나님의 구속 사역의 의미를 깊이 연구하였다는 것도 자명하다. 따라서 우리는 바울신학을 가리켜 추상적이고 이론적이며 사색적인 사상체계라고 말할 수 없다. 그러나 우리는 그리스도의 인격과 사역의 의미가 그리스도인 개인과 집단의 삶을 위해 매우 적절하게 해석했다는 의미로는 바울신학을 인정할 수 있

---

34 A. Schweitzer, *Paul and His Interpreters*, pp.105f.; Ridderbos, *Paul*, p.19; H.J. Holtzmann, *Lehrbuch der neutestamentlichen Theologie*, II, 1911, p.238; "바울의 전체 교리는 자신이 스스로 경험한 것의 일반화이며 같은 길을 걷는 모든 사람들에게 그들도 같이 경험해야할 것으로 요구한다는 견지에서만 이해되어질 수 있고 명백해진다. 이는 바울의 개종 경험의 내용을 설명하는 것으로 그리스도 현현(顯現, Christophany)의 조직화를 뜻한다."

다. 따라서 마치 바울의 신학은 사색적이고 바울의 신앙은 실제적인 것처럼 바울의 신학과 바울의 신앙을 구분하는 것은 타당하지 않다. 바울에게 있어서 신학과 신앙은 불가분의 관계이다."[35]

메이첸(Machen)도 "바울에게 근본적이었던 것은 예수님의 모범이 아니었고, 우주적인 의미가 있는 사건으로 생각되는 그리스도의 죽음과 부활에 포함된 구속 사역이었다. 그러므로 예수님의 죽음과 부활의 해석인 바울의 신학은 결코 그의 종교와 분리될 수 없다."[36]고 말한다. 슈바이처(Schweitzer)조차 "바울의 신학은 그의 종교와 분리될 수 없다. 그의 종교는 신학을 통해 이룩된 것이다. 그의 신학은 그의 종교이다"[37]라고 말한다.

궁켈(Gunkel)도 바울의 성령 개념이 헬라사상의 영향을 받지 않고 유대주의에 그 기원을 둔다고 주장하며, "영," "육"의 대칭에서 합리적이고 도덕적인 성격을 찾으려고 한 자유주의의 입장을 공격했다.[38] 궁켈은 바울의 기독론이 단순히 예수님의 인격으로부터 받은 인상이나 바울이 다메섹 도상에서 본 환상에서 기인한 것으로 생각할 수 없다고 한다. 그는 우주적 의미가 있는 그리스도의 초자연적인 모습이 단순히 바울의 주관적인 경험의 투사(投射, projection)라고 주장하는 자유주의의 입장이 잘못되었

---

35   Ladd, *A Theology of the New Testament*, p.377.

36   Machen, *The Origin of Paul's Religion*, p.27.

37   Schweitzer, *Paul and His Interpreters*, p.166.

38   H. Gunkel, *Die Wirkungen des heiligen Geistes nach der populären Anschauung der apostolischen Zeit und nach der Lehre des Apostels Paulus* (Göttingen: Vandenhoeck and Ruprecht, 1888); Hermann Gunkel, *The Influence of the Holy Spirit*, Trans. Roy A. Harrisville and Philip A. Quanbeck II (Philadelphia: Fortress Press, 1979); Machen, *The Origin of Paul's Religion*, p.294.

다고 말한다.[39]

브레더(Wrede)도 자유주의 입장을 맹렬히 공격했다. 브레더 자신은 자유주의의 테두리를 벗어나지 못했지만 홀츠만이 주장한 바울 종교와 바울신학의 구분을 인정하지 않고, 바울의 신학은 바울 종교의 적절한 표현이라고 말한다.[40] 브레더는 바울이 그리스도의 성육신, 죽음과 부활 등 구속 사건들을 그의 종교의 기초로 삼고 있기 때문에 구속역사는 바울 기독교의 핵심이 된다고 주장한다.[41] 이와 같은 브레더의 주장은 자유주의 입장에 선 홀츠만의 바울 이해에 제동을 가하게 된다.

카비쉬(Kabisch)는 바울의 종말론을 알지 못하면 바울 교훈을 이해할 수 없다고 주장하면서 바울의 도덕관도 종말론적 대망에 의해 통제된 것이라고 주장했다. 카비쉬는 바울의 종말론이 바울신학을 이해하는 열쇠가 된다고 한다.[42]

이처럼 궁켈이나 브레더나 카비쉬와 같은 학자들은 한결같이 자유주의자들이 해석한 바울 이해를 공격하고, 헬라의 인간론적인 견지에서는 바울을 올바로 해석할 수 없다고 주장한다. 특히 바울 서신 내의 성령의

---

39   Hermann Gunkel, *The Influence of the Holy Spirit*, pp.111-116; Ridderbos, *Paul and Jesus*, p.8.

40   Hermann Gunkel, *The Influence of the Holy Spirit*, p.5; cf. Wilhelm Wrede, *Paul*, trans. by E. Lummis (Lexington: American Theological Library Association Committee, 1962), p.48. 독일어판 Paulus는 1904년에 처음으로 출판되었고 처음 영어판은 1907년에 나왔다.

41   Wrede, *Paul*, pp.103-104.

42   Ridderbos, *Paul*, p.20: A. Schweitzer, *Paul and His Interpreters*, pp.58, 62; R. Kabisch, *The Eschatology of Paul in its Relationships with the General Concept of Paulinism (Die Eschatologie des Paulus in ihren Zusammenhängen mit dem Gesamtbegriff des Paulinismus*, 1893).

개념을 인간적인 범주에 국한하려는 자유주의의 입장이 많은 공격을 받게
된 것이다.

(3) 종교사학파의 바울 이해

종교사학파(Die Religionsgeschichtliche Schule)의 특징은 이미 카비쉬
와 헤르만 궁켈에게서 싹트고 있었다. 그리고 부셋(Wilhelm Bousset, 1865-
1920)에 의해 꽃피게 된다. 종교사학파가 주장한 바울의 기독론은 1차 세
계대전 당시의 특수한 지식인들의 산물이라고 할 수 있다. 자유주의 학자
들이 주장한 합리적이고 도덕적인 그리스도상(像)은 당대 지식인들을 만
족시킬 수 없었고 종교의 더 깊은 경지를 갈망하게 했다. 따라서 그들은
그리스도-신비주의, 그리스도와의 교제 등에 관한 개념에 눈을 돌리게 된
다. 종교사학파는 이때 여러 종교의 생활과 경험의 역사를 통해서 신적인
비밀과 그 형태를 제시하고 기독교 진리와 비교함으로 기독교의 그리스도
를 이해하려고 한다. 부셋은 바울을 그리스도-신비주의의 주된 증인이라
고 한다.[43]

결국 종교사학파는 기독교를 혼합주의(Syncretism)의 산물로 생각하
는데 유대주의적, 동양적, 헬라적, 신비적 개념들이 혼합되어 생겨난 것이
라고 한다.[44] 따라서 종교사학파에 의하면 기독교는 고대사상에 도전하는
역할을 했다기보다는 고대사상의 산물이요, 1세기 종교적 발전의 시작이
라기보다는 오히려 종교적 발전의 결과로 보게 되었다.

---

43   Ridderbos, *Paul*, p.26.

44   Ridderbos, *Paul and Jesus*, p.7; Charles Anderson, *Critical Quests of Jesus*
(Grand Rapids: Eerdmans, 1964), p.56.

종교사학파의 대표자인 부셋은 『큐리오스 크리스토스』(Kyrios Christos)라는 책에서 바울은 자신의 생을 살아서 주관하시는 분이 바로 그리스도 주님(Κύριος Χριστός)이라고 생각했다고 한다. 그런데 이 주(Kyrios)의 개념은 이방 종교의 신(god)을 부르는 명칭인데 바울이 이 명칭을 사용하여 자신의 신학을 설립했다고 한다. 그리고 바울은 "그리스도 안에"(ἐν Χριστῷ)와 "영 안에"(ἐν πνεύματι)를 교대로 사용했는데 이는 "주 안에"(ἐν Κυρίῳ εἶναι)라는 말이 초대 공동체의 예배 경험과 신비주의에서 발생한 것처럼 바울의 영 개념도 초대 공동체의 살아있는 경험에 그 근거를 두고 있기 때문이라고 한다.[45]

마샬(I.H. Marshall)에 따르면, "독일 학자 부셋은 아람어와 헬라어를 함께 쓰는 사람들로 형성된 안디옥의 기독교회에서 그 용어(주)가 발생했다고 주장한다. 부셋은 '주'라는 명칭이 원래 이교도들의 종교에서(고전 8:5이 지적한 대로) 그들이 예배대상인 신들을 위해 사용한 것이었는데 기독교인들이 그 명칭을 취해서 예수에게 적용했다고 주장한다. 이처럼 원래이 명칭을 예수에게 적용한 결과는 예수를 이방신과 똑같은 식으로 이해하는 것이었다."[46]고 지적한다.

메이첸도 "부셋에 따르면 예루살렘의 초대 기독교 공동체는 예수를 주로 신비스러운 사람인 인자로 생각했다. 예수는 유대 묵시에 언급된 분으로 하늘 구름을 타고 오셔서 하나님 나라를 영입하는 도구로 사용될 것이다. 부셋은 예수님 자신이 인자라는 칭호를 직접 사용했는지에 대해서는 의구심을 떨치지 못한다. 그리고 부셋은 그 문제가 자신이 쓰는 책의 범위

---

45 Wilhelm Bousset, *Kyrios Christos* (Nashville: Abingdon Press, 1970), pp.160f.

46 I. Howard Marshall, *Biblical Inspiration* (Grand Rapids: Eerdmans, 1983), p.79.

를 벗어나기 때문에 다룰 수 없다고 말한다. 그러나 부셋의 책이 보이는 경향은 분명히 메시아 의식을 과격하게 부인하는 것이다."[47]고 논평한다.

부셋이 설명한 바울 종교의 기원을 두 가지로 고찰해 볼 수 있다.

첫째로, 부셋은 바울의 기독론을 설명함에 있어 바울이 승천하신 그리스도를 신비종교들의 예배의 대상이 되는 신비적이고 우상적인 존재처럼 생각했다고 주장하는 것이다.[48] 부셋은 바울의 기독론이 지식이나 역사의 범주 내에서는 발견될 수 없고 경험, 감정, 신비주의, 황홀경의 범주에서 발견될 수 있다고 한다. 또한 그는 이런 신비적인 종교성은 헬라의 공동체에서부터 기인되었다고 한다.[49]

둘째로, 부셋은 바울을 이해하기 위해 영지주의(Gnosticism)를 이용한다. 부셋은 바울이 영지주의의 개념뿐 아니라 용어까지 기독교에 끌어 들여왔다고 한다.[50] 부셋은 바울이 말하는 그리스도 안에서의 구속을 이원론적인 영지주의 체계로 이해할 수 있다고 한다.

영지주의자들은 그리스도가 진정으로 사람이었을 수 없고, 단순히 예수라 불리는 선한 사람의 몸에 잠시 동안 연합되어 인류의 죄를 위해 살고 고통 받은 것처럼 보였을 뿐이라고 가르친다. 이 연합은 예수가 태어날 때나 혹은 세례 받을 때에 일어났을 것으로 생각한다. 그리고 이 연합은 예수가 십자가에 못 박히기 직전 해체되었기 때문에 그리스도가 진정으로

---

47   Machen, *The Origin of Paul's Religion*, p.293.

48   Machen, *The Origin of Paul's Religion*, p.30.

49   Ridderbos, *Paul and Jesus*, pp.12f.

50   Bousset, *Kyrios Christos*, pp.265f. Bousset은 바울이 사용한 ψυχικός (Psychikos), πνευματικός(Pneumatikos), γνῶσις(gnosis), ἀγνωσία(agnosia), φωτίζειν(photizein), δόξα(doxa), νοῦς(nous) 등의 용어가 영지주의의 영향으로 바울 서신에 등장하게 되었다고 한다.

십자가에 못 박힌 것은 아니라고 가르친다.

종교사학파의 바울 이해는 실제로 바울 서신에 나타난 바울의 사상과 명백히 다르기 때문에 받아들일 수 없다. 바울은 영지주의가 말하는 우주적 이원론을 용납하지 않는다. 영지주의의 이원론은 바울의 창조개념과 명백히 상반된다. 부셋의 견해는 자유주의자들이 상상적인 것처럼 상상에 근거를 둔 것이다. 그의 견해는 성경이 말하는 역사에 기초를 두고 있지 못하다. 바울의 교훈은 종교사학파가 주장하는 것처럼 신비적인 신관이나 이방종교의 영적이고 신비적인 경험에서 기인한 것이 아니다.

바울 교훈의 근거는 '때가 참'으로 역사적으로 계시되신 그리스도의 삶과 교훈에 있다고 할 수 있다.[51] 잔트(Zahrnt)는 종교사학파의 입장을 다음과 같이 예리하고 적절하게 비평한다. "우리는 신화의 영원한 사건 대신 유일하고 반복할 수 없는 역사를 가지고 있으며, 사상이 아니라 사건을, 종파적 드라마가 아니라 진지한 역사를, 형이상학이 아니라 종말론을, 상징이 아니라 말씀을, 전망이 아니라 신앙을 가지고 있다."[52]

(4) 종말론적인 바울 이해

20세기 초에 슈바이처는 종교사학파와는 정반대로 바울 교훈을 이해할 수 있는 열쇠가 종말론 사상이라고 다음과 같이 주장했다.[53] "바울

---

51   Ridderbos, *Paul and Jesus*, pp.14,15: "The heart of Pauline Christology can be understood only if one begins with the historical character of the salvation which Paul preached."

52   Heinz Zahrnt, *The Historical Jesus*, trans. J.S. Bowden (New York: Harper, 1963), pp.64f.

53   *The Quest of the Historical Jesus* (New York: The Macmillan Co., 1968;

이 예수님처럼 후기 유대 묵시문학에 나타난 종말론 교리에 사로잡혀 있었지만 예수님의 종말관과 바울의 종말관은 서로 다르다. 예수님은 종말(eschaton)이 아직 미래로 남아 있는 것으로 생각했으나 바울은 예수님의 죽음과 부활로써 왕국의 시대가 이미 시작된 것으로 믿었다. 예수님은 왕국의 임함과 동시에 메시아가 세상의 종말에 나타날 것으로 믿었지만 바울은 메시아 왕국이 세상의 끝 이전에 시작된 것으로 믿었다."[54]

슈바이처에 의하면, "바울주의와 헬라주의가 종교용어에서는 공통점이 있지만 사상에 관해서는 전혀 공통점이 없다. 바울 사도는 기독교를 헬라화하지 않았다. 그의 개념들은 헬라 철학 개념들과도 다르며 신비종교의 철학의 개념들과도 다르다."[55]라고 주장한다. 슈바이처는 바울이 어떤 형태로든 헬라의 영향을 받지 않았으며 바울의 교훈을 이해하기 위해서는 고대 유대주의 기독교를 근거로 이해할 때만 바로 이해할 수 있다고 주장한다.[56] 그리고 슈바이처는 바울 교훈의 중심이 신비주의(Mysticism)라고 한다. 곧 그는 오해를 불식(拂拭)시키기 위해 신비주의를 정의하여 헬라의

German edition, 1906)가 복음서 해석에 중요한 것같이 그가 1911년에 써낸 *Paul and His Interpreters* (New York: Schocken Books, 1912)는 바울 연구에 중요한 책이다. Schweitzer는 이 책에서 자유주의의 바울 해석을 맹렬하게 공격하고 종말론적인 입장에서 바울을 해석해야 한다고 주장한다. 그의 이와 같은 주제는 *The Mysticism of Paul the Apostle* (London: Adam and Charles Black, 1967; German edition, 1930)에서 더 충분히 발전된다.

54   Schweitzer, *The Mysticism of Paul the Apostle,* pp.90ff.: "The eschatology of Paul is therefore quite different from that of Jesus, a fact which has been hitherto never duly appreciated. Instead of thinking as Jesus did along the lines of the simple eschatology of the Books of Daniel and Enoch, he represents the two-fold eschatology of the Scribes."; cf. Ridderbos, *Paul and Jesus*, pp.15f.

55   A. Schweitzer, *Paul and His Interpreters*, p.238.

56   A. Schweitzer, *Paul and His Interpreters*, p.240.

이원론적인 신비주의가 아닌 그리스도 신비주의(Christ-Mysticism)라고 한다. 즉 신자들이 그리스도의 죽음과 부활에서 그리스도와 연합되는 것이다. 슈바이처는 유대주의의 종말론적 개념에 입각한 그리스도 신비주의가 바울 교훈의 핵심이라고 한다.[57] 하지만 슈바이처는 예수님의 부활의 사실성(factualness)을 받아들이지 못하며 예수님과 바울의 종말론적 대망이 환상에 지나지 않는다고 생각한다.[58]

슈바이처의 바울 연구에서 두드러진 사실은 바울의 교훈을 유대주의적인 배경으로 이해해야 하며 종말론이 바울 교훈의 중심교리라는 것이다.[59] 그러나 슈바이처가 바울의 교훈을 유대주의적인 배경으로 해석해야한다는 데는 문제가 있다. 슈바이처가 말한 유대주의적인 배경이란 구약의 유대주의를 뜻하지 않고 묵시문학에 나타난 유대주의도 포함시켜 설명하기 때문이다. 슈바이처의 약점은 1세기의 유대주의의 본질을 잘못 분석한 데 있다.[60] 또한 슈바이처가 주장한 종말론도 그리스도 신비주의와 잘못 결합되어 바울 교훈의 진의를 왜곡하고 있다.

---

57   Ridderbos, *Paul*, p.29: "According to Schweitzer, the center of Paul's teaching lies in what he describes with the easily misunderstood term, Christ-mysticism. By that he means the way in which the church is involved in the death and resurrection of Christ, being with Christ and in Christ. One must understand this Communion, however, not in a Greek-dualistic, but in a Jewish- eschatological sense."

58   Ridderbos, *Paul,* p.31.

59   A. Schweitzer, *Paul and His Interpreters*, p.241: "Paulinism is understood, since in its essence it can be nothing else than an eschatological mysticism, expressing itself by the aid of the Greek religious terminology."

60   A. Schweitzer, *The Mysticism of Paul the Apostle,* p.11.: "Since Paul lives in the conceptions of the dramatic world-view characteristic of the late Jewish Eschatology, he is by consequence bound to the logic of that view."; G. E. Ladd, *A Theology of the New Testament* (Grand Rapids: Eerdmans, 1974), p. 362. "His interpretation suffers from an unsound analysis of the nature of first-century Judaism."

(5) 바울 연구의 최근 동향 : "바울에 관한 새 관점"

21세기에 들어서서 바울을 새롭게 해석하려는 시도가 있어 왔다. 그래서 이들의 연구 경향을 "바울에 관한 새 관점"(New Perspectives on Paul)이라고 명칭을 붙인다. 샌더스(E. P. Sanders), 라이트(N. T. Wright), 던(James Dunn) 등 "바울에 관한 새 관점"을 제시하는 학자들은 먼저 종교개혁자들이 바울의 견해를 잘못 이해하고 있었다고 생각한다. 그들은 바울이 로마서나 갈라디아서와 같은 그의 서신에서 율법주의와 치열하게 논쟁을 했다고 생각하는 종교개혁자들이 바울을 잘못 읽었다고 주장한다.[61]

"바울에 관한 새 관점"을 제시하는 학자들은 바울이 유대주의가 율법주의라는 관점에서 논쟁했다는 종교개혁자들의 주장이 바울을 잘못 이해한 데서 비롯되었으며, 오히려 유대주의는 은혜의 종교였다고 주장한다.

샌더스는 언약적 율법주의(covenantal nomism)라는 특별한 표현을 사용하여 언약적 율법주의는 언약 안에 들어가는 것(getting in)과 그 안에서 순종함으로 머무는 것(staying in)으로 설명한다.[62] 샌더스의 이와 같은 이론을 근거로 라이트는 칭의를 복음과 구원의 문제로 접근하지 않고, 칭의를 언약 공동체 안에 속해 있다는 하나님의 평결로 정리한다.[63] 그리고 라

---

61   E. P. Sanders, *Paul and Palestinian Judaism: A Comparison of Patterns of Religion* (Philadelphia: Fortress, 1977), pp.551-552.; James, D. G. Dunn, "The New Perspective on Paul," *The New Perspective on Paul* (Grand Rapids: Eerdmans, 2005), pp.101-102.; cf. Cornelis P. Venema, *Getting the Gospel Right: Assessing the Reformation and New Perspectives on Paul* (Edinburgh: The Banner of Truth Trust, 2006), pp.36-38.

62   Sanders, *Paul and Palestinian Judaism*, pp.75, 544

63   N. T. Wright, *Paul: In Fresh Perspective* (Minneapolis: Fortress Press, 2005), p. 111, Dunn, "The New Perspective on Paul," p.107.

이트는 언약적 율법주의는 언약 공동체 안에 조건 없이 들어가기 때문에 은혜의 종교이지만, 언약 공동체 안에 들어간 사람은 그 안에서 율법을 지켜야만 최종 구원을 얻을 수 있다고 주장한다.[64]

그러므로 "바울에 관한 새 관점" 주의자들은 바울의 구원론이 은혜와 순종의 합작품이라고 생각한다. 즉, 우리의 구원은 하나님의 은혜와 우리의 순종이 합쳐져서 성취될 수 있다는 것이다. 그들의 주장은 비록 언약 안에 들어가는 기회는 은혜로 받았지만, 그 언약 안에서 계명의 조건을 이행하지 않으면 최종적인 구원을 보장받을 수 없다고 주장하는 것이다.

기독교 역사적으로 볼 때 "바울에 관한 새 관점"의 구원론은 "반(半)펠라기안이즘"(Semi-Pelagianism)의 주장과 비슷하다. "반(半)펠라기안이즘"은 인간의 자유의지가 본질적으로 선한 것이라고 규정하고, 전적 타락을 부정한다. "반(半)펠라기안이즘"은 인간의 자유의지는 타락했지만 선한 것을 택할 능력이 어느 정도 남아 있기 때문에 우리의 구원은 하나님의 은혜 위에 우리의 협력을 더해 이룰 수 있다고 신인협력설을 강조한다.[65]

따라서 "바울에 관한 새 관점" 주의자들의 구원론은 개혁주의 구원관과 큰 차이를 보인다. 개혁주의 구원론은 모든 것을 하나님의 소관으로 돌린다. 우리의 구원은 처음부터 마지막까지 하나님의 작품이다. 성도들을 의롭게 하신 이도 하나님이요, 성도들의 최종 구원을 책임질 이도 하나님

---

64   N. T. Wright, "New Perspectives on Paul," *Justification in Perspective*, ed. Bruce L. McCormack (Grand Rapids: Rutherford House, 2006), pp.260-262. cf. Cornelis P. Venema, *The Gospel of Free Acceptance in Christ* (Edinburgh: The Banner of Truth Trust, 2006), p.258.; 박동근, 『칭의의 복음』 (수원: 합신출판부, 2012), p.97.

65   Earle E. Cairns, *Christianity through the Centuries* (Grand Rapids: Academie Books, 1981), pp.137-138.; cf. R. C. Sproul, 『자유의지와 믿음』, 김태곤 역 (서울 : 생명의 말씀사 , 2000), pp.87-89.

이시다. 한 번 의롭다 하신 이를 끝까지 책임지시는 분이 하나님이시다(롬 8:30; 빌 1:6). 그러므로 개혁주의 구원론은 우리들의 구원의 전모를 하나님이 책임지신다는 것이다. 물론 구원 받은 성도들은 하나님의 은혜에 감사하여 하나님의 계명을 지키며 거룩하게 살아야 한다. 그러나 성도들의 거룩한 삶이 우리의 구원의 요건이 되지 않는다. 그것은 불가능하기 때문이다. 바로 여기에 개혁주의 구원관과 "바울에 관한 새 관점" 주장자들의 구원관이 다르다.

지금까지 종교개혁 시대의 바울 연구와 그 이후의 형편, 19세기 초 이래 튀빙겐 학파(The Tübingen School), 자유주의 학파(The Liberal School), 종교사학파(The History of Religions School), 종말론적 해석(The Eschatological Interpretation), 바울에 관한 새 관점(New Perspectives on Paul) 등 구체적인 바울 연구에 대해 간략하게 살폈다. 이들 학파의 바울 연구의 경향은 본질적으로 동일한 신학적인 전제 하에서 그들의 이론을 펴고 있다. 한 세대는 그 이전 세대의 바울 연구의 약점을 비평하고 그 약점을 이용해서 자기 세대의 이론을 정립하는 경향이다. 이와 같은 경향은 오늘날도 바울을 비평적으로 연구하려는 학계에서 흔히 나타나는 현상이다.

바울 연구의 역사를 통해 나타난 또 하나의 사실은 비평학계의 바울 연구가 바울신학의 중심 주제를 둘러싸고 계속되어 왔다는 것이다. 각 학파마다 차이는 있지만 바울 연구에서 그들이 제기한 공통의 질문은 다음과 같다고 할 수 있다. ① 바울의 구원 개념에서 칭의적인 요소와 도덕적인 요소의 관계는 무엇인가? ② 영과 육(πνεῦμα, σάρξ)의 대칭이 근본적으로 무슨 의미인가? ③ 바울의 종말론은 어떠한 종말론인가?

여기에 제기된 세 가지의 질문들을 고찰할 때 바울신학 연구에서 불가결한 중심 주제가 제공된다. 즉 그것은 바울의 부활 개념이다. 바울의 부활 개념을 연구하면 일시에 세 가지 질문을 모두 다룰 수 있고 근본적인 해결을 할 수 있기 때문이다.

그리스도의 부활을 다루지 않고는 바울의 종말론을 생각할 수 없다. 왜냐하면 부활 자체가 종말론적 사건이기 때문이다. 또 그리스도의 부활을 다루면 바울의 성령 개념을 올바로 이해할 수 있다. 바울은 그리스도가 그의 부활을 통해 "살려주는 영"(πνεῦμα ζῳοποιοῦν)이 되셨다고 한다(고전 15:45). 그리스도의 부활 때문에 바울은 "주는 영이시니 주의 영이 계신 곳에는 자유가 있느니라"(고후 3:17, 개역개정)라고 말함으로 주님과 성령을 본체론적 의미가 아닌 기능적인 면에서 동일시한 것이다(참고, 롬 1:3,4). 그러므로 바울의 성령 개념은 구속역사적인 개념이다. 바울의 성령 개념을 올바로 이해하면 자연적으로 영과 육의 대칭을 올바로 해석할 수 있다. 바울 사도의 구원 개념도 그리스도의 부활을 연구함으로 해결할 수 있다. "예수는 우리가 범죄한 것 때문에 내줌이 되고 또한 우리를 의롭다 하시기 위하여 살아나셨느니라"(롬 4:25, 개역개정). 성도가 의롭게 되어 구원받는 이 사실도 그리스도의 부활로 말미암아 결정적인 것이 된다. 그러므로 그리스도의 부활 개념은 바울 연구와 바울 이해를 위한 중요한 중심 주제인 것이다. 하지만 예수님의 부활은 예수님의 죽음과 뗄 수 없는 구속 사건임을 명심해야 한다.

제3장

바울의 구속사관

바울의 구속사관

구속역사의 개념은 바울 서신 어디에서도 찾을 수 있다. 그러나 여기서는 골로새서, 에베소서, 고린도후서 그리고 로마서[1]에서 적절한 구절을 택하여 주해함으로 바울 서신들에서 구속역사 개념의 일관성과 아울러 바울신학을 연구하는 데 구속역사적 개념을 이해하는 것이 중요하다는 점을 제시하려고 한다.

---

1 골로새서, 에베소서 그리고 로마서를 택한 이유는 골로새서와 에베소서 사이에 유사한 내용이 많을 뿐 아니라 그 유사성 때문에 바울의 저작권을 부인하려는 시도가 있었기 때문이다. Mitton은 <cf. C. Leslie Mitton, *The Epistle to the Ephesians: Its Authorship, Origin and Purpose* (Oxford: The Clarendon Press, 1951)> 바울이 에베소서를 쓰지 않았고 바울이 죽은 훨씬 후인 A.D.87-92 사이에 바울을 잘 알았던 사람이 썼다고 주장한다. 이에 대한 답변으로 Hendriksen <W. Hendriksen, *Exposition of Ephesians: New Testament Commentary* (Grand Rapids: Baker Book House, 1972)>의 서론(pp.5-56)을 참고하라. 여기서 골로새서와 에베소서에 나타난 구속역사의 개념을 튀빙겐 학파까지도 바울 저작권을 인정하는 고린도후서와 로마서의 사상과 비교 연구하므로 비록 직접적인 증명은 될 수 없지만 간접적으로 골로새서, 에베소서의 바울 저작권을 증명하게 될 것이다.

개신교회에서는 바울의 교훈 가운데서 구속역사 개념의 중요성에 깊은 관심을 기울이지 않았는데 이는 종교개혁 이후 칭의(稱義)의 교리가 바울신학의 중심 주제로 생각되어 왔기 때문이다.

이신칭의가 바울의 가장 중요한 교리 중의 한 부분이기 때문에 우리는 바울신학에서 이신칭의의 중요성을 경시하지 않는다. 그러나 리델보스 (Herman Ridderbos)가 말한 바와 같이, 바울의 교훈은 문이 많이 있는 큰 집에 비유할 수 있는데 "이신칭의"는 다른 통로들과 연결은 될 수 있지만 현관 정문은 아니다. 바꾸어 말하면, 이신칭의에 비추어서 모든 바울 서신과 신약의 복음서들 간의 연결성을 이해하기란 어려우며 구약성경과는 더욱 더 그렇다. "이신칭의"는 우리에게 바울의 교훈들의 전체 구도를 보여주지는 못한다. 바울 교훈의 중심골자는 구원역사에서 예수 그리스도의 구속 사역이다. "구속적-역사적"이라는 말은 바울신학의 일반 특성에 관한 광범한 새로운 전망을 제시한다.[2] 칭의 교리가 바울의 교훈에서 중요한 위치를 차지한다는 사실은 부인 할 수 없는 분명한 사실이다. 그러나 칭의 교리는 바울 서신을 이해하는 데 전체적인 윤곽을 제공하지 못한다. 오히려 바울 교훈의 일반적 성격은 그리스도의 강림과 죽음과 부활 이후의 종말론적인 구속역사에 대한 선포요 해석이라고 생각할 수 있다.[3]

이제 바울의 구속적 역사적 개념을 연구함에 있어서 이미 서두에서 언

2 H. Ridderbos, *When The Time Had Fully Come* (*Pathway Books*, Grand Rapids: Eerdmans, 1957), p.47.

3 H. Ridderbos, *Paulus: Ontwerp Van zijn Theologie* (Kampen: J.H. Kok, 1966), p.40: "Heel de inhoud van deze verkondiging vindt dáárin zijn samenvattend karakter, dat zij de proclamatie en de explicatie is van de met Christus' komst, dood en opstanding ingegane eschatologische heilstijd."

급한대로 골로새서, 에베소서, 고린도후서, 로마서에서 필요한 구절을 택하여 따로 주해하고자 한다.

1. 골로새서 1:15-18[4]

이 구절을 해석하기에 앞서 그 기원이 바울의 것이냐 바울 이전의 것이냐 혹은 기독교이전의 것이냐 하는 문제로 논란이 계속되어 왔음을 밝힌다.[5] 여기서는 이 구절의 기원을 찾는 것이 우리의 관심사가 아니기 때문에 기원을 찾기 위해 모든 자료를 조사할 필요는 없다.

오직 바울이 썼다는 결론을 그대로 받고[6] 바울 사도가 이 구절에서 전하고자 하는 내용을 연구하고자 한다. 문맥에서 예수 그리스도가 "모든 피

---

4 본 구절을 해석함에 있어 본인은 웨스트민스터 조직신학 주임교수인 Gaffin박사의 영향을 받은 것을 여기서 지적해 두고 싶다. Gaffin 박사는 원래 신약신학 교수였으나 조직신학 교수로 자리를 옮겨 봉직하시다가 현재는 은퇴교수로 계신다.[R.B. Gaffin, Jr. *Resurrection and Redemption* (*A Study in Pauline Soteriology*. Ann Arbor: University Microfilms, 1970), pp.35-41] .

5 πρωτότοκος(15,18절) 사용의 배경은 구약으로 거슬러 올라간다. W.Michaelis [πρωτότοκος, *Theological Dictionary of the New Testament* (이후 *TDNT*) Vol. VI (Grand Rapids: Eerdmans, 1971), pp.879f.] 는 "골로새서에 나오는 본 용어의 사용을 노스틱 사상으로 설명하는 것은 적당치 않다."고 말했다. 참고 E.K.Simpson and F.F.Bruce, *Commentary on the Epistles to the Ephesians and Colossians* [*New International Commentary on the New Testament* (이후 *NICNT*) Grand Rapids: Eerdmans, 1957), pp.202f.]

6 이 구절을 바울이 썼다는 주장에 대한 근거와 다른 견해들에 대해 자세한 연구를 원하는 분은 Hendriksen의 주해를 참고하기 바란다 (W. Hendriksen, *Exposition of Colossians and Philemon* [*New Testament Commentary* (Grand Rapids: Baker Book House, 1975), pp.66-71] ; N.T. Wright, *The Climax of the Covenant* (Minneapolis: Fortress Press, 1992), pp.99-119.

조물보다 먼저 나신 이"(πρωτότοκος πάσης κτίσεως, 골 1:15)[7]와 "죽은 자들 가운데서 먼저 나신 이"(πρωτότοκος ἐκ τῶν νεκρῶν, 골 1:18)로 설명되었다. 그리스도는 첫 창조 때에 하나님의 형상이었던 것처럼 새 창조의 시작도 되신다.[8] 인접 문맥에서 "먼저 나신 이"가 2회 사용되고 동일하게 그리스도를 지칭하고 있는 점에 관심을 기울일 수밖에 없다. 이 구절의 문맥에서 "모든 피조물보다 먼저 나신 이"는 그리스도와 피조물의 관계를 보여준다. 그렇다면 그 관계란 어떠한 것일까? 바울이 이 구절에서 그리스도가 모든 피조물보다 "먼저 나신 이"라고 표현한 의미는 무엇이겠는가? "모든 피조물보다 먼저 나신 이"는 단순히 그리스도가 "시간적으로 먼저 나셨다"는 뜻은 아니다. 이 사실은 바로 다음에 나오는 호티(ὅτι)가 이끄는 "만물이 그에게서 창조되되"가 그리스도와 피조물의 관계를 명시하며 그 내용은 그리스도가 결코 첫 피조물이 될 수 없다는 사실을 내포한다. "그리스도 자신이 마치 피조된 모든 존재들 가운데 맨 처음 창조된 것처럼 보이게 하는 이 명칭이 그에게 부여된 것이 아니라는 사실을 문맥은 명시하고 있다. 곧 이어서 강조하기를 그리스도는 피조물이 아니며 모든 피조물이 그에 의해 존재할 수 있게 되었다고 설명한다. 그 명칭이 의미하는 바는 모든 피조물 이전에 존재하신 그리스도가 모든 피조물의 주로서 그리고 하나님으로부터 임명받은 '만유의 주로서'(히 1:2) 상속자의 특권을 행사하신 것을 의미한다."[9]

---

7 C.F. Burney ("Christ as the APXH of Creation," *Journal of Theological Studies*, 27, pp.173ff.)는 골 1:15의 πρωτότοκος πάσης κτίσεως가 잠언 8:22을 직접적으로 암시한다고 주장한다.

8 James D.G. Dunn, *The Theology of Paul the Apostle*, p.275.

9 Simpson and Bruce, *Commentary on the Epistles to the Ephesians and Colossians*, p.194

그리스도는 모든 피조물보다 먼저 구별되어 지극히 존귀히 여김을 받으신 분이다. 만물이 그 안에서 창조된 이유 때문에 그리스도는 모든 피조물보다 먼저 나신 자라고 할 수 있다. 이상에서 우리는 바울 사도가 그리스도께서 근본적으로 다른 피조물보다 시간상으로 먼저 나신 분이심을 가르치기 위해 "먼저 나신 이"를 쓰지 않았다는 것을 알 수 있다. 문맥상으로 그러한 개념이 전혀 없는 것은 아니지만 바울은 모든 피조물 이전에 존재하신 선재적 창조자이신 그리스도가 받아야 마땅할 탁월성을 가리키고 있는 것이다.[10]

여기서 구약에서 사용된 이 용어의 용법을 연구할 필요가 있다. 왜냐하면 이 술어의 배경은 구약에서 찾아야 하기 때문이다. 시편 89(88):27은 "내가 또 그를 장자로 삼고 세상 왕들에게 지존자가 되게 하며"[11]라고 말한다. 하나님께서는 다윗을 장자로 만들고 세계 열왕보다 높이시겠다고 약속하신다. 또한 출애굽기 4:22은 "너는 바로에게 이르기를 여호와의 말씀에 이스라엘은 내 아들 내 장자라"(개역개정)라고 함으로 이스라엘이 한 나라로서 주님의 장자라고 확인한다. 여기 구약에 사용된 "장자"는 "먼저 나신 이"(πρωτότοκος, 골 1:15, 18)를 뜻한다. 이상의 연구에서 우리는 골로새서 1:15에 나온 "모든 피조물보다 먼저 나신 이"는 그리스도가 모든 피조물보다 지존하며 유일하다는 의미로 이해해야 한다고 결론지을 수 있다.[12] 그리스도가 모든 피조물보다 지존하심은 "만물이 그에게서 창조되

---

10   Michaelis, "πρωτότοκος," *TDNT,* Vol. VI, pp.877-880; cf. Edward Lohse, *Colossians and Philemon*, trans. by W.R. Poehlmann and R.J. Karris (Philadelphia: Fortress Press, 1971), pp.48f.

11   κάγὼ πρωτότοκον θήσομαι αὐτόν, ὑψηλὸν παρὰ τοῖς βασιλεῦσι τῆς γῆς. (시 89:27)

12   Hendriksen, *Colossians and Philemon*, pp.72f.

되 하늘과 땅에서 보이는 것들과 보이지 않는 것들과 혹은 왕권들이나 주권들이나 통치자들이나 권세들이나 만물이 다 그로 말미암고 그를 위하여 창조되었고"(골 1:16, 개역개정)라는 표현이 잘 설명하고 있다. 여기서 우리는 바울의 전망이 전 창조를 포함할 만큼 넓다는 사실을 보게 된다.

이제 골로새서 1:18에 나오는 "죽은 자들 가운데서 먼저 나신 이"를 연구하기 위해서는 골로새서 1:15의 해석을 참조해야 될 것이다. 바울은 분명히 이 술어를 사용하여 '예수 그리스도'의 부활을 가리키고 있다. 그러므로 이 용어는 부활에 있어서 특별한 존엄과 높이 여김을 받으신 지존의 위치를 의미하는 것으로 이해해야 한다.[13] 문맥에서 또 하나 분명한 것은 부활에 있어서 그리스도와 장차 일으키심을 받을 성도들 간의 견고한 연합도 볼 수 있다(롬 8:29 참조). 일으키심을 받을 죽은 자들의 그룹이 있고, 예수님께서 바로 이 그룹으로부터(ἐκ τῶν) 먼저 나신 이로 나타나셨다는 것이다. "먼저 나신 이"(πρωτότοκος)는 선행하는 "시작"(ἀρχή)과 함께 생각해야 한다. "시작"은 단순히 "시간적으로 먼저"라는 뜻 이상의 의미를 지니고 있다.[14] 그것은 먼저 되심과 탁월하심이라는 두 가지 뜻을 다 포함한다. 이와 같은 해석이 올바른 이유는 그리스도께서 머리로서 교회뿐 아니라 온 우주를 유지하시는 창조적인 능력의 본체가 되시기 때문이다.[15] 특히 "시작"이 "먼저 나신 이"와 함께 사용될 때에는 그리스도의 부활의 중요성을 뚜렷이 설명한다. 이는 세기적 사건의 시작을 말하며 그리스도께서 다

---

13   시간적 "우선"의 개념을 완전히 제거하는 것은 잘못이다. 그러나 근본적인 사상은 그리스도의 권위와 지존성을 나타내고 있다.

14   개역한글판과 개역개정판은 "근본"으로 번역했다. 이는 ἀρχή에 "시작" 이상의 뜻이 있음을 암시하는 번역이다.

15   Lewis B. Smedes, *All Things Made New* (Grand Rapids: Eerdmans, 1970), p.227.

른 사람들의 머리로서 이 세기적인 사건의 시작을 성취하신 것이다.

우리가 이 두 용어를 연관시켜 고찰할 때 일반 부활(The General Resurrection)이 예수님의 부활에서 이미 시작되었다는 것을 보게 된다. 즉 그리스도의 부활은 그의 백성을 수확하는 위대한 일반 부활의 첫 열매가 되는 것이다(고전 15:20).[16] 이제 "모든 피조물보다 먼저 나신 이"와 "죽은 자들 가운데서 먼저 나신 이"가 상응한다는 사실을 중시해야 된다. 바울의 마음속에 그려진 그리스도의 죽음과 부활로 말미암아 성취된 구속의 영향이 그 범위에 있어서 모든 창조의 범위만큼 넓은 사실이 확실하다. 이것은 그리스도께서 모든 창조물을 위해서 죽었다가 살아나셨다는 뜻이 아니다. 오히려 그 뜻은 그리스도의 부활로 말미암아 인간들뿐 아니라 다른 모든 창조물들도 영향을 받았다는 것이다.[17]

이처럼 바울 사도는 그리스도의 구속사역이 폭넓게 영향을 미치고 있다는 사실을 지적한다. 달리 표현하면 골로새서 1:15-20에서 바울 사도는 그리스도의 부활 이후의 관점에서 창조와 부활을 연관시킴으로써 구속역사를 설명하고 있는 것이다. 바울 서신들의 내용에는 이처럼 구속역사에 대한 폭넓은 의미의 개념이 팽배하다.

---

16   첫 열매의 개념을 여기서 철저히 연구하는 것이 우리의 목적이 아니다. 그러나 ἀπαρχή는 그리스도의 부활과 성도의 부활이 분리될 수 없이 연합된 사실을 잘 설명한다. ἀπαρχὴ τῶν κεκοιμημένων(고전 15:20)의 표현에 유의하라. cf. K.H. Bartels, "Firstborn," *The New International Dictionary of New Testament Theology* (이후 *NIDNTT*), Vol. I, ed., Colin Brown (Grand Rapids: Zondervan, 1975), p.669: "Creator and Redeemer are one and the same, the all-powerful God in Jesus Christ 'the first and the last,' 'the beginning and the end,' who binds his own to himself from all eternity, and is their surety for salvation, if they abide in him."

17   E.F. Scott, *The Epistles of Paul to the Colossians, to Philemon and to the Ephesians* (*The Moffett New Testament Commentary*, New York: Richard R. Smith Inc. 1930), pp.23f.

2. 에베소서 1:20-23

이 구절에서는 하나님이 그리스도의 부활을 통해 이루신 사역을 설명하고 있다. 바울 사도는 그리스도의 부활이 구속역사의 전환점이라고 말한다. 에베소서 1:20이 사본 상의 차이는 있으나[18] 어느 사본을 택하여 본문을 읽더라도 의미는 달라질 수 없다. 그러나 완료동사를 택하면 죽은 자들로부터 그리스도의 부활이 과거 역사의 고립된 사건이 아니요 신적인 성취로서 생명을 주시는 하나님의 능력임을 오늘날도 보증한다는 사실을 더욱더 명백히 나타내고 있다.[19]

상기의 문맥에서 바울 사도가 드러내고자 한 의도는 예수님께서 부활로 말미암아 만물통치의 능력을 부여받았다는 점이다. "하늘에서 자기의 오른 편에 앉히사"(엡 1:20)라는 표현은 그리스도께서 좌정하신 장소를 뜻하지 않고 높아지신 그리스도께서 온 우주를 통치할 능력을 부여받았다는 것을 뜻한 의미이다(시 110:1 이하; 엡 2:6; 골 3:1 참조). 칼빈은 "하나님의 오른 편"을 해석하기를 "그것은 어떤 특별한 장소를 뜻하지 않고 하나님 아버지께서 그리스도로 하여금 그의 이름으로 하늘과 땅을 다스리실 수 있도록 그리스도에게 주신 권능을 뜻한다"[20]고 말한다. 바울이 이 구절

---

18 엡 1:20의 주요한 사본 상의 문제는 ἐνήργηκεν(완료)과 ἐνήργησεν(부정과거)이다. 전자는 B사본(4C)과 A사본(5C)의 지지를 받고 있으며 후자는 ℵ사본(4C), K사본(9C), L사본(9C), 그리고 D사본(6C)의 지지를 받고 있다. 양자 모두 훌륭하고 유력한 사본들의 뒷받침이 있으므로 어느 한 쪽에 치중하여 판단하기 곤란한 점이 있다.

19 F.W. Beare, *The Epistle to the Ephesians* (*The Interpreter's Bible*, Vol.X. New York: Abingdon Press, 1953), p.633

20 John Calvin, *The Epistles of Paul the Apostle to the Galatians, Ephesians, Philippians and Colossians,* trans. T.H.L. Parker (Grand Rapids: Eerdmans, 1974), p. 136.

에서 사용한 술어는 그리스도의 주권이 만물에 미치는 폭넓은 범위와 가장 높은 위치를 차지한다는 뜻을 내포한 것인데 곧 그의 부활로 말미암아 주어진 주권과 위치이다. 다음으로 에베소서 1:21에서 바울은 "이 세상"뿐 아니라 "오는 세상"[21]이라는 표현을 사용했다. 이와 같은 분명한 대칭으로 "이 세상"과 "오는 세상"의 상호 관계를 설명하는 구절이 다른 바울 서신에 이 구절 말고는 나타나지 않는다.[22] 바울이 분명한 대칭으로 "이 세상"과 "오는 세상"을 이 구절에서 언급한 이유는 그리스도의 이름이 다른 모든 이름 위에 뛰어난다는 사실이 시간과 공간의 제한을 받지 않고 확인되어야 하기 때문이었다. 이 구절에서도 바울은 역사상에서 폭넓게 영향력을 미치는 구속사역에 깊은 관심을 나타내고 있다.

두 세대 간의 구별이 에베소서 1:21에 명확히 나타난다. 이 성구가 분명한 대칭을 통해 두 세대 혹은 두 세상 사이의 관계성을 보이는 유일한 구절이다. 그러나 암암리에 "오는 세대"와 대칭을 이루는 "이 세대(ὁ νῦν αἰών)"라는 말은 많은 구절에서 발견된다[23](롬 12:2; 고전 1:20; 2:6,8; 고후 4:4; 갈1:4; 엡 2:2; 딤전 6:17; 딛 2:12). 보스(Geerhardus Vos)는 바울이 에베소서 1:21에서 두 용어(이 세상과 오는 세상)를 사용한 특별한 이유를 이렇게 지적했다. 즉 "모든 이름 위에 뛰어난 그리스도의 이름의 탁월성이 시간과 공간의 제한을 받지 않고 인정받도록 하는 데 있었다. 다른 구절들은

---

21   οὐ μόνον ἐν τῷ αἰῶνι τούτῳ ἀλλὰ καὶ ἐν τῷ μέλλοντι (엡 1:21)

22   복음서들에서는 이 대칭이 자주 나타난다. 마 12:32에 ἐν τούτῳ τῷ αἰῶνι가 ἐν τῷ μέλλοντι와 대칭 되어 있고 막 10:30에 νῦν ἐν τῷ καιρῷ τούτῳ가 ἐν τῷ αἰῶνι τῷ ἐρχομένῳ와 대칭 되어 있다(눅 18:30참조). 바울 서신들에서는 이 세상(ὁ νῦν αἰῶν)이라는 표현만 사용된 곳이 여러 곳 있다. 사실상 이 표현은 대칭을 암시한다(롬 12:2; 고전 1:20; 2:6,8; 고후 4:4; 갈 1:4; 엡 2:2; 딤전 6:17; 딛 2:12).

23   G. Vos, *The Pauline Eschatology* (Grand Rapids: Eerdmans, 1961), p.12.

전(前) 종말론적 기간 내에 있는 어떤 특징과 요소를 다루기 때문에 대칭을 통해 두 세대를 말할 필요가 없다."[24]

두 세대는 연속적이며 한 세대가 다른 세대를 뒤따라 연속한다. 그렇지만, "이 세대"(οὗτος ὁ αἰών)는 불완전하며 미완성이나, "오는 세대"(ὁ μέλλων αἰών)는 완전하며 완성적이다. 그런데 오는 세대의 나타남에는 두 단계가 있다. 첫 단계는 예수 그리스도의 사역, 특별히 그의 죽으심과 부활에 의해서 이미 시작되었다. 둘째 단계는 예수 그리스도의 재림에 의하여 시작될 것이다. 그러나 첫 단계와 둘째 단계의 사이에, 이 세상과 오는 세상은 동시에 공존한다. 한 세대의 존재함이 다른 세대의 존재를 배제하지 않는다. 보스는 이와 같은 세계관을 오는 세상이 그리스도의 부활에 의하여 원리적으로 실현되었다는 자신의 전형적인 도표[25]로 명확히 설명했다. 그것은 예수 그리스도의 재림까지는 완성되지 않을 것이다. 우리가 살고 있는 이 기간은 "이미……그러나, 아직……아니다"라는 특징을 띤다.[26] 예수님의 초림 때에 하나님의 나라가 실현되었다. 그러나 하나님의 나라는 아직 완성되지 아니했다(마 12:28; 막 1:15; 눅 17:21, 22:18). 하나님 나라의 실현(fulfillment)은 잠정적인 성격을 띠며 완성(perfection)은 미래에

---

24   Vos, *The Pauline Eschatology* (1961), p.12.

25   *Ibid.*, p.38.

그리스도의 부활	원리적으로 실현된 오는 세상 (하늘에서) (땅에서	견고한 존재로 완전히 실현된 내세 재림
이 세대 혹은 이 세상		

26   O. Cullmann, *Salvation in History* (New York and Evanston: Harper and Row, 1967), p.176; Cf. Gaffin, "Paul as Theologian," *Westminster Theological Journal*, Vol. XXX, No.2 (1968), p.225.

나타날 것이다. 그럼에도 불구하고 여기서는 때 혹은 때들의 참이 이미 원리상 실현된 사건이라고 한다.[27] 현재 준비 기간에 살고 있는 자들은 두 세대 사이의 긴장을 경험한다.

이상에서 고찰한 구절과 뒤따르는 구절을 연관시켜 간단히 생각해 보자. 흥미 있는 사실은 같은 사상이 에베소서 2:5 이하에서도 나타난다는 점이다. 환언하면 그리스도와 신자들의 연합 개념이 명시된 것이다. 앞서 해석한 에베소서 1:20 이하에서 나타난 기본 사상, 즉 예수님의 부활과 높아지심, 그리고 오는 세상 등의 개념을 이 구절에서도 찾을 수 있다. 비록 에베소서 2:5 이하를 구속역사의 개념으로 이해해야 하지만 문맥은 바울이 신자들의 개인적 생애의 변화를 도외시하지 않는다는 점도 명확히 입증하고 있다. 즉 바울은 구속역사뿐 아니라 개인 성도들의 구원에도 큰 관심을 보이고 있다. 에베소서 2:5에 "죽은 우리"는 그리스도의 죽음에 연합된 우리를 뜻하지 않는다. 왜냐하면 우리의 죽은 상태가 허물로 죽은 상태이기 때문이다. 그것은 그리스도와 연합된 상태로 이해할 수 없고 바울과 그의 독자들의 도덕적 타락을 포함해서 실제적 죽음의 상태를 의미한다(엡 2:2이하 참조).[28] 그러므로 바울이 에베소서 2:5에서 "우리를 그리스도와 함께 살리셨고"(συνεζωοποίησεν τῷ Χριστῷ)라고 쓴 것은 그리스도의 부활이 신자들의 부활과 연합되었다는 뜻일 뿐 아니라 개인 성도들의 변화와 도덕적 재생을 포함한다.

이상의 고찰에서 우리는 바울이 개인 성도들의 변화뿐 아니라 예수 그리스도의 부활로 말미암아 새로운 국면에 접어든 구속역사에 깊은 관심을

---

27   H. Ridderbos, *Paulus. Ontwerp van zijn Theologie* (Kampen: J.H. Kok, 1966), p.41.

28   Gaffin, *Resurrection and Redemption*, pp.45f.

가지고 있다는 사실을 찾을 수 있다.

3. 로마서 8:15-25

바울은 이 구절에서 현재의 고난과 장차 우리에게 나타날 영광을 비
교하고 있다(롬 8:18). 성도들이 장차 받을 영광과 비교할 때 성도들이 받
고 있는 현재의 고난은 미미한 것이다. 바울은 하나님께서 인간과 세상
을 위한 그의 구원의 목적을 이루시고 모든 것을 완성하실 것을 묘사하
고 있다. 로마서 8:18에서 바울이 사용한 "고난"은 그리스도와 함께 받는
고난을 뜻한다. 바울은 로마서 8:17에서 "그와 함께 영광을 받기 위하여
($\sigma \upsilon \nu \delta o \xi \alpha \sigma \theta \hat{\omega} \mu \epsilon \nu$) 고난도 함께 받아야 할 것이니라"($\sigma \upsilon \mu \pi \acute{\alpha} \sigma \chi o \mu \epsilon \nu$)라고 말
한 사실을 통해 이 점을 입증한다. 그리스도와 함께 받는 고난 중의 교제
는 오는 세상에서 그리스도와 함께 충만히 받을 영광의 교제를 위한 길을
준비하는 것이다. 우리가 이 점에서 주목해야 할 바는 "장차 나타날 영광"
이 예수 그리스도의 부활로 말미암아 성도들의 생애에 이미 존재한다는
사실이다(롬 8:11,17). 그러나 그 영광이 아직 공개적으로 표명되지 않은
것이다. 다음 절에 나타나듯이 바울 사도는 이 구절에서도 공개적인 표명
(open manifestation)에 강조점을 두고 있다. 로마서 8:19에서도 바울 사도
는 하나님의 아들들의 나타남(revelation)을 강조한다. 이 표현은 하나님의
자녀들의 영광이 이미 존재하지만 오직 표명된 것만 기대하고 있다는 사
상을 제시한다(골 3:4; 요일 3:2).[29] 로마서 8:15에 나타난 대로 신자들은 이

---

29   G. Vos, *The Pauline Eschatology* (1961), p.175. 참고 "우리 생명이신 그리스도
께서 나타나실 그때에 너희도 그와 함께 영광 중에 나타나리라"(골 3:4, 개역개정).

미 양자의 영을 받았다는 사실이 이를 확증한다. 신자들의 양자된 상태는 다만 표명되지 않은 상태로 현존한다(요 1:12; 5:24; 빌 3:20 참조).

보스(G. Vos)는 언급하기를 "하나님의 아들들로서 신자들의 상태는 자유와 후사(後嗣) 등과 같은 모든 특권을 이미 받은 상태로 있는 것이지만 아직 공개적으로 표명되지 않았을 뿐이다."[30]라고 했다. 확실히 신자들은 이미 하나님의 아들들이 되었고 그들의 상태는 충만한 영광으로 표명될 것이다(요 1:12 참조). 바울 사도는 "고대하는 바"[31]라는 특이한 용어를 사용함으로써 하나님의 아들들의 나타남이 얼마나 간절히 기대하는 바인지를 강력하게 표현하고 있다. 또한 "간절한 기다림"(ἀπεκδέχομαι)이라는 표현의 사용은 그 간절한 기대의 개념을 더욱 강조한다(참조. 롬 8:23,25; 고전 1:7, 갈 5:5; 빌 1:20; 3:20).

그러면 누가 하나님의 아들들의 나타남을 간절히 고대하고 있는가? 그렇게 고대하는 주체는 피조물(ἡ κτίσις)이다.[32] 여기서 바울 사도는 그리스

---

30   Vos, *The Pauline Eschatology*, p.198.

31   ἀποκαραδοκία는 목을 길게 빼고 주시하는 것을 뜻한다. J.H. Thayer, *A Greek-English Lexicon of the New Testament* (New York: American Book Company, 1889), p.62. ἀποκαραδοκία는 아마 바울 자신이 만든 명사일 것이다(참고 빌 1:20). J.H. Moulton and G. Milligan, *The Vocabulary of the Greek Testament* (London: Hodder and Stoughton, 1930), p.63.

32   창조물 또는 피조물(κτίσις)의 범위를 결정하는 데 있어서 여러 가지 견해가 있다.
① 생물과 무생물을 포함한 물질적 피조물 (the material creation) (Luther, Calvin, Meyer, Haldane, Hodge)
② 신자들을 제외한 인류전반을 말하는 이성적 피조물(the rational creation) (Lightfoot, Stuart)
③ 물질적인 것과 이성적인 것을 모두 포함한 모든 피조물(the whole creation) (Lange, Schaff)
④ 전 구절이 교회를 가리키고 있으므로 구속받은 성도들(Lampe)
이상의 네 견해 가운데서 가장 문맥에 알맞다고 생각되는 것은 첫 번째 견해이다. 그 이

도의 구속사역의 우주적인 범위를 포함시킨다. 창조의 개념은 구속 개념의 기초가 되며 바울의 위대한 구속적 역사적 전망의 배경을 형성하고 있다.[33] 이 개념은 바울이 아담과 그리스도를 대조하여 그의 사상을 발전시키는 데서도 찾아볼 수 있다(롬 5:12-21, 고전 15:45,49).

그러면 무엇 때문에 모든 피조물이 하나님의 자녀들의 영광의 표명을 간절히 고대하는가? 그 까닭은 피조물이 허무한 데 굴복되었기 때문이며 썩어짐의 종노릇한 데서 해방되어야 하기 때문이다(롬 8:20,21, 참고 창 3:17). 바울 사도의 이 표현은 창세기 3:17을 배경으로 생각하고 있음이 분명하다. 이 구절은 피조물이 하나님의 저주로 굴복 당한 것은 자체의 성향 때문이 아니라 비참한 인류의 상태 안에 엉키게 된 연고[34] 때문임을 분명히 한다. 인간의 범죄 때문에 땅위에 저주가 선포되었다(창 3:17 이하). 그러나 바울은 이 선에서 머물지 않고 계속해서 말하기를 "피조물이 허무한 데 굴복하는 것은 자기 뜻이 아니요 오직 굴복하게 하시는 이로 말미암음이라"(롬 8:20)[35]라고 함으로 왜 피조물이 허무한데 굴복하게 되었는지를

유는 문맥에서 제외된 것을 빼고는 창조된 모든 실재가 피조물 속에 포함되어 있기 때문이다. 그러나 바울이 여기서 강조하고 있는 것은 피조물의 범위에 있지 아니하고 그리스도의 구속사역의 영향이 우주적인 범위로 미치고 있다는 것이다.(cf. 창 3:17; 계 21:1; 롬 5:12 이하) κτίσις의 번역은 피조물보다는 창조물로 번역하는 것이 더 적합하다는 것을 밝혀둔다.

33   Ridderbos, *Paul and Jesus*, p.121.

34   Vos. *The Pauline Eschatology*, p.85.

35   우리 개역판이나 개역개정판 번역은 창조물이 굴복된 사실이 소망 가운데서 되었다는 개념이 뚜렷하지 않다. 헬라어나 영역에서는 이 개념이 명백히 표현되어 있다. "For the creation was subjected to futility, not of its own will, but because of Him who subjected it, in hope that the creation itself also will be set free from its slavery to corruption into the freedom of the glory of the children of God" (롬 8:20-21, NASB).

설명한 후 곧 바로 로마서 8:21에서는 "그 바라는 것(in hope)은 피조물도 썩어짐의 종노릇 한 데서 해방되어 하나님의 자녀들의 영광의 자유에 이르는 것이니라."(개역개정)라고 함으로 피조물의 소망이 무엇인지를 확증한다. 피조물은 인간이 하나님께 불순종함으로 저주를 받아 인간과 함께 썩어짐의 종노릇한 데 빠지게 되었지만 하나님의 자녀들의 회복으로 썩어짐의 종노릇 한 데서 해방될 소망을 갖게 된 것이다. 우주적 회복은 신자들의 구속과 분리될 수 없다.[36]

분명히 바울 사도는 창세기 3:17의 기록을 그리스도께서 부활하신 이후의 관점에서 해석하고 있다. 바울에게는 모든 것이 완성될 때는 피조물이 썩어짐의 종노릇한 데서 해방되어 하나님의 아들들의 영광의 자유에 이르는 때요, 모든 적들의 행위가 완전히 소멸될 때이다. 바로 그 때에 하나님의 아들들의 나타남이 충만하게 될 것이다. 로마서 8:23에서 바울 사도는 왜 "성령의 처음 익은 열매"를 이미 소유한 성도들도 탄식하는지를 설명한다. 그 이유는 현재가 성취와 완성의 때가 아니기 때문이다. 현재는 소망의 때로 주님의 재림의 날에 성취될 완성을 고대하는 때이다. 신자들은 몸의 구속 곧 몸의 부활(고후 5:2)을 기다리고 있다. 그날에 "우리의 겸양(謙讓)의 몸은 그리스도의 영광의 몸과 같이 될 것이고(빌 3:21 참조) 바로 그 완성을 위해 하나님의 아들들이 탄식하는 것이다."[37] 하나님의 아들들이 탄식하며 기다리는 이 완성은 모든 피조물의 회복과 함께 성취될 것이다. 이 완성은 우리 속에 거하시는 성령이 현재 확증하시고 있지만(고후

---

36   O. Cullmann, *Salvation in History* (New York and Evanston: Harper and Row, 1967), p.146.

37   J. Murray, *The Epistle to the Romans* (*NICNT*, Vol.I, Grand Rapids: Eerdmans, 1968), p.308.

5:5; 롬 8:9-11) 미래에 성취될 것이다.[38] 사도 바울은 "성령의 처음 익은 열매"를 통하여 성도들이 이미 올 영광에 참여자가 되었으며 오직 미래 사건들은 이 사실을 명백히 표출시키는 것에 지나지 않는다고 표현한다.[39] "성령의 처음 익은 열매"(τὴν ἀπαρχὴν τοῦ πνεύματος)라는 표현에서 사용된 소유격은 부분을 표시하는 것이다.[40] 그러므로 성령이 첫 열매와 동일시된다. 첫 열매는 신자들에게 주어진 바로 이 성령이며 신자들은 때가 이르면 몸의 부활의 영광을 받으리라는 확신을 첫 열매로 받은 것이다. 그러므로 이 성령을 이미 소유한 신자들은 양자로서 기쁨을 현재 맛보고 있으며(롬 8:15 참조), 앞으로 양자됨의 기쁨이 몸의 부활에서 충만하게 나타날 것이다. 이와 같은 이유로 바울은 로마서 8:24에서 "우리가 소망으로 구원을 얻었다"라고 말했다. 신자들은 이미 구원을 받았다. 그러나 구원은 완성되지 않았다. "지금 소유하고 있는 구원은 완전하지 않다. 이 사실은 몸의 구속, 즉 양자될 소망 안에 살고 있는 신자들의 양심에서 반영되고 있다."[41] 우리는 이 점에서 구원 개념 자체에 있어서 "이미……그러나 아직"이라는 사실을 발견할 수 있다.[42]

라이트(Wright)는 "바울로 봐서는 부활의 의미가 단순히 창조주 하나님이 어떤 고독한 개인을 위해 특별한 무엇을 행한 것이 아니다. (오늘날 사람들이 부활절 선포의 요지를 그렇게 상상하는 것처럼) 그러나 부활로 그

---

38   E.E. Ellis, *Paul and His Recent Interpreters* (Grand Rapids: Eerdmans, 1968), p.36.

39   W.D. Davies, *Paul and Rabbinic Judaism* (New York and Evanston: Harper and Row, 1967), p.319.

40   G. Delling, "ἀπαρχή," *TDNT*. I (Grand Rapids: Eerdmans, 1963), p.486.

41   J. Murray, *The Epistle to the Romans* (*NICNT*), p.309.

42   Cullmann, *Salvation in History* (1967), p.176.

리고 부활을 통해서 '현재의 악한 세대'가 '오는 세대,' 회복의 시간, 되돌아감, 언약 갱신, 그리고 용서에 의해 침략을 받은 것이다."[43]라고 설명한다.

바울의 이와 같은 구속역사에 대한 관점은 바울 서신을 연구할 때 칭의 개념의 관점에서만 연구해야 한다는 태도는 정당화될 수 없음을 입증하는 것이 된다. 바울신학에 있어서 칭의 교리가 대단히 중요한 요소인 것만은 의심할 여지가 없다. 그러나 칭의 교리는 구속역사에 있어서 종말론적 전망의 폭넓은 개념에 의해 조정되어야 한다. 왜냐하면 칭의 자체도 종말론적인 의미로 생각되어야 하기 때문이다. 이상의 관찰에서 볼 때 바울 서신들은 종말론적인 구속역사라는 폭넓은 관점에서 취급되는 것이 마땅하다.

4. 고린도후서 6:1-2

바울의 역사관은 시작(태초)이 있으며 한 방향을 향하는 목적과 의미가 있는 직선적인 역사관이다. 시간은 예정된 일정한 완성을 향하여 흐르고 있다. 바울의 역사관은 종말론적이며 역사는 완성을 향해 진행한다. 오랫동안 종말론은 예수님의 재림을 설명하는 전문용어 즉 "마지막 사건들"에 관한 교리로 받아들여졌다. 그러나 지금은 종말론이 말세론에 그치는 것이 아니라 예수님의 세상에 오심과 전체 교훈과도 연관되어 있음을 알 수 있게 되었다. 예수님이 세상에 오심은 구약성경의 대망과 오는 세대의 기대와 도래의 실현으로서 종말론적 의미를 갖는다(막 1:15; 갈 4:4; 사 53:1

---

43   N.T. Wright, *The Resurrection of the Son of God* (Minneapolis: Fortress Press, 2003), p.332.

이하, 60:21-22; 미 5:2).

이러한 사상적 배경에서 바울은 말하기를 "보라 지금은 은혜 받을 만
한 때요 보라 지금은 구원의 날이로다(고후 6:2, 개역개정)"라고 하였다. 여
기서 우리는 칭의 효과를 나타내는 한 폭의 그림을 두 세대의 체제에 비추
어서 살펴본다. "지금"은 구약성경의 예언으로 특징을 나타내는 과거 세대
들과 대조된다. 바울신학의 진정한 제목은 감추어졌던 계시, 곧 예수 그리
스도 안에 있는 새로운 때에 관한 선언이었다. 비밀이 계시된 "지금"은 긴
침묵의 세대와 대조가 된다. 감추어졌던 비밀이 침묵의 세대 후에 마침내
계시되었다. 바울은 "그 뜻의 비밀을 우리에게 알리신 것이요 그의 기뻐하
심을 따라 그리스도 안에서 때가 찬 경륜을 위하여 예정하신 것이니 하늘
에 있는 것이나 땅에 있는 것이 다 그리스도 안에서 통일되게 하려 하심이
라"(엡 1:9-10, 개역개정)라고 쓴다.

때가 차매 비밀이 계시되었다(갈 4:4). 그리스도께서 오심으로써 고대
의 특성을 가진 시대는 종료되었다. "비밀"이란 말은 때의 참과 밀접하게
관련되어 있어서 역사적인 의미를 내포한다(롬 16:25). 구속역사에 있어
서 그리스도에 의하여 시작된 '때의 참'은 바울신학의 핵심이다. 그러면 때
가 차매 현시된 비밀은 무엇인가? 그리스도 자신이 하나님의 비밀이시다
(골 2:2, 4:3-4). 예수님의 십자가와 부활의 역사는 세상 지혜자들의 눈에는
감추어져 있는 하나님의 비밀이다.[44] 바울은 "비밀"을 계시록적인 방법으
로 해석한다. 하나님이 창세 전에 그의 지혜로 그리스도의 십자가를 우리
의 영광을 위해 미리 정해 놓으셨다. 때의 마지막에 우리의 영화를 생각하
는 것이다(고전 2:7). 그런데 하늘에서 이미 준비되고 구약 예언으로 약속

---

44   G. Bornkamm, "μυστήριον," *TDNT*, IV, ed. by G. Kittel (Grand Rapids:
Eerdmans, 1964), p.819f.

된 이 비밀이 이제는 시간과 역사 안에 발생한 것이다. 고린도전서 1:19은 이사야 29:14을 인용하고 고린도전서 2:9은 이사야 64:4을 인용한다. 이 세상의 관원들이 하나님이 작정하신 비밀을 알지 못했지만 성령의 조명을 받은 자는 겸손한 복종으로 그것을 이해하게 된다(고전 2:12).[45] 하나님의 때의 경륜 중 위대한 전환점이 십자가에 죽으시고 부활하신 구세주 안에서 이루어졌다.

그러므로 "지금"은 마치 두 나라를 횡단하고 있는 산맥과 같다. 그것은 두 나라에 속하여 두 나라를 조망한다. 이 사실이 미래가 현재로서 경험되는 "지금"의 특성이다. "신약성경의 지금(νῦν)은 그리스도의 사건에 의해 전적으로 결정되고 충만하게 되었다. 순수한 역사적 입장에서 보면 이것은 예수님의 생애와 사역, 죽으심과 부활을 포괄한다. 즉 그것은 과거 사건이지만 영원히 시간 속에 들어오는 하나님의 행동으로서 이 사건은 역시 현재이다."[46]라고 쉬텔린(Stählin)은 말하였다.

여기서 우리는 복음서에서 언급하는 하나님 나라의 임함이라고 하는 사상과 일치하는 것을 보게 된다. 사실상 바울 서신들은 더 넓은 의미로 예수 그리스도의 선포요 복음이며, 예수 그리스도에 관한 선포요 복음이다. 즉 바울 서신들은 때가 차매 하나님께서 행하신 일의 선포인 것이다. 그러나 바울의 선포는 방법상 복음서의 선포와 다른 점이 있다. 바울의 선포는 복음서에 기록된 구원역사의 해석이라는 특징을 지닌다고 할 수 있다.[47]

---

45   G. Finkenrath, "Secret, Mystery," *NIDNTT*, Vol. 3 (Grand Rapids: Eerdmans, 1979), p.504.

46   G. Stählin, "νῦν," *TDNT*, IV, p.1113ff.

47   Ridderbos, *When The Time Had Fully Come*, p.94.

예수님의 사역과 교훈과 인격에서 '때의 참'이 성취되었다는 것이 바울의 복음 선포의 기초와 골격이다. 특히 '때가 참'은 그의 백성을 위한 대속 사업인 예수 그리스도의 죽으심과 부활에 집약되었다.

그러므로 바울이 "은혜 받을 만한 때"와 "구원의 날"이라고 말할 때에 그는 하나님께서 사람에게 그리스도를 믿기 위한 기회 즉 계기를 주셨다는 의미로 사용하지 않고, 오히려 구원역사에서 성취된 오랫동안 기다렸던 결정적인 사건인 예수 그리스도의 오심을 가리킨다. 휴즈(Hughes)는 "고린도 교인 자신들이 이 고대 예언의 실재적인 성취에 대한 직접적인 지식을 그의 사역과 그들의 반응으로 소유하게 되었음을 설명하고 주의를 환기시키고 있다."[48]라고 해석한다.

바울은 오랫동안 기다렸던 주의 날이 "지금" 이루어진 것이라고 확신하고 있다(고후 6:2). 우리는 바울 사도가 이 구절을 구약성경의 예언 즉 이사야 49:8에서 인용했다는 사실을 망각하면 안 된다. 이 구약성경의 인용절은 선지자가 여호와께서 그를 여호와의 종으로 삼기 위하여, 또한 다시금 이스라엘을 여호와와 화해시키기 위하여, 그리고 또 여호와의 구원을 땅 끝까지 이르게 할 이방의 빛으로 그를 세우기 위하여, 모태로부터 지으셨다는 것을 지적한 노래 다음에 기록한 구절이다. 그리고 사람들이 그를 멸시할지라도, 하나님께서 그를 열 왕과 방백들 가운데 존귀하게 하여 그들이 그를 하나님의 택한 자로 알 수 있도록 할 것이라고 여호와께서 말씀하셨다. 이사야의 인용 구절은 우리에게 메시아적 종말론적 미래에 대한 암시를 보여준다.

바울 사도는 선지자의 말을 자기 독자들에게 적용한다. 그렇게 하

---

48   P.E. Hughes, *Paul's Second Epistle to the Corinthians* (*NICNT*, Grand Rapids: Eerdmans, 1962), p.220.

여 그는 주님의 "오늘날"(σήμερον; 눅 4:21)이 주의 은혜의 시대(ἐνιαυτὸν κυρίου δεκτόν; 눅 4:19)라고 선언하신 예수님의 선포와 일치한다는 것을 밝혔다. 종말론적 구원의 성취는 이미 시작되었으며 지금(νῦν)은 이 개념에 의해서 정의된다. "'지금'이란 한편으로는 성육신한 아들의 자아겸비적인 강생(초림)에 의해, 다른 편으로는 그의 영광의 재림에 의해 한정된 현금(現今)의 은혜시대의 기간이다."[49] 이 "지금"에는 두 국면 즉 수평적인 국면과 수직적인 국면이 있다. 바꾸어 말하면 역사적 국면과 실존적 국면이 있다. "'지금'은 개별적 인생뿐 아니라 인류 전체와 창조물 전체에까지 연관된 하나님의 경륜에서 '전'이며 '후'이기 때문에 '지금'이요, 또한 개인은 그러한 과정에 자신을 포함시킬 수 있기 때문에 '지금'이다."[50]

그래서 사도 바울은 예수 그리스도로 말미암은 구속역사를 생각하면서 고린도 교인들에게 하나님께서 그들에게 베푸신 은혜를 헛되이 받지 말라고 권면한다(고후 6:1). 바울 사도는 이사야서에서 인용한 예언과 그 구절의 해석을 삽입시킴으로(고후 6:2) 화해의 직분을 설명하는 문맥에서 (고후 5:17-20) 구약 성경의 예언이 구속역사의 성취를 지지하고 있음을 분명히 한다. 바울은 먼저 구속역사를 생각하고 그 다음에 실존적 적용을 생각한다.

우리는 이제 고린도후서 5:21을 참조함으로써 고린도후서 6:2을 구속역사적 전망으로 해석하는 것이 정당하다고 말할 수 있다. 왜냐하면 바울 사도가 "죄를 알지도 못하신 이를 우리를 대신하여 죄로 삼으신 것은"(고후 5:21)이라고 말함으로써 역사적 그리스도의 사건을 언급했기 때문이다. 여기서 다시 바울은 하나님이 그리스도의 오심과 사역 즉 특히 그의

---

49   Hughes, *Paul's Second Epistle to the Corinthians* (1962), p.220.

50   Cullmann, *Salvation in History* (1967), p.225.

죽으심과 부활을 통하여 성취하신 계시가 이미 역사 속에 실현되었다고 선언하고 있다.

우리가 이 구절들을 해석할 때 구속역사의 전망으로 이 구절들을 해석하지 않는다면 바울이 나타내고자 한 주된 요점을 놓칠지 모른다.

이제 동일한 사상을 "누구든지 그리스도 안에 있으면 새로운 피조물이라 이전 것은 지나갔으니 보라 새 것이 되었도다"(고후 5:17)라는 말씀에서도 찾아보자.[51]

5. 고린도후서 5:14-21

"그런즉 누구든지 그리스도 안에 있으면 새로운 피조물이라 이전 것은 지나갔으니 보라 새 것이 되었도다"(고후 5:17, 개역개정).

이 구절은 주관적 구원론을 지지하는 구절로서 개인 성도의 중생과 회심을 설명하는 것으로 이해되어 왔다. 이런 까닭에 이 구절은 성령의 역사에 의하여 폭풍 같은 인생의 마음속에 생긴 내적 변화를 의미하는 것으로 받아들였다. 그러나 보스는 본 구절을 다른 각도로 이해하였다. 보스(Vos)는 "전연 새로운 환경, 혹은 더 정확히 말하면 전연 새로운 세상이 창조되었으니, 해당된 사람은 그 세계 안에 거주자이며 참여자이다. 물론 변화된 주체의 내면성이 배제되지는 않았지만 이 구절의 일차적인 의미는 변화된

---

51 Allo는 고후 5:14-21을 가리켜 "une philosophie de la rédemption"이라고 지칭했다. cf. D.M. Stanley, *Christ's Resurrection in Pauline Soteriology* (Rome: E Pontificio Instituto Biblico, 1961), p.138.

주체의 내면성이 아니라는 것이다. 주변 세계 전체가 새로운 국면과 특성을 갖게 된 것이다."[52]라고 해석한다. 바울 사도는 본 구절에서 그리스도의 죽으심과 부활에서 생긴 사실들을 기술한다. 그러므로 이 진술은 보다 넓고 보다 전반적인 의미를 지녔다. 바울의 언어에서 "크티시스(κτίσις)란 용어는 전체 창조물(골 1:15)에 관하여 사용되었으나, 크티스마(κτίσμα)는 개별적인 창조물에 관하여 사용되었다."[53] 우리는 이 구절에 우주적이고 종말론적인 의미가 함축되어 나타나 있다는 것을 살피지 않으면 안 된다. 이 구절에서 우리는 바로 두 세계 질서의 대조를 발견한다. 새것은 예수 그리스도 안에서 새로운 창조 질서를 가리키나, 옛것은 구속받지 못한 비참한 세상을 가리킨다(갈 6:15).

우리는 이 구절이 "화목의 직분"(the ministry of reconciliation)을 다루는 문맥에 포함되어 있음을 주목해야 한다. 그러므로 바울의 사역 내용은 예수 그리스도를 통한 구속역사적 구원 외에 다른 것이 아니다. 그리스도 안에서의 화목은 과거에 있었던 아담 안에서의 불목을 돌아보게 한다. 우리는 이 인용구 바로 앞에 있는 구절로 우리를 필연적으로 인도하는 두 개의 "호스테(ὥστε; 고후 5:16 - 그러므로, 고후 5:17 - 그런즉)"를 발견한다. 두 개의 접속사는 본 절과 바로 앞 절과의 밀접한 관계를 확인하고 있다. 그러므로 우리는 이 구절에 관하여 명백한 지식을 얻기 위해 앞 절의 내용을 소급하여 고찰하지 않으면 안 된다.

바울은 고린도후서 5:14에서 "한 사람이 모든 사람을 대신하여 죽었은즉 모든 사람이 죽은 것이라"(개역개정)라고 말함으로 대표의 의미뿐 아니

---

52   Vos, *The Pauline Eschatology*, p.47.

53   W. Foerster, "κτίζω," *TDNT*, III, p. 1028. κτίσις를 κτίσμα와 동일하게 사용할 수 있는 실례가 별로 없다(롬 8:39; 비교 히 4:13).

라 연합의 의미도 명백히 나타내고 있다. 대표하는 국면과 연합의 국면은 결코 분리할 수 없다. 그리스도께서 모든 사람을 "대신하여" 죽으셨은즉 "모든 사람이" 죽었다.[54]

바울 사도는 이어지는 고린도후서 5:15에서 그(그리스도)가 모든 사람을 대신하여 죽으신 목적은 "살아 있는 자들로" 하여금 다시는 그들 자신을 위하여 살지 않고 "오직 그들을 대신하여 죽었다가 다시 살아나신 이를 위하여 살게 하려"는 것이라고 진술한다.[55]

"그들을 대신하여 죽었다가 다시 살아나신 이를 위하여"(고후 5:15)라는 표현에서 "그들을 대신하여"가 "죽었다"와 "다시 살아나신"에 다 관련되는지 혹은 전자인 "죽었다"와만 관련되는지에 관하여는 약간의 논란이 있어 왔다. 어떤 사람들은 그리스도께서 우리를 위하여 살아나셨다고 말하는 것은 부정확하다고 생각한다. 그러나 "그들을 대신하여"(ὑπέρ αὐτῶν)가 근접한 분사인 "죽었다"(ἀποθανόντι)와만 관련이 있다고 주장하는 것은 문법적으로 가능한 이론이지만 오히려 헬라 사람들이 읽는 것처럼 "그들을 대신하여"가 "죽었다" 뿐만 아니라 "다시 살아나신"(ἐγερθέντι)과도 관련이 있는 것으로 해석하는 것이 보다 더 자연스럽다.[56] 부활은 그리스도의 대속사역에서 예수님의 죽으심과 분리될 수 없다.

예수님은 우리의 죄를 위하여 죽으시고 우리를 의롭다 하심을 위하여 다시 살아나셨다. "예수는 우리가 범죄한 것 때문에 내줌이 되고 또한 우리를 의롭다 하시기 위하여 살아나셨느니라"(롬 4:25, 개역개정). 예수님의

---

54   R.B. Gaffin Jr., *Resurrection and Redemption (A Study in Pauline Soteriology)* (Michigan: University microfilms, 1970), p.72.

55   Gaffin, *Resurrection and Redemption*, p.72.

56   Hughes, *Paul's Second Epistle to the Corinthians*, p.196, n.33.

부활은 그의 죽으심과 똑같이 대표적이며 대리적이다. 그러므로 "그들을 대신하여"는 "죽었다"에만 관련되었다고 말할 수 없다. 그리스도의 죽으심과 합하여 세례를 받은 우리는 예수를 죽은 자들 가운데서 일으키신 하나님의 역사를 믿음으로 말미암아 그리스도와 함께 일으키심을 받았음이 분명하다. 신자들은 그의 죽으심과 합하여 세례를 받음으로 그리스도와 연합되었다. 그러므로 그리스도와 한 몸이 된 그들은 그와 함께 일으키심을 받은 것이다(롬 6:1이하; 골 2:11-13).

고린도후서 5:15에 그의 죽으심의 목적은 살아있는 자들로 하여금 다시는 그들 자신을 위하여 살지 않고 오직 그들을 대신하여 죽었다가 다시 살아나신 이를 위하여 살게 하려 함이라고 명시한 것과 같이, 로마서 6:3 이하에서도 그리스도와 함께 죽고 장사됨은 신자로 하여금 새 생명 가운데서(ἐν καινότητι ζωῆς) 행하게 하려는 목적이 있다고 명시한다.[57]

개핀(R.B. Gaffin)은 "한편으로는 그리스도께서 (죄에 대하여) 죽으심과 같이 신자들도 그의 죽으심을 본받아 그와 함께 연합함으로 (죄에 대하여) 죽었으며, 다른 편으로는 그리스도께서 죽은 자 가운데서 일으키심을 받은 것같이 신자들도 그의 부활을 본받아 그와 함께 연합함으로 죽은 자 가운데서 일으킴을 받았다. 그리스도와 신자들 사이에 맺어진 공동 연합 때문에 그리스도의 경우 부활을 죽으심으로부터 분리할 수 없는 것처럼 신자들의 체험의 경우도 죽음과 부활을 떼어놓을 수 없다"[58]라고 바로 설명했다. 고린도후서 5:14 이하에 보면 그리스도에게 일어난 것이 신자들에게도 일어난 바와 같다는 그리스도와 신자 간의 공동 연합의 관계가 있었다고 분명히 제시한다.

---

57   Gaffin, *Resurrection and Redemption*, p.72.

58   Gaffin, *Resurrection and Redemption*, p.52.

신비적, 영적, 윤리적 해석을 비판하면서, 리델보스는 현재 논하는 이 구절을 그리스도와 신자들 간의 확고한 일체감의 개념에 의하여 해석되지 않으면 안 된다고 확언하였다. 바꾸어 말하면, 이것은 "그리스도 안에 있음(being-in-Christ)"이라는 개념으로 이해해야 한다. 리델보스는 계속 잇기를 "그리스도께서 그에게 속한 자들을 위해 먼저 죽고, 그들은 단지 후일에 영적으로, 신비적으로, 혹은 윤리적으로 그리스도와 함께 죽고 살게 될 것이라는 생각은 잘못된 것이다. 진정으로 그리스도가 골고다에서 죽으셨을 때 성도들도 역시 그와 함께 죽었으며, 그가 아리마대 요셉의 동산에서 부활하셨을 때 그들도 그리스도와 함께 일으킴을 받았다"[59]고 하였다. 그러므로 신자들은 진정한 의미에서 갈보리에서 죽으시고 3일 만에 부활하신 역사적인 그리스도의 인격과 합하여 일체가 되었다. 고린도후서 5:14 이하는 신자들이 그들의 대표자와 대리인인 그리스도와 연합되었다는 것 이외에는 달리 이해할 수 없다.

바울 사도는 신자들이 그리스도의 죽으심과 부활에서 그와 연합됨을 진술한 후에 고린도후서 5:16에서 자기의 입장과 관련하여 그리스도의 부활을 계속해서 기술한다. 바울은 "우리가 이제부터는 어떤 사람도 육신을 따라 알지 아니하노라 비록 우리가 그리스도도 육신을 따라 알았으나 이제부터는 그같이 알지 아니하노라"(고후 5:16, 개역개정)라고 증언한다. 이 구절을 올바로 이해하는 것이 인접된 맥락의 의미를 이해하는 데 크게 도움이 된다. 지금 논의 중인 이 구절을 해석하는 방법에는 몇 가지가 있다.

(1) 첫째 해석은 바울 사도가 회심 전에 역사적인 예수를 보았다고 주

---

59   Ridderbos, *When The Time Had Fully Come*, p.55.

장한다는 것이다. 요한네스 바이스(Johannes Weiss)는 바울이 회심 전에 예수를 보지 않았다면, 예수가 다메섹 도상에서 그에게 나타나셨을 때에 예수로서 인식하지 못했을 것이라고 논증한다. 그러나 이 논증은 바울의 회심에 대한 초자연적 견해를 무시하고 바울의 회심 경험을 환상으로 여기는 자연주의 개념에 전적으로 의존하는 것이다(행 9:34).[60] 더구나 이 해석은 다메섹 도상에서 바울이 부활하신 예수님과 한 대화를 바로 이해하지 못했다(행 9:3 이하).[61]

(2) 둘째 해석은 현재 논의 중인 이 구절에서 바울이 발견한 그리스도의 신성과 인성 사이에 대조를 찾는 것이다. "육신을 따라"를 인성으로 생각하고 그 대칭으로 신성을 제공하는 것이다. 그러나 로마서 1:3-4에 나타나는 "육신으로는"과 "성결의 영으로는"의 대칭도 "인성"과 "신성"의 선명한 대조를 제공하지 않는다.[62] 더욱이 이 해석은 "육신을 따라"가 "그리스

---

60   J.G. Machen, *The Origin of Paul's Religion* (Grand Rapids: Eerdmans, 1965), p.56f.

61   바울이 "주여 누구시니이까?"라고 묻고, 주께서 "나는 네가 박해하는 예수라"고 대답한 사실을 간과하면 안 된다. 바울은 함께 이야기하고 있는 분이 누구인지를 분명하게 알 수 있었다.

62   개혁주의 전통에서 두 가지 해석을 찾을 수 있다. Hodge와 Warfield는 이 절들에 대한 제일의 관심은 예수님의 인격의 두 구성분자 사이의 대조라고 주장하는 반면에 Vos, Ridderbos, Murray, Gaffin은 언급하는 절들이 본체론적 요소(本體論的 要素)의 현존(現存)을 부인하지는 않지만 예수의 생애에 두 연속하는 단계를 가리키고 있다고 주장한다. 그들은 첫째 육신으로 나셨음(γένεσθαι κατὰ σαρκά)이 있었고 다음에 영으로 인정되었음(ὁρισθῆναι κατὰ πνεῦμα)이 있었다고 주장한다. Vos, *Pauline Eschatology*, pp.155f; cf."The Eschatological Aspect of the Pauline Conception of the Spirit," *Biblical and Theological Studies* (by the Members of the Faculty of Princeton Theological Seminary, New York: Scribner's Sons, 1912), pp.228-230; John Murray, *The Epistle to the Romans*, p.5ff; Gaffin, *Resurrection and Redemption,* pp.141-171.

도"를 수식하는 것으로 생각하는 데 근본적인 잘못이 있다. 거기에 반하여 실제로는 "육신을 따라"가 "안다(to know)"라는 동사를 수식하고 있다. 바울 사도는 그리스도에 관한 두 가지 상이한 개념을 말하는 것이 아니라 그리스도를 아는 두 가지 다른 방법을 말한 것이다.[63]

(3) 셋째 해석은 바울이 그의 기독교 경험의 미숙한 이전 단계를, 현재의 성숙단계와 비교하고 있다는 것이다. 즉 바울이 회심 후 초기에는 그리스도에 관해 저급한 견해를 가졌으나 지금은 그리스도의 신성에 대해 보다 더 고상한 개념에 이르렀다는 것이다. 그러나 회심 후 바울의 의식에 변화가 있었다는 것을 지지할 근거가 없다.[64] 그러므로 바울이 자신의 미숙한 단계와 성숙한 단계를 대조했다고 주장할 수 없다.

(4) 넷째 해석은 그리스도에 대한 바울의 지식이, 육신을 따라 외면적이며 잘못된 표준으로 형성되었는데 그의 회심이 그리스도에 대한 그의 지식을 바꾸게 했다는 것이다.[65] 이 해석은 "이제부터는"(ἀπὸ τοῦ νῦν)을 바울의 회심과 관련하여 생각한 데서 나온 것이다. 핫지(C. Hodge)는 "바울이 현재의 자신을 회심 전의 자기 자신과 분명히 대조했다"라고 주장한다.[66]

---

63   Machen, *The Origin of Paul's Religion*, p.130f.

64   Machen, *The Origin of Paul's Religion*, p.55.

65   Hughes, *Paul's Second Epistle to the Corinthians,* p.199; cf. C. Hodge, *An Exposition of the Second Epistle to the Corinthians* (New York: Robert Carter and Brothers, 1876), p.139; cf. F.C. Porter, "Does Paul claim to have known the historical Jesus?" *Journal of Biblical Literature,* Vol. 47-48, pp.257-275.

66   Hodge, *An Exposition of the Second Epistle to the Corinthians*, p.139.

그리스도에 대한 바울의 지식은 회심 후에 더 고차원으로 향상되었다고 말할 수 있다. 그러나 이 해석은 이 문맥에 잘 맞지 않는다. 바울이 화해(和解)의 사역을 설명하는 문맥에서 자신의 회심을 말했을 것 같지 않다. 오히려 그는 보다 넓은 의미로 화해와 연관된 논제 즉 구원역사를 말하고 있다.

우리는 이 문맥에 관한 위의 네 가지 해석에 대해 만족하지 않는다. 그러므로 우리는 이 문맥에 더 잘 맞는 다른 해석을 찾아야 한다.

차제에 바울이 여러 곳에서 사용한 육신 혹은 육체(σάρξ)라는 말의 관용법을 살펴보는 것이 적절하다.[67] "육체"(σάρξ)라는 말은 문맥에 따라 여러 가지 의미로 사용된다. 바울 서신에서 "육체"에 대한 용법을 한결같이 정의하는 것은 불가능하지만 우리는 다음과 같이 구별할 수는 있다.

(1) 바울 사도는 이 말을 사람의 물질성 혹은 육체성과 관련하여 사용했다. 그 말을 "몸"과 동일하게 사용했다(고후 4:11; 갈 4:13이하; 골 1:22).[68] 바울 사도는 "예수의 생명이 또한 우리 몸에 나타나게 하려 함이라"(고후 4:10)라고 말하고, "몸"(σῶμα)의 자리에 "육체"(σάρξ)를 대신 넣어 "예수의

---

[67] R. Bultmann, *Theology of the New Testament*, Vol.I (New York: Charles Scribner's Sons, 1955), pp.232-239. 여기에서 그는 바울의 σάρξ의 관용법에 관한 개관(槪觀)을 수록했다. cf. E. Schweizer, "σάρξ," *TDNT*, Vol.VII. ed. by G. Friedrich (Grand Rapids: Eerdmans, 1971). pp.125-238; Gaffin, *Resurrection and Redemption*, pp.159-165.

[68] σάρξ는 언제나 살아있는 사람을 가리키는 반면 κρέας는 죽은 몸(고기)을 가리키는 것으로 사용되었다(비교 롬 14:21; 고전 8:13). New American Standard Bible에서 갈라디아서 4:13이하의 번역에 유의하라. "bodily illness"(ἀσθένειαν τῆς σαρκός)와 "in my bodily condition"(ἐν τῇ σαρκί μου)을 A.V.의 "infirmity of the flesh" 그리고 "in my flesh"와 각각 비교해 보라.

생명이 또한 우리 죽을 육체에 나타나게 하려함이라"[69](고후 4:11, 개역개정)라고 정리한다. 바울 사도가 인접된 문맥에서 두 술어를 교대로 사용한 것은 그 두 술어가 동일한 의미를 지녔다는 것을 암시한다. 또 고린도전서 15:39에서도 짐승의 육체와 사람의 육체를 대조하였다. 지금 우리가 관찰한 바로는 바울이 "육체"를 몸 혹은 육체성과 관련하여 사용했다고 생각할 수 있다.

(2) "육체"는 전인(全人)을 묘사하기 위해 사용되었다. "그(하나님)의 앞에 의롭다 하심을 얻을 육체가 없다"(롬 3:20). "아무 육체도 하나님 앞에서 자랑하지 못한다"(고전 1:29).[70] "의롭다 함을 얻을 육체가 없느니라"(갈 2:16). 여기 언급된 구절에서 "육체"는 바로 전인(全人)을 의미한다. 바울 사도는 "육체"를 물질 면뿐 아니라, "육체"가 한 인간 존재 전체인 것처럼 전인격을 묘사하기 위해 사용했다.

(3) "육체"는 인간 존재의 영역을 묘사하는 것으로 사용된다. 그것은 인간 생명의 보존 즉 사람이 사는 환경에 필요한 모든 것이 있는 이 세상의 질서와 관련이 있다. 고린도전서 1:20-31에서 "육체"는 다른 술어, 즉 "이 세대"나 "이 세상"과 밀접한 관계를 가지고 단 2회(고전 1:26과 고전 1:29) 사용되었다. 바울은 "이 세상이 자기 지혜로"(고전 1:21)와 "육체를 따라 지혜로운"(고전 1:26)을 같은 맥락에서 교대로 사용함으로 이 세상의 지혜가 육체를 따른 지혜임을 분명히 하고 따라서 "육체"를 "이 세상"과 같은 뜻으로 사용했다.

---

69   ἡ ζωὴ τοῦ Ἰησοῦ φανερωθῇ ἐν τῇ θνητῇ σαρκὶ ἡμῶν (고후 4:11)

70   πᾶσα σάρξ

"지혜 있는 자(σοφός)"는 "이 세대의 변론가"(συζητητὴς τοῦ αἰῶνος τούτου)이며, "이 세상의 지혜"(τὴν σοφίαν τοῦ κόσμου, 고전 1:20)를 소유한 사람이다. 이런 지혜자들이 육체를 따라 지혜로운 자들(σοφοὶ κατὰ σάρκα, 고전 1:26, 고전 1:29)임을 가리킨다.[71] 이런 의미에서 "육체"는 "세상"(κόσμος)이라는 말과 같은 뜻이다.[72] 이제 우리는 "육체"가 사람이 사는 세상 질서나 인간이 살고 있는 그 세상 질서 안에 사는 사물들의 총화 상태를 언급한다고 추단(推斷)할 수 있다.[73]

리델보스는 말하기를 "육체는 때가 차기 전에 나타난 인간과 세상의 존재 양식이다. 육체는 어두움의 권세 하에 있는 인생과 세상이다"라고 설명했다.[74]

이제 다시 본 문맥으로 돌아가자. 본 필자는 "육체"에 대한 셋째 해석이 현재 논의 중인 문맥과 가장 적합한 것으로 생각한다. "육체대로"라는 구절은 부사구로서 인간실존의 영역에 들어오신 성육신의 사건을 언급한다. 이 사실이 이 문맥에 명확하게 나타나지는 않았으나 바울 사도가 예수님의 부활을 말하고(고후 5:15) 계속하여 "그러므로 우리가 이제부터는 어떤 사람도 육신을 따라 알지 아니하노라"(고후 5:16, 개역개정)고 말할 때에 그 사상이 암암리에 나타난 것은 명백하다. 여기서 우리는 그리스도와 신자들의 연합과 예수 그리스도의 부활은, 선행절의 의미와 일치하는 것으로 보게 된다. 그 다음 절도 역시 이런 해석이 필요하다.

바울 사도가 고린도후서 5:17에서 "새로운 피조물"을 사용할 때에, 그

---

71 Gaffin, *Resurrection and Redemption,* p.161.

72 Bultmann, *Theology of the New Testament,* Vol.I, p.235.

73 Gaffin, *Resurrection and Redemption,* p.160.

74 Ridderbos, *When The Time Had Fully Come,* p.52.

는 그것을 개인의 주관적인 상태에 관하여 사용하지는 않았다. 오히려 그는 그것을 보다 광의로 또는 포괄적인 의미로 사용했다.

이 사상은 "이전 것은 지나갔으니 보라 새것이 되었도다"라는 후행 구절에 의하여 입증된다. 여기에 사용된 두 낱말(이전 것들, 새것들; ἀρχαῖα, καινά)은 중성 복수이다. 바울 사도는 이 두 단어들을 사용하여 사람을 가리키지 않고, 구속역사(redemptive history)를 가리키는 데 사용했다. 옛 질서는 지나갔고(παρῆλθεν) 새로운 질서가 이미 시작되었다(γέγονεν).

하나님께서 그의 아들 안에서 새로운 창조, 즉 새로운 존재 질서를 성취하셨다. 리델보스는 말하기를 "'이전 것'은 죄와 곤경에 있는 구속되지 않은 세상을 의미하고, '새것'은 그리스도의 부활과 동시에 임한 구원의 때와 재창조의 때를 의미한다."[75]라고 했다. 새 세대는 그 자체가 그리스도의 부활의 창조적 능력으로 말미암아 옛 시대로 침입하여 들어 왔으며 그리스도 안에 있는 사람은 새 세대로 옮겨졌다. 이 포괄적인 의미는, 바울 사도가 분명히 객관적 영역을 가리키는데 "모든 것이 하나님께로서 났으며 (τὰ πάντα ἐκ τοῦ θεοῦ)"를 사용한 사실에 의해서도 입증된다(고후 5:18). "모든 것"이라는 말을 사용할 때에 그(바울)의 마음에는 단일 요목이 아니라 갱신(更新)의 포괄적인 영역이 전개되었다는 것이 분명하다.[76] 그리고 고린도후서 5:19에서 바울 사도는 또 "세상(κόσμος)"을 하나님께서 자기와 화목시키시는 대상으로 사용하였다. 그러므로 바울 사도가 이 문맥에서 예수 그리스도의 부활로 말미암아 성취된 구속역사적 의미를 지닌 것으로

---

75   Ridderbos, *Paulus*, p.42: "De 'oude dingen' betekenen de onverloste wereld in haar nood en zonde, de 'nieuwe dingen' de met Christus' opstanding aangebroken heilstijd en herschepping."

76   Vos, *Pauline Eschatology*, p.47f.

서 "모든 것"과 "세상"을 사용했다고 해석하는 것이 바르다. 바울이 사용한 이와 같은 말들은 신자의 주관적 내적 상태에 대해 언급하지 않았다고 해석하는 것이 타당하다.

화목(reconciliation)도 역시 "그들의 죄를 그들에게 돌리지 아니하시고 (고후 5:19, 개역개정)"라는 말에 의해 입증된 객관적 과정이다. 보스(Vos)는 카이네 크티시스(καινὴ κτίσις)를 새로운 피조물(성도 개인을 지칭)보다는 새로운 창조물(전체 세상)을 뜻하는 것으로 생각할 충분한 이유가 있다고 말한다. 카이네 크티시스는 한 개인의 변화를 가리키지 않고 종말론적인 변화를 가리키며 오는 세상까지 포함하는 포괄적인 의미를 지닌다.[77] 그러므로 우리는 바울 사도가 "새로운 피조물"이라는 용어를 사용하여 새로운 창조가 그리스도의 죽으심과 부활로 말미암아 그리스도 안에서 설립되었음을 뜻하는 것으로 받는다. 바울 사도의 구속역사에 대한 사상은 하나님의 "새로운 피조물," 하나님의 종말론적인 새로운 창조라는 말로 요약된다.

우리는 이제까지 이 특수한 문맥에서 바울 사도가 자신의 내적 주관적 회심에서 생기는 개인의 구원을 취급하지 않고 예수 그리스도에 의하여 성취된 구속역사를 취급했다는 점을 살펴보았다. 바울 사도는 예수 그리스도께서 강림하심으로 도래한 새로운 세대를 다루었다. 이 새로운 세대는 옛 세대와 대칭적인 상태에 놓여있다. 즉 옛 세대는 불완전하고 미완성적이지만 새로운 세대는 완전하고 완성적이라는 의미에서 대칭적이다.

그러나 종말론적 상태로서 역사와 관련하여 그것들은 포괄적이며 연속적이다. 이 견해는 "천국의 제자 된 서기관마다 마치 새것과 옛것을 그

---

77   Vos, *Pauline Eschatology*, p.47.

곳간에서 내오는 집주인과 같으니라(마 13:52, 개역개정)"고 한 예수님의 교훈과 선명하게 일치한다.

감추어졌던 것과 선지자들에 의해 예언되었던 것이 때가 차매(갈 4:4) 곧 "지금"(고후 5:16, 6:2) 그의 아들 안에서 계시되었다. 만세와 만대로부터 옴으로 감추어졌던 비밀이 우리 구주 그리스도 예수의 나타나심에 의하여 드러났다(딤후 1:9-11). "지금 드러난 비밀의 전체 내용을 한 말로 요약하여 나타낼 수 있다. 즉 그리스도(골 2:2-3)"이다.[78] 그러므로 바울 사도는 "그런즉 누구든지 그리스도 안에 있으면 새로운 피조물이라 이전 것은 지나갔으니 보라 새것이 되었도다"(고후 5:17, 개역개정)라고 선포하였다.

보스는 말하기를 "그 새로운 피조물은 모든 종말론이 절정에 달하는 세계 갱신의 시작을 의미한다."[79]라고 하였다. 이것이 바울의 선포요 교훈의 내용이다. 그는 그의 전 사역 가운데서 구속역사를 설명하고 해설하였다. 그는 이 목적을 위하여 전파자와 사도와 교사로 세우심을 입은 자였다(딤후 1:11; 롬 15:19; 고전 9:2). 리델보스는 말하기를 "구속에 대한 바울의 전체의 교리는 그 모든 국면에 있어서, 구원의 완성으로서 그리스도 안에서 성취된 구속의 선포와 설명이다. 바울의 종말론은 메시아론이요 기독론이다."[80]라고 하였다. 그리스도는 사도 바울의 전파 내용의 중심이다.

"우리는 그리스도 안에서 그의 은혜의 풍성함을 따라 그의 피로 말미암아 속량 곧 죄 사함을 받았느니라 이는 그가 모든 지혜와 총명을 우리

---

78   Ridderbos, *Paulus*, p.46.

79   G. Vos, "The Eschatological Aspect of the Pauline Conception of the Spirit," *Biblical and Theological Studies* (by the Members of Princeton Theological Seminary, New York: Scribner's Sons, 1912), p.214. 이후부터 "Eschatology and the Spirit"으로 인용함.

80   Ridderbos, *Paul and Jesus*, p.65.

에게 넘치게 하사 그 뜻의 비밀을 우리에게 알리신 것이요 그의 기뻐하심을 따라 그리스도 안에서 때가 찬 경륜을 위하여 예정하신 것이니 하늘에 있는 것이나 땅에 있는 것이 다 그리스도 안에서 통일되게 하려 하심이라"(엡 1:7-10, 개역개정).

제4장

바울의 두 세상 개념

바울의 두 세상 개념

바울 사도의 구원론을 바로 이해하려면 그의 역사관을 이해해야 한다. 예수님의 교훈이 구속역사적인 전망을 제시해 주는 것처럼 바울의 교훈도 같은 전망을 보여준다. 예수님이나 바울은 역사를 의미 없이 반복되는 원처럼 생각하지 않았다. 바울 당시 헬라 사상의 특징은 역사를 반복하는 원처럼 생각하는 것이었다. 그러나 바울은 헬라적인 역사관을 받아들이지 않았다. 오히려 바울은 시작과 목적과 방향 의식이 분명한 직선적인 역사관을 가지고 있었다. 바울에게는 시간적인 연속이 끝이 없는 것이 아니었다. 시간은 확실히 정해진 완성을 향해 움직인다. 바울의 역사관은 구약의 역사관과 중간기 유대주의의 역사관과 일치하는 것이었다. 헬라사상의 역사관이 비종말론적인 역사관임에 반해 바울의 역사관은 종말론적인 역사관이다. 따라서 역사는 종말론적인 방향 의식을 가지고 정해진 곳을 향해서 움직이고 있는 것이다.

바울의 역사관을 이해하려면 바울이 그의 서신에서 사용한 몇 개의 용어에 관심을 두어야 한다. 그 이유는 그런 용어들이 바울의 역사관을 이해하는 데 도움을 주기 때문이다. 바울이 사용한 "세상"(κόσμος), "세대"(αἰών), "땅"(γῆ), "사람이 사는 세상"(οἰκουμένη), "시간"(καιρός), "창조"(κτίσις) 등의 용어는 바울의 역사관 이해에 큰 도움을 준다.[1] "세상," "세대," "사람이 사는 세상"은 같은 의미로 자주 교대로 사용되었고, "땅"은 하늘과 함께 "하늘과 땅"이라는 표현으로 전체의 실재를 가리키는 데 사용되었다. "시간"과 "창조"는 하나님이 진행하고 계시는 시간 그리고 하나님의 창조의 목적 등의 이해를 돕는 바울의 사상을 통해 그의 역사관을 엿보게 해 준다.

1. 세대(αἰών)와 세상(κόσμος)의 의미

바울과 신약 전체에서 세대를 가리키는 데 사용된 용어는 "아이온"(αἰών)과 "코스모스"(κόσμος)이다. 그런데 "아이온"의 구약적인 배경은 "올람"(עוֹלָם)에서 찾을 수 있다. 히브리어 "올람"을 칠십인역(LXX)에서는 "아이온"으로 번역 사용했다(창 6:4; 13:15; 출 19:9; 사 14:20). "올람"의 뜻은 본래 오랜 시간, 지속적인 시간, 영원을 뜻하는데 인간 생애의 전체기간과

---

1 바울 서신에 κόσμος는 47회 나타나며 47회 중 21회가 고린도전서에 사용되었다. 그리고 αἰών은 38회, γῆ는 15회, οἰκουμένη는 1회(롬 10:18), καιρός는 30회 그리고 κτίσις는 11회 나타난다. γῆ와 οἰκουμένη는 롬 10:18에서 동의어처럼 세상이란 의미로 함께 사용되고 있다. 롬 1:20의 "창세로부터"(ἀπὸ κτίσεως κόσμου)는 "코스모스"의 공간적 의미를 잘 나타내 보여 준다. cf. J.B. Smith, *Greek-English Concordance to the New Testament* (Scottdale: Herald Press, 1974), sections 165, 1093, 2540, 2889, 2937, 3525.

연관되어 사용되었다.[2] 그리고 정관사와 함께 사용된 "하올람"(הָעוֹלָם)은 역사의 한계 속에서 "그 시대"라는 뜻으로 사용된다. 이처럼 히브리어 "올람"은 처음에 "세대"(age)라는 뜻으로 엄격하게 시간의 의미만 가지고 있었다.

그런데 시간의 흐름에 따라 "올람"은 시간의 의미 이외에도 다른 뜻이 첨가되어 사용되었다. 헬라적 유대주의의 영향으로 본래는 시간적인 의미만 가지고 있던 "올람"에 세상(world)이라는 공간의 의미도 첨가되어 사용된 것이다.[3] 이처럼 "올람"은 본래 시간의 개념만 가지고 있었는데 헬라적 유대주의의 영향으로 공간의 개념도 갖게 된 것이다. 그래서 "올람"은 "세대"라는 시간적인 뜻만 아니라 "세상"(world)이라는 공간적인 뜻으로도 사용되었다.[4]

그러나 "올람"이 시간적인 뜻과 공간적인 뜻을 갖게 되는 발전은 임의적으로 이루어진 것이 아니다. 구약적인 사고로 볼 때 시간이라는 의미에는 세상이라는 의미나 공간을 지칭하는 요소가 일체 함축되어 있지 않는 것은 아니다. 구약은 시간의 연속으로 이룩된 역사가 의미 없이 진행되고

---

2   J. Guhrt, "αἰών," *The New International Dictionary of New Testament Theology* (이후 *NIDNTT*), Vol.3 (Grand Rapids: Zondervan, 1979), p.827; F. Brown, S.R. Driver, C.A. Briggs, *A Hebrew and English Lexicon of the Old Testament* (Oxford: Clarendon Press, 1976), pp.761f.

3   Guhrt, "αἰών," *NIDNTT*, Vol. 3, p.829 : "It is only in the rabbinic Judaism at the turn of the era and in the apocalyptic of the 1st cent. A.D. (e.g. 2 Esd.) that one finds a quite new use of '*Ôlam*, which exhibits a spatial significance as well as a temporal one."; J. Guhrt, "Κόσμος," *The New International Dictionary of New Testament Theology*, Vol.1 (Grand Rapids: Zondervan, 1975), pp.523f.: "Under the influence of Hel. Judaism the originally temporal understanding of the Heb. word '*Ôlam* (age, cf. Aram. '*āl*ᶜ*mā*'; long, far off) acquired the spatial meaning of *Kosmos*, world, universe, world of men, *oikoumenē* (from the time of 4 Esd.)."

4   J. Guhrt "κόσμος," *NIDNTT*. Vol.I, pp.523-524; Oscar Cullmann, *Christ and Time* (Philadelphia: The Westminster Press, 1964), p.45.

있는 개방된 것으로 생각하지 않는다. 오히려 역사는 분명한 의미가 있으며 목적으로 가득 찬 통일성을 가지고 있다. 그리고 역사는 정해진 목적을 향해서 움직이고 있다. 이 역사적인 과정은 조화를 이룬 전체가 되며 그 전체가 "하올람"(그 세대)이 되는 것이다. 여기서 구약적인 시간 개념 속에 공간의 개념이 함축되어 있음을 볼 수 있다.

히브리어와 아람어에는 세상(kosmos)이나 우주(universe)라는 단어가 없다.[5] 오히려 실재(reality)의 전체를 가리킬 때는 완곡한 표현으로 창세기 1:1처럼 "하늘과 땅"으로 표현한다. 70인경 번역자들은 히브리어의 "하늘과 땅"을 "우라노스 카이 게"(οὐρανὸς καὶ γῆ)로 번역했다. 이와 같은 표현 방법이 신약에도 나타난다. "천지는 없어질지언정 내 말은 없어지지 아니하리라"(마 24:35, 개역개정)는 말씀에서 "천지"는 실재의 전체를 가리키는 표현이다.

유대인의 용법과 마찬가지로 헬라어의 용법도 불확실성을 내포하고 있다. 헬라인들은 세상이라는 용어로 "코스모스"라는 별개의 단어를 소유하고 있어서 특별한 구분을 할 때 사용할 수 있었다. 그런데 "올람"이 "세상"이라는 의미로 사용된 것처럼 "아이온"도 역시 이중 용법으로 사용되었다. 본래는 시간 개념만 있었는데 공간 개념도 갖게 된 것이다. 그래서 신약에서 "아이온"이 "세대"로 번역되기도 하고 어느 때는 세상(world)으로 번역되기도 한다. 마태복음 13:22의 "세상의 염려"(ἡ μέριμνα τοῦ αἰῶνος)는 "아이온"이 공간적인 의미로 사용된 예이다. "믿음으로 모든 세계가(τοὺς αἰῶνας) 하나님의 말씀으로 지어진 줄을 우리가 아나니 보이는 것은 나타난 것으로 말미암아 된 것이 아니니라"(히 11:3, 개역개정)의 말씀에서

---

5   세상(κόσμος)이란 용어는 후기의 문헌인 솔로몬의 지혜에 19회, 마카비2서에 5회, 그리고 마카비4서에 4회 사용되었다.

"아이온"도 공간적인 뜻으로 사용되었다.

이와 같은 내용을 배경으로 우리는 바울이 일반적으로 "아이온"과 "코스모스"를 동의어로 사용한다는 사실을 찾을 수 있다. 이러한 용법은 "아이온"이 단독으로 사용될 때 세대(age)라는 뜻보다 세상(world)이라는 공간의 의미가 있다고 지적한다. 고린도전서 3:18과 갈라디아서 1:4은 "아이온"(세대)이라는 용어를 세상이라는 의미로 사용한 예이다. 즉 "올람"이 "세대"와 "세상"으로 사용된 것처럼 "아이온"도 "세대"와 "세상"으로 사용된다. "아이온"이 "세상"이라는 뜻으로 사용된 경우를 보면 마가복음 4:19(마 13:22)의 "세상의 염려"(αἱ μέριμναι τοῦ αἰῶνος)는 고린도전서 7:33의 "세상 일을 염려하여"(ὁ γαμήσας μεριμνᾷ τὰ τοῦ κόσμου)와 같은 뜻이다. 여기서 "아이온"과 "코스모스"가 동일한 의미로 사용되었다. 바울도 고린도전서 1:20의 "세상의 지혜"(τὴν σοφίαν τοῦ κόσμου), 고린도전서 2:6의 "이 세상의 지혜"(σοφίαν τοῦ αἰῶνος τούτου), 고린도전서 3:19의 "이 세상의 지혜"(ἡ σοφία τοῦ κόσμου τούτου) 등을 모두 같은 뜻으로 사용했다.[6] 종합해보면, 우리는 "아이온"과 "코스모스"가 시간 개념뿐 아니라, 공간 개념으로도 사용되었음을 알 수 있다.

---

6   Hermann Sasse, "αἰών," *Theological Dictionary of the New Testament*, Vol. I (Grand Rapids: Eerdmans, 1972), p.204.

2. 공관복음서에 나타난 "이 세상"과 "오는 세상"

신약에서 "이 세상"과 "오는 세상"의 구조는 종말론적인 전망을 제공한다. 역사를 지칭하기 위해 "호 아이온"(ὁ αἰών)이 사용될 때 "후토스 호 아이온"(οὗτος ὁ αἰών)이나 "호 뉜 아이온"(ὁ νῦν αἰών)을 사용하여 "이 세상"으로 표현한다. 그리고 "이 세상"은 의미상 오는 세상 즉 "호 엘코메논 아이온"(ὁ ἐρχόμενον αἰών)이나 "호 멜론 아이온"(ὁ μέλλων αἰών)과 대칭을 이룬다. 그런데 "이 세상"과 "오는 세상"이 명백한 대칭을 이루어 자주 사용되지는 않는다.

예를 들면 신약의 "호 뉜 아이온"의 용법은 고린도후서 4:4; 마태복음 12:32; 디모데전서 6:17에서 찾을 수 있고 "호 엘코메논 아이온"은 마가복음 10:30에, "호 멜론 아이온"은 마태복음 12:32에 나타난다. 마태복음 12:32은 "이 세상"과 "오는 세상"이 명백한 대칭을 이룬 예이다. 이처럼 신약의 저자들이 역사를 생각할 때 "오는 세상"은 이미 시작됐지만 완성은 아직 미래에 있을 것으로 생각하여 역사의 특징을 하나의 질서(order)로 보는 것이다.

부정적으로 보면 "후토스 호 아이온"은 없어지고 새로운 세상 즉 새로운 질서에 의해 계승된다. 더욱이 "호 멜론 아이온"은 현 세상에 속하지 아니한 모든 것을 대표한다. 즉 두 세상의 관계는 서로 상반적이다. "후토스 호 아이온"은 현존하는 질서로서 불완전하고 미완성된 것인 반면, "호 멜론 아이온"은 종말론적인 세대로서 완전하고 완성된 것이다. 이 두 세대의 교리(교훈)를 종합해보면 이 교리는 모든 신약 저자들의 종말론적인 전망을 강조하고 있다. 두 세대의 구조는 공관복음에서 명백히 드러나며 바울 서신에서도 잘 나타난다. 이 두 세대의 특징은 서로 반대될 뿐 아니라 또한 연속적이다.

이 두 세대의 구조는 신약이 기록될 당시 유대주의에서 찾아볼 수 있었고 중간시기에서도 이런 사상을 찾을 수 있었다. 그러나 "이미와 아직"의 구조는 구약에 이미 있었던 개념으로 생소한 것이 아니었다. 비록 구약에서는 오는 세대와 현존하는 세대라는 두 세대의 분명한 구분은 없었지만 두 세대의 교리는 특히 선지자들의 메시지에 많이 나타난다. 구약의 종말론적인 소망은 하나님이 강림하셔서 통치하시는 것을 그 기초로 하고 있다. 그리고 선지자들의 마음속에는 미래의 통치와 현재의 통치를 비교하는 개념이 그들의 전망을 지배하는 역할을 했다. 즉 구약의 왕국의 개념 속에는 "종말론적 의미"와 "전 종말론적인"(pre-eschatological) 의미라는 대조가 있다. 신약에 묘사된 두 세대의 교리도 구약과 같은 대조를 나타낸다. 신약의 저자들도 두 세대의 교리를 설명할 때 구약처럼 왕국의 전망으로 설명한다. 공관복음이나 바울의 서신은 이와 같이 두 세대의 개념을 왕국의 전망으로 설명함으로써 구약의 개념과 일치시킨다. 예수님은 왕국이란 용어를 즐겨 쓰셨고, 한편 바울 사도는 약속과 성취의 개념에 강조를 두어 사용했다.

3. 바울과 두 세대 개념

(1) 바울이 사용한 "두 세대"와 "왕국"

바울 서신에서 "이 세상"(ἐν τῷ αἰῶνι τούτῳ)과 "오는 세상"(ἐν τῷ μέλλοντι)이 동시에 나타난 곳은 에베소서 1:21뿐이다. 이 사실은 우리가 이 두 용어를 비교 연구하는 데 매우 빈약한 자료를 가지고 있다는 사실을 지적한다. 바울 사도가 에베소서 1:21에서 "이 세상"과 "오는 세상"을 특별히 사용한 이유는 "모든 이름 위에 뛰어난 그리스도의 이름의 최고위(最高位)를 시간과 공간에 관하여 아무런 제한 없이 인정하도록 하는 데 있다. 다른 구절들은 전(前)종말론적 기간 내에 어떤 특정한 요소를 다루기 때문에 대칭되는 용어를 언급할 필요가 없었다."[7] 비록 "이 세상"과 "오는 세상"의 대칭이 바울 서신에서 이 구절에만 나타나지만 에베소서 1:21은 그리스도와 하나님을 찬양하는 문맥 가운데 나타나고 있기 때문에 이 두 세상 개념이 바울 사상에 적은 부분이요 종속적인 역할밖에 못한다고 생각하는 것은 큰 오류를 범하는 것이다.

다른 바울 서신에는 "이 세상"이라는 용어가 사용된 곳이 많이 있는데(롬 12:2; 갈 1:4; 딤전 6:17) 이런 경우에 "오는 세상"이라는 의미가 함축되어 있는 것만은 틀림없는 사실이다. 바울 사도가 "이 세상"이라는 용어를 사용할 때는 현재 시대의 어떤 특징들을 다루고 있다. 그리고 "오는 세상"이라는 용어가 나타나지 않지만 문맥상 "오는 세상"에 대해서 다루고 있을 때에는 신자들의 종말론적인 미래를 다루고 있음이 확실하게 나타난다. 이런 경우에 바울 사도는 "하나님의 나라"(Kingdom of God)를 사용하거나 그와 비슷한 표현을 사용한다. 바울은 천국(ἡ βασιλεία τῶν οὐρανῶν)이라는 용어는 사용하지 않지만 비슷한 표현인 "그의 천국"(τὴν βασιλείαν αὐτοῦ τὴν ἐπουράνιον)이라는 용어는 사용한다(딤후 4:18).[8] 반면 바울은

---

7   G. Vos, *The Pauline Eschatology* (Grand Rapids: Eerdmans, 1966), p.12.

8   개역한글판, 개역개정판은 τὴν βασιλείαν αὐτοῦ τὴν ἐπουράνιον을 "천국"으로 번역했고, 표준새번역은 "그의 하늘 나라"로, 표준새번역개정판은 "그 분의 하늘 나라"로, 신약전서새번역은 "하늘에 있는 그의 나라"로, 공동번역은 "당신의 하늘 나라"로 번역했다. 그런데 *AV, NASB, NIV, New Living Translation* 등 영어 번역은 일관되게 his heavenly kingdom으로 번역했다.

"그의 사랑의 아들의 나라"(골 1:13), "자기 나라"(살전 2:12), "그의 나라"(딤후 4:1) 등의 표현과 함께 "하나님 나라"(ἡ βασιλεία τοῦ θεοῦ)라는 표현을 비교적 자주 사용한다(롬 14:17; 고전 4:20; 6:9-10; 15:50; 갈 5:21; 골 4:11; 살후 1:5). 바울은 하나님 나라가 "성령 안에 있는 의와 평강과 희락"(롬 14:17)을 누리는 나라이며 또한 "하나님의 나라는 말에 있지 아니하고 오직 능력에 있다"(고전 4:20)는 등의 하나님 나라의 특징을 밝히는 반면(참조, 살후 1:5), 이런 하나님의 나라를 악한 자들은 유업으로 받지 못할 것이라고 말한다(고전 6:9-10; 15:50; 갈 5:21; 엡 5:5). 바울은, 악한 자들은 하나님 나라를 유업으로 받지 못하지만, 그리스도에게 속한 의로운 성도들은 하나님 나라를 유업으로 받게 될 것이라고 분명히 한다.

이처럼 바울은 성도들의 미래를 논하면서 "오는 시대"라는 용어를 자주 사용하기보다는 왕국이라는 용어를 더 즐겨 사용한다. 그 이유는 바울의 서신이 대부분 이방인 기독교인들에게 읽혀지므로 왕국이라는 개념이 더 분명한 의미 전달을 할 수 있었기 때문이다. 그리고 왕국이라는 용어는 예수님의 설교에서 하나님의 나라라는 생생하고 확실한 개념으로 사용되었기 때문에 더욱더 친숙한 면을 내포한다. 왕국이라는 개념은 "오는 시대"라는 그저 막연한 표현보다 훨씬 더 정확한 표현이다. 왕국은 하나님이 통치하는 나라요, 하나님이 왕으로 존재하는 나라이다.

(2) 바울이 "오는 세상"이라는 용어를 자주 쓰지 않는 이유

두 세상 개념은 도덕적인 요소와 무관하지 않다. 바울은 특히 이 세상의 악한 면을 공격하고 이 세상이 악한 세상이라는 것을 강조하기 원했다. 바울은 이 세상은 죄악 된 세상이요 구속받지 못한 세상이라고 특징짓는다. 그러므로 이 세상의 날들은 이미 계수 되었고 이 세상이 새로운 시대에 의해 삼켜져야 한다. 갈라디아서 1:4은 "그리스도께서 하나님 곧 우리 아버지의 뜻을 따라 이 악한 세대에서 우리를 건지시려고 우리 죄를 대속하기 위하여 자기 몸을 주셨으니"(개역개정)라고 기록한다. 바울은 여기서 이 세상을 "포네로스"(πονηρός)라는 용어를 사용하여 "악한 세대"로 설명한다. 바울은 "이 세대"가 악의 세력에 의해 지배를 받고 있기 때문에 "이 세대"를 가리켜 이 악한 세대라고 설명한다. 하지만 바울은 그리스도가 성취하신 구속이 신자들을 이 악한 세대에서 구원함으로 종말론적 구원의 새 질서가 이미 실현되고 있음을 확인한다.[9]

"이 세대"(ὁ αἰών οὗτος)라는 구절은 바울 서신에 7회 사용된다(롬 12:2; 고전 1:20; 2:6(2회); 2:8; 3:18; 고후 4:4) 그리고 "이 악한 세대"(τοῦ αἰῶνος τοῦ ἐνεστῶτος πονηροῦ)는 한 번 사용된다(갈 1:4). "악하다"라는 표현은 바울이 현 세대를 죄의 세대로 말하는 특징이다(참조 고후 4:4; 고전 2:6). 로마서 12:2도 "너희는 이 세대를 본받지 말고 오직 마음을 새롭게 함으로 변화를 받아 하나님의 선하시고 기뻐하시고 온전하신 뜻이 무엇인지 분별하도록 하라"(개역개정)했다. "이 시대"(αἰών)는 "이 세상"(κόσμος, 고전 3:19; 5:10), "이 세상의 시대"(τὸν αἰῶνα τοῦ κόσμου τούτου, 엡 2:2)와 같은 의미이며, "오는 시대"(ἐν τοῖς αἰῶσιν τοῖς ἐπερχομένοις, 엡 1:21; 2:7)와 비교된다. 이 세상은 구속 받지 못한 세상으로 악하다(롬 3:6, 19; 고후 5:19). 이 세대는 우리가 자주 말하는 영원의 이편에 서 있다. 이 세대는 일시적이요 변화하는 세대이다. 따라서 이 세상은 하나님을 대적한다. 디모데후서 4:10에서 바울은 데마를 설명하면서 데마는 이 세상을 사랑하여 그의 교

---

9 이한수, 『갈라디아서: 한국성경주석총서』(서울: 도서출판 횃불, 1997), p.73.

훈을 버렸다고 말한다(cf. 고전 2:6-8; 엡 2:2). 이처럼 "이 세상"은 도덕적인 의미가 포함되어 사용되었지만 "오는 세상"은 도덕적인 의미가 내포되지 않고 있다. 바울은 그의 서신들을 교회를 향해 썼다. 그런데 교회는 "오는 세상"에 속한 믿음의 공동체이기 때문에 "오는 세상"이라는 용어를 교회와 연관시켜 자주 사용할 필요가 없었다. 바울은 교회의 특성과 어울리고 그 개념이 확실한 "하나님 나라"라는 용어를 더 즐겨 사용한 듯하다.

(3) 바울이 사용한 "코스모스"

바울은 요한 다음으로 "코스모스"를 자주 사용한 신약 저자이다.[10] "코스모스"는 "아이온"의 공간적인 개념과 동의적인 뜻으로 사용된다. 그러므로 바울은 타락한 상태와 관계없는 의미로 세상을 가리키기 위해 "코스모스"를 사용한다(롬 1:20; 엡 1:4; 골 1:6).[11] "코스모스"는 신약에서 세상을 뜻하는 것으로 사용되었다. 유일한 예외는 베드로전서 3:3에서 "코스모스"가 단장(adornment)이라는 뜻으로 사용된 경우이다.

그러나 "호 코스모스"나 "후토스 호 코스모스"를 이 세상의 영역을 가리키는 뜻으로 사용하여 이 세상을 죄가 다스리는 질서로 표현할 때 사용한다(고전 1:20,21; 2:12; 3:19; 갈 6:14). "호 코스모스"는 이 세대(this aeon)라는 용어보다 현 세상의 도덕적인 타락을 더욱 철저하게 지적할 때 사용

10　κόσμος는 신약 전체에서 187회 나타난다. 그 중 79회가 요한복음에 나타나며, 24회가 요한서신(요일, 요이)에 나타나고, 바울 서신에는 47회 나타나며, 공관복음서에는 15회 그리고 신약의 나머지 책에 22회 나타난다. see. J.B. Smith. *Greek-English Concordance to the New Testament* (Scottdale: Herald Press, 1974), p.206.

11　개역한글판은 롬 1:20의 "ἀπὸ κτίσεως κόσμου"를 "창세로부터"로 번역했고, 엡 1:4의 "πρὸ καταβολῆς κόσμου"를 "창세 전에"로 번역했으며, 골 1:6의 "ἐν παντὶ τῷ κόσμῳ"를 "온 천하에서도"로 번역했다.

된다(롬 3:6, 19; 5:12; 고전 5:10; 엡 2:2). 신약의 저자들은 결코 "호 멜론 코스모스"(ὁ μέλλων κόσμος)나 "에케이노스 코스모스"(ἐκεῖνος κόσμος)와 같은 용어를 현재 세상을 가리키기 위해 사용하지 않는다. "후토스 호 코스모스"가 허무와 결핍으로 위협받는 현존 세상을 묘사하기 위해 사용되었기 때문에 구속받은 미래 세상은 결코 "코스모스"로 불리지 않고, 하나님 나라나 신천신지로 불린다.[12] 바울은 오는 세상을 묘사하기 위해 "호 코스모스 에케이노스"를 사용하지 않는다.[13] 바울은 "아이온"(세대)이라는 용어 자체를 악의 개념과 직접 연관시켜 사용하지 않는다(엡 1:21 참조). 그러나 "이 세대"라는 용어가 바울 서신에서 자주 나타나는데 이 용어는 악과 연관이 있고 악의 개념을 내포하는 "코스모스"와 동의어로 사용된다.[14] 이런 이유 때문에 바울은 "아이온"이라는 용어가 독자들에게 애매하고 퇴색된 의미로 이해될 것을 고려했을 수도 있다. 그러므로 바울은 왕국 (βασιλεία)이라는 용어를 더 즐겨 사용했다. 비록 우리가 왕국이라는 용어를 바울 서신에서 많이 발견하지 못하지만 바울 서신을 자세히 연구하면 두 세상의 구조 속에서 왕국이 오는 세상과 연관되어 사용되었음을 알 수 있다.

---

12   J. Guhrt, "κόσμος," *NIDNTT*, Vol.I, pp.524f.

13   G. Vos, *The Pauline Eschatology*, p.13.

14   개역한글판은 두 세대가 명백하게 대칭되는 에베소서 1:21에서 아이온 (αἰών)을 "세상"으로 번역했고, 이 세상의 타락한 상태를 묘사할 때는 "이 세대"로 번역했다(참조. 롬 12:2; 갈 1:4; 딤전 6:17은 αἰών을 "세대"로 번역함).

4. 바울이 조정한 두 세대 구조

(1) "오는 세대"의 시작

바울의 종말론은 연속적이다. 그는 "현존하는 세상"(이 세상)과 "오는 세상"이 교착하는 시대에 살고 있었고 바울의 이런 역사적 형편은 그의 사고에 많은 영향을 미쳤다. 구약의 전망으로나 혹은 중간기 시대 유대주의 전망으로 메시아의 오심을 생각할 때 "오는 세대"는 아직도 미래의 사건으로 남아 있는 것이다. 구약의 전망으로 볼 때 "오는 세상"은 "현존하는 세상"과 상반된 관계에 있고, "오는 세상"이 "현존하는 세상"을 대치하게 된다. 그러나 바울은 "오는 세상"이 이미 시작되었다고 말한다. 그에게는 종말론적인 역사 진행이 이미 시작된 것이다. 오는 세대는 이미 도착하여 실현된 실재로 나타났다.

그럼에도 불구하고 바울은 계속 두 시대의 개념을 사용한다. 바울은 자기 시대가 비록 그리스도의 부활 후의 시대이지만 두 시대를 대칭시켜 자신의 역사적 형편을 적절하게 설명했다. 그러면 메시아가 이미 강림한 형편 가운데서 두 시대를 대칭시킨 것이 어떻게 타당할 수 있는가? 바울 서신의 여러 자료는 바울이 메시아의 강림을 두 국면으로 생각하고 있음을 증거 한다. 바울은 그리스도의 강림이 연속되는 두 개의 세기적인 사건으로 펼쳐질 것을 믿었다. 첫 번 강림은 구약 유대주의의 소망의 실현으로 나타난 그리스도의 종말론적 초림이다. 그러나 그리스도의 초림으로 역사가 완성된 것은 아니다. 오히려 그리스도의 종말론인 초림은 미래를 향한 새로운 전망을 가져다준다. 이 사실을 생리학적으로 설명한다면 어머니가 아이를 잉태했지만 아직 출산이라는 새로운 시대를 미래로 남겨두고 있는 것과 같다. 미래의 요소는 별개의 것이 아니며 오히려 처음 주어진 것과 유기적으로 연관되어 있다. 그러므로 바울은 계속해서 두 세대의 교리를 사용한 것이다. "이 세대"는 현존하는 종말론적인 시대로 죄가 많은 시대요, "오는 세대"는 완성된 종말론적인 시대이다.

그러나 바울이 즐겨 사용한 "이 세상"(present age)은 "오는 세대"와 공존하는 세대이지만 예수님의 죽음과 부활로 인해 오는 시대의 능력이 신자들의 현재 경험 속에서 실재로 나타나고 있는 시대이다. "예수님은 초림 사건, 즉 성육신, 죽음, 부활로 세상을 구속하시고 인간을 하나님께 화목하게 하는 데 필요한 모든 것을 성취하셨다. 새로운 창조가 기독교 공동체의 생활에서 이루어지고 있는 것이다. 이 새로운 시대의 원리는 성령의 역사로 실현되고 있다. 그러나 새로운 시대의 완성은 아직 미래로 남아 있다. 충만은 앞으로 있을 것이다."[15] 신자들은 아직 완성된 내세가 오기 이전이라도 예수님의 초림으로 "내세의 능력"을 현시대에서 맛 볼 수 있는 것이다. 히브리서 6:5의 "하나님의 선한 말씀과 내세의 능력을 맛보고"(개역개정)는 이런 사상을 증거 한다. 이처럼 현시대에도 신자들은 오는 시대의 능력을 경험하는 것이다. 신약의 두 세대의 개념은 1세기 묵시문학의 견해와 본질적으로 동일하다. 그런데 신약과 묵시문학의 차이는 신약에서는 오는 세대가 단순히 미래적인 것만은 아니라는 사실이다. 신자들은 현재의 악한 세대에서 이미 구속받았으며(갈 1:4) 미래 세대의 능력을 맛보았다(히 6:5).[16]

바울의 종말론과 예수님의 종말론은 서로 조화를 이루고 있다. 현재의

---

15   박형용, 『히브리서』(서울: 도서출판 횃불, 2003), p.156.

16   Sasse, "αἰών," *TDNT*, Vol. I (1972), p.207.

시대는 "이미"(already)······"그러나 아직"(not yet)의 시대로 특징지을 수 있다.[17] 예수님에게는 천국이 "이미" 왔으나 그러나 "아직" 미래로 남아 있다. 여기서 신자들이 종말론적인 형편 가운데서 경험하는 긴장을 찾아볼 수 있다. 신자들은 하나님과 현재 교제하고 있으면서도 계속적으로 그를 찾고 또 추구하는 생활을 계속하는 것이다. 신자들은 예수님을 믿음으로 이미 100% 구원을 받았지만 계속해서 그 구원을 실현하기 위해 노력해야 한다. 성도들의 현 세상에서의 삶은 하나님의 자녀 됨의 삶을 구현해 나가는 것이다(빌 3:20,21; 요 1:12).[18] 그래서 바울은 신자들에게 "항상 복종하여 두렵고 떨림으로 너희 구원을 이루라"(빌 2:12)고 권면한다. 바울의 이 말은 이미 구원 얻은 성도들에게 계속 구원을 이루라는 뜻이다. 종말론적인 시대는 이미 시작되었지만 그 완성은 아직 미래로 남아 있는 것이다.

(2) 두 세대의 공존

바울은 그리스도의 초림으로 "오는 세대"가 시작되었다고 믿는다. 비록 "오는 세대"가 시작되었지만 "이 세대"와 "오는 세대"의 두 세대 구조에서 직선의 성격은 그대로 남아있다. 즉 연속적인 성격이 그대로 적용되는 것이다. 그런데 바울은 성도들의 구원과 연관하여 두 세대에 관한 좀 더 과격한 이해를 제시한다. 그것은 두 세대가 같이 공존한다는 것으로 두 세대의 구분이 더 분명하게 나타난다. 두 세대가 공존한다는 교리는 결코 유

---

17   O. Cullmann, *Salvation in History* (New York and Evanston : Harper and Row, 1967), p.176; Cf. Gaffin, "Paul as Theologian," *Westminster Theological Journal*, Vol. XXX, No.2 (1968), p.225.

18   박형용, 『빌립보서 주해』 (수원: 합동신학대학원출판부, 1997), pp.145-147.

대주의에서부터 흘러나온 부차적인 것이 아니다. 왜냐하면 바울은 두 세대의 직선적인 성격을 완전히 버리고 두 세대의 공존을 새로 창안한 것이 아니기 때문이다. 두 세대의 직선적인 특성과 두 세대의 공존은 서로 보충적인 역할을 한다. 수평적인 연속 개념과 함께 수직적인 대칭개념이 공존하는 것이다.

　"오는 세상"이 "현 세상"과 공존한다는 뜻은 무엇인가? 이미 언급한 것과 같이 "올람"과 "아이온"이 시간 개념뿐 아니라 공간 개념으로 사용되었다는 연구가 바울의 두 세대 공존 개념의 의미를 이해하는 데 큰 도움을 준다. "아이온"이 이중 개념으로 사용되었고 그 중 하나가 공간적인 개념이라는 사실은 바울의 두 세대 공존 개념을 올바로 이해하게 한다.

　직선적으로 생각할 때 한 시대가 끝나야 다른 시대가 시작한다. 그러나 공간 개념으로는 한 세상의 존재는 다른 세상의 존재를 배제하지 않는다. 바울은 두 세상이 함께 공존하지만 신자들이 두 세상에 동시에 속하지 않는다고 주장한다. 불신자는 이 세상에 속하고 신자는 오는 세상에 속한 사람들이다. 비록 신자들이 이 세상과 오는 세상이 병존하는 세상에 살고 있을지라도 신자는 오는 세상에 속한 사람들이다. 그래서 바울은 "우리의 시민권은 하늘에 있는지라"(빌 3:20)라고 말한다. "바울은 때의 참(갈 4:4)과 새로운 창조가 이미 시작되었다고 강조한다(고후 5:17). 그리고 새로운 창조 속에서 그리스도는 그의 교회를 현재의 악한 시대(갈 1:4)에서 구하셨다. 그러나 고린도전서 15:20 이하에서는 대조적으로 그의 (논리의) 출발점은 그리스도의 통치가 아직 최종 목적을 달성하지 못했다고 설명한다. 그리고 후에 에베소서 1:21에서도 이 세대가 아직 계속되며 미래의 세대를 아직 기다리고 있다고 말한다. 이처럼 바울은 "아이온"(세대)에 관해 조직적인 교리를 발전시키지 않는다."[19]

에베소서 1:20-23에서 바울 사도가 나타내려는 의도는 예수님께서 그의 부활로 말미암아 만물 통치의 능력을 부여받았다는 점이다. "하늘에서 자기의 오른 편에 앉히사"(엡 1:20)라는 표현은 그리스도가 앉아 계시는 장소를 뜻하지 않고 높아지신 그리스도께서 온 우주를 통치할 능력을 부여받았다는 의미이다(시 110:1 이하; 엡 2:6; 골 3:1 참조). 예수님은 맡겨진 구속을 완성하시고 이제는 권세의 자리, 영광의 자리, 존귀의 자리에 앉아 계신다. 예수님이 하나님 우편에 앉아 계신다는 사실은 그리스도께서 구속의 사역을 완성하신 후 최고의 통치 권한을 소유하셨다는 뜻이다. 칼빈(Calvin)은 하나님의 오른 편을 해석하면서 "그것은 어떤 특별한 장소를 뜻하지 않고 하나님 아버지께서 그리스도가 그의 이름으로 하늘과 땅을 다 스리실 수 있도록 그리스도에게 주신 권능을 뜻한다"[20]라고 말한다. 바울이 이 구절에서 사용한 술어는 그리스도의 주권이 만물에 미치는 폭넓은 범위와 가장 높은 위치를 차지한다는 뜻을 내포한 것인데 곧 그의 부활로 말미암아 주어진 주권과 위치이다. 그리고 바울은 곧이어 에베소서 1:21에서 "이 세상뿐 아니라 오는 세상"[21]이라는 표현을 사용했다. 이와 같이 분명한 대칭으로 이 세상과 오는 세상의 상호 관계를 설명하는 구절은 이 구절 이외의 다른 바울 서신에 나타나지 않는다.[22] 바울이 분명한 대칭으

---

19   J. Guhrt, "αἰών," *NIDNTT*, Vol. 3, p.831. cf. I.H. Marshall, 『우리는 무엇을 믿는가?』 (서울: 한국기독학생회출판부, 1986), p.155.

20   John Calvin, *The Epistles of Paul the Apostle to the Galatians, Ephesians, Philippians and Colossians,* trans. T.H.L. Parker (Grand Rapids: Eerdmans, 1974), p.136.

21   οὐ μόνον ἐν τῷ αἰῶνι τούτῳ ἀλλὰ καὶ ἐν τῷ μέλλοντι. (엡 1:21)

22   복음서들에서는 이 대칭이 자주 나타난다. 마태복음 12:32에 ἐν τούτῳ τῷ αἰῶνι

로 "이 세상"과 "오는 세상"을 에베소서 1:21에서 언급한 이유는 그리스도의 이름이 다른 모든 이름들 위에 뛰어난 사실이 시간과 공간의 제한을 받지 않고 확인되어야 하기 때문이다. 보스(Vos)는 "모든 이름 위에 뛰어난 그리스도의 이름의 탁월성이 시간과 공간에 관한 한 제한 없이 인정되도록 하는 데 있었다. 다른 구절들은 전(前) 종말론적 기간 내에 있는 어떤 특징과 요소를 다루기 때문에 대칭을 이루어 두 세대를 말할 필요가 없다"[23] 라고 설명한다. 바울은 이 구절에서도 두 세대의 공존을 확인하고 있다.

무엇보다도 바울 사상의 방향을 결정하는 사건은 메시아의 나타나심이다. 즉 역사적 사건과 실재가 이론과 교리에 있어서 조정을 필요하게 한 것이다. 메시아의 나타나심이 모든 것을 결정하게 하는 근본적인 요소가 된 것이다.[24] 예수님의 사역과 그의 영원하신 임재가 구속역사 진행에 관한 새로운 이해를 하게 한다. 빈 무덤은 예수님이 계시지 않은 곳을 우리에게 가르쳐 줄 뿐 아니라 예수님이 어디에 계신 것도 우리에게 가르쳐 준다.

예수님은 부활하심으로 새로운 영역으로 가셨다. 이 새로운 영역은 예수님의 성육신의 존재양태를 그대로 가지고 있을 수 있는 곳이다. 예수님은 부활을 통해서 시간과 공간을 초월한 질서로 그 존재를 옮기신 것이다. 그러므로 예수님의 부활과 승천은 종말론적인 중심, 즉 종교적 관심과 가치의 초점이 현세상의 질서에서 새로운 세상의 질서로 전환되었다는 것을

가 ἐν τῷ μέλλοντι와 대칭되어 있고 마가복음 10:30에 νῦν ἐν τῷ καιρῷ τούτῳ 가 ἐν τῷ αἰῶνι τῷ ἐρχομένῳ와 대칭되어 있다. 누가복음 18:30 참조. 바울 서신들에서는 이 세상 (ὁ νῦν αἰών)이라는 표현만 사용된 곳이 여러 곳 있다. 사실상 이 표현은 대칭을 암시하고 있다(롬 12:2; 고전 1:20; 2:6,8; 고후 4:4; 갈 1:4; 엡 2:2; 딤전 6:17; 딛 2:12). cf. Vos, *The Pauline Eschatology*, p.12.

23   Vos, *The Pauline Eschatology*, p.12.

24   Vos는 역사적(historical)이 먼저요, 신학적(theological)이 그 다음이라고 말한다. cf. G. Vos, *The Pauline Eschatology*, p.41.

뜻한다. 따라서 바울 사도는 기독교인의 종말론적인 전망에 새로운 차원을 첨가하는 것이다. 즉 새로운 종말론의 방향을 제시해 주는 것이다. 신자들은 직선적인 선을 따라 미래를 계속적으로 내다 볼 뿐 아니라 수평적인 것과 혼합되어 있는 수직적인 면을 생각해야 한다. 신자는 "그의 아들이 하늘로부터 강림하실 것을"(살전 1:10) 기다릴 뿐 아니라 "위의 것을 생각하고 땅의 것을 생각하지 말아야 한다"(골 3:2; 참조. 빌 3:14). 신자에게는 수직적인 관심이 결코 수평적인 관심을 대신하지 않고 오히려 보완하는 역할을 한다. 이 사상은 단순히 신자들의 종말론적인 관심이 변화되었다는 것만을 뜻하는 것은 아니다. 하늘이 존재하게 된 것은 예수님께서 그곳으로 가셨기 때문이다. 그리스도의 부활은 신자들에게 현존하는 실재로 천국을 주신 것이다. 그러나 이와 같은 두 세대의 공존은 헬라사상이나 유대주의에서 빌려온 것이 아니고 구속역사적인 뜻으로 이해해야 한다.

(3) 예수님과 신자들의 연합과 두 세대

바울 사도에게 가장 중요한 것은 예수님과 신자 사이에 실존적으로, 경험적으로 생명의 연합이 일어난 것이다. 로마서 6:1이하는 신자들이 예수님의 구속적 행위에 참여하게 된 연합의 방법을 가장 잘 설명하고 있다. 신자들은 예수님과 함께(σὺν Χριστῷ) 죽었고, 장사지냄을 받았고, 일으킴을 받았다. 칼빈은 신자들이 세례를 통해 그리스도와 연합된 것을 다음과 같이 잘 설명한다. "세례를 통해 그리스도께서 우리를 그의 죽음에 참여자로 만들어 주셔서 우리가 그의 죽음에 접붙임 되도록 해주셨다(롬 6:5). 작은 가지가 뿌리에 접붙임 되어 있어 뿌리로부터 본질과 영양분을 공급받는 것처럼 바른 믿음으로 세례를 받은 사람들은 진정으로 그리스도의 죽음의 효과적인 사역을 통해 육체를 죽이는 일을 하고 계심을 느낄 수 있고, 또한 그의 부활의 사역을 통해 성령께서 생명을 살리는 일을 하고 계심을 느낄 수 있다(롬 6:8)."[25] 바울은 "내가 그리스도와 함께 십자가에 못 박혔나니 그런즉 이제는 내가 사는 것이 아니요 오직 내 안에 그리스도께서 사시는 것이라"(갈 2:20, 개역개정)라고 말함으로 신자들의 실존적인 경험을 잘 묘사한다. 이는 미사여구로 표현한 웅변술이 아니다. 이는 구원적이며(soteric) 신자들의 실존을 잘 해부해 준 것이다. 이것은 단순한 종교적 관심의 변화를 뜻하거나 신자의 종말론적인 선입주견을 뜻하는 것이 아니고 오히려 그리스도의 부활로 인해 신자들의 경험에 결정적인 의미가 부여된 것을 뜻하며 신자들의 실생활의 위치를 바꾸어 놓은 것을 뜻한다. 신자들은 "이 세상"과 "오는 세상"이 공존하는 세상에서 살지만 그의 소속은 "오는 세상"에 있는 것이다(요 1:12; 5:24; 빌 3:20).

바울에 의하면 예수님의 부활과 재림 사이에 살게 된 신자들은 일으킴을 받게 될 뿐 아니라 이미 일으킴을 받은 것이다. 신자들은 예수님과의 연합을 통해 미래의 소망을 바라다 볼 뿐 아니라 변화된 실재를 이미 소유한 사람들이다. 신자들이 이미 받은 실재는 "참 실재"(real reality)이지 원리적인 면에서만 실재라고 할 수 없다. 신자들의 삶 속에 경험된 현재의 실현과 미래의 완성은 서로 분리될 수 없다. 이는 그것들이 예수님의 부활과 관련되어 있기 때문이다. 그리스도가 그의 부활에서 경험한 "이미"와 "아직"이라는 이중적 성취는 예수님과 신자들의 연합을 통해 신자들의 경험으로 반영되고 표명되며 또 실현된다.

예수님의 부활과 신자들의 부활 사이에 시간과 공간의 차이가 있지만

---

25   John Calvin, *Institutes*, 4.15.5.

신자들이 부활에 있어서 예수님과 연합되었기 때문에 예수님이 부활을 통해 성취한 모든 복이 신자들의 복으로 나타날 것이 확실하다. 또한 부활에 있어서 그리스도와 신자들의 연합은 시간과 공간의 차이를 생각할 때 과거와 미래의 구분을 확실하게 한다. 예수님이 과거에 부활하셨지만 현재 신자들은 그리스도를 믿음으로 자신의 생활에서 예수님의 부활로 인한 축복을 경험하며 장차 육체로 부활할 것도 명백히 하는 것이다.

현재 신자들은 부활 생명을 살고 있다. 이 부활 생명은 감추어진 상태로 유지된다. 그러나 예수님이 재림하실 때 감추어진 부활 생명은 명백하게 드러날 것이다. 그러므로 신자들은 미래를 바라다보며 자신의 육체적인 부활의 성격을 확신할 수 있다. 현재 예수를 믿는 신자들은 예수님의 생명이 자신들의 죽을 육체에 나타나고 있는 삶을 살고 있다. "우리 살아 있는 자가 항상 예수를 위하여 죽음에 넘겨짐은 예수의 생명이 또한 우리 죽을 육체에 나타나게 하려 함이라"(고후 4:11, 개역개정).[26] 성도들의 구원은 이원론적으로 이루어지지 않는다. 성도가 구원 받을 때 영혼과 육체가 따로 구원받지 않는다. "인간의 몸의 존엄성은 창조에서나 구속에서 확실하게 나타난다. 우리 주님이 강림하실 때 인간의 몸을 입으신 사실 자체가 주님이 우리의 육체와 영혼을 동시에 구원하시기 위해 오셨다는 진리를 확인한다."[27] 그러므로 "예수의 생명이 또한 우리 죽을 육체에 나타난다"는 말씀은 "예수의 생명"이 신자 안에 존재한다는 뜻이다. 신자들은 이미 부활하신 예수님의 생명을 소유하고 사는 사람들이다. 죄와 허물로 죽

---

26 "ἀεὶ γὰρ ἡμεῖς οἱ ζῶντες εἰς θάνατον παραδιδόμεθα διὰ ᾽Ιησοῦν, ἵνα καὶ ἡ ζωὴ τοῦ ᾽Ιησοῦ φανερωθῇ ἐν τῇ θνητῇ σαρκὶ ἡμῶν" (고후 4:11).

27 P. E. Hughes, *Paul's Second Epistle to the Corinthians* (Grand Rapids: Eerdmans, 1982), p.144.

었던 사람이 그리스도와 함께 다시 살아났기 때문에(엡 2:1과 5절 비교) 성도들은 이미 부활했으나 아직도 육체를 가지고 살면서 부활체를 덧입기를 고대하며 사는 까닭에 아직 부활하지 않은 상태에 있다(고후 5:1-4; 빌 3:21). 그러므로 부활의 구분은 육체적/비육체적(bodily/non-bodily), 가시적/불가시적(visible/invisible), 공개적/비밀적(open/secret) 부활이라고 할 수 있다. 왜냐하면 성도들은 그리스도와 연합하여 이미 부활하였지만, 육체적 부활은 예수님의 재림 때에 있을 것이며, 현재는 보이지 않는 부활을 누리고 있지만, 앞으로 누구나 볼 수 있게 부활할 것이며, 또한 현재는 감추어진 비밀스런 부활을 소유하고 있지만, 앞으로 공개적인 부활을 맞이하게 될 것이기 때문이다.

신자들의 구원받은 상태를 묘사할 때 육체적/영적(bodily/spiritual)이라는 비교는 적당하지 않다. 성령의 활동을 육체적/영적으로 구분해서 사용하는 것은 바울의 사상이 아니다. 왜냐하면 성령의 사역은 육체와 영에 모두 적용되기 때문이다. 그리고 과거의 부활이 성령의 사역인 것이 사실인 것처럼 미래의 부활도 성령의 사역이며 따라서 이는 영적인 부활인 것이다.

바울 사도는 성령께서 과거의 역사적 사건을 신자들의 생활(생명)에 적용시킨다고 설명한다. 그런데 이 일은 믿음을 통해서 가능하다. 즉 신자들은 믿음으로 예수님의 부활을 자기 자신을 위한 사건으로 받게 된다. 신자들이 부활 생명을 소유할 수 있는 길은 믿음을 통해서이다. 그래서 바울은 "죽은 자들 가운데서 그를 일으키신 하나님의 역사를 믿음으로 말미암아 그 안에서 함께 일으키심을 받았느니라"(골 2:12, 개역개정)[28]고 말한다.

---

28   "συνηγέρθητε διὰ τῆς πίστεως τῆς ἐνεργείας τοῦ θεοῦ τοῦ ἐγείραντος αὐτὸν ἐκ νεκρῶν" (골 2:12).

믿음은 과거와 현재를 연결하는 가교 역할을 한다.

바울 사도는 "겉 사람"과 "속 사람"이라는 표현[29]으로 "두 세상"의 공존 구조를 잘 설명한다(롬 7:22; 고후 4:16; 엡 3:16). 헨드릭센은 "속 사람은 공중의 관찰로부터는 감추어진 것이요, 겉 사람은 공중에게 공개된 것이다. 그것은 새로운 생명의 원리가 성도들의 마음속에 성령에 의해 뿌리박힌 것을 가리킨다(엡 3:17을 보라)"[30]라고 설명한다. 브루스도 "속 사람은 믿음으로 그리스도에게 연합된 사람들 속에 성령에 의해 내적으로 잉태된 새로운 창조이다. 속 사람은 하나님의 마음과 일치하며 그의 법을 즐긴다(롬 7:22). 속 사람은 겉 사람, 즉 죽을 본성이 후패되어 갈 때에도(고후 4:16) 매일매일 새롭게 되어 간다. 속 사람은 부활의 때에 표명될 더 충분한 불멸성의 씨앗을 현재 가지고 있는 불멸의 인격이다"[31]라고 설명한다. "겉 사람"과 "속 사람"의 대칭은 "몸"과 "영혼"의 대칭이 아니며, "관능적인 생활 원리"와 "이상적인 생활 원리"의 대칭을 가리키지도 않는다. 바울은 "겉 사람"과 "속 사람"의 구분으로 인간 구성의 두 부분을 말하지 않는다. "겉 사람"과 "속 사람"은 구원받은 성도의 전인(the whole man)을 각각 다른 측면에서 묘사하고 있다. 성도를 구원받은 관점에서 볼 때 그는 "속 사람"이지만, 몸을 가지고 세상과 접하면서 살고 있는 성도를 볼 때 그는 아직도 "겉 사람"이다. 이것이 예수님의 부활과 재림 사이에서 살고 있는 신자들의 삶의 특징이다. 그러므로 신자들은 속 사람의 관점에서 보면 이미 부활했다

---

29   "ὁ ἔξω ἡμῶν ἄνθρωπος … ὁ ἔσω ἡμῶν" (고후 4:16).

30   William Hendriksen, *Ephesians* (*New Testament Commentary*, Grand Rapids: Baker, 1967), p.171.

31   F.F. Bruce, *The Epistles to the Colossians to Philemon and to the Ephesians* (*NICNT*, Grand Rapids: Eerdmans, 1988), p.326.

(already raised). 그러나 반대로 신자들은 겉 사람의 관점에서 보면(지체를 가진 몸으로서) 앞으로 부활하게 될 것이다(yet to be raised).

바울의 다음 말은 이를 잘 반영한다. "찬송하리로다 하나님 곧 우리 주 예수 그리스도의 아버지께서 그리스도 안에서 하늘에 속한 모든 신령한 복을 우리에게 주시되"(엡 1:3, 개역개정)라는 말씀은 신자들의 현재의 형편과 앞으로 받을 복을 잘 설명하고 있다. 바울은 여기서 신자들이 현재 신령한 복을 경험하고 있다고 강조하며 신자들이 현재 하늘에 속한 신령한 복을 누릴 수 있는 것은 신자들이 하늘로 승천하신 그리스도 안에 있다는 사실 때문이라고 말한다.

"또 함께 일으키사 그리스도 예수 안에서 함께 하늘에 앉히시니"(엡 2:6)라는 말씀은 더 분명하게 신자들의 형편을 설명하고 있다. 에베소서 2:1-10의 문맥을 살펴보면 2:1-3과 2:4-10의 차이가 분명해진다. 신자들의 생활의 변화를 설명하면서 바울 사도는 신자들의 생활이 변화된 이유는 신자들이 그리스도와 함께 살리심을 받고, 일으킴을 받았으며, 함께 하늘에 앉힘을 받았기 때문이라고 말한다. "'그리스도와 함께 살리셨다'는 것은 성도의 중생(regeneration)의 경험을 뜻하며, '함께 일으키신' 것은 성도의 부활(resurrection)을 뜻하고, 그리고 '함께 하늘에 앉히신' 것은 성도가 그리스도와 함께 승천(ascension)했다는 것을 뜻한다. 성도들은 그리스도와 연합됨으로 그리스도의 생명, 그리스도의 부활, 그리스도의 승천에 실제적으로 참여하게 되는 것이다."[32] 그래서 성도들의 시민권은 하늘에 있는 것이다(빌 3:20). 이처럼 신자들이 존재하는 두 세상의 질서를 평가할 때에 "호이 우라노이"가 우선권을 갖게 된다. 바울은 신자들이 하늘에 속

---

32   박형용, 『에베소서 주해』 (수원: 합동신학대학원출판부, 2006), p.116.

한다고 말한다. "너희가 그리스도와 함께 다시 살리심을 받았으면"(골 3:1) "이는 너희가 죽었고 너희 생명이 그리스도와 함께 하나님 안에 감추어졌음이라"(골 3:3, 개역개정).

바울이 사용한 "호이 에프라니오이"(고전 15:40; 엡 1:3; 빌2:10)는 "호 멜론 아이온"보다 더 선명한 장소적이고 공간적인 개념을 제시한다. "아이온"이 이중적인 개념으로서 공간적인 뜻이 있으나 시간적인 개념을 내포하기 때문에 바울은 "호이 에프라니오이"라는 더 구체적인 표현을 사용하여 신자들의 생활 모습, 신자들의 종말론적인 상태의 수직적인 요소를 설명했다고 생각할 수 있다. 신자들은 "호이 에프라니오이"에 속한 삶을 "호 뉜 아이온"(이 세상)에서 구현해야 한다. 보스(Vos)는 이런 성도들의 삶을 가리켜 "준(반)종말론적인 삶"(semi-eschatological life)이라고 설명한다.[33]

정리하는 말

바울 사도는 자신의 교훈에서 두 세대의 개념을 가르친다. 구시대는 그리스도의 사건에 의해 시작된 새 시대와 함께 공존한다. 따라서 바울 사도는 자신뿐 아니라 신자들이 살고 있는 새 시대를 강하게 강조한다. 성령은 이 새 시대를 영적인 상태로 유지하셔서 신자들로 하여금 성령의 영역에서 살 수 있게 하신다.

두 세대는 계속적이다. 종말론적 상태로서 역사를 생각할 때 두 세대

---

[33]   Vos, *The Pauline Eschatology*, p.311: "There cannot remain any reasonable doubt that what Paul considered essential for the present semi-eschatological life on earth he regarded as in the highest degree normative for the heavenly life in the fully-attained state of eternity."

는 포괄적이고 연속적이다. 그럼에도 불구하고 두 세대는 서로 대칭을 이루고 있는데 그 이유는 구시대가 불완전하고 미완성적인 반면, 새 시대는 완전하고 완성되었기 때문이다. 이 시대(οὗτος ὁ αἰών)는 악하고 잠정적이지만 오는 시대(ὁ μέλλων αἰών)는 완전하고 영원하다.[34] 오는 시대 즉 "호 멜론 아이온"은 자연적인 발전으로 인한 산물이 아니며 역사의 진행을 멈추시고 이룩하실 하나님의 간섭으로 인한 산물이다.[35]

구속역사 안에서 실현된 새로운 시대는 두 단계가 있다. 첫 단계는 예수 그리스도의 사역, 특히 그의 죽음과 부활로 말미암아 이미 시작되었다 (롬 1:4). 그리스도의 부활은 고린도전서 15:20-28에서 새로운 창조의 첫 열매로 묘사되었다. 부활하신 그리스도의 통치는 모든 대적들이 복종하는, 그가 다시 오실 때까지 계속 이어진다.[36] 그 때는 예수님께서 "모든 통치와 모든 권세와 능력을 멸하시고 나라를 아버지 하나님께 바칠"(고전 15:24, 개역개정) 때이다. 둘째 단계는 예수 그리스도의 재림으로 시작될 것이다. "완성된 상태의 광경은 종말론적인 재생에 의해 존재하게 된 신천신지이다."[37](마 5:18; 고전 7:31; 계 21:1). 완성된 상태는 하나님과 예수님을 직접 볼 수 있고 또 완전한 교통을 할 수 있는 상태이다. 이는 하나님 중심적으로 계획된 상태이다(고전 15:28).

그러나 이 세상(ὁ νῦν αἰών)과 오는 세상(ὁ μέλλων αἰών)은 두 단계 사

---

34   G. Vos. "Eschatology of the New Testament," *ISBE*, Vol.II (Grand Rapids: Eerdmans, 1955), p.980.

35   G. Vos. "Eschatology of the New Testament," (1955), p.980.; cf. G. Ladd, *Jesus Christ and History* (Chicago: Inter-Varsity Press, 1963), p.35.

36   J. Painter, "World, Cosmology," *Dictionary of Paul and His Letters* (Downers Grove: IVP, 1993), p.981.

37   Vos, "Eschatology of the New Testament," p.991.

이에서 같이 병존한다. 이 세상의 존재는 오는 세상의 존재를 배제하지 않는다.[38] 보스(Vos)는 오는 세상이 그리스도의 부활로 말미암아 원리적으로 이미 성취되었으나 완성된 오는 세상은 주님의 재림 때에 가서야 이루어 질 것이라고 설명한다.[39] "역사 안에 그리스도의 오심은 구원에 대한 구약 약속의 성취를 가져왔다. 그러나 그리스도의 재림은 이 구원을 완성시키시기 위해 반드시 있어야만 한다."[40] 다른 말로 표현하면 그리스도의 초림으로 이룩된 이 성취는 준비적인 성격이 있으며 완성은 역시 미래에 있게 될 것이다. 그럼에도 불구하고 때가 차매 오는 세상이 이미 이룩된 것으로 언급되고 그래서 원리적으로 실현된 것으로 생각된다.[41] 그러므로 "이미 ……그러나 아직"이라는 시대로 특징을 짓는 준비적인 기간에 살고 있는 신자들은 이 두 시대 사이에서 구속역사적 긴장을 경험하게 된다.[42] "신자는 아직 구시대에 존재하면서 새로운 시대에 참여하기 때문에 두 시대에 두 발을 걸치고 있는 것이다. '지금' 그리고 '아직'이라는 말이 근본적인 구원 개념 자체에서도 명백하게 나타난다."[43] 신자의 생애의 특징은 예수님의 부활과 재림 사이에서 사는 것이기 때문에 긴장의 삶을 살 수밖에 없

---

38   이 견해는 예수님의 가르침과 잘 어울린다. "천국의 제자된 서기관마다 마치 새것과 옛것을 그 곳간에서 내오는 집주인과 같으니라"(마 13:52). 예수님에게 있어서 왕국은 현재면도 있지만 미래적인 면도 있는 것을 가르친다(마 12:28; 막 1:15; 눅 17:21; 22:18).

39   G. Vos, *The Pauline Eschatology*, p.38.

40   Ladd, *Jesus Christ and History*. p.33.

41   H. Ridderbos. *Paulus. Ontwerp Van Zijn Theologie* (Kampen: J. H. Kok, 1966), p.41.

42   Cullmann, *Salvation in History,* p.176; cf. R.B. Gaffin, Jr., "Paul as Theologian," *WTJ*, XXX, 2(1968), p.225.

43   C. H. Pinnock, "The Structure of Pauline Eschatology," *Evangelical Quarterly*, Vol.37(1965), p.13; cf. Ladd, *Jesus Christ and History*, p.33.

다.[44] 예수님의 재림 때에 가서야 신자들의 긴장은 해소될 수 있을 것이다.

여기서 우리는 구약 예언의 특성을 이해해야 한다. 구약은 메시아가 두 번 강림하실 것이라는 구체적인 언급을 하지 않는다. 구약은 메시아의 두 번째 강림 즉 재림에 대해 함축적으로 가르치고 있을 뿐이다. 요엘서 2:28-32을 인용한 베드로의 설교가 이를 잘 증거 한다(행 2:14-21). 요엘서에는 메시아의 첫 번째 강림만 예언된 것이 아니요 두 번째 강림도 예언되었다. 하지만 메시아의 두 번째 강림은 함축적으로 예언되었기 때문에 그 말씀이 인용된 신약의 내용을 통해서만 메시아의 두 번째 강림이 확실하게 드러난다. 오순절 사건과 관련하여 베드로가 요엘서 2:28-32을 인용한 사실을 설명하면서 해그너(Hagner)는 "종말이 이미 시작되었지만 아직 완성되지 않았다. 동반하는 심판은 연기되었다. 이처럼 인용되는 두 부분이 신학적으로는 같이 서 있지만 연대적으로는 그렇지 않다."[45]라고 설명한다. 구약의 대망에서는 메시아가 두 번 오신다고 하는 구체적 교훈이 없다. 일반적으로 구속의 위대한 날에 하나님이 인간 역사를 간섭하셔서 악을 심판하시고 그의 왕국을 설립하시는 것이 구약의 대망이다(사 26:21; 40:10, 11; 66:15, 16, 29:14; 미 1:3). 즉 구속적 사건은 한 날에 이룩될 것으로 생각되었다.

그러나 신약전체의 교훈뿐 아니라 바울 서신도 구속적 사건이 두 날 이루어질 것으로 묘사한다. 주님의 날에 있을 것으로 예상된 단일한 구속적 단계가 두 단계로 나누어진 것이다. 이 변화는 무엇을 의미하는가? 이

---

44   G. Ladd, *The Pattern of New Testament Truth* (Grand Rapids: Eerdmans, 1968), p.97.

45   Donald A. Hagner, "The Old Testament in the New Testament," *Interpreting the Word of God*, ed. S.J. Schultz and M.A. Inch (Chicago: Moody Press, 1976), p.98

변화는 구약의 오류를 뜻하지 않는다. 이 변화는 하나님이 그의 계획을 변경하신 것도 아니며 구약이 잘못 예언한 것도 아니다. 이는 오히려 구속역사의 진행에 있어서 하나님이 자기 백성을 구하시기 위해 그의 목적들을 성취하신 단계들을 점진적으로 계시했을 뿐이다.[46] 이는 오히려 구속행위를 묘사한 하나의 연극 중 두 막(two acts)이라고 할 수 있다. 그 연극의 첫째 막은 이미 올랐다. 그러나 그 연극은 두 번째 막이 올 때까지는 완전에 이를 수 없는 것이다. 그러므로 부활 후의 관점으로 바울은 새 시대는 그리스도의 사건들로 이미 시작되었으나 주님의 재림 때까지는 완성되지 않을 것이라고 말한다.

　바울의 "두 세상" 이해는 하나님께서 역사를 진행하시면서 그의 백성을 죄로부터 구원하셔서 영원한 하나님의 나라에 들어가게 하시는 하나님의 위대한 구속적 드라마와 궤를 같이 하고 있다. 바울은 두 세상 개념을 통해 하나님의 구속 계획의 비밀과 성도들의 구원의 본질을 잘 드러내고 있다.

46　Ladd, *Jesus Christ and History*, p.33.

제5장

부활에서
그리스도와 성령의 역할

부활에서 그리스도와 성령의 역할

1. 예수님의 십자가상의 죽음과 속죄

여기서 예수님의 고난과 죽음이 우리의 구원 사역을 위해 어떤 성취를 하셨는지 간략하게 다룬 다음 본래의 주제로 돌아가는 것이 유익하리라 여겨진다. 그 이유는 예수님의 죽음과 부활은 결코 떼어 놓을 수 없는 사건이기 때문이다.

속죄(Atonement)는 그리스도께서 그의 삶과 죽음을 통해 우리의 구원을 확보하신 그리스도의 사역이다. 여기서 사용된 속죄의 정의는 단순히 우리의 죄 값을 십자가에서 치르셨다는 좁은 의미로 이해하기 보다는 좀 더 넓은 의미로 이해하는 것이 바르다.

속죄의 원인은 무엇인가? 그리스도가 세상에 오셔야 하고 십자가에서 죽으셔야 하는 원인은 무엇인가? 이는 하나님의 공의와 사랑의 속성과 직접적인 관련이 있다. 하나님은 사람을 사랑하시지만 죄는 용납하실 수가 없다. 왜냐하면 하나님은 거룩하시기 때문이다. 거룩하신 하나님께서 죄인인 우리를 상대하실 때 하나님의 사랑과 공의를 동시에 이루시면서 우리의 죄 문제를 해결하실 수 있는 방법이 없는가? 죄에 대한 값을 치루지 않고 하나님의 사랑만으로 죄인을 구원하시면 하나님의 공의가 성립될 수 없다. 반면 하나님의 공의를 세우는 방법으로 죄인을 처벌하시면 세상에서 한 사람도 살아남을 수가 없다(롬 3:10-18). 이런 상황에서 하나님은 자신의 사랑과 공의를 동시에 세울 수 있는 방법을 준비하셨다. 하나님의 방법은 "하나님이 세상을 이처럼 사랑하사 독생자를 주셨으니 이는 그를 믿는 자마다 멸망하지 않고 영생을 얻게 하려 하심이라"(요 3:16, 개역개정)의 말씀에 나타나 있다. 하나님은 죄 없으신 독생자 예수 그리스도를 인간의 몸을 입고 태어나게 하시고 십자가에서 죽게 하심으로 우리를 죄에서부터 자유 하게 하신 것이다. 예수님의 죽음은 우리를 대신해서 죽으신 죽음이다(고후 5:14; 요일 2:2 참조). 죄의 삯은 사망인데(롬 6:23) 예수님은 자신의 십자가의 대속적 죽음을 통해 우리를 사망의 정죄로부터 자유하게 해주셨다(참조, 히 9:15,22).[1] 예수님이 우리를 대신해서 죽으셨기 때문에 우리의 죄가 제거될 수 있게 되었다(갈 3:13,14). 예수님은 십자가의 죽음으로 우리를 위한 대속물(ἀντίλυτρον 혹은 λύτρον)이 되셔서(딤전 2:6; 마 20:28; 막 10:45) 우리의 죄에 대한 하나님의 진노를 진정시키는 화목제물(ἱλαστήριον 혹은 ἱλασμός) 역할을 감당하신 것이다(롬 3:25; 히 9:5; 요일 2:2; 4:10). 하나님은 죄 없는 그의 아들의 희생으로 그의 공의를 세우시고 죄인들에게 그의 사랑을 베푸셔서 죄인인 우리를 구속하셨다.

---

[1] 자유함에는 두 가지 측면이 있다. 그리스도의 구속은 우리를 죄에서부터 자유하게 하셨고(갈 5:1), 또한 그리스도의 구속은 하나님을 섬기도록 하기 위해 우리에게 자유함을 주셨다(고전 6:19-20).

그러면 우리를 죄로부터 구원하시기 위해 하나님은 반드시 아들을 이 세상에 보내시고 십자가의 죽음을 허용하셔야만 했는가? 우리의 구속을 위해 다른 길은 없었는가? 사실 하나님께서는 죄인들을 구속할 필요가 전혀 없었다. 하나님이 아무런 행동을 취하지 아니하시면 죄인들은 자신들의 죄 값으로 멸망을 받을 수밖에 없다.

그러나 하나님께서 사랑으로 죄인들 중 일부를 구원하시기로 작정하셨기 때문에 죄인을 구원하시기 위해 하나님의 아들 예수 그리스도의 죽음 이외의 다른 방법은 있을 수 없다.[2] 예수님께서 부활하신 후 엠마오 도상의 제자들에게 "그리스도가 이런 고난을 받고 자기의 영광에 들어가야 할 것이 아니냐"(눅 24:26, 개역개정)[3]라고 하여 반드시 자신의 죽음이 있어야만 할 것을 설명한 내용이나 예수님이 겟세마네 동산에서 십자가 사건을 앞에 두고 아버지께 기도하시면서 "만일 할 만하시거든"(εἰ δυνατόν ἐστιν: If it be possible) "이 잔을 내게서 지나가게 하옵소서"(마 26:39)라고 간구했지만 결국 예수님께서 십자가를 지신 사건은 우리의 구원을 위해 다른 길이 없었음을 증거하고 있다. 예수님은 하나님의 계획에 따라 죽기 위해 성육신하셨다. 그리고 예수님은 십자가에서 죽으심으로 우리를 죄 가운데서 구속해 주셨다. 이처럼 그리스도의 고난과 죽음은 우리의 구속을 위해 반드시 필요한 유일한 길이었다.

---

2   John Calvin, *Institutes of the Christian Religion*, Trans. F.L. Battles (Philadelphia : The Westminster Press, 1967), pp.505-507. (Bk II, chap. xvi, v. 3)

3   ἔδει παθεῖν τὸν Χριστόν은 그리스도의 죽음이 반드시 선행되어야 한다는 당위성을 강조하고 있다.

2. 그리스도의 수동적 역할

성경에서 그리스도의 부활에 대한 교훈을 다룰 때 그리스도의 죽음과 분리해서 다룰 수는 없다. 그리스도의 죽음을 이해하지 못하면 그리스도의 부활도 이해하지 못하며, 반대로 그리스도의 부활 없이는 그리스도의 죽음도 그 의미를 상실하고 말기 때문이다. 이 사실은 특히 우리의 구원의 경험과 관련하여 고찰할 때 더욱 뚜렷하게 나타난다. 왜냐하면 신자들의 구원은 그리스도의 죽음만으로 완전하게 성취되었다고 생각할 수 없으며 거기에는 반드시 그리스도의 부활이 요구되기 때문이다. 그러므로 우리는 그리스도가 자신의 부활에서 어떤 역할을 감당했는지에 대해서 다룰 때 전적으로 그리스도의 죽음을 배제할 수가 없다. 오히려 이 주제를 설명하고 확증하기 위한 내용이면 그 내용의 강조점이 죽음에 있을지라도 이를 간과해서는 안 될 것이다.

예수님이 그의 부활에서 어떤 역할을 하였는지에 대하여 성경은 두 가지로 설명을 한다. 일반적으로 사복음서에서는 예수님이 스스로 목숨을 버릴 수도 있고 다시 얻을 권세도 있다고 말함으로 예수님 자신이 죽음과 부활에 있어서 능동적인 역할을 발휘하실 수 있다는 사실을 지적하고, 반대로 바울 서신에서는 예수님이 자신의 부활에서 수동적인 역할을 하신 것으로 묘사된다. 그러면 예수님 자신의 부활에 있어서의 기능을 사복음서에서는 능동적인 역할로 묘사하고 바울 서신에서는 수동적인 역할로 묘사하는 이유는 무엇인가? 예수님의 수동적인 역할을 강조하는 바울 사도의 의도는 무엇인가?

(1) 복음서의 경우

우리는 이와 같은 질문에 대해 구체적인 연구의 필요성을 느낀다. 특별히 복음서에서 예수님의 죽음과 부활에 관한 구절로 예수님 자신의 역할을 설명하는 구절은 요한복음 10:17-18과 요한복음 2:19-22이다.[4] 요한복음 10:17-18은 "내가 내 목숨을 버리는 것은 그것을 내가 다시 얻기 위함이니 이로 말미암아 아버지께서 나를 사랑하시느니라 이를 내게서 빼앗는 자가 있는 것이 아니라 내가 스스로 버리노라 나는 버릴 권세도 있고 다시 얻을 권세도 있으니 이 계명은 내 아버지에게서 받았노라"(개역개정)이며, 요한복음 2:19은 "예수께서 대답하여 이르시되 너희가 이 성전을 헐라 내가 사흘 동안에 일으키리라"(개역개정)이다.

이상의 두 구절에서 예수님은 자신의 죽음과 부활에 있어서 능동적인 역할을 할 수 있다는 사실을 입증하고 있다. 자신의 몸을 예루살렘 성전에 비유하면서 "너희가 이 성전을 헐라 내가 사흘 동안에 일으키리라"(요 2:19)라고 하신 말씀은 요한복음 2:21,22이 분명하게 성전을 자기 육체에 비유해서 말씀한 것이라고 확인한다.[5] 비슬리-머레이는 요한복음 2:19을 해석하면서 "성전의 '파괴'는 예수님의 몸을 파괴하는 것으로 완성되었고

---

4   요 5:21은 부활과 직접 연관이 있는 ἐγείρω와 ζωοποιέω라는 두 동사를 사용하여 예수님께 죽은 자들을 부활시킬 수 있는 능력이 있음을 증거 한다. 그러나 이 구절은 예수님이 자신의 부활에서 어떤 역할을 하셨는지는 설명하지 않는다. 다만 공관복음에는 나타나지 않은 ζωοποιέω 동사가 요한복음에서 ἐγείρω와 같은 의미로 사용된 것은 요한복음의 특성을 보여준다. cf. D.A. Carson, *The Gospel according to John* (Grand Rapids: Eerdmans, 1991), p.253.

5   본문의 λύσατε는 건물을 파괴하는 뜻도 있지만 사람의 몸을 파괴하는 뜻으로 적용될 수 있다. See W. Hendriksen, *The Gospel of John* (London: The Banner of Truth Trust, 1969), p.124.

새로운 성전의 건축은 예수님의 부활을 통해 이루어졌다. 유대인들은 전자를 성취할 것이며 예수님은 후자를 성취할 것이다."……"부활하신 주님은 하나님의 영광이 계시되는 '장소'요, 하나님의 용서와 재생이 경험되는 '장소'요, 그리고 하나님과의 교제가 뿌리를 내리고 영원히 유지되는 '장소'이다."[6]라고 설명한다. 확실히 요한복음 2:19의 "성전을 헐고 일으키는 것"은 예수님의 죽음과 부활을 함축적으로 묘사하는 것이며 또 예수님 자신이 죽음의 자리에서 스스로를 일으킬 수 있는 능력이 있음을 입증하는 것이다.[7]

요한복음 2:19 이하의 사건은 예수님의 지상사역 초두에 발생한 것인데, 지상사역 초두에 이처럼 말씀하신 것은 예수님이 처음부터 죽음을 내다보았을 뿐 아니라 죽음의 멍에를 벗어버리고 부활할 수 있는 초월적인 능력이 그에게 있음을 입증하는 것이다.[8] 그리고 예수님은 인자(the Son of Man)가 당할 고난을 설명하면서 "그들은 능욕하며 침 뱉으며 채찍질하고

---

6   George R. Beasley-Murray, *John: Word Biblical Commentary*, Vol. 36 (Waco: Word Books, 1987), p.41.

7   C.F. Evans, *Resurrection and The New Testament* (*Studies in Biblical Theology*, 2nd Series, 12. London: SCM Press LTD., 1970), pp.21f.

8   John Murray, "Who raised up Jesus?" *Westminster Theological Journal*, Vol.3, No.2 (May, 1941), p.119. 성경은 예수님이 십자가의 죽음을 내다보신 사실을 분명하게 설명하고 있다. 구약에서 메시아가 고난당하실 것을 증언해 주셨고(사 53:1-9; 시 22:10-21; 88:1-18), 신약에서 예수님 스스로 가르치셨다. 예수님은 가이사랴 빌립보 지방에서 자신이 "예루살렘에 올라가 장로들과 대제사장들과 서기관들에게 많은 고난을 받고 죽임을 당하고 제삼 일에 살아나야 할 것을 제자들에게 나타내셨다"(마 16:21, 개역개정; Cf. 막 8:31-33; 눅 9:22) 특히 자신의 수난당할 것을 가르치실 때 말리는 베드로에게 "하나님의 일" 대신 "사람의 일"을 생각한다고 혹독하게 꾸짖으신 사실은(마 16:22-23) 예수님이 십자가의 죽음을 내다보신 것을 확증하고 있다. 또한 변화산에서 변형되신 후 모세와 엘리야와 담화하신 내용이 자신의 수난이며(눅 9:31) 그 외에도 여러 차례 자신의 죽음을 설명하셨다(눅 12:49-50; 마 17:22-23; 눅 18:31-33). 그리고 예수님이 부활하신 후에도 이 사실을 확증시켜 주셨다(눅 24:26-27, 44-47).

죽일 것이나 그는 삼 일 만에 살아나리라"(막 10:34, 개역개정)라고 가르침으로 스스로 부활하실 수 있는 능력이 있음을 분명히 한다.

요한복음 10:17-18은 에게이로(ἐγείρω, 일으킨다, 살린다)나 아니스테미(ἀνίστημι, 일으킨다, 세운다)와 같이 부활과 직접 관련이 있는 동사를 사용하지는 않았지만 그 내용이 예수님의 죽음과 부활에 분명히 관련된 구절이다(막 10:34). 본문에서 명백히 하고 있는 것은 예수님의 죽음과 부활이 분리될 수 없다는 사실이다. 예수님의 부활은 죽음의 속편이며 부활을 통해서 예수님이 죽음에서 승리한 것을 확증시켜 주고 있다. 그러므로 예수님의 죽음은 그 자체가 전체의 목적이 아니며 더 큰 목적을 위해 사용된 과정인 것이다.[9] 이런 의미에서 예수님의 죽음만이 우리의 구속의 원천이 될 수 없고 예수님의 죽음과 부활이 함께 우리의 구속의 원천이 된다.[10]

본 문맥을 조심스럽게 고찰하면 "이 계명은 내 아버지에게서 받았노라"(요 10:18)라고 한 표현이 예수님의 죽음뿐 아니라 부활까지도 포함하는 것을 알 수 있다. 예수님이 아버지에게서 받은 계명이 그의 목숨을 버리는 사실에만 국한된 것이 아니고 목숨을 다시 얻는 사실과도 관계되기 때문이다. 그러므로 빌립보서 2:8의 "죽기까지 복종하셨다"[11]는 뜻은 죽음에 이르기까지만 하나님께 복종했다는 뜻이 아니고 죽는 어려움을 감수하면서도 복종했다는 뜻이다. 예수님은 부활에 있어서도 하나님께 복종하신 것이다. 예수님이 이 땅 위에 오신 것은 메시아로서 그의 백성을 구원

---

9   John Murray, "Who raised up Jesus?," p.115. "Had he not *given* his life (i.e, had he resisted death) he would not have been able to take it again."(이탤릭은 저자의 것임)

10   R.B.Gaffin, Jr, *Resurrection and Redemption*, pp.1-9.

11   ἐταπείνωσεν ἑαυτὸν γενόμενος ὑπήκοος μέχρι θανάτου, θανάτου δὲ σταυροῦ. (빌 2:8)

하시기 위함이었다. 예수님이 성육신하실 때부터 그가 메시아이신 것을
성경이 확증한다(눅 1:31-32; 2:11; 마 1:21). 즉 예수님은 메시아로서 죽었
으며 메시아로서 부활하셨다. 그러므로 예수님이 자신의 목숨을 버릴 권
세도 있고 다시 얻을 권세도 있다고 했으니(요 10:18) 그의 권세는 그가 죽
은 상태에 있을 때라도 계속 그의 수중에 있었고 메시아의 직책과 기능이
죽음 때문에 잠시 동안 무효화된 것이 아니었다.[12]

본문에서 보여주는 또 하나의 새로운 요소는 예수님이 메시아의 직책
을 감당하시기 위해 그가 죽고 부활하심으로 아버지와의 관계에서 경륜적
(經綸的)인 관계를 설립하신 것이다. 삼위일체의 하나님으로서 아버지와
아들의 관계는 영원한 사랑의 관계이다(요 17:4, 5, 21, 23, 24). 그런데 예수
님이 메시아 직책을 완전한 순종을 통하여[13] 완성하심으로 하나님은 그를

---

12   Murray, "Who raised up Jesus?," p.121.

13   조직신학에서는 예수님의 순종을 자원적 복종과 대리적 복종으로 나누어 설명한
다. 朴亨龍 박사는 자원적 복종을 다음과 같이 설명한다. "영원한 구속언약에서 정해진 구
원의 계획이 성부와 성자 사이의 협력이었으니 성육신과 그것에 포함되고 뒤따르는 모든
일이 성자의 자유 동작을 제외할 수 없을 것이다. 그리스도의 율법에의 복종이 자원적(自
願的)이었음은 그의 성육신이 자원적 행위였고 따라서 그것의 모든 결과가 그의 자유의지
의 소산(所産)이었다는 의미에서였다." 朴亨龍 박사는 계속해서 대리적 복종에 대해 설명
하기를 "그가 율법 아래 있은 것은 율법 아래 있는 자들을 구속하시기 위함이었다(갈 4:4-
5). 그는 구속주(救贖主)의 성격을 가지고 율법 아래 복종하신 것이었다. 그 자신을 위하
여는 복종의 필요가 없었다. 그는 안식일의 주인이었음 같이 모든 율법의 주인이었다. 율
법에의 복종은 그의 자신적 행복과 신적 은총을 누리기 위한 조건으로 그에게 외계로부
터 부과된 것이 아니었다. 이런 것들은 그의 신성에 의하여 취득되었다. 그런고로 그가
율법 아래 있은 것은 전연 우리를 위한 대리적 행위였다." [朴亨龍, 『敎義神學, 基督論』
(서울, 보수신학서적간행회, 1970), pp.159f]. John Murray는 예수님의 순종을 능동적 순
종과 수동적 순종으로 설명한다. 그 자세한 설명을 위해서는 Murray의 저서를 참조하라.
[J.Murray, *Redemption Accomplished and Applied* (Grand Rapids: Eerdmans, 1968),
pp.19-24]. Cf. Charles Hodge, *Systematic Theology*, Vol.II (London: James Clarke &
Co. Ltd, 1960), pp.612f.

새로운 관계인 구속적인 관계에서 사랑하신 것이다. 예수님은 "아버지께서 나를 사랑하시는 것은"(요 10:17), 즉 아버지가 나를 사랑하시는 이유는 "내가 다시 목숨을 얻기 위하여 목숨을 버림이라"(요 10:17)라고 말씀하신다. 이 말씀은 예수님의 구속 성취의 순종 때문에 아버지가 아들을 사랑하게 되었음을 증언하고 있다. 본문에서 요한 사도는 예수님을 향한 하나님의 사랑이 삼위일체적인 사랑 이상으로 구속적 관계에서 이룩된 사랑이라고 분명히 지적한다.

비슷한 내용으로, 예수님께서 부활하신 후 대전도 명령을 하실 때 "하늘과 땅의 모든 권세를 내게 주셨으니"(마 28:18, 개역개정)라고 말한다. 이 경우 예수님이 받은 "모든 권세"는 그리스도가 죽음과 부활을 통해 성취하신 구속을 근거로 하나님께서 그리스도에게 주신 권세이다. 예수님은 하나님이셨기 때문에 죽음과 부활 이전에도 모든 권세를 소유하셨지만, 이 경우는 구속적인 관계로 모든 권세를 받으셨다고 말씀하고 있다. 다른 측면이지만 아브라함이 하나님의 지시대로 100세에 얻은 아들 이삭을 번제로 바치려고 순종했을 때 하나님은 "내가 이제야 네가 하나님을 경외하는 줄을 아노라"(창 22:12, 개역개정)라고 말씀하셨다. 이 말은 아브라함이 이삭을 바치기 전까지는 하나님이 아브라함의 경외를 몰랐다는 뜻이 아니요, 독자 이삭까지라도 바치는 아브라함의 순종을 통해 하나님과 아브라함의 관계가 새롭게 전개됨을 말씀하신 것이다.

요한복음의 두 문맥에서 예수님은 자신의 죽음과 부활에서 능동적인 역할을 한다. 복음서의 기록은 예수님이 자신의 부활에서 능동적인 역할을 하셨다는 사실을 입증하기는 하지만 그의 능동적인 역할은 하나님 아버지와 밀접한 관계를 가지고 있을 뿐 아니라 예수님이 메시아의 직책을 감당하는 데 하나님의 명령에 의존해서 했다는 것을 생각하면 넓은 의미에서 전혀 수동의 뜻이 없는 것은 아니다. 그러나 본문의 강조는 오히려 예수님이 자신의 죽음과 부활에서 능동적인 역할을 했다는 것이다.

예수님이 자신의 부활에서 능동적인 역할을 한 사실을 강조하는 이와 같은 요한복음의 표현은 사실상 예수님의 인격의 신비에서 흘러나온 문제들이다. 바울 사도에게서 찾을 수 있는 구속역사적 성격이 요한 사도에게는 그렇게 분명하지 않다. 요한복음에서 예수님의 말씀은 때때로 구속역사적인 전망과 상충되게 보이는 경우가 있다. 그러나 이는 실제적인 상충이 아니요, 복음서에 나타난 예수님의 말씀이 넓은 전망을 한 점에 집약시켜 놓은 경향이 있기 때문에 그렇게 보이는 것뿐이다.

(2) 바울 서신과 사도행전

이제 바울 서신을 중심으로 예수님 자신의 역할이 그의 부활에서 수동적인 역할로 묘사된 것을 살펴보려고 한다.

바울 서신에서 부활을 묘사하는 용어로 사용된 것은 주로 에게이로 (ἐγείρω)와 아니스테미(ἀνίστημι)이다.[14] 바울 사도는 부활을 묘사할 때 "에게이로," "아니스테미," "아나스타시스"를 특별한 구별 없이 사용하고

---

14 바울 서신에서는 ἀνίστημι보다도 ἐγείρω가 더 자주 사용되었다. 바울 서신에서 ἀνίστημι가 나타난 구절은 살전 4:14과 롬 14:9이다. 그런데 롬 14:9에서는 ἀνίστημι가 E. Nestle판, A. Souter판, Kurt Aland외 4인이 편집(編輯)한 United Bible Societies판에 원문으로 채용되지 않았다. ἀνίστημι를 지지하는 사본이(G, 629, etc.) 대단히 빈약하기 때문이다. 복음서에서는 ἀνίστημι가 부활과 관련하여 자주 사용되었다. 그 예로 막 8:31; 9:9,10,31; 10:34; 16:9; 눅 18:33; 24:7,46; 요 6:39,40,44,54; 11:23,24; 20:9 등이다. 더 자세한 인용구절을 위해 *The Englishman's Greek Concordance of the New Testament* (Grand Rapids: Zondervan, 1975)나 J.B. Smith, *Greek-English Concordance to the New Testament* (Scottdale: Herald Press, 1974)를 참고하라.

있다.[15] "에게이로"와 "아니스테미" 두 단어 중 "에게이로"가 바울 서신에서는 그리스도의 부활을 설명하는 용어로 거의 절대적인 위치를 차지한다. 이 표현의 특징은 이 동사가 능동태로 사용될 때는 하나님 아버지가 동작을 맡은 주어로 나타나며 예수님이 동작을 받는 목적어로 사용된다. 로마서 10:9에 "하나님께서 그를 죽은 자 가운데서 살리셨다"[16]고 했으며 고린도전서 15:15에 "우리가 하나님이 그리스도를 다시 살리셨다고 증언하였음이라"[17]라고 했다. 이 두 구절에서 분명하게 드러난 사실은 예수님이 자신의 부활에서 수동적인 역할을 하고 하나님께서 예수님을 일으키신 것이다.[18]

동사 "에게이로"가 직설법으로 사용되지 않고 분사로 사용될 때도 같은 용법이 적용된다. 즉 예수님이 동작을 받는 목적으로 일으킴을 받고 그 동작의 주어는 하나님 아버지인 사실이 명백하게 나타난다. 갈라디아서 1:1에 "오직 예수 그리스도와 그를 죽은 자 가운데서 살리신 하나님 아버지로 말미암아"[19]라고 했으며 로마서 4:24에는 "예수 우리 주를 죽은 자 가

---

15   L. Coenen, "Resurrection," *NIDNTT*, Vol. 3 (Grand Rapids: Zondervan, 1979), p.276: Coenen은 ἐγείρω가 특히 수동태로 사용될 경우 부활절에 발생한 사건, 즉 십자가에 못 박히신 분이 생명으로 살아난 사건을 묘사하기 위해 주로 사용되었고, ἀνίστημι나 ἀνάστασις는 예수님의 지상 사역 기간 중 사람들이 다시 살아난 것을 가리키거나 종말론적이고 우주적인 부활을 가리킬 때 더 많이 사용되었다고 철저한 연구를 통해 결론짓는다. 그러나 Coenen의 이런 구분은 별로 설득력이 없다. 왜냐하면 ἐγείρω와 ἀνάστασις가 고전 15:12-13; 15:42 등에서 교대로 사용되고 있으며 사 60:1과 사 26:19을 인용하고 있는 엡 5:14에서도 함께 등장하고 있기 때문이다.

16   ὁ θεὸς αὐτὸν ἤγειρεν ἐκ νεκρῶν. (롬 10:9)

17   ὅτι ἐμαρτυρήσαμεν κατὰ τοῦ θεοῦ ὅτι ἤγειρεν τὸν χριστόν. (고전 15:15)

18   참고. 행 13:30,37.

19   θεοῦ πατρὸς τοῦ ἐγείραντος αὐτὸν ἐκ νεκρῶν. (갈 1:1)

운데서 살리신 이를 믿는 자니라"[20]라고 했다. 골로새서 2:12과 데살로니가전서 1:9-10의 경우도 같은 내용을 제공한다. 또한 의미상으로 하나님이 부활 행위의 주인으로 묘사된 구절들은 로마서 8:11과 에베소서 1:17-20 등을 예로 들 수 있다.

바울 서신 외에서도 "에게이로"가 능동형으로 사용될 때는 하나님이 역시 행동의 주체이며 예수님이 목적으로 동작을 받는 위치에 서게 된다. 사도행전 4:10에 "하나님이 죽은 자 가운데서 살리신 나사렛 예수 그리스도의 이름으로"라고 했으며 사도행전 5:30에는 "너희가 나무에 달아 죽인 예수를 우리 조상의 하나님이 살리시고"(개역개정)라고 했다. 이 구절에서 사도 베드로는 하나님의 능력과 위대한 사역을 강조함으로 예수님의 부활에서 하나님이 능동적인 역할을 한 사실을 강조한다.[21]

이상의 내용은 "에게이로"가 직설법으로 사용되거나 분사형으로 사용되거나를 막론하고 예수님의 부활과 관련되어 사용될 때 능동형으로 사용되면 하나님이 동작의 주체가 되며 예수님은 수동적인 역할을 했다는 것이 드러난다.

부활을 묘사하는 다른 동사인 "아니스테미"(ἀνίστημι)의 경우도 능동으로 사용될 때 하나님이 동작의 주체이며 예수님이 동작의 대상이 된다. 사도행전 2:24에 "하나님께서 그를 사망의 고통에서 풀어 살리셨으니"[22]라고 했으며, 사도행전 2:32에는 "이 예수를 하나님이 살리신지라"(개역개

---

20   τοῖς πιστεύουσιν ἐπὶ τὸν ἐγείραντα Ἰησοῦν τὸν κύριον ἡμῶν ἐκ νεκρῶν.

21   R.C.H. Lenski, *The Interpretation of the Acts of the Apostles* (Minneapolis: Augsburg Publishing House, 1961), p.225.

22   ὃν ὁ θεὸς ἀνέστησεν λύσας τὰς ὠδῖνας τοῦ θανάτου (행 2:24)

정)라고 했다.[23] 지금까지의 능동적인 용법은 "에게이로"나 "아니스테미"가 예수님의 부활에 있어서 하나님이 동작의 주인으로 나타났고 예수님이 동작을 받는 대상으로 묘사되었다.

그러면 "에게이로"가 수동적으로 사용된 경우는 어떻게 되는가? 바울 서신 중 "에게이로"가 수동적으로 사용된 때는 예수님을 주어로 하여 문장이 구성된다. 결국 동작을 받는 이는 예수님이 되는 것이다.[24] 로마서 4:25에 "예수는 우리가 범죄한 것 때문에 내줌이 되고 또한 우리를 의롭다 하시기 위하여 살아나셨느니라"(개역개정)라고 했으며,[25] 고린도전서 15:20에는 "그러나 이제 그리스도께서 죽은 자 가운데서 다시 살아나사……"라고 했다. 이와 같은 예는 "에게이로"가 수동형으로 사용될 때 예수님이 주어로서 동작을 받는 위치에 있다는 것을 명백히 한다. 같은 예로 고린도후서 5:15, 디모데후서 2:8 등도 들 수 있다.

예수님의 부활을 설명할 때 "에게이로"와 "아니스테미"의 용법을 고찰하면 이상의 연구가 명백히 보여 주듯이 삼위일체의 제일위 되신 성부 하나님이 부활 행위의 주체자로서 동작의 책임자이시며, 제이위이신 성자

23　참고 행 13:33-34; 17:31. 살전 4:14은 "εἰ γὰρ πιστεύομεν ὅτι'Ιησοῦς ἀπέθανεν καὶ ἀνέστη"로 예수님이 자신의 부활에 능동적인 역할을 한 것으로 설명한 하나의 예외이다. 그리고 롬 14:9의 "이를 위하여 그리스도께서 죽었다가 다시 살아나셨으니"에서 바울 사도는 ἀπέθανεν (ἀποθνήσκω의 부정과거)과 ἔζησεν (ζάω의 부정과거)을 사용한다. 비록 다른 용어이긴 하지만 ἔζησεν은 예수님이 능동적으로 살아나셨음을 함의하고 있다.

24　ἐγείρω의 용법을 능동형과 수동형으로 구분하면 바울 서신에서 약 반으로 그 회수가 나타난다.

25　한국어 번역은 능동처럼 번역이 되어 혼동을 일으킨다. ἠγέρθη는 단순과거 수동형으로 문장에서 예수님이 주어로 동작을 받는다. NASB는 다음과 같이 번역했다. "Him who was delivered up because of our transgressions and was raised because of our justification."(Rom. 4:25)

예수님은 일으킴을 받은 수동적인 입장에 놓이는 것이 명확해졌다.[26]

그러나 엄격한 언어학적인 견지로 볼 때 "에게이로"의 수동형이 부활과 관계없는 구절에서 사용될 때는 용법이 애매할 때가 있다. 주로 자동사의 능동형으로서 일으킴을 받는다는 뜻보다는 스스로 일어난다는 뜻으로 사용되는 경우가 있기 때문이다.[27]

여기서 예수님의 부활을 묘사한 "에게이로"의 수동형들이 자동사로서 능동적인 용법으로 사용되었을 수 있다는 가능성을 제시한다. 즉 예수님의 부활을 설명하는 수동형 "에게이로"가 자동사로서 능동적으로 사용되었느냐 하는 것이다. 다른 말로 표현하면 예수님이 능동적으로 일어났느냐 아니면 수동적으로 일으킴을 받았느냐 하는 문제이다.

바울 서신을 조심스럽게 연구하면 예수님이 자신의 부활에서 능동적인 역할을 했다고 하는 근거는 찾을 수 없다. 바울 사도는 예수님이 자신의 부활에 공헌을 했거나 자신을 일으키지 않았다고 한다. 오히려 예수님의 부활에서 하나님 아버지의 창조 행위가 강조되고 그 행위의 은택을 입은 분이 바로 예수님이라고 강조한다.[28] 동사 자체가 능동적으로 반드시 사용되어야 한다는 어떤 고유한 특질을 소유하고 있는 것도 아니다. "에게이로"는 성도들에 관해서 사용될 때도 수동적으로 사용되었고 순수한 수동의 의미를 지니고 있다. 고린도전서 15:15의 "죽은 자가 다시 살아나는

---

26 Evans, *Resurrection and The New Testament,* p.21. "The subject of ἐγείρειν is always God, or else the verb is used in the passive, which then always has the sense 'raised by God'. This establishes the resurrection as the act of God towards Jesus, and hence the theocentric character of the whole gospel. God can be characterized as 'he who raised Jesus (our Lord)' (Rom. 4:24; 8:11; II Cor. 4:14; Gal. 1:1; Col. 2:12; I Peter 1:21)."

27 그 예로 마 1:24; 막 2:12; 눅 11:8; 롬 13:11 등이다.

28 Gaffin, *Resurrection and Redemption*, pp.83ff.

일이 없으면"과 고린도전서 15:52의 "죽은 자들이 썩지 아니할 것으로 다시 살아나고"가 이를 증명한다. 예수님의 부활에 있어서 그의 수동적인 역할을 더욱 강화시키는 구절이 골로새서 2:12과 3:1인데 이 구절에서 수동형인 "쉬네겔세테"(συνηγέρθητε)의 주어가 예수님이 될 뿐 아니라 신자들도 역시 예수님과 함께 그 동사의 주어가 되는 것이다. 신자가 자신의 부활에서 능동적인 역할을 할 수 없다는 사실은 자신의 부활에 있어서 수동적인 입장에 있다는 것을 증명하며, 본 문맥에서 예수님도 신자들과 마찬가지로 동사의 주어로서 동작을 받는 수동적인 입장에 있다는 것을 증명한다.[29] 그러므로 "에게이로"가 수동적으로 사용될 때 순수한 수동형으로 예수님이 주어가 되어 동작을 받는 대상이 되는 것이다.

예수님의 부활에 관한 바울 사상을 간추려 보면 ① 하나님은 아버지로서 자신의 능력으로 예수님을 살리셨고 ② 예수님은 자신의 부활에 있어서 수동적인 역할을 했다는 내용이다.

여기서 우리는 앞부분에서 지적한 대로 예수님의 부활에 있어서 복음서가 묘사한 예수님의 역할과 바울 서신이 묘사한 예수님의 역할에 차이가 있는 것을 찾아볼 수 있다. 이와 같은 차이점은 질문을 자연히 불러일으킨다. 바울 사도가 예수님의 역할을 수동적으로 묘사한 의도는 무엇인가? 무슨 의도로 예수님의 수동적인 역할을 그렇게 강조하고 있는가? 이 질문의 답은 바울 신학의 특징의 일면을 보여주는 것이다.

---

29 골 2:12 중 τοῦ θεοῦ τοῦ ἐγείραντος αὐτὸν ἐκ νεκρῶν은 예수님의 수동적인 입장을 더욱 강화한다.

(3) 바울이 예수님의 수동적 역할을 강조한 이유

바울은 부활에 있어서 예수님의 수동적인 역할을 강조함으로 예수님의 부활과 신자들의 부활이 밀접하다는 것을 제시한다. 사실 이 연합 개념이 바울 사상의 기초이다. 바울은 예수님이 수동적인 입장에서 잠자는 자들과 함께 동등하게 된 것을 강조하며 잠자는 자들의 첫 열매(ἀπαρχή)로 부활하신 것을 강조한다. 이는 예수님께서 죽은 자들과 결속된 사실을 증명하고 "죽은 자들 가운데서 먼저 나신 이"(골 1:18)가 되며 "많은 형제 중에서 맏아들이 되신 것"(롬 8:29, 개역개정)을 증명하는 것이다.[30]

부활에 있어서 예수님과 신자들의 수동적 역할을 강조한 사실로 보아 바울은 예수님의 부활과 그의 백성들의 부활 사이의 차이점에 관심을 두지 않고 오히려 그 둘 사이의 공통점에 관심을 쏟았다고 생각할 수 있다. 다른 말로 표현하면 바울은 부활에서 예수님의 신성과 권능을 전시하려고 했다기보다 오히려 죽기까지 복종하신 수난을 통해 성육하신 하나님의 아들 그리스도가 확증되시고 변형되신 사실을 나타내기를 원한 것이다(참고, 롬 1:4; 고전 15:45). 예수님의 부활은 예수님이 "죽은 자들 가운데서 먼저 나신 이"가 되는 것을 인정하는 것이요(참고 롬 8:29), 둘째 아담으로서 그의 신분을 확증하는 것이다. 다른 표현을 빌린다면 예수님의 부활은 그 성격에 있어서 대속적인 성격이 있을 뿐만 아니라 메시아적인 성격이 포함되어 있는 것이다. 그러므로 예수님의 죽음이 대속적이고 대표적인 만

---

30 예수님이 요한의 세례에 복종하심으로 자신이 메시아로서 부르심을 받았다는 사실을 공표할 뿐 아니라 예수님 자신이 그의 백성과 동일시되신 것이다. 참고 눅 3:21f. 이 사상은 예수님이 자신의 부활에서 수동적인 역할을 한 것으로 묘사하는 바울 사도의 사상과도 상통한다.

큼 예수님의 부활도 대속적이고 대표적인 것이다(롬 4:25 참조).[31]

지금까지 예수님의 부활에 사용된 두 단어를 중심으로 예수님이 자신의 부활에서 어떤 역할을 했는지 생각해 보았다. 내용을 대략 종합해 보면 다음과 같다.

① 삼위일체의 교리는 성경이 제시하는 구속역사적인 관점에서 볼 때 더 선명하게 나타난다. 제일위인 하나님의 사역과 제이위인 예수 그리스도의 구속사역 그리고 제삼위인 성령의 구속을 적용하는 사역은 오직 구속역사적인 관점에서만 올바로 이해될 수 있다. 예수님이 자신의 부활에서 수동적인 역할을 한 사실이 이를 명백하게 뒷받침한다.

② 복음서에서는 예수님이 자신의 부활에서 능동적인 역할을 한 것으로 묘사함으로 예수님의 신적인 능력을 나타내는 데 강조가 있지만 바울 서신에서는 예수님의 수동적인 입장을 강조함으로 예수님이 신자들과 동일시되시고 더 가깝게 되신 것을 묘사한다.

③ 같은 부활 사건을 취급하면서 복음서와 바울 서신이 강조점에 있어서 차이를 보이는 것은 계시기록 과정에서 나타난 특징이다. 즉 하나님은 자신의 뜻을 언어로 기록하기 위해 인간 저자들을 사용하실 때 기계처럼 사용하시지 않고 오히려 그들의 특성을 살리시면서 잘못만 없게 기록하신 것이다.

④ 요한복음의 표현대로 예수님은 죽은 상태에 있을 때에도 메시아로서 그 기능을 발휘하실 수 있었다. 즉 그의 죽음은 메시아로서의 직책과 기능을 무효화시키거나 정지시킬 수 없었다.

---

31   참고. "예수는 우리가 범죄한 것 때문에 내줌이 되고 또한 우리를 의롭다 하시기 위하여 살아나셨느니라"(롬 4:25, 개역개정).

3. 성령의 적극적 역할

그리스도의 부활은 삼위일체 하나님의 합작품이다. 하나님은 예수님의 부활이나 성도들의 부활에서 적극적으로 활동하신다. 성령은 예수님의 부활과 성도들의 부활에서 성부 하나님의 쓰임을 받는 도구 역할을 하신다. 성자 예수님이 성부 하나님의 "부활 행위"의 대상이 된 것처럼 성도들도 성부 하나님이 성령 하나님을 도구로 사용하시어 부활시키실 것이다. 성부 하나님께서 성자 예수님을 부활시키실 때 성령을 사용했다는 직접적인 표현은 바울 서신 어디에서도 찾아 볼 수 없지만 그와 같은 사상은 여러 곳에서 찾을 수 있다. 그리고 성도 안에 내주하신 성령은 성도들의 현재의 삶과 부활체를 덧입고 살 때를 연결하는 가교 역할을 한다. 이와 같은 사상이 로마서 8:9-11과 고린도후서 5:1-5에 잘 나타나 있다.

(1) 로마서 8:9-11

우리의 주된 관심은 부활에서 성령의 역할을 연구하는 데 있지만 로마서 8:9-11을 해석적으로 연구할 때 부차적인 사상을 전혀 고려하지 않고 지나쳐 버릴 수는 없다. 이 구절에 함축적으로 들어 있는 부차적인 사상은 그때그때 자연스럽게 다룰 것이다.

로마서 8:9-11은 사도 바울이 "육신을 따라"(κατὰ σάρκα)와 "영을 따라"(κατὰ πνεῦμα)라는 대칭을 다룬 로마서 8:1-8을 종합한 구절이다. 사도 바울은 "육신을 따라"와 "영을 따라"라는 대칭에서 "육신을 따라"는 이 세상을 대표하는 것으로 사용하였고 "영을 따라"는 오는 세상을 대표하는 것으로 사용하였다.[32] 바울 자신과 신자들이 속한 오는 세상(참조. 새로운 창조물: καινή κτίσις)은 그리스도의 사건들로 말미암아 이미 시작을 보았다. 그리고 성령은 신자들의 생애에서 이 새로운 세상을 시작하게 하는 능력이요, 동인자(動因子)가 된다. 이 구절의 사상은 신자들 안에 그리스도의 영이 거하시기 때문에 기독교인들은 육체에 있지 아니하고 영에 있다는 결정적인 증명이라고 말한다(고전 3:16; 6:19; 딤후 1:14).[33] 기독교인의 특징적인 표지가 바로 성령의 내재이다. 그러므로 바울 사도는 로마서 8:9 이하를 설명하는 데 기초가 되는 성령의 내재를 취급한다. 분명히 성령의 내재는 "너희가 육신에 있지 아니하고 영에 있나니"(롬 8:9 상반절)라는 표현에 나타난 사상과 관련이 있다. 그 뜻은 성령이 너희 안에 거하시면 너희는 구시대의 세력권 내에 있지 아니하고 오히려 새로운 시대로 옮겨졌다는 것이다.[34]

이상에서 고찰한 바와 같이 "너희가 육신에 있지 아니하고 영에 있나니"라는 표현은 종말론적이며 구속적 역사적인 뜻으로 이해해야 한다. 바울 사도는 이제 기독교인의 특권을 강조하면서 "누구든지 그리스도의 영이 없으면 그리스도의 사람이 아니라"(롬 8:9, 개역개정)라고 말한다. 이 사실은 기독교인 됨의 표지를 나타낼 뿐 아니라 성령의 임재의 범위가 제한적이라는 것을 보여준다. 영원 전부터 그리스도에게 속한 자만이 그에 의

---

32   참조, 엡 1:21; G. Vos, "Eschatology of the New Testament," *The International Standard Bible Encyclopaedia*, Vol.II (Grand Rapids: Eerdmans, 1955), p.980.

33   G. Smeaton, *The Doctrine of the Holy Spirit* (2nd ed.; Edinburgh: T & T Clark, 1889), p.80.

34   H. Ridderbos, *When The Time Had Fully Come* (Pathway Books, Grand Rapids: Eerdmans, 1957), p.52.

해 구속함을 받을 수 있다.[35] 이 사상은 무제한적 속죄 교리를 용납하지 않으며 제한 속죄 교리와 일치한다. 속죄가 영생을 기업으로 받은 자 즉 선택된 자들에게만 한정된 것처럼[36] 성령의 내재도 무제한적이 될 수 없다 (롬 8:16, 17, 32, 33). 로마서 8:9,10은 신자들의 경험에 관한 한 예수님과 성령이 얼마나 밀접한 관계에 있는지를 보여 준다. 여러 가지의 표현이 이를 입증하는데 "너희가 영 안에 있다"(롬 8:9 상반절), "하나님의 영이 너희 안에 거한다"(롬 8:9 상반절, 롬 8:11 하반절), "그리스도께서 너희 안에 계시면"(롬 8:10) 등의 표현은 예수 그리스도와 성령을 교대로 사용하고 있다. 바울 서신에서 흔히 찾아 볼 수 있는 표현으로 여기에서 사용되지 않은 표

---

35   Smeaton, *The Doctrine of the Holy Spirit*, p.80; John Murray, *The Epistle To the Romans*, Vol.I(*NICNT*, Grand Rapids: Eerdmans, 1968), p.288.

36   John Murray, *Redemption Accomplished and Applied* (Grand Rapids: Eerdmans, 1968), pp.59-75; cf. J. Murray, *The Atonement* (Grand Rapids: The Baker Book House, 1962), pp.27-31. 여기서 유명한 루터교 주석가 R.C.H. Lenski가 제한속죄 교리에 대해서 J. Calvin을 공격한 사실은 언급할 필요가 있는 줄로 생각한다. 베드로후서 2:1의 "자기들을 사신 주를 부인하고"(καὶ τὸν ἀγοράσαντα αὐτοὺς δεσπότην ἀρνούμενοι)를 해석하면서 Lenski [*The Interpretation of the Epistles of St. Peter, St. John and St. Jude*(Columbus: Lutheran Book Concern, 1938), p.311] 는 다음과 같이 말했다. "Here we have an adequate answer to Calvin's limited atonement: the Sovereign Christ, bought with His Blood not only the elect but also those who go to perdition. Calvin does not accept this epistle as canonical; in his extensive commentary on the New Testament it is not treated. May this clause, perhaps, have been a reason for this omission?" Lenski의 주장과는 반대로 Calvin은 베드로후서를 정경으로 인정했다.[J. Calvin, *The Epistle of Paul the Apostle to the Hebrews and the First and Second Epistles of St. Peter*, trans. W.B. Johnston (Grand Rapids: Eerdmans, 1974). p.324: "If it is received as canonical, we must admit that Peter is the author, not only because it bears his name, but also because he testifies that he lived with Christ. It would have been a fiction unworthy of a minister of Christ to pretend to another personality. Therefore I conclude that if the epistle is trustworthy it has come from Peter; not that he wrote it himself, but that one of his disciples composed by his command what the necessity of the times demanded."] 그러나 Calvin 이 베드로후서 2:1을 다루면서 속죄에 대한 언급 없이 지나친 것은 약간 섭섭한 일이다.

현은 "그리스도 안에 있는 우리(ἐν χριστῷ, we in Christ)"라는 표현이지만 그 의미만은 문맥에서 확실하게 나타난다(롬 8:1 참조).[37] 바울 사도는 다른 곳에서와 마찬가지로 본 문맥에서 이와 같은 표현들을 교대로 사용하고 있다(롬 8:1, 2; 고전 1:2, 30; 3:16, 6:19; 고후 5:17; 딤후 1:14).

그러면 어떻게 사도 바울이 이들 표현들을 교대로 사용할 수 있었겠는가? 그 이유는 바울 사도가 예수 그리스도와 신자들의 관계를 부활 이후의 관점에서 설명하고 있기 때문이다. 바울은 신자들의 신앙 경험을 설명할 때에 부활하신 그리스도와 성령의 기능을 동일시하여 사용할 때가 많다(고후 3:17).[38]

로마서 8:10에서 뚜렷이 나타나는 것은 "몸과 영"(σῶμα, πνεῦμα)의 대칭이다. 이 대칭이 인간 구성체 사이의 대칭인가? 아니면 다른 뜻이 있는가? 통용적인 해석은 이 구절의 "몸과 영"의 대칭이 인간의 몸과 영을 가리키는 것이라고 말한다.[39] 그 이유는 본문에서 "몸"을 상징적인 의미로 생각할 수 없고 문자적인 의미로 생각해야 하는데 그렇다면 "몸"과 대칭으로

---

37   R.B. Gaffin, Jr. *Resurrection and Redemption. A Study in Pauline Soteriology* (Michigan: University Microfilms, 1970), pp.88f.; A. Deissmann [*The Religion of Jesus and The Faith of Paul* (New York: George H. Doran Co, 1926), p.171]은 "그리스도 안에" (ἐν χριστῷ)라는 용어와 그 병행 구절이 바울 서신 안에서 164회 사용되었다고 주장한다. 비록 그 숫자의 정확성은 논란의 여지가 있지만 바울 사도가 신자들의 경험을 표현하기 위해 즐겨 사용한 용어가 ἐν χριστῷ라는 사실은 증명하고도 남음이 있다. cf. L. Smedes, *All Things Made New* (Grand Rapids: Eerdmans, 1970), p.78.

38   여기서 이 문제를 깊이 다룰 수는 없고 다른 기회에 이 문제만을 위한 중점적인 연구가 필요한 줄로 생각한다. 다만 다음에 열거하는 성구들은 성령과 그리스도의 기능을 교대로 사용하면서 신자들의 경험을 설명하고 있다. 성구들은 쌍을 이루며 그리스도와 성령의 기능을 설명한다.(롬 8:11/ 골 3:4; 롬 5:5/ 고전 15:19; 롬 14:17/ 빌 3:1; 고전 12:13/ 갈 5:1; 고전 6:11/ 갈 2:17; 롬 15:16/ 고전 1:2; 엡 4:30/ 엡 1:13)

39   C. Hodge, H.A.W. Meyer, W. Sanday and A.C. Headlam, A.M. Hunter도 이와 같이 해석했음. 번역판 NASB, RSV, NEB도 같은 입장을 취함.

사용된 "영"(πνεῦμα)은 자연히 인간 영을 가리키는 것으로 생각해야 한다고 주장하기 때문이다. 더욱이 본문에서 "…이나…이다"(멘…데, μέν…δέ)의 표현은 인간의 몸과 인간의 영을 대칭시키는 사실을 강력하게 지지한다고 말한다.[40]

그러나 본문의 대칭이 인간의 몸과 인간의 영을 가리키는 것으로 생각하는 것은 자연스럽지 못하다. 우리는 가까운 문맥에 비추어 본문의 표현을 연구해야 한다. 머레이(Murray) 교수는[41] 세 가지 이유를 들어 "영"(프뉴마, πνεῦμα)이 성령을 가리킨다고 잘 설명한다.

① 로마서 8:10 이전에 나타난 문맥과 로마서 8:11에서 사용된 "영"은 성령을 가리킴에 틀림이 없다. "하나님의 영"이나 "그리스도의 영"(롬 8:9) 그리고 "예수를 죽은 자 가운데서 살리신 이의 영"(롬 8:11)은 로마서 8:10의 "영"이 성령임을 지지한다. ② 로마서 8:10의 "영은 의로 말미암아 생명이니라"(사역임)라는 표현은 "영"(토 프뉴마, τὸ πνεῦμα)이 성령을 가리킨다는 사실을 함축하고 있다. ③ 죽음이 단지 육체에만 영향을 끼친다고 생각할 수 없다. 죽음은 몸과 영을 분리시키는 것이기 때문에 이 분리로 말미암아 영이 전혀 영향을 받지 않는다고는 생각할 수 없다. 그런데 로마서 8:10은 죽음을 오로지 몸에만 해당하는 것으로 묘사하였다. 그러므로 바울 사도가 로마서 8:10에서 신자들의 몸에 대한 대칭으로 인간 영을 여기에 사용했다고 생각할 수는 없다. 더 철저한 대칭 즉 구속으로 죽음을 무

---

[40]   R.C.H. Lenski, *The Interpretation of Paul's Epistle to the Romans* (Columbus: Lutheran Book Concern, 1936), p.512.

[41]   Murray, *Romans*, I. 289f. Dunn도 로마서 8:10의 "영"이 "성령"을 가리킨다고 해석한다. Cf. James D.G. Dunn, *Romans 1-8* (*Word Biblical Commentary*, Vol. 38A) (Dallas: Word Books, 1988), p.431.

효화시킨 대칭이 여기서 요구되고 있다.[42]

로마서 8:10을 원어의 의미를 살려서 번역하면 "그리스도께서 너희 안에 계시면 몸은 죄로 말미암아 죽은 것이나 영은 의로 말미암아 생명이니라"(사역)라고 해야 한다. 본 절의 "생명"(조에, ζωή)은 명사로서 "영"(토 프뉴마, τὸ πνεῦμα)과 연관이 있고 "생명"(조에, ζωή)과 대칭되는 단어는 형용사인 "죽은 것이나"(네크론, νεκρὸν)로서 "몸"(토 소마, τὸ σῶμα)과 연관이 있다. 이 사실도 바울이 인간의 몸과 영의 엄격한 구분을 뜻하지 않은 것을 증명한다. 만약 바울 사도가 인간의 몸과 영의 엄격한 대칭을 원했다면 "영은 생명이니라"[43] 대신에 "영은 산 것이니라"[44]라고 했을 것이다.[45] 게다가 로마서 8:2의 "그리스도 예수 안에 있는 생명의 성령의 법"이나 로마서 8:6의 "영의 생각은 생명과 평안이니라" 등의 구절에서 "영"과 "생명"을 밀접히 연관시켜 사용한 것으로 보아 로마서 8:10에 나타나는 "영"도 성령을 가리키는 것으로 봄이 타당하다고 생각된다.

헨드릭센(W. Hendriksen)은 로마서 8:10의 "영"(프뉴마, πνεῦμα)이 성령을 가리키는 이유로 세 가지를 든다. ① 로마서 8:1-9에 8회 나타나는 "영"이 성령을 가리키며 로마서 8:11에 2회 나타나는 "영"도 성령을 가리키는데 중간에 나타나는 "영"이 다른 뜻을 가졌다면 오히려 이상하기 때문

---

42   Murray, *Romans,* I, p.290.

43   The Spirit is life.

44   spirit is alive.

45   이 구분에 대해서 개역한글판이나 개역개정판은 큰 도움을 주지 못한다. 개역한글판은 "영은 산 것이니라"로 번역했고, 개역개정판은 "영은 살아 있는 것이니라"로 번역했다. 그리고 "영은 생명이니라"는 표현은 각주로 뺐다. cf. C. K. Barrett, *A Commentary on the Epistle to the Romans* (*Harper's New Testament Commentaries*, New York, Evanston, and London: Harper & Row, 1957), p.159.

이다. ② 로마서 8:10의 "영"이 로마서 8:11에서 다시 언급되는데 로마서 8:11의 "영"은 성령을 가리킨다. 따라서 로마서 8:10의 "영"도 틀림없이 성령을 가리킨다. ③ 로마서 8:2에서 성령을 "생명의 성령"이라 했는데 요한복음 14:6에서 예수님은 자신을 생명이라고 불렀다.[46]

넓은 안목으로 문맥을 관찰할 때 바울 사도는 신자들의 현재 상태(롬 8:10)와 미래에 나타날 몸의 영화(롬 8:11)를 다루고 있는 것이 확실하다. 문맥이 제시하는 바 바울 사도 앞에 놓인 대칭은 인간의 몸과 영의 대칭이 아니라 몸의 현재 상태와 미래 상태의 대칭인 것이다. 이 견해는 "영"(프뉴마, πνεῦμα)이 성령을 가리킨다는 사실은 확증하지 못하지만 문맥을 넓은 안목으로 이해할 수 있게 하고 또한 본문의 대칭이 인간의 "몸"과 "영"의 대칭이 아니라는 사실을 간접적으로나마 증명하는 것이 된다. 던(Dunn)은 "이는 신자들이 속해있는 종말론적 시대의 성격인 종말론적 긴장의 다른 면을 가리킨다."[47]라고 설명한다. 확실히 "몸과 영"의 대칭을 인간론적(anthropological)인 견지에서보다도 구속적 역사적(redemptive-historical) 견지에서 접근하는 것이 본문 이해에 도움을 준다.

바울 사도는 신자들의 현재의 상태는 성령이 그 안에서 내주 하는 상태라고 설명한다(롬 8:10). 예수님의 부활로 말미암아 신자들은 영생을 소유했다. 이 사실은 로마서 8:10의 "영은 생명이다"(토 프뉴마 조에, τὸ πνεῦμα ζωή)가 그리스도의 부활을 명시하는 "의를 인하여"(디아 디카이오쉬넨, διὰ δικαιοσύνην)에 의해 직접적인 제한을 받고 있기 때문이다(롬 8:11 참조). 그리스도는 우리의 의를 위해 죽음으로부터 살아나셨다(롬 4:25). 그러

---

46   W. Hendriksen, *Exposition of Paul's Epistle to the Romans*, Vol.I (*N.T.C.* Grand Rapids: Baker, 1980), pp.252-253.

47   James D.G. Dunn, *Romans 1-8*, p.432.

면 어떻게 과거에 발생된 그리스도의 사역이 신자들의 현재 생활과 연관될 수 있겠는가? 어떻게 과거와 현재의 역사적인 간격이 연결될 수 있겠는가? 이는 신자들이 그리스도와 연합되었기 때문이다. 예수 그리스도와 신자의 연합은 신자들로 하여금 현재 생명의 새로움을 가지고 살 수 있게 한다(롬 6:4f.). 확실히 신자가 생명의 새로움을 가지고 생활할 수 있는 것은 마치 자신의 생애에서 발생한 것처럼 그리스도와 함께 부활한 데 그 기초를 두고 있다.[48] 그리스도 안에서의 생명은 부활 생명이다. 그러므로 신자들의 현재 상태도 영적인 상태인 것이다.

바울 사도는 로마서 8:11에서 예수 그리스도의 부활을 유추로 사용하여 신자들의 부활의 미래 확신을 설명한다. "예수를 죽은 자 가운데서 살리신 이의 영이 너희 안에 거하시면 그리스도 예수를 죽은 자 가운데서 살리신 이가 너희 안에 거하시는 그의 영으로 말미암아 너희 죽을 몸도 살리시리라"(롬 8:11, 개역개정). 바울 사도의 기본적인 사상은 예수님을 살리신 이가 하나님 아버지로서 바로 그가 신자들 안에 거주하시는 성령으로 말미암아 신자들의 죽을 몸도 살리신다는 것이다.[49] 이 위대한 드라마는 하나님의 손에 달려 있다. 하나님께서 예수님을 죽은 자들 가운데서 살리신 것처럼 신자들도 역시 죽음에서 살리실 것이다. 하나님 아버지가 예수님을 위해 성취하신 것을 역시 신자들을 위해서도 성취하실 것이라는 사상이 명백하다. 다른 말로 표현하면 첫 열매에 일어났던 사건은 나머지 열

---

48   Gaffin, *Resurrection and Redemption*, p.53.

49   사본 상의 차이는 διά가 속격을 취하느냐(א,A,C) 아니면 대격을 취하느냐(B,D,G,K)에 있다. διά가 속격을 취하면 성령의 직접적인 동인(動因)을 가리킨다. 그러나 διά가 대격을 취한 구절을 택한다 할지라도 성령의 행위를 본문에서 제거시킬 수는 없다. cf. Murray, *Romans*, I. 292, Note 14; Gaffin, *Resurrection and Redemption*, p.89, Note 111; H. Ridderbos, *Aan de Romeinen* (*CNT,* Kampen: J.H.Kok, 1959), p.178.

매에도 일어나게 될 것이다.[50]

이상의 관찰로 볼 때 우리는 예수님의 부활에서 하나님 아버지가 성령으로 말미암아 아들을 살리셨다는 삼위일체적 성격을 찾을 수 있을 뿐 아니라 예수 그리스도와 신자 사이의 확고한 연합도 찾을 수 있다.[51] 하나님 아버지가 예수님의 부활에서 사용한 도구나 신자들의 부활에서 사용할 도구는 모두 같은 성령이며 그 성령이 현재 신자들 안에 내주하고 있다는 사실은 신자들의 부활의 확실성을 제시한다. 내주하는 성령은 신자들의 생애에서 현재와 미래를 연결하는 교량 역할을 한다. 성령이 현재 신자 안에 거하고 있다는 사실은 예수님의 부활에서 명백해진 부활의 원리가 현재 신자 안에서 역사하고 계신다는 것을 증명한다.[52] 그러므로 신자 안에 거하고 있는 성령이 장차 죽을 몸의 부활을 확실히 보증하고 있는 것이다.

(2) 고린도후서 5:1-5

고린도후서 5:1-5에서도 비슷한 설명을 찾아 볼 수 있다. 내용을 간단히 고찰하면 지금까지의 사상을 이해하는 데 큰 도움이 되리라 생각한다. 신자는 죽을 몸을 소유하고 있으면서 부활의 몸(οἰκοδομὴν ἐκ θεοῦ)[53]으로 덧입혀지기를 간절히 소원하고 있다. 구원이 완성된 날에는 "죽을

---

50   G. Vos, *The Pauline Eschatology* (Grand Rapids: Eerdmans, 1961), pp.163f.

51   기독교인들과 부활하신 주님과의 연합의 밀접성 때문에 바울은 둘이 한 영 (ἐν πνεῦμα)을 이룬다고까지 말할 수 있었다(고전 6:17). cf. D.M. Stanley, *Christ's Resurrection in Pauline Soteriology* (Romae: E Pontificio Instituto Biblico, 1961), p.282.

52   Vos, *The Pauline Eschatology*, pp.163f.

53   참고 롬 8:23; 고전 15:42-49.

것"(τὸ θνητόν)이 생명에 의해 삼킨 바 될 것이다(고후 5:4; cf. 롬 8:11; 고전 15:53,54). 이 사실의 확실성은 하나님께서 신자들에게 성령을 보증으로 이미 주셨다는 데 있다(고후 5:5). 바울 사도는 성령을 "보증"(아라본, ἀρραβών)이라 함으로 미래 사건의 확실성을 말하고 있다. "보증"은 상업 용어로서 히브리어의 "에라본"(עֵרָבוֹן)에서 빌려온 용어이다(창 38:17ff.). 이 용어의 뜻은 어떤 물건을 살 때 전체 값의 일부분을 미리 지불하는 보증금으로 그 물건에 대한 법적인 주장을 할 수 있게 하고 계약을 유효하게 한다.[54]

고린도후서 5:5의 "보증으로 성령을"(톤 아라보나 투 프뉴마토스)의 "성령"(투 프뉴마토스, τοῦ πνεύματος)은 동격적 소유격이므로 성령이 바로 보증임을 증거 한다. 즉 하나님이 신자에게 주신 성령은 구원받은 상태를 확실하게 해 주는 보증이 된다. 신자 안에 거하는 성령에 대한 휴즈(Hughes)의 언급은 아주 적절한 표현이 될 것이다. "성령의 보증은 단순히 정적인 축적이 아니며 신자 안에서 성령의 능동적이고 활기를 불러일으키는 역사로서 죽은 자들로부터 예수 그리스도를 부활시킨 같은 능력의 원리가 현재 신자 속에 존재하며 역사하고 있다는 사실을 신자로 하여금 확신하게 하고 영광된 상태의 몸으로 구속의 완성을 위해 그의 죽을 몸을 준비하고 있는 것이다."[55]

---

54   J. Behm, ἀρραβών, *Theological Dictionary of the New Testament*, Vol.I (Grand Rapids: Eerdmans, 1972), p.475; W.F. Arndt & F.W. Gingrich, *A Greek-English Lexicon of the New Testament and Other Early Christian Literature* (Chicago: The University of Chicago Press, 1957), p.109.

55   P.E. Hughes, *Paul's Second Epistle to the Corinthians* (*NICNT*, Grand Rapids: Eerdmans, 1962), p.174.

바울 사도가 성도들의 현재의 몸을 "장막 집"(οἰκία τοῦ σκήνους)으로 표현한 것은 성도들의 현재의 몸이 영구한 처소가 되지 못하며, 장차 "하늘에 있는 영원한 집"(고후 5:1)을 덧입을 것이기 때문이다(고후 5:1-7). 바울의 이런 사상은 유대 절기인 장막절의 영향을 받았음에 틀림없다. 장막절은 이스라엘 백성이 출애굽 하여 약속의 땅에 들어가기 전까지 그들이 광야에서 한 장막 생활을 기념하기 위해 지키는 절기이다(레 23:42; 민 29:12-40). 이스라엘 백성은 7일 동안 장막에 거하면서 조상들의 장막 생활을 돌이켜 본다. 장막은 잠시 머무는 장소이다. 마찬가지로 바울 사도가 성도들의 현재의 몸을 장막으로 비유한 것은 우리의 현재 몸이 최종적인 몸이 아니요 일시적인 몸이며, 영원한 몸은 부활체임을 증거하는 것이다.[56]

바울은 본문에서(고후 5:1-5) 비록 신자들이 현재에는 죽을 몸을 소유하고 있지만 신자 안에 역사하고 계시는 성령이 보증으로 주어졌기 때문에 확실히 그의 죽을 몸이 변하여 부활체가 될 것을 언급하고 있다. 바울 사도에게 구속은 분명히 육체 이상의 뜻을 내포하고 있으나 현대인들은 이에 대해 큰 관심이 없다.

고린도후서 5:1-5의 내용과 로마서 8:9-11을 같이 생각해 볼 때 바울 사도는 하나님께서 예수님을 부활시키는 도구(agent)로써 성령을 사용했으며 또한 같은 도구를 신자들의 부활에도 사용하실 것이라고 주장한다. 신자들의 죽을 몸을 부활시키는데 사용될 성령은 현재 신자 안에 거하고 계신다. 그러므로 신자들 안에 내주하는 성령은 미래에 있을 완전한 구속의 약속이 되는 것이다(롬 8:23; 엡 1:14). 다른 말로 표현하면 성령은 보증으

---

56   W.D. Davies, *Paul and Rabbinic Judaism* (New York and Evanston: Harper and Row, Publishers, 1948), pp.313-314.

로서 장차 있을 신자들의 육체 부활을 확실하게 해 주는 것이다. 즉 자신이 신자임이 확실한 것만큼 미래의 육체 부활도 확실한 것이다.

지금까지 살핀 바를 종합하면 다음의 결론을 내릴 수 있다.

첫째, 바울 사도의 성령에 관한 교훈은 구속적, 역사적이라는 사실이다. 바울 사도는 성령을 하나의 힘이나 능력으로만 가르치지 않고 인격을 소유한 삼위일체의 신임을 가르친다.

둘째, 하나님 아버지가 예수님을 부활시키실 때 성령을 도구로 사용하신 것이 명백하다. 예수님은 자신의 부활에 있어서 수동적인 입장이며 하나님이 성령을 도구로 사용하시어 예수님을 일으키신 것이다.

셋째, 하나님이 예수님의 부활 때 사용하신 성령은 현재 신자들 안에 내주하신다. 신자 안에 내주하신 성령은 비록 죽을 몸을 덧입고 있는 신자이지만 그를 권고하고 인도하여 부활 생명으로 살게 한다. 그리고 죽을 몸이 장차 부활의 몸으로 덧입혀질 것을 계속하여 확신시키고 있다. 이 말씀은 성도들의 믿음이 확실한 만큼 성도들의 부활도 확실하다는 진리를 가르친다.

넷째, 하나님은 현재 신자 안에 내주하는 성령을 도구로 사용하여 신자들을 부활시키실 것이다. 성령은 부활 행위의 저자가 된다. 예수님의 부활에 사용된 성령은 우리 몸의 부활에도 도구로 사용될 것이다.

제6장

부활 이후의 그리스도

부활 이후의 그리스도

예수님은 성육신하시기 전에 삼위 하나님의 2위이신 분으로 "하나님
은 영이시니"(요 4:24)라는 말씀이 그에게 적용될 수 있는 영적인 존재이셨
다. 그런 영이신 하나님이 성육신하심으로 "육신의 모양"(롬 8:3)을 입으시
고 "종의 형체"(빌 2:7)를 가지셨다. 성육신 기간 동안 예수님은 완전한 하
나님이시면서도 완전한 사람으로 사셨다. 그런데 성경은 예수님이 십자
가에 죽으신 후 삼일 만에 부활체를 입고 다시 살아나셨다고 전한다(고전
15:20,45). 바울 사도는 부활체를 입으시고 높아지신 단계로 들어가신 예
수 그리스도의 신분과 사역에 대해 심오한 통찰력을 제공한다.

1. 주는 영이시다(고후 3:12-4:6)

바울의 성령론과 기독론을 올바로 이해하고 바울 서신을 올바른 견지

에서 이해하려면 고린도후서 3:17에 나오는 "주는 영이시다"[1]라는 뜻을 알아야 한다. 이 구절은 많은 주석가들의 논란의 대상이 되었다.[2] 우리의 관심은 바울 사도가 어떻게 "주"(호 큐리오스)와 "영"(토 프뉴마)을 본문에서 동일시할 수 있었느냐 하는 것을 밝혀내는 데 있다. 그러나 먼저 풀어야 할 두 가지 문제는 첫째로, 본문에서 "주"가 그리스도를 가리키느냐 하는 것이요 둘째로, "영"이 성령을 가리키느냐 하는 것이다. 이 두 가지 문제의 결과가 긍정적으로 나타날 때 우리는 왜 바울 사도가 주님(ὁ κύριος)과 성령(πνεῦμα)을 동일시하고 있는가 하는 이유를 밝히는 데 착수할 수 있다.

(1) 주(κύριος)라는 의미

첫째 문제인 본문의 "주"가 그리스도를 가리키는지를 살펴보겠다. 일반적으로 이 문제에 대해서 두 가지 견해가 있다. "주"가 그리스도를 가리키지 않는다고 주장하는 학자들은 본문의 "주"는 여호와(Yahweh)를 가리

---

1   ὁ δὲ κύριος τὸ πνεῦμά ἐστιν: Now the Lord is the Spirit-NASB

2   J.D.G. Dunn, "2 Corinthians III, 17- 'The Lord is the Spirit'", *Journal of Theological Studies*, 21(1970), pp.309-320; D.R. Griffiths, "'The Lord is the Spirit'(2 Corinthians III, 17,18)," *The Expository Times*, 55(1943-1944), pp.81-83; N.Q. Hamilton, *The Holy Spirit and Eschatology in Paul* (*Scottish Journal of Theology Occasional Papers*, No.6, Edinburgh: Oliver and Boyd, 1957), pp.4-8; I. Hermann, *Kyrios und Pneuma. Studien Zur Christologie der Paulinischen Hauptbriefe* (*Studien zum Alten und Neuen Testament*, II, München: Kosel-Verlag, 1961), pp.17-58; R.B. Gaffin, Jr. *Resurrection and Redemption. A Study in Pauline Soteriology* (Ann Arbor: University Microfilms, 1970), pp.131-141; A.J. Bandstra, *The Law and The Elements of the World: An Exegetical Study in Aspects of Paul's Teaching* (Kampen: J.H.Kok, 1964), pp.79-86; L. Smedes, *All Things Made New* (Grand Rapids: Eerdmans, 1970), pp.54-59; G.E. Ladd, *A Theology of the New Testament* (Grand Rapids: Eerdmans, 1974), pp.488-490.

킨다고 주장한다.[3] "주"가 여호와를 가리킨다고 주장하는 근거는 사도 바울이 출애굽기 34:29-35을 자신의 시대의 입장에서 해석한다고 믿는 데 있다. 던(Dunn)[4]은 사도 바울이 출애굽기 34:30에 나타난 단어 "독사"(δόξα, כָּבוֹד, LXX: ἦν δεδοξασμένη)를 취하여 고린도후서 3:7-11에서 자세히 설명하고 있으며 또한 출애굽기 34:33에 나타난 "칼룹마"(κάλυμμα, מַסְוֶה)를 취하여 고린도후서 3:12-14에서 그 의미를 전개시킨다고 주장한다. 그리고 이 두 용어(광채, 수건)는 출애굽기 34:34 이하의 중심 구절에 대한 준비적인 역할을 한다. 출애굽기 34:34 이하는 다음과 같다. "모세가 여호와 앞에 들어가서 함께 말할 때에는 나오기까지 수건을 벗고 있다가 나와서는 그 명령하신 일을 이스라엘 자손에게 전하며 이스라엘 자손이 모세의 얼굴의 광채를 보므로 모세가 여호와께 말하러 들어가기까지 다시 수건으로 자기 얼굴을 가렸더라"(개역개정).

던의 주장은 출애굽기 34:34 이하의 이전 구절들이 출애굽기 34:34 이하를 설명하기 위한 준비 역할을 한 것처럼, 고린도후서 3장에 있어서도 고린도후서 3:16 이전 구절들에 대한 바울의 해석은 고린도후서 3:16을 설명하기 위한 준비 역할을 한 것이라고 한다. 마틴(Ralph P. Martin)은 고린도후서 3:17이 고린도후서 3:16을 설명하는 구절로 생각하여 삽입구로 취급한다. 그래서 마틴은 고린도후서 3:17의 "주"가 "여호와"를 가리키는 것으로 해석한다. 그는 고린도후서 3:17을 "방금 인용한 구절에서 주(the

---

3   J.D.G. Dunn, *The Theology of Paul the Apostle* (Edinburgh: T and T Clark, 1998), pp.421-422.

4   Dunn, "2 Corinthians III, 17- 'The Lord is the Spirit'," pp.312f.; cf. J.D.G. Dunn, *Baptism in the Holy Spirit* (SBT, 2nd Series, 15, Naperville: Alec R. Allenson, Inc., 1970), pp.135ff.; C.F.D. Moule, "The Holy Spirit in the Scriptures," *The Church Quarterly*, 3 (1970-71), p.285.

Lord)는 [우리에게는] 성령을 의미한다"("The Lord" in the passage just cited means [for us] the Spirit.)라고 해석한다. 마틴은 "영"(토 프뉴마, τὸ πνεῦμα) 도 일반적으로 성령을 가리킨다고 해석하지만 이 경우는 성령의 인격을 가리키기보다 성령의 역동적 행위를 가리킨다고 설명한다.[5] 크루스(Colin Kruse)는 고린도후서 3장에서 바울의 주된 관심은 율법의 옛 언약의 낮은 영광과 비교되는 성령의 새로운 언약의 더 큰 영광(참조. 고후 3:3, 6, 8, 18)을 강조한다는 바른 전망을 제시하지만 고린도후서 3:17의 "주"를 설명할 때는 고린도후서 3:16의 주가 "여호와"를 가리키는 것처럼 고린도후서 3:17의 "주"도 "여호와"를 가리키는 것으로 받아야 한다고 해석한다.[6] 이와 같은 해석은 고린도후서 3:16 이전 구절들이 "그러나 언제든지 주께로 돌아가면 그 수건이 벗겨지리라"(고후 3:16, 개역개정)를 설명하기 위한 준비 역할을 하는 것으로 취급한다. 던은 본문에 나타난 수건이 모세 당시에 유대인들의 눈을 어둡게 하는 것을 막기 위해 모세의 얼굴을 가렸던 "같은 수건"(τὸ αὐτὸ κάλυμμα)이라고 주장한다(고후 3:14). 그러므로 그 수건을 제거할 행위는 마땅히 같은 행위여야만 한다. 이와 같이 생각할 때 사도 바울이 "언제든지 주께로 돌아가면"(고후 3:16)이라고 했을 때 그 뜻은 모세 당시에 그 수건을 벗기기 위해서 행한 동일 행위인 것이 틀림없다. 이는 고린도후서 3:16이 출애굽기 34:34에서 인용한 것임을 설명하고 따라서 고린도후서 3:16의 "주"(Lord: κύριος)는 여호와(Yahweh)를 가리키는 것이

---

5   Ralph P. Martin, *2 Corinthians* (*Word Biblical Commentary*, Vol. 40, Waco: Word Books, Publisher, 1986), pp.70-71.

6   Colin Kruse, *2 Corinthians* (*Tyndale New Testament Commentaries*, Grand Rapids: Eerdmans, 1991), p.99.

확실하다고 설명한다.[7]

그리고 바울 사도는 "의문"(그람마, γράμμα)의 옛 언약과 "영"(프뉴마, πνεῦμα)의 새로운 언약을 비교한 다음 이 구절에서는(고후 3:16,17) 출애굽기 34장의 중심 구절이 자신의 논리에서 어떤 뜻인지를 설명하고 있다. 즉 옛 언약의 여호와가 성령이 되신 것을 가리킨다고 한다.[8] 그러므로 고린도후서 3:16,17의 주(Lord)는 여호와(Yahweh)를 가리키는 것이 틀림없다고 주장한다.

그런데 던의 논리는 구약과 신약 사이에 서로 상충이 없다는 것을 강조하는 데 크게 기여한다. 물론 구약과 신약은 사상에 있어서 상충될 수가 없다. 그러나 본문에서 보여주고자 노력한 사도 바울의 논리의 중요성은 두 언약 사이의 유사성이 아닌 두 언약 사이의 차이점을 나타내기 위한 것이다. 본문에서 "주"가 여호와를 가리킨다고 해석함으로 얻을 수 있는 유익은 예수님과 성령을 동일시하는 이 어려운 진술과 부딪쳐 보지 않고 피할 수 있다는 사실이다.[9] 다음에 열거하는 몇 가지 이유는 "주"가 여호와를 가리킨다고 하는 해석이 본문에서 적당한 해석이 될 수 없음을 증명하게 될 것이다.

---

7   cf. M.E. Thrall, *The First and Second Letters of Paul to the Corinthians* (Cambridge: The University Press, 1965), p.137; J.H. Bernard, *The Second Epistle to the Corinthians* (*The Expositor's Greek Testament*, New York: Dodd, Mead and Company, 1903), pp.57f.

8   The New English Bible (NEB)와 Phillips Modern English는 같은 입장에서 번역되었다. "Now the Lord of whom this passage speaks is the Spirit." (N.E.B) "For the Lord to whom they could turn is the Spirit of the new agreement." (Phillips). cf. "Now this Lord is the Spirit" (Jerusalem Bible); F.F. Bruce도 Dunn과 같은 입장을 취한다. see, F.F. Bruce, *Paul: Apostle of the Heart Set Free* (Grand Rapids: Eerdmans, 1977), pp.120f.

9   Smedes, *All Things Made New* (1970), p.57.

① 던이 주장한 대로 사도 바울은 출애굽기의 구절들을 기초로 새로운 언약의 사역을 해석하고 있음이 틀림없다. 그러나 던의 주장에서 결여된 점은 사도 바울이 구약의 본문을 예수님의 부활 이후의 관점에서 해석하고 있다는 사실을 인정하지 않으려 한 것이다. 바울이 구약과 신약을 비교할 때는 언제든지 예수님의 부활 이후의 관점에서 신약을 취급한다(3절 이하; 14절). 이와 같은 이해의 결핍은 고린도후서 3:17을 문맥 안에서 다루지 못한 데서 기인한다.[10] 고린도후서 3:17은 결코 문맥과 분리하여 생각할 수 없다.[11] 이는 성경해석의 근본 문제인 것이다.

문맥을 중요하게 생각하면서 본문을 고찰하면, 사도 바울은 고린도후서 3:1-4:6사이에서 사역(ministry)의 개념을 설명하고 있다. 고린도후서 4:5에서 바울은 명백하게 "그리스도 예수의 주되신 것"을 전파한다고 말한다. 고린도후서 3:14은 또한 "그 수건은 그리스도 안에서 없어질 것이라"라고 말하며, 고린도후서 3:16에서는 사람이 "주께로 돌아가면 그 수건이 벗겨지리라"(개역개정)라고 설명한다. 이와 같이 문맥에 나타난 "주"를 언급할 때 "주"는 그리스도를 가리키는 것이 명백하다.

이와 같은 사상은 빌립보서 2:9 이하에 나타난 사상과 일치한다. 하나님께서는 모든 이름 위에 뛰어난 이름인 "주"라는 이름을 예수님에게 주시

---

10   Gaffin, *Resurrection and Redemption,* pp.131f.

11   A. Plummer [*A Critical and Exegetical Commentary of the Second Epistle of St. Paul to the Corinthians* (ICC, New York: Scribner's Sons, 1915), p.102]는 본문 17 절을 생략하는 것이 자연스러운데 그 이유는 18절이 16절을 이어 잘 조화되어 연결되기 때문이라고 한다. 그리고 H.A.W. Meyer[*Critical and Exegetical Hand-Book to the Epistles to the Corinthians* (New York: Funk and Wagnalls, 1884), p.477]는 "Ver.17 is only an accessory sentence, which is intended to remove every doubt regarding the περιαιρεῖται τὸ κάλυμμα."라고 말한다.

므로 모든 입이 하나님 아버지께 영광을 돌리게 하셨다.[12] 또한 베드로도 자신의 설교에서 예수가 "그리스도"와 "주"가 되셨다고 강력하게 말한다. 예수님의 부활 이후에 베드로는 "너희가 십자가에 못 박은 이 예수를 하나님이 주와 그리스도가 되게 하셨느니라"(행 2:36, 개역개정)라고 명백하게 증거 한다. 그러므로 바울 사도가 본문을 예수님의 부활 이후의 관점에서 설명한다고 생각할 때 고린도후서 3:16,17에 나타난 "주"는 그리스도 예수를 가리키는 것이 확실하다.

② 출애굽기에서는 없어질 영광에 대해서 언급이 없지만[13] 바울 사도는 고린도후서 3장에서 의문(儀文)의 사역의 없어질 영광과 의의 사역의 풍성한 영광(혹은 성령의 사역의 풍성한 영광)을 서로 비교한다.[14] (참조. εἰ … πῶς μᾶλλον, 고후 3:7, 8; εἰ … πολλῷ μᾶλλον, 고후 3:9, 11). 바울은 정죄의 사역(직분)과 의의 사역(직분)을 서로 비교한다(고후 3:9). 로마서 5:16에서도 바울 사도는 아담으로 말미암은 정죄와 그리스도로 말미암은 칭의를 비교한다. 이와 같은 사상은 구약 자체가 진리의 완전한 뜻을 설명하지 못하고 그리스도 안에서 그 완전한 뜻이 나타난다는 사실을 증명하는 것이다. 의의 사역이 그리스도 안에서만 성취될 수 있다면 본문의 "주"

---

12 "πᾶσα γλῶσσα ἐξομολογήσεται ὅτι κύριος 'Ιησοῦς Χριστὸς εἰς δόξαν θεοῦ πατρός"(빌 2:11; cf.롬 10:9; 14:9).

13 C.K. Barrett, *From First Adam to Last* (*A Study in Pauline Theology*, London: Adam and Charles Black, 1962), p.51.

14 개역한글판은 본문의 διακονία를 직분으로 번역하였다. AV는 ministration으로, NASB는 ministry로, RSV와 NEB는 dispensation으로 Phillips는 administration으로 번역하였다. 여기서는 성령의 활동으로 성취되는 모든 일을 가리키는 뜻으로 사역이라고 번역하였다. 비록 "사역"이라는 우리말이 다른 사람에게 일을 시킨다는 개념이 있긴 하지만 자기 스스로 맡은 일을 감당한다는 뜻이 들어있고 "직분"보다는 본문의 뜻을 더 명백히 하기 때문에 "사역"으로 번역 사용하기로 한다.

는 그리스도 자신을 가리키는 것이 틀림없다.

우리는 지금까지의 연구를 통해 본문의 "주"가 예수 그리스도를 가리킨다는 사실을 문맥을 통해서 증명하였다. 문맥의 뜻에 비추어 생각할 때 "주"는 여호와를 가리키기보다는 예수 그리스도를 가리키는 것으로 보는 것이 더 적절하다.

(2) 영(프뉴마, πνεῦμα)의 의미

이제 우리는 두 번째 질문을 취급할 수 있게 되었다. 두 번째 질문은 고린도후서 3:17의 "영"이 진정으로 성령을 가리키는가 하는 문제이다.

휴즈(Hughes) 박사는 고린도후서 3:17의 "영"이 성령(the Holy Spirit)을 가리키지 않고 소문자 영(spirit)을 가리킨다고 주장한다.[15] 그는 계속해서 말하기를 "주는 영이시다! 즉 그리스도는 빛과 생명의 원천이시다. 그에게 돌아감으로 오해의 수건을 제거할 수 있고 죽음에서 생명으로 옮겨질 수 있다"[16]고 했다. 따라서 휴즈는 고린도전서 15:45; 고린도후서 3:6; 로마서 8:15에 나타난 "영"(프뉴마, πνεῦμα)도 성령으로 해석하지 않고 영으로

---

[15]   P. E. Hughes, *Paul's Second Epistle to the Corinthians* (NICNT, Grand Rapids: Eerdmans, 1962), p.115; Sang Ho Lee, *The Second Epistle of Paul to the Corinthians* (Seoul: The Christian Literature Society, 1964), p.85; F.W. Grosheide, *Commentary on the First Epistle to the Corinthians* (*NICNT*, Grand Rapids: Eerdmans, 1968), p.150; Peter Jones는 κύριος가 누구를 가리키는지에 대해서는 명확하게 설명하지 않는다. Peter Jones [*The Apostle Paul: A Second Moses According to II Corinthians* 2:14-4:7 (Ann Arbor: University Microfilms, 1973), p.95]는 말하기를 "Thus when Paul says ὁ δὲ κύριος τὸ πνεῦμά ἐστιν οὗ δὲ τὸ πνεῦμα κυρίου, ἐλευθερία (vs.17), he means that the Lord is present 'als das Pneuma' - Yet not only in the charismatic gifts, but in this concrete case in the Apostle by his preaching, which removes the veil."

[16]   Hughes, *Paul's Second Epistle to the Corinthians*, p.115.

해석한다. 휴즈는 또한 말하기를, "이 구절 전체를 통하여 우리는 대문자로 성령(the Spirit)을 쓰지 말고 소문자로 영(spirit)을 써야 한다. 우리의 판단으로는 여기서 직접적으로 성령을 가리키지는 않지만 그러나 바울의 논리 가운데 성령의 작용이 암시된 것만은 의심할 여지가 없다. 특별히 다른 곳에서 그리스도의 사역을 성도들의 마음에 적용하는 것이 성령의 직무(office)라는 바울의 명백한 교훈을 생각할 때 성령의 작용이 암시되었다는 것은 의심할 수 없다."[17]라고 말했다.

그러나 휴즈 박사의 입장은 다음 같은 이유로 타당하지 않다.

① 바울은 고린도후서 3:3에서 먹($\mu\acute{\epsilon}\lambda\alpha\nu\iota$=ink)과 성령($\pi\nu\epsilon\acute{\upsilon}\mu\alpha\tau\iota\ \theta\epsilon o\hat{\upsilon}$ $\zeta\hat{\omega}\nu\tau o\varsigma$)을 비교하고 있다.[18] 또한 바울 사도는 고린도후서 3:6에서 의문(儀文; $\tau\grave{o}\ \gamma\rho\acute{\alpha}\mu\mu\alpha$=letter)과 성령($\tau\grave{o}\ \pi\nu\epsilon\hat{\upsilon}\mu\alpha$)을 비교하고 있다(참조. 롬 2:29). 그러므로 고린도후서 3:6에서 "영"(프뉴마, $\pi\nu\epsilon\hat{\upsilon}\mu\alpha$)이 성령을 가리키지 않는다고 말할 하등의 이유가 없다. 특히 "영"(프뉴마, $\pi\nu\epsilon\hat{\upsilon}\mu\alpha$)의 역할을 설명하기 위해 같이 사용된 "살리는 것이니라"(조오포이에이, $\zeta\omega o\pi o\iota\epsilon\hat{\iota}$)는 "영"(프뉴마)이 성령을 가리킨다는 사실을 확증하고 있다. 이 사실은 바울 서신 다른 곳에서도 명시된 대로 특히 생명은 성령으로부터 기인된다는 사상과 일치한다(롬 8:2,6,11; 참조. 고전 15:45). 바울은 다음으로 "정죄의 직분 = 정죄의 사역"($\acute{\eta}\ \delta\iota\alpha\kappa o\nu\acute{\iota}\alpha\ \tau\hat{\eta}\varsigma\ \kappa\alpha\tau\alpha\kappa\rho\acute{\iota}\sigma\epsilon\omega\varsigma$)과 "의의 직분 = 의의 사역"($\acute{\eta}$ $\delta\iota\alpha\kappa o\nu\acute{\iota}\alpha\ \tau\hat{\eta}\varsigma\ \delta\iota\kappa\alpha\iota o\sigma\acute{\upsilon}\nu\eta\varsigma$)을 비교하고 있으며(고후 3:9), 이 "의의 직분"은 바로 "영의 직분"인 것을 말하고 있다(고후 3:8). 여기서 "의"($\delta\iota\kappa\alpha\iota o\sigma\acute{\upsilon}\nu\eta\varsigma$)

---

17   Hughes, *Paul's Second Epistle to the Corinthians* (NICNT), p.116(고딕은 저자의 것임)

18   Hughes까지도 (*Paul's Second Epistle to the Corinthians*, p.89) 고후 3:3의 $\pi\nu\epsilon\hat{\upsilon}\mu\alpha$가 성령이라는 사실에 대해 동의한다.

와 "영"(πνεύματος)은 동격이다. 그런데 다른 곳에서 바울은 성령 안에서 의롭다함을 받았다(고전 6:11)라고 말함으로 성령과 의를 밀접하게 연관시킨다(참조. 롬 8:10).[19] 그러므로 고린도후서 3:8의 "영"이 성령을 가리키지 않는다고 생각하기보다는 성령을 가리킨다고 생각하는 것이 훨씬 타당하다. 고린도후서 3:17 하반절의 "영"은 자유 개념과 관련하여 사용되었다. 이 사실은 "영"이 성령을 가리킨다는 확증이다. 왜냐하면 바울 서신에서 성령과 자유는 밀접한 관계가 있고 참 자유는 성령 안에서만 가능한 것이기 때문이다(롬 8:2; 고전 12:13; 갈 5:13ff.).

이상에서 "주는 영이시다"(고후 3:17a)를 둘러싼 인접 문맥에서 "영"의 용법을 비교해 볼 때 "영"이 성령을 가리키는 것이 명백해졌다. 그렇다면 고린도후서 3:17 전반절의 "영"만 구태여 성령이 아니라고 할 이유가 어디에 있겠는가!

② 우리는 이미 "주"가 예수 그리스도를 가리킨다고 증명하였다.[20] "주"가 그리스도를 가리킨다고 생각할 때 고린도후서 3:17 하반절의 "주의 영"(토 프뉴마 큐리우, τὸ πνεῦμα κυρίου)이나 고린도후서 3:18의 "주의 영"(큐리우 프뉴마토스, κυρίου πνεύματος)과 같은 표현들에 나타나는 "영"이 성령을 가리키지 않는다고 말할 수 없다. 이와 똑같은 표현들이 바울 서신 다른 곳에서도 나타나는데 그 표현 속에 사용된 "영"(πνεῦμα)은 모두 성령을 가리키고 있는 예이다(롬 8:9; 갈 4:6; 참조. 행 5:9; 8:39; 16:7).

이상에서 증명한 대로 고린도후서 3:17 전반절에 나타난 "영"은 휴즈

---

19   이 사실은 부활 이후의 예수님의 기능으로도 설명할 수 있다. 예수 그리스도는 우리의 의를 위해 부활하였고 (롬 4:25) 그리고 부활하심으로 살려주는 영이 되셨기 때문에 (고전 15:45; cf.고후 3:6) 의는 부활하신 예수님의 살려주는 영으로서의 기능과 밀접한 연관이 있는 것을 찾아볼 수 있다.

20   앞에서 논의한 "(1) 주 (κύριος) 라는 의미" 참조

(Hughes)의 주장대로 영(spirit)을 가리키지 않고 오히려 성령(The Holy Spirit)을 가리킨다고 생각하는 것이 바르다.

(3) "주는 영이시다"의 해석

지금까지의 고찰을 통해서 고린도후서 3:17 전반절의 "주"가 예수 그리스도를 가리키며 "영"이 성령을 가리킨다는 사실을 확증하였으니 이제 우리는 바울 사도가 어떻게 예수 그리스도와 성령을 동일시할 수 있었는가 하는 문제를 다룰 수 있게 되었다. 다른 말로 표현해서 예수 그리스도와 성령을 동일시하는 본질이 무엇인가? 이렇게 그리스도와 성령이 동일시되었다는 사실은 본문이 뚜렷하게 증명하지만 무슨 의미로 동일시되었는가 하는 것은 명백하지 않다. 고린도후서 3:17은 바울 서신을 교리적인 정의로 가득 찬 머리로 대하고 증빙자료로 확증을 찾기 원하는 사람들에게는 실로 극적인 표현이 아닐 수 없다.[21]

광범위한 문맥을 고찰할 때 바울 사도는 자신의 사도직의 진실성을 옹호하고 있다. 바울의 소명은 고린도교회 안에 있었던 거짓 사도들보다도 훨씬 탁월한 것이다.[22] 그러나 그 탁월성은 그의 개인 인격에 의존하고 있지 않다. 오히려 진정한 문제는 그의 직무의 탁월성과 합법성에 있다. 바울 사도는 그의 직무(office)가 모세의 직무보다 탁월하다고 말한다. 그 이유로 바울 사도는 그가 언약 역사에 있어서 더 탁월한 시대에 살고 있고 또 일하고 있기 때문이라고 한다.[23] 바울 사도는 옛 언약과 새 언약을 비

---

21 Smedes, *All Things Made New* (1970), p.54.

22 고후 2:17: οὐ … ὡς οἱ πολλοὶ καπηλεύοντες τὸν λόγον τοῦ θεοῦ; cf. 고후 3:1.

23 Smedes, *All Things Made New* (1970), p.54.

교한다. 먹(ink = μέλανι)은 성령과 비교되었고(고후 3:3) 그리고 성령은 다시 의문(儀文, τὸ γράμμα)과 비교되었다(고후 3:6). "율법 조문은 죽이는 것이요 영은 살리는 것이니라"(고후 3:6, 개역개정).[24] 이 명제는 뒤따르는 구절들에서 더 확장된다. 사도 바울은 새 언약의 영광의 탁월성을 제시하면서(고후 3:8,9,11의 πολλῷ μᾶλλον을 참조) 옛 언약의 영광은 사라졌다고 말한다(고후 3:7,11). 바울 사도는 분명히 여기서 기독교인의 사역의 본질(고후 3:3; 4:1)과 모세를 사자(使者)로 한 죽음의 사역(직분)을 비교한다(고후 3:7,12,13).[25] 옛 언약은 정죄와 죽음의 사역(직분 = ministry)으로서 모세와 관련이 있다. 반면에 새 언약은 의와 생명의 사역으로서 성령과 관련이 있다(고후 3:7 이하 참조). 스미드즈(Smedes)는 말하기를 "여기 옛 언약과 새 언약이 있다. 그리고 후자는 전자와 비교되지 않을 만큼 탁월하다. 새 언약은 광대하게 탁월한 영광을 가지고 있다. 새 언약은 생명이 사망과 다르고, 자유가 구속과 다르며, 확신이 공포와 다른 만큼, 혹은 소망이 절망과 다른 만큼, 옛 언약과 다르다. 새 언약은 세상에 들어와서 하나님의 백성에게 역사의 새로운 시대를 열어주었다. 바울의 사도직은 언약 역사의 새 시대(즉 언약 시대)에 속하는 것이다. 그리고 바로 그런 이유 때문에 그의 사도직은 더 탁월한 사도직이다."[26]라고 했다.

바울의 전체적인 논리는 구속역사의 실재에 의존하고 있는 논리이다.

---

24 τὸ γὰρ γράμμα ἀποκτέννει, τὸ δὲ πνεῦμα ζῳοποιεῖ. (고후 3:6)

25 J. Jeremias, Μωυσῆς, *TDNT*. IV, pp.869f.; A.J. Bandstra, *The Law and The Elements of the World*, p.79; C.K. Barrett, *From First Adam to Last*, p.53. 바울 사도가 그리스도의 모형으로 모세보다는 아담을 더 즐겨 쓰는데 주의하라(cf. 고전 15:45; 롬 5:12-21) 그러므로 바울 사도는 본문에서 모세와 그리스도를 비교하지 않고 모세와 바울 자신을 비교한다.

26 Smedes, *All Things Made New*, p.54.

본문에서 제시된 대칭은 역사적이다. 개핀은 "그 대칭은 구속역사에 있어서 구질서와 새 질서 사이의 계속되는 국면을 비교하는 것이다. 그리고 성령에 의해 구별된 것이 바로 새 질서인 것이다."[27]라고 설명한다. 성령은 새 시대에 있어서 대단히 활동적이기 때문에 사도 바울은 본문에서 새 시대를 가리켜 성령의 사역(ministry)이라고 말한다(고후 3:8).

고린도후서 3:12 이하에서 바울 사도는 불신하는 유대인들의 마음을 덮고 있고 그리스도에 의해서만 벗겨질 수 있는 수건(κάλυμμα)에 대하여 언급한다. 이 구절들은 옛 언약이 무슨 이유로 정죄와 죽음의 사역인지를 부분적으로나마 설명하고 있으며 반면 새 언약의 효력을 나타내고 있다. 옛 언약이 정죄와 죽음의 사역인 이유는 이스라엘 백성들의 마음이 완고하게 되었기 때문이며(고후 3:14) 그들의 마음에 수건이 덮여 있었기 때문이다(고후 3:15). 그러나 새 언약의 효력은 그 수건이 그리스도 안에서 제거된 사실에서 찾을 수 있다(고후 3:14). 그 수건은 언제든지 사람이 주께로 돌아가면 제거된다(고후 3:16).[28]

이상에서 명백한 사실은 사도 바울이 자신의 논리 가운데서 고린도후서 3:17에 당도하기도 전에(고후 3:3 참조) 이미 성령과 그리스도의 연관을 암시하고 있다는 것이다. 지금까지의 관찰을 통해 확실해진 것은 새 언약의 유익은 넘치는 영광과 생명과 의로움이다. 이 사실은 바로 새 언약이 성령의 사역하심이라는 사실 때문에 가능한 것이다.[29] 성령이 새 질서 안에서 역사하심으로 의와 생명과 영광과 같은 은사를 산출하는 것이다. 바

---

27 Gaffin, *Resurrection and Redemption*, p.134.

28 Gaffin, *Resurrection and Redemption*, p.135.

29 Gaffin, *Resurrection and Redemption*, p.136; Dunn, *Baptism in the Holy Spirit*, p.135.

로 여기서 이와 같은 성취들을 어떻게 그리스도에게 돌릴 수 있겠는가 하는 질문이 제기된다.[30]

이 질문에 대답하기 위하여 바울은 새 언약의 효력을 생각할 때 그리고 그 기능을 고찰할 때 주와 성령을 동일시하여 "주는 영이시다"(고후 3:17a)라고 말한 것이다. 여기서 주의해야 할 것은 바울이 "주는 영이시다"라고 했을 때 "주"가 완전하고 철저하게 "성령"(프뉴마, πνεῦμα)의 개념에 의해서 이해되어야 한다는 뜻은 아니다.[31] 주와 성령을 동일시하는 것은 메시아 시대가 바로 성령의 시대라는 종말론적인 의미로 동일시하는 것이다.[32] 해밀턴은 말하기를 "여기에서 동일시하는 것은 본체론적이거나 존재에 있어서 동일시하는 것이 아니고 동력적(dynamic)이며 구속적 행위에서 발생한 동일함을 뜻하는 것이다"[33]라고 했다. 해밀턴은 계속해서 언급하기를 "성령이 부활하신 그리스도의 성취를 사람들에게 전달하는 그의 직무를 효과적으로 이행하기 때문에 믿음의 모든 의지와 목적을 위해 주님 자신이 그의 백성 위에 임재하셔서 은혜를 부여하시는 것으로 이해하여야 한다"[34]라고 했다. 성령이 새 질서를 주관하시기 때문에 새 질서는 바로 성령의 질서라고 불릴 수 있다.

우리가 지금까지 넓은 문맥을 통해 관찰한 바로는, "주는 영이시다"(고후 3:17a)라는 표현을 주관하고 있는 사상이 구속적 역사적 전망이라고 결

---

30   Gaffin, *Resurrection and Redemption*, p.136.

31   H. Ridderbos, *Paul and Jesus* (Philadelphia: The Presbyterian and Reformed Publ. Co, 1958), p.87.

32   H. Ridderbos, *Paul and Jesus,* p.87.; H. Ridderbos, *When The Time had fully Come* (Pathway Books, Grand Rapids: Eerdmans, 1957), p.51.

33   Hamilton, *The Holy Spirit and Eschatology in Paul*, p.6.

34   Hamilton, *The Holy Spirit and Eschatology in Paul,* p.6.

론내릴 수 있다는 것이다.[35] 성령과 그리스도를 동일시하는 것은 본체론적인 의미가 아닌 경륜적인 의미로 이해해야만 한다.[36] 예수님과 성령을 동일시하는 것은 그 성격상 구속적이고 역사적인 것이다. 그러므로 바울 사도는 신자들의 구속적 경험에 관한 한 성령과 그리스도의 기능이 하나님의 경륜에 따라 새 질서에서는 동일시될 수 있다는 구속역사적인 의미로 "주는 영이시다"라고 표현한 것이다.[37]

고린도후서 3:17 하반절의 내용도 성령과 그리스도를 본체론적으로 동일시하는 의미가 될 수 없다는 것을 입증하고 있다. 자유의 개념이 고린도후서 3:17 하반절에 언급되었는데 바로 이 사실이 바울이 경륜적인 면

---

[35]   H. Ridderbos, *Paulus. Ontwerp Van Ziin Theologie* (Kampen: J.H. Kok, 1966), p.90.

[36]   John Calvin, *The Second Epistle of Paul the Apostle to the Corinthians and The Epistles to Timothy, Titus and Philemon* (Grand Rapids: Eerdmans, 1973), p.48: "But the statement before us has nothing to do with Christ's nature but is concerned only to explain His office."

[37]   구속역사적 강조가 결여된 해석이지만 예수님의 존재양태를 강조하는 해석이 있다. 김세윤은 "고후 3:17 하반절에서 주(κύριος)와 영(πνεῦμα)이 구별되었다면 이 사실은 고후 3:17 전반절이 두 인격적인 존재들의 동일성을 주장하고 있지 않음을 명백하게 하고 있다. 영(πνεῦμα)은 주(κύριος)의 존재양태(the mode of existence)로 정의된다. '주의 영'(πνεῦμα κυρίου)이라는 표현이 사용되는 곳에서는 그의 존재 양태가 묘사된다. 그리고 이는 그가 그의 공동체를 능력으로 만나신다는 사실을 뜻한다"라고 해석한다. cf. Seyoon Kim, *The Origin of Paul's Gospel* (Tübingen: J.C.B. Mohr, 1981), p.229, n.1. 김세윤의 해석은 바울이 "주는 영이시니"라고 주와 영을 동일시할 때 부활하신 예수가 성령과 같은 존재 양태로 진입하셨기 때문에 그렇게 동일시한 것이라는 뜻이다. 김세윤은 부활 후의 예수님의 존재양태는 바로 해석했으나 부활하신 예수님이 성도들의 구원 경험과 어떤 관계를 가지고 있느냐 하는 점은 다루지 못했다. 김세윤은 본 구절을 구속역사적인 관점에서 보지 못하고 예수님의 부활이 예수님 개인의 삶에 어떤 존재의 변화를 가져오게 했는지에 대해서만 강조하고 있는 것이다. 한편, Bousset은 바울이 그리스도와 성령을 교대로 사용한 것은 초대 공동체의 예배 경험과 신비주의의 영향이라고 한다. cf. W. Bousset, *Kyrios Christos*, pp.160-161. 부셋의 이런 해석은 받아들일 수 없는 잘못된 해석이다.

에 관심을 갖고 있다는 것을 보여준다(갈 5:1; 롬 8:2).[38] 영광, 생명, 의, 평화 등의 개념과 더불어 자유 역시 새 언약의 특징들 중의 하나로서 성령의 사역과 밀접히 연관되어 있다(갈 4:21과 5:1; 5:13과 5:16ff. 비교 참조).[39] 고린도후서 3:18에 기술된 대로 주와 성령을 밀접히 연결시키는 것은 고린도후서 3:17에서 이미 언급한 내용을 재확인하는 것이다.[40] 이 사실은 결국 주와 성령이 구속의 사역을 적용하시는 일에서 동일시되고 있다는 것이다. 칼빈은 "그리스도께서 그의 성령의 살려 주는 능력으로 우리에게 생명을 불어넣어 주시기 때문에 그리스도는 성령이시다"[41]라고 설명한다.

여기서 종합해 보면 바울의 사상은 역사적이다. 새로운 시대는 옛 시대보다 탁월하다. 예수 그리스도는 자신의 죽음과 부활로 말미암아 새로운 시대를 창조하신 분이다. 그 수건은 그리스도 안에서 벗겨졌다. 성령은 창조적이고 활동적인 영으로서 새 시대를 주관하시고 있기 때문에 성도들의 생활은 성령에 의해 조종되고 있는 것이다. 그러나 이 성령은 생명을 주시는 영으로서 계속 역사하고 계시는 그리스도이다. 그러므로 바울 사도가 "주는 영이시다"라고 말할 수 있었다.

(4) 성도들의 구원 경험에서 부활하신 예수님과 성령의 사역

바울 사도가 그리스도는 성령이시라고 선포한 것은 의미심장한 진리

---

38   Hamilton, *The Holy Spirit and Eschatology in Paul,* p.7.

39   Gaffin, *Resurrection and Redemption,* p.138.

40   Hamilton, *The Holy Spirit and Eschatology in Paul,* p.8.

41   Calvin, *The Second Epistle of Paul the Apostle to the Corinthians and the Epistles to Timothy, Titus and Philemon,* p.49.

이다. 이 말씀은 그리스도와 성령이 분리되어 생각될 수 없다는 것을 증명한다. 그리스도는 성령을 충만히 소유하고 계시며 성령의 모든 은사를 자신의 장중에 소유하고 계신다. 그러므로 그리스도와 교제 관계에 있을 때에만 성령의 축복을 경험할 수 있다.[42]

스탠리(D.M. Stanley)에 따르면, "바울의 생각에는 성령이 새로운 아담의 사역과 긴밀하게 관계되어 있으므로 바울은 간결하게 '마지막 아담은 살려주는 영이 되었나니'(고전 15:45, 개역개정)라고 말할 수 있었다. 바울은 약간 당황스럽게 하는 간결한 표현으로 '주는 성령이시니'(고후 3:17)라고 주장할 수 있었다. 바울의 구원론의 근본 원리는 성결의 영 즉 성령이 부활하신 그리스도를 능력의 하나님의 아들로 세우는데(롬 1:4) 본질적 요소가 된다는 것이다. 이처럼 바울은 성도들 안에 부활하신 그리스도의 임재로서 성령의 내주를 말할 수 있었다"[43]라고 말한다.

여기서 신자들의 경험을 설명할 때 그리스도의 기능과 성령의 기능을 교대로 사용하는 예를 바울 서신 내에서 찾아 비교함으로 지금까지의 증명이 더 확실해질 것이다.

신자들의 생명

우리는 성령을 통해 생명을 가졌다(롬 8:11).

우리는 그리스도를 통해 생명을 가졌다(골 3:4).

---

42   J.A. Schep, *The Nature of the Resurrection Body* (Grand Rapids: Eerdmans, 1964), p.168.

43   D.M. Stanley, *Christ's Resurrection in Pauline Soteriology,* p.283.

신자들의 소망

우리는 성령의 능력 안에서 소망을 가졌다(롬 5:5; 15:13).

우리는 그리스도 안에서 소망을 가졌다(고전 15:19; 골 1:27).

신자들의 기쁨

우리는 성령 안에서 기쁨을 가졌다(롬 14:17; 갈 5:22).

우리는 주님 안에서 기쁨을 가졌다(빌 3:1; 4:4).

신자들의 자유

우리는 성령 안에서 자유함을 얻었다(고전 12:13; 롬 8:2).

우리는 그리스도 안에서 자유함을 얻었다(갈 5:1).

신자들의 칭의

우리는 성령 안에서 의롭다 인정받았다(고전 6:11).

우리는 그리스도 안에서 의롭다 인정받았다(갈 2:17; 고전 6:11).

신자들의 성화

우리는 성령 안에서 거룩하게 되었다(롬 15:16).

우리는 그리스도 안에서 거룩하게 되었다(고전 1:2).

신자들의 인침

우리는 성령 안에서 인치심을 받았다(엡 4:30).

우리는 그리스도 안에서 인치심을 받았다(엡 1:13).

신자들의 교제

우리는 성령의 교제로 축복받는다(고후 13:13).

우리는 그리스도의 교제 안으로 불림을 받았다(고전 1:9).

신자들의 행위

우리는 성령 안에서 행해야 한다(갈 5:25).

우리는 그리스도 안에서 행해야 한다(골 2:6; 1:10).

하나님께 대한 신자들의 접근

우리는 성령 안에서 하나님께 나아간다(엡 2:18).

우리는 그리스도 안에서 하나님께 나아간다(엡 3:12).

신자들의 확신

우리는 성령 안에서 굳게 서야 한다(빌 1:27).

우리는 한 주님 안에서 굳게 서야 한다(빌 4:1; 1:14).

신자들의 율법 이행

성령은 죄와 사망의 법을 대치시켰다(롬 8:2).

그리스도는 죄와 사망의 법을 대치시켰다(롬 10:4).

이상에 열거한 병행 구절들은 신자들의 경험을 설명할 때 바울 사도가 성령과 그리스도를 교대로 사용했다는 사실을 보여준다. 다른 말로 표현하면 바울 사도는 그리스도 안에서 신자들의 생활과 성령 안에서 신자들의 생활 사이에 구분을 두지 않았다. 이와 같이 신자들의 경험과 관련하여 성령과 그리스도를 교대로 사용하는 것은 그리스도의 부활 이후의 현상으로서 공관복음에는 잘 나타나지 않는 현상이다. 그러므로 바울 사도는 그의 서신들에서 "성령 안에 있는 우리"(롬 8:9a), "너희 안에 있는 성령"(롬 8:9a; 11c), "너희 안에 있는 그리스도"(롬 8:10) 등의 표현을 자유자재로 사용하고 "하나님의 영"(롬 8:9b)이나 "그리스도의 영"(롬 8:9c)을 교대로 사용할 수 있으며[44] "주는 영이시다"(고후 3:17a)라고 하여 그리스도와 성령을 경륜적으로 동일시해서 표현할 수 있었다.

2. "하나님의 아들로 인정되셨으니"(롬 1:1-5)

(1) 복음과 아들

"이 복음은 하나님이 선지자들을 통하여 그의 아들에 관하여 성경에 미리 약속하신 것이라 그의 아들에 관하여 말하면 육신으로는 다윗의 혈통에서 나셨고 성결의 영으로는 죽은 자들 가운데서 부활하사 능력으로 하나님의 아들로 선포되셨으니 곧 우리 주 예수 그리스도시니라" (롬 1:2-4, 개역개정).

로마서의 서문이라고 할 수 있는 이 구절은 예수님의 성육신과 부활을 강조한다. 바울은 로마서의 서문을 당시의 관습에 따라 썼지만 자신

---

44 사도행전에서 "성령"과 "예수의 영"이 인접 문맥에서 교대로 사용된 것은 의미심장하다(행 16:6-10 참조). 이러한 교대 사용은 예수님의 부활 이후의 현상이기 때문에 가능한 것이다.

의 필요를 충족하기 위해 깊은 사상을 담아 그 내용을 전개한다. 라이트 (Wright)는 "로마서는 부활로 가득 차 있다. 이 편지를 어느 대목이든지 강하게 쥐어 짜보라, 그러면 부활이 흘러나올 것이다. 로마서를 빛을 향해 들어 올려 보라, 그러면 당신은 어디에서나 줄곧 부활절 불꽃이 튀는 것을 볼 것이다. 만약 로마서가 이신칭의의 위대한 편지로 칭찬을 받지 않았더라면, 로마서는 부활의 중요한 편지로 쉽게 알려졌을 수 있다. (물론 이신칭의와 부활이 연관이 없다는 뜻은 아니다.) 고린도 서신들은 그 명칭을 위해 강한 경쟁자였을 것이다. 그러나 로마서는 고린도 서신들에게 격렬한 경쟁 상대가 되었을 것이다."[45]라고 함으로 바울이 로마서에서 부활을 강조했음을 밝힌다.

로마서의 서문 구절을 연구할 때 두드러지게 나타나는 대칭인 "육신으로는"(κατὰ σάρκα)과 "성결의 영으로는"(κατὰ πνεῦμα ἁγιωσύνης)의 뜻을 찾아내는 것이 주요한 목적이지만 그 대칭의 뜻을 찾을 때 결코 문맥과 분리하여 생각할 수는 없다. 왜냐하면 이 대칭은 가까운 문맥과 밀접하게 엉켜있기 때문이다.

관심의 대상인 로마서 1:3 이하는 바울이라는 발신인을 확인하는 부분에서 중심을 차지하는 구절이다. 바울은 자신이 그리스도의 종으로서 사도로 부르심을 받았고 하나님의 복음을 위하여 구별되었다고 말한다. 로마서 1:2에서 바울은 하나님의 복음의 성격을 설명하고 있다. 즉 복음은

---

45   N.T. Wright, *The Resurrection of the Son of God* (Minneapolis: Fortress Press, 2003), p. 241.: "Romans is suffused with resurrection. Squeeze this letter at any point, and resurrection spills out; hold it up to the light, and you can see Easter sparkling all the way through. If Romans had not been hailed as the great epistle of justification by faith, it might easily have come to be known as the chief letter of resurrection (not, of course, that the two are unrelated); the Corinthian letters would be strong contenders for such a title, but Romans would give them a good run for their money."

구약에서 선포된 복음이다. 복음은 구약과 통일성이 있고 또 연속성이 있다. 로마서 1:3에 나타난 "그의 아들에 관하여"(περὶ τοῦ υἱοῦ αὐτοῦ)라는 표현은 본 문맥에서 중요한 의의를 가지고 있으며 바울 사도는 많은 관심을 그 표현에 쏟고 있다.

문법적인 관계로는 "그의 아들에 관하여"가 로마서 1:1의 "하나님의 복음"(εὐαγγέλιον θεοῦ)과 연관되었거나 또는 로마서 1:2의 "미리 약속하신"(προεπηγγείλατο)과 연관된 것으로 생각할 수 있다. 그런데 "그의 아들에 관하여"가 "하나님의 복음"과 연관되었다고 생각하거나 또는 "미리 약속하신 것"과 연관되었다고 생각해도 그 의미는 다 비슷하다. "그의 아들에 관하여"가 "복음"과 연관되었다는 사상은 "미리 약속하신"이라는 어구의 목적이 이미 "것"(ὅ)(롬 1:2) 안에 나타났고 그리고 하나님의 복음의 내용이 때가 차서 나타난 아들이기 때문에 "그의 아들에 관하여"와 "복음"이 연관되었다고 주장한다. 그러므로 리델보스(Ridderbos)는 "그의 아들에 관하여"가 약속의 내용이라기보다는 오히려 복음의 내용으로 이해되어야 한다고 주장한다.[46] 캐제만(E. Käsemann)은 로마서 1:3의 "그의 아들에 관하여"가 로마서 1:1의 "하나님의 복음"을 가리킨다고 주장한다.[47]

---

46   H. Ridderbos, *Aan de Romeinen* (*Commentaar op het Nieuwe Testament*, Kampen: J.H. Kok, 1959), pp.24f. cf. R.C.H. Lenski, *The Interpretation of Paul's Epistle to the Romans* (Columbus: Lutheran Book Concern, 1936), pp.33f.; 여기서 Lenski는 περὶ τοῦ υἱοῦ를 하나님의 복음과 연관하여 생각해야 할 이유로 두 가지를 든다. 첫째로는 τοῦ γενομένου가 역사적인 시상(The historical tense)이요, 둘째로는 τοῦ ὁρισθέντος의 시간이 "죽은 자들 가운데서 부활하사"라는 구절에 의해 확정되기 때문이다. 그리고 περὶ τοῦ υἱοῦ를 προεπηγγείλατο와 연관된 것으로 생각하는 사람들은 "그의 아들"을 구약의 약속 안에 남겨두고 수식하는 두 개의 분사들은 신약의 성취 안에 두는 잘못을 범한다고 말한다.

47   E. Käsemann, *Commentary on Romans* (Grand Rapids: Eerdmans, 1980), p.10: "Christ is not the author of the gospel; he is its decisive content."

그러나 자연스러운 문법적인 관계는 "그의 아들에 관하여"와 "미리 약속하신"을 연관시켜 생각하는 것이다.[48] 만약 "그의 아들에 관하여"를 "복음"과 연관시켜 생각하면 로마서 1:2에 나타난 중요한 사상이 고립되는 것을 면치 못한다.[49] 여기서 로마서 1:2을 괄호 안에 넣어 생각해야 할 하등의 이유가 없다. 그리고 비록 "그의 아들에 관하여"를 로마서 1:1의 "복음"과 연관시켜 형용사적으로 취급하기보다 로마서 1:2의 동사 "미리 약속하신"과 연관시켜 부사적으로 취급할지라도 "그의 아들에 관하여"는 역시 복음의 주제를 명백히 설명하고 있다.[50] 그러므로 여기서 "그의 아들에 관하여"를 "미리 약속하신 것"과 연관시켜 생각할지라도 그 풍요한 뜻을 감소시키지 않는다. 오히려 그 뜻을 풍족하게 하는데 그 이유는 약속된 것이 복음의 주제가 되는 바로 "그의 아들"이라는 사실을 명확히 하기 때문이다. 그러므로 어느 문법적인 관계를 택할지라도 그 뜻은 비슷하지만 여기서는 "그의 아들에 관하여"를 "미리 약속하신 것"과 연관시켜 생각하는 것이 더 좋다고 생각된다.

사도 바울은 복음을 위해 구별되었다. 그러면 이 복음의 내용이 무엇인가? 바울은 직접 그 복음의 내용을 여기서 열거하고 있다. "……그의 아들에 관하여 말하면 육신으로는 다윗의 혈통에서 나셨고 성결의 영으로는 죽은 자들 가운데서 부활하사 능력으로 하나님의 아들로 선포되셨으니 곧

---

48   C. Hodge, *Commentary on the Epistle to the Romans* (Grand Rapids: Louis Kregel, 1882), p.24; cf. F. Godet, *Commentary on St. Paul's Epistle to the Romans*, trans. A. Cusin (New York: Funk & Wagnalls, 1892), p.76.

49   H.A.W. Meyer, *Critical and Exegetical Handbook to the Epistle to the Romans* (New York: Funk and Wagnalls, 1884), p.31.

50   J. Murray, *The Epistle to the Romans*, Vol.I(NICNT, Grand Rapids: Eerdmans, 1968), p.5.

우리 주 예수 그리스도시니라"(롬 1:3-4, 개역개정).

이 구절들을 해석함에 있어서 의견의 차이가 있다. 특히 본 문맥에 나타나는 "육신으로는"(κατὰ σάρκα)과 "성결의 영으로는"(κατὰ πνεῦμα ἁγιωσύνης)이라는 대칭의 뜻을 설명함에 있어서 세 가지 다른 견해가 있다.

(2) 예수님의 몸과 영으로 해석

첫째, 마이어(Meyer)에 따르면, "'육신'과 대칭이 된 이 '성결의 영'은 지상에서 하나님의 아들의 존재의 다른 쪽 면을 가리킨다. 마치 '육신'이 감각에 의해 인지될 수 있는 외적 요소인 것처럼 '영'은 내적 마음의 요소를 가리킨다. 즉 그의 '마음'(νοῦς)의 근본이며(고전 2:16), 그의 내적 생명의 원리와 능력이며 신의 음성을 들을 수 있는 지적이고 도덕적인 자아를 가리킨다. 간단히 말해서 그리스도의 속사람(ἔσω ἄνθρωπος)을 뜻한다"[51]라고 했다.

샌디(Sanday)와 헤드람(Headlam)도 같은 어조로 "'육신으로는'과 '성결의 영으로는'은 서로 대칭이 되는데 이는 인성과 신성의 대칭이 아니다. 비록 그의 성령의 영속하는 자산인 성결이 인간 이상의 것임이 틀림없지만 이곳의 대칭은 인간인 그리스도 안에 있는 몸과 영의 대칭이다"[52]라고 말했다. 그들은 '성결의 영으로는'이 삼위일체의 제삼위인 성령을 가리키지 않는다고 주장하면서 "'육신'과 '영'의 대칭은 그 두 요소가 같은 인격 안

---

51   Meyer, *Critical and Exegetical Handbook to the Epistle to the Romans*, p.34.

52   W. Sanday and A.C. Headlam, *A Critical and Exegetical Commentary on the Epistle to the Romans* (*ICC*, New York: Charles Scribner's Sons, 1905), p.7.

에 있어야 될 것을 요구한다."⁵³라고 말한다.

이와 같은 견해는 예수님의 신성만 강조하는 견해에 반대하여 예수님의 인성을 강조하려는 데서 기인되었다. 그러나 문맥을 연구해 볼 때 "육신으로는"과 "성결의 영으로는"이 각각 예수님의 몸과 영을 가리킨다고 생각할 수 없다. 두 가지 이유가 이를 증명한다.

① 바울 사도는 복음을 위해 구별함을 받았는데 이 복음의 내용 즉 복음의 주제가 단순히 감각으로 인지할 수 있는 예수님의 외적인 요소와 내적인 마음의 요소라고 할 수는 없다. 무엇 때문에 바울 사도가 이 두 요소를 복음의 내용으로서 서신 초두에 언급했겠는가? 로마서 전체를 검토해 보아도 이 두 요소들이 복음의 내용이라는 사실을 확증하는 구절은 하나도 없다.

② 문맥을 잘 연구해 보면 언급된 대칭이 예수님의 인간성 안에서 이루어진 대칭이라고 생각할 수 없다. 로마서 1:3에 "그의 아들에 관하여 말하면 육신으로는 다윗의 혈통에서 나셨고"라고 했는데 이는 분명히 예수님이 육신으로 다윗의 혈통에서 나셨을 때 외적인 요소인 몸과 내적인 요소인 영을 소유한 완전한 인간으로 태어나신 것을 뜻한다.⁵⁴ 그러므로 로마서 1:4에 이르기도 전에 바울은 예수님이 성육신 하신 때에 이미 두 요소를 소유하셨다고 말한다. 그러므로 "육신으로는"과 "성결의 영으로는"이 예수님의 몸과 영을 가리킨다는 주장은 본 문맥에서 받아들여질 수 없다.

---

53   W. Sanday and A.C. Headlam, *A Critical and Exegetical Commentary on the Epistle to the Romans*, p.9.

54   Lenski, *Romans*, p.42.

(3) 예수님의 인성과 신성으로 해석

둘째 해석은 예수 그리스도의 인격의 두 구성 요소 사이의 대칭이라는 견해이다. 이 견해는 전통적으로 대부분의 유명한 개혁주의 주석가들에 의해 받아들여진 견해이다. 칼빈은 "두 요소는 우리가 그리스도 안에서 구원을 얻으려면 마땅히 그 안에서 발견되어야 하는데 그것은 신성과 인성이다. 그의 신성은 능력과 의와 생명을 소유하는데 그것들은 그의 인성에 의하여 우리에게 전달된다. 그러므로 사도는 복음의 요약으로 두 요소를 분명하게 언급하고 있는데, 즉 그리스도가 육체로 나타나셨고 그 육체 안에서 그가 하나님의 아들 되심을 선포하셨다"[55]라고 해석했다.

같은 입장에서 핫지(Hodge)도 "육신이 그의 인성을 뜻하는 것처럼 영은 그리스도의 더 높은 성질인 신성을 뜻하지 않고 다른 것을 뜻한다고는 생각할 수 없다"[56]라고 해석했다.

두 번째 해석은 첫 번째 해석보다 본 문맥에서 더 합리적이고 용납될 수 있는 해석이다. 그러나 한 가지 언급해야 할 사실은 두 해석 모두 그리스도의 인격의 본체론적 요소에만 많은 강조를 두었다는 점이다. 두 번째 해석이 본체론적인 요소에 강조를 너무 많이 한 까닭에 문맥에 나타나 있

---

55   J. Calvin, *Commentaries on the Epistle of Paul the Apostle to the Romans* (Grand Rapids: Eerdmans, 1947), p.44.

56   Hodge, *Commentary on the Epistle to the Romans*, p.28; 다음의 주석가들은 같은 입장을 취한다.: W.G.T. Shedd, *A Critical and Doctrinal Commentary on the Epistle of St. Paul to the Romans* (Grand Rapids: Zondervan, 1967), pp.8f.; R. Haldane, *Exposition of the Epistle to the Romans* (London: The Banner of Truth Trust, 1960), pp.22ff.; A. Philippi, *Commentary on St. Paul's Epistle to the Romans*,I(Edinburgh: T & T Clark, 1878), p.22ff. Philippi는 "σάρξ는 낮은 인성을 가리키고 πνεῦμα는 그리스도 안에 있는 높은 신적 원리(divine principle)를 가리키는 것으로 사용되었다."(p.23)라고 말한다.

는 종말론적이고 구속적인 요소를 인정하는 데 인색할 수밖에 없었다.

여기서 몇 마디 비평을 가한다면 우선 첫 번째 해석에 대한 비평이 두 번째 해석에도 적용된다. 특히 두 번째 해석에서 학자들은 로마서 1:3의 "육신"이 예수님의 인성을 가리키는 것으로 간주하기 때문에 로마서 1:4의 "성결의 영"을 예수님의 신성을 가리키는 것으로 자연스럽게 간주해 버린다. 그러나 이와 같은 유추는 바울 사도에게서 찾아볼 수 없는 유추이다. "육신"과 "영"의 대칭에 있어서 "영"은 항상 성령을 가리키고 있기 때문이다(롬 8:4f.; 갈 5:16f.; 빌 3:3f.).[57] 일단 우리가 로마서 1:4의 "성결의 영"이 성령을 가리키는 것으로 간주한다면 본문에 나타난 대칭이 주님의 인성과 신성을 가리키는 것으로 해석하는 것은 적합하지 않다는 것을 알 수 있다.

비록 우리가 그리스도의 두 성품이 복음에 근본이 된다는 사실을 등한시할 수는 없지만 그러나 본 문맥에서 두 번째 해석을 택하는 것은 자연스럽지 못하다. 왜냐하면 취급하고 있는 구절들이 바로 "복음" 자체에 의존하고 있기 때문이다. 우리는 여기서 그리스도의 두 성품이 인간을 구원하기 위해 전파되어야 할 복음의 본질의 전부가 될 수 없다는 사실을 인식해야만 한다. 개핀(Gaffin)은 올바로 지적하기를 "그것은 간결한 말로 복음이 될 수 없다"[58]라고 했다. 그것은 구원을 이루는 하나님의 능력이 될 수 없다. 그러므로 두 번째 해석도 이 특정한 문맥 가운데 포함된 필요한 모든 요구 조건을 완전하게 충족시키지 못한다.

57　R.B. Gaffin, Jr., *Resurrection and Redemption*, p.152.; 영/육의 대칭이 인간론적으로 적용되는 예외로는 고전 5:5과 고후 7:1의 두 곳을 말할 수 있다. 그러나 본 문맥은 이 예외의 범주에 넣을 수 없다.

58　Gaffin, *Resurrection and Redemption,* p.156. "But it is not the gospel in a nutshell."

(4) 예수님의 생애 전체 여정으로 해석

셋째 해석은 예수님의 생애에서 연속되는 두 여정(two stages)을 비교하는 것으로 생각하는 것이다. 즉 구속역사적인 특성을 비교하는 것으로 보는 견해이다. 스미턴(Smeaton)은 "주석가들이 일반적으로 해석하는 대로 바울 사도는 명백하게 우리 주님의 두 성품을 언급하지 않고 낮아지심과 높아지심이라는 두 상태를 언급하고 있다. 그리고 성결의 영이라는 표현은 신성을 가리키지 않고 우리 주님이 하나님의 아들 되심을 가장 결정적으로 증명하는 자신의 부활 이후의 성령의 시대를 가리킨다"[59]라고 말했다.

보스(Vos)도 같은 입장에서 해석하기를 "본문의 언급은 구세주의 구성체 안에 있는 병존하는 두 면을 가리키지 않고 연속하는 그의 생애의 두 여정을 가리킨다. 먼저 '육신을 따라 나셨고'(γενέσθαι)가 있었고 그리고 나서 '성결의 영을 따라 선포되셨다'(ὁρισθῆναι)가 있었다. 두 개의 전치사가 이끄는 구절은 부사적 역할을 하고 있지만 최초의 동작에 강조를 두지 않고 오히려 결과에 강조를 두기 위한 것이다. 그리스도는 육체적인 존재로 오셨다. 그리고 호리스모스(ὁρισμός)에 의해 영적인 존재로 들어가

---

59   G. Smeaton, *The Doctrine of the Holy Spirit* (2nd ed.; Edinburgh: T & T Clark, 1889), p.77. 이 책은 1882년에 처음 출판됐었다. cf. Lenski, *Romans*, pp.42f.; "이 구절들이 철저히 말하는 것은 그리스도의 두 상태에 관한 모든 성경의 진술을 대충 설명하고 있다."(p.42); F.F. Bruce, *The Epistle of Paul to the Romans* (*The Tyndale New Testament Commentaries*, Grand Rapids: Eerdmans, 1963), pp.72f.; G.B. Wilson, *Romans, A Digest of Reformed Comment* (London: The Banner of Truth Trust, 1969), pp.14f.; A. Nygren, *Commentary on Romans*, trans. C.C. Rasmussen (Philadelphia: Muhlenburg Press, 1949), pp.53f.; W. Manson, "Notes on the Argument of Romans," *New Testament Essays in memory of T.W. Manson*, ed. A.J.B. Higgins (Manchester: The University Press, 1959), p.153.; Murray, *The Epistle to the Romans*, p.7.

신 것이다"[60]라고 말했다.

이 해석은 복음의 내용을 정의하는 데 있어서 바울 사도의 목적과 일치한다. 본문을 자세히 연구해 보면 이 해석이 가장 적합하다는 것이 명백해질 것이다.

로마서 1:3에 나타난 "그의 아들에 관하여 말하면"은 두 개의 종속절을 지배하고 있다. 즉 "아들"은 두 절의 주어가 된다. 본문의 "아들"은 곧 따라 나오는 분사가 이끄는 절을 지배하므로 성육신 이전의 아버지와 아들의 관계를 가리키는 것으로 보아야 한다. 그렇게 이해하면 선재하시고 영원한 성자가 처음부터 나타난다(롬 1:3; 참조. 롬 8:3,32; 갈 4:4; 빌 2:6).[61] 즉 예수님의 신성이 두 개의 분사구절에 이르기도 전에 이미 언급되는 것이다.

그리고 나서 성육신 개념이 "다윗의 혈통에서 나셨고"라는 표현에 나타난다. 선재하시고 영원한 성자인 하나님의 아들이 사람의 형상을 입고 사람들과 같이 되신 것이다(빌 2:7-8).

그러므로 명백해진 것은 우리가 로마서 1:4에 이르기도 전에 이미 예수님의 두 성품인 인성과 신성이 소개된 것이다.[62] 그러면 본 문맥에서 "육신으로는"의 뜻은 무엇인가? 본문에서 "육신으로는"이 성육신 사상을 확증하기 위한 것이라면 구태여 필요하지 않다. 왜냐하면 성육신 사상은 이

---

60   G. Vos, "The Eschatological Aspect of the Pauline Conception of the Spirit," *Biblical and Theological Studies* (by the members of the faculty of Princeton Theological Seminary) (New York: Scribner's Sons, 1927), p.229.; Gaffin, *Resurrection and Redemption*, pp.146ff.

61   Gaffin, *Resurrection and Redemption*, p.157; Murray, *The Epistle to the Romans*, pp.5f.

62   Murray, *The Epistle to the Romans*, pp.7f; Lenski, *Romans,* pp.37f.

미 "다윗의 혈통에서 나셨고"라는 표현에서 충분하고도 명백하게 소개되었기 때문이다. 즉 바울 사도가 성육신 사상을 소개하기 위해 "다윗의 혈통에서 나셨고"와 "육신으로는"을 동시에 썼다고는 생각할 수 없다. 그러므로 바울 사도가 본문에서 "육신으로는"을 무슨 이유로 썼는지를 알기 위해서는 다른 해석을 찾아보아야 한다. 그 방법으로 두 개의 가능성을 제시할 수 있을 줄 안다.

① 본문에서 "육신으로는"은 앞에 나온 주된 사상을 강조하기 위해 사용되었다고 생각할 수 있다. 즉 다윗의 혈통이라는 표현에 이미 나타난 성육신 사상을 강조하기 위해 "육신으로는"을 덧붙여 사용했다고 생각할 수 있다. 언어의 구조상 헬라어 원문은 "다윗의 혈통에서 나셨고"가 먼저 나오고, "육신으로는"이 그 뒤를 따른다. 반면 한글 번역은 그 순서가 바뀌어서 나열되었다.

② "육신으로는"이 예수님의 인성 이상의 뜻을 가지고 있다. 즉 "육신으로는"이 넓은 의미를 내포한 것으로 생각하여 단순히 그리스도의 인성만을 가리키지 않고 그 이상의 사상이 내포된 것으로 생각하는 것이다.

사실상 "육신으로는"이 성육신 사상을 강조하기 위해 본문에서 사용되었다고 생각할 수도 있다. 그러나 성육신 사상이 이미 다윗의 혈통이라는 표현에서 적절하게 반영되었기 때문에 후자의 견해를 택하는 것이 더 자연스럽고,[63] 또 후자의 견해를 택할 수 있는 가능성을 제시하고 있는 것이다.

그러면 여기서 잠시 "육신"이 예수님의 인성 이상을 가리킬 수 있는지 그 근거를 바울 서신에서 찾아보도록 하자. 바울은 자신의 서신에서 "육신

---

63   Gaffin, *Resurrection and Redemption,* pp.158f.

혹은 육체"를 넓은 의미로도 사용한다.[64] 바울은 "육체" 혹은 육신이 인간 존재의 영역을 가리키는 것으로도 사용한다.[65] 육신은 인간이 살고 있는 주위 환경 즉 인간생활을 유지시키는 데 필요한 지상의 질서를 가리키기도 한다. 고린도전서 1:20-31에 보면 육체가 두 번(고전 1:26, 29) 사용되는데, 문맥에서 "이 세대"(고전 1:20, αἰῶνος τούτου)나 "세상"(고전 1:20, 21, 27, 28; κόσμος)과 밀접하게 연관되어 사용되었다. 본 문맥에서 확실한 것은 "지혜 있는 자, 즉 이 세대의 변론가"가 "이 세상의 지혜"를 소유하고 있는 사람이다(고전 1:20). 이 세대의 지혜자(고전 2:6; 참고. 고전 3:18, 19)는 바로 다른 사람 아닌 "육체를 따라 지혜로운 자"(고전 1:26)이다.[66] 또한 고린도후서 11:18에서도 "육체"의 용법이 넓은 의미로 사용될 수 있다. 특기할 만한 것은 많은 역본들이 이 구절을 번역하면서 그 개념을 보충하여 옮겼다는 것이다. 역본들은 일반적으로 이 구절을 세상의 활동과 연계시켜 옮겼다.[67] 본 문맥에서 고린도후서 11:18의 뜻은 바울이 다음에 나오는 구절에서 무엇을 자랑했느냐에 따라 명확해진다. 바울은 다음 구절에서 세상적인 것을 자랑한다. 그러므로 이런 의미로 볼 때 "육체"는 세상(κόσμος)

---

64 본서 제3장 "바울의 구속사관" 부분에서 이미 다룬 바 있다.

65 개역 한글 성경에서 σάρξ의 번역을 어느 곳에서는 육신으로(예: 롬 1:3) 번역하고 다른 곳에서는 육체로(예: 고전 1:26,29) 번역하여 사용한다. 본서에서는 두 용어가 동의어이기 때문에 교대로 사용되고 있음을 여기서 밝혀둔다.

66 Gaffin, *Resurrection and Redemption,* p.161; E. Schweizer, σάρξ, *TDNT,* VII. p.127.

67 헬라어 원문 성경(고후 11:18)의 πολλοὶ καυχῶνται κατὰ σάρκα의 번역의 예는 다음과 같다. RSV는 "Many boast of worldly things"라고 했고 NEB는 "Many people brag of their earthly distinctions"라고 했으며 Jerusalem Bible은 "boasting of their worldly achievements"라고 번역했다.

과 동의어로서 사용된 셈이다.[68] 이상의 연구를 뒷받침으로 "육체"가 세상의 질서나 혹은 사람이 사는 전반적인 상태를 가리킨다고 생각해도 무관하리라 본다.[69] 리델보스에 따르면 육신이란 "시간의 충만함이 나타나기 전의 인간과 세상의 존재의 양식이다. '육신'은 어두운 권세 아래 있는 인간과 세상이다."[70] 바울은 "육신"을 사용할 때 시대적인 개념을 포함해서 사용한 것이 틀림없다. 따라서 "육신" 혹은 "육체"가 이 세대나 혹은 옛 세대라는 말과 같은 뜻으로 사용될 수 있다.

특히 바울 서신에서 "육신에 있을 때에는"(ἐν σαρκί-롬 7:5; 고후 10:3; 갈 2:20; 몬 16)이나 "육체를 따라"(κατὰ σάρκα-고전 1:26; 갈 4:23; 엡 6:5)와 같은 표현은 더욱 명백하게 이 세상 질서를 가리킨다. "육체"가 세상 질서를 가리킨다는 것은 간접적으로 인출해 낸 뜻이기는 하지만 그 의미만은 확실하다.

지금까지 바울 서신에 나타난 "육신"의 뜻을 살펴보았다. 그 결과 우리의 관심을 끄는 것은 "육신"이 세상 질서를 가리킨다는 넓은 의미로 사용될 수 있다는 점이다.

이제 다시 로마서 1:3로 돌아가 지금까지 살핀 것을 통해 발견한 것을 적용시켜 보자. 본문에서 "육신으로는"의 뜻을 생각할 때 "육신으로는"이 인간 존재의 영역을 가리키는 넓은 의미로 사용되었다고 생각할 수 있다. 이 사상은 다음 절(롬 1:4)이 더 확증시켜 준다. 로마서 1:4은 "성결의 영으로는 죽은 자들 가운데서 부활하사 능력으로 하나님의 아들로 선포되셨

---

68 Bultmann, *Theology of the New Testament*, Vol.I, p.235.

69 Gaffin, *Resurrection and Redemption*, p.160.

70 Ridderbos, *When the Time Had Fully Come* (Grand Rapids: Eerdmans, 1957), p.52.

으니"(개역개정)인데 여기 "선포되었다"(ὁρίζειν)는 효과적인 임명을 뜻한다(눅 22:22; 행 2:23; 11:29; 히 4:7).[71] 여기서 바울 사도의 뜻은 예수가 부활로 말미암아 하나님의 아들로 되셨다(became)라는 뜻이 아니라 처음부터 하나님의 아들이셨던 예수가 부활로 말미암아 능력 안에 있는 하나님의 아들이 되셨다는 뜻이다.[72] 같은 사상이 오순절 날에 행한 베드로의 설교 마지막 부분에도 나타난다. "그런즉 이스라엘 온 집은 확실히 알지니 너희가 십자가에 못 박은 이 예수를 하나님이 주와 그리스도가 되게 하셨느니라"(행 2:36, 개역개정).[73] 바울 사도는 "나셨고"(γενομένου)를 반복 사용하지 않으므로 "예수 그리스도가 하나님의 아들 됨이 그의 부활에서 처음 기인되었다는 오해를 배제하고 반면에 선재상태로 다시 돌아가신 아들 즉 능력 안에서 하나님의 아들로 선포되신 이 후기의 시간적인 기원을 단순히 확증할 뿐이다."[74] "부활하여"(ἐξ ἀναστάσεως)라는 표현에서 "에크"(ἐκ)는 "씨로부터"(ἐκ σπέρματος)라는 유추에 의해 생각해 볼 때 부활로 인해(통해) 처음으로 하나님의 아들이 되셨다는 것을 증명하기보다는 오히려 능력 안에서 하나님의 아들로 선포되신 이 후기의 시간적인 기원을 설명

---

71   Vos, "Eschatology and the Spirit," p.229; Cf. Murray, *The Epistle to the Romans*, p.9. 여기서 ὁρίζω의 뜻이 하나님의 선포(declaration)를 뜻하느냐 아니면 작정(decree)을 뜻하느냐 하는 문제와 또한 그리스도를 인정하신 그 사실이 기능적(function)인 것이냐 아니면 관계적(relation)인 것이냐 하는 것은 절박한 문제라고는 생각할 수 없다. 왜냐하면 하나님의 선포는 하나님의 임명과 동등한 것이기 때문이다. 그러나 하나님이 예수를 임명하신 사실은 그를 창세전부터 작정된 대로 이미 존재하셨던 영원한 성자와 동등하게 선포하신 것이다.

72   A. Nygren, *Commentary on Romans*, p.48; Bruce, *The Epistle of Paul to the Romans* (Tyndale, 1990), pp.68-69. 전치사구 ἐν δυνάμει는 부사적인 자격을 뜻하지 않고 하나님의 아들의 속성(attribute)을 가리킨다 (Cf. K.L. Schmidt, ὁρίζω, *TDNT*, V. p.453).

73   본문은 ἐποίησεν (ποιέω)을 썼다.

74   Vos, "Eschatology and the Spirit," p.229.

하고 있다.[75] 왜냐하면 예수 그리스도가 다윗의 혈통에서 나시기 전에도 이미 하나님의 아들로 선재하고 계셨기 때문이다. "혈통에서"가 예수님이 인간의 형상을 입으신 시간적인 기원을 말해 주듯이 "부활하여"는 성육신 하신 예수님이 능력 안에서 하나님의 아들로 선포되신 시간적인 기원을 설명하고 있다.

본문 로마서 1:3에서 이미 하나님의 아들이 영존하신 아들로서만 묘사 되지 않고 성육신하신 영원한 아들로서 묘사되었기 때문에, 즉 다윗의 혈 통에서 태어나신 존재로서 역사적인 조건에 복종하신 영원한 아들로 묘사 되었기 때문에 "능력으로 하나님의 아들로 선포되셨다"를 해석할 때 "복음 의 중심 주제를 제공하는 역사적 과정의 다른 국면을"[76]가리킨다고 생각 하는 것이 자연스러울 뿐 아니라 적절하다. 그러므로 "성결의 영으로는"을 이해할 때 예수님이 죽음에서 부활하심으로 말미암아 새로운 단계에 진 입하신 것으로 이해해야 한다. "성결의 영"은 삼위일체 하나님의 삼위 되 신 성령을 가리키지 않고, 부활하신 이후의 예수님의 상태를 묘사하는 표 현으로 이해해야 한다. 그런데 "성결의 영으로는"이라는 표현이 "육신으 로는"과 비교된다. 여기에서 우리는 "로마서 1:3의 '육신으로는'이라는 표 현이 다윗의 혈통에서 태어나서서 존재하시게 된 국면(the phrase)을 정의 하는 것과 같이 '성결의 영으로는'이라는 말은 부활로 말미암아 존재하시 게 된 국면의 특징이다"[77]라고 할 수 있다. 던(Dunn)은 "바울이 여기서 인 용한 '육신으로는/성결의 영으로는'의 형식에서 적어도 '육신으로는'에 부

75   J.P. Lange, *Epistle of Paul to the Romans*, trans. J.F. Hurst (New York: Charles Scribner's Sons, 1892), p.61; Vos, "Eschatology and the Spirit," p.229

76   Murray, *The Epistle to the Romans*, p.10.

77   Murray, *The Epistle to the Romans*, p.11.

정적인 의미를 약간 연계시켰다고 생각하는 것은 그럴듯한 견해이다. 즉 복음을 통한 하나님의 구원 목적에 있어서 예수님의 역할에 관한 한 예수님의 육체적 강림은 아무리 그 역할에 꼭 필요한 것일지라도, 그의 '성결의 영으로는'의 신분보다도 더 결정적이 되지 못한다"[78]고 하여 "육신으로는"과 "성결의 영으로는"을 예수님의 신분의 변화로 해석한다. 던(Dunn)도 예수님의 생애의 두 단계를 인정한 것이다. 부활은 아들에게 새로운 신분을 부여하는 출발점이 된다. "그리스도는 이제 부활로 말미암아 성령으로 덧입고 성령의 조종을 받기 때문에 인격적인 구분의 혼동 없이 그리스도가 성령과 동일시되고 '성령의 주'라고 불린다."(고후 3:18).[79]

바울이 "죽은 자들 가운데서 부활하사"를 사용할 때 정관사를 넣지 않은 사실을 간과하면 안 된다. 이 두 용어는 양적인 의미로서 부활을 설명하고 있다.[80] 바울 사도는 여기서 부활을 하나의 독립된 사건으로 생각하지 않고 오히려 하나의 과정으로서 출생과 비교하여 사용한다. 바울은 "죽은 자들"(νεκρῶν)을 복수로 사용하여 일반화함으로써 예수님의 부활을 죽은 자들의 부활의 첫 열매 혹은 첫 분납(分納)으로 소개하고 있다.[81] 여기서 예수님의 부활과 신자들의 부활의 연합 개념을 찾을 수 있다.

이처럼 약속된 복음의 내용인 구속역사에 있어서 겸손으로 나타나신

---

78   James D.G. Dunn, *Romans 1-8* (*Word Biblical Commentary*, Vol. 38a: Dallas: Word Books Publishers, 1988), p.13.

79   Murray, *The Epistle to the Romans*, p.11.

80   Vos, "Eschatology and the Spirit," p.230; Cf. Nygren, *Commentary on Romans*, pp.48ff.: When he says that "we should have expected ἐξ ἀναστάσεως αὐτοῦ ἐκ νεκρῶν; but he (Paul) says ἐξ ἀναστάσεως νεκρῶν" (p.49); Cf. Gaffin, *Resurrection and Redemption,* p.169.

81   Bruce, *The Letter of Paul to the Romans* (1990), pp.69-70.: "his resurrection is the first instalment of 'the resurrection of the dead', as is made clear in 8:11."

아들과 영광 중에 계신 아들을 소개하고 나서 사도 바울은 본문에서 그 아들의 이름을 "우리 주 예수 그리스도"라고 말한다. 여기 나타난 소유격의 용법은 아마 3절에 나타난 "그 아들"(τοῦ υἱοῦ)과 동격으로 사용하기 위한 것으로 생각할 수 있다. 바울 사도는 명칭을 여럿 사용하여 여러 종류의 논리를 함께 묶어 복음 자체이신 "예수 그리스도 우리의 주"와 동일시하고 있다.[82]

바울 사도가 로마서 1:3 이하에서 표현하고자 하는 것은 선재하신 영원한 아들이 구질서에서 성육신하신 후 그의 부활로 말미암아 새로운 시대인 성령의 시대로 들어가셨다는 것이다.[83] 본문에서 "육신으로는"과 "성결의 영으로는"의 대칭은 두 세상의 질서를 비교하고 있다는 사실을 명확하게 해준다.

지금까지 로마서 1:3 이하에 나타난 "육신으로는"과 "성결의 영으로는"의 대칭을 이해할 때 인간론적으로나 실존적인 입장에서 이해하는 것보다 구속 역사의 관점에서 연구할 때 더 올바로 이해될 수 있다는 사실을 설명했다. 바울이 이 두 용어를 자신의 서신에서 사용했을 때는 두 세상의 개념, 즉 한편으로는 새로운 세상인 구속받은 세상과 다른 한편으로는 옛 세상인 구속받지 못한 세상을 설명하고자 했다. 그러나 두 세상 개념과 밀접하게 짜여 있는 특성들을 간과해서는 안 된다. 한쪽을 이해하지 않고는 다른 쪽을 이해할 수가 없다. 즉 두 세상의 개념과 그 특성들은 떼려야 뗄 수 없으며 두 세상의 특성들을 각각 이해하지 못하면 두 세상 개념 자체도 해득할 수 없다.

우리는 지금까지 대칭을 이룬 "육신으로는"과 "성결의 영으로는"이라

---

82   Murray, *The Epistle to the Romans*, p.12.

83   Gaffin, *Resurrection and Redemption*, p.166.

는 표현이 먼저 두 세상을 가리킨다는 것을 인식하는 것이 가장 중요한 일이요 다음으로 그들 각각의 특성들을 연구해야 한다고 지적했다. 바울 사도는 "육신으로는"과 "성결의 영으로는"의 용어를 사용하여 두 세상을 설명할 때 그리스도에 의해 재창조되고 성령에 의해 영적 상태로 유지되는 새로운 세상을 강조하고 있다. 성령은 새로운 세상을 유지시키시며 성도들 안에서 사역하심으로 그들의 생애에서 성령의 열매를 맺게 하신다. 그러므로 새로운 세상과 성령은 밀접한 관계에 있다. 성령은 하나님이 구속 사역을 역사상에서 성취하시기 위하여 사용한 사역자(agent)가 되시는 것이다. 바울 사도가 부활 이후의 관점에서 두 세상의 대칭을 묘사했기 때문에 그 자신이 살고 있었을 뿐 아니라 신자들이 살고 있는 새로운 세상을 설명할 때 더욱 동력적(dynamic)으로 할 수 있었다. 바울 사도는 하나님의 구속 사역의 역사(歷史)에서 예수님의 부활로 말미암아 새로운 세상이 시작되었다고 강조한다. 이 새로운 세상의 강조가 바울 서신에 나타난 바울의 가르침의 특징이기도 하다. 부활로 말미암아 하나님의 아들로 선포되신 그리스도가 이 새로운 세상의 주인으로 지금도 사역하고 계신다.

제7장

예수 그리스도의 부활의 역사성

예수 그리스도의 부활의 역사성

부활은 믿기 어려운 사건이다. 왜냐하면 부활은 초자연적인 범주에 속하는 사건이기 때문이다. 따라서 사람들은 초자연적인 부활을 쉽게 수용할 수 없다.

1. 부활에 관한 회의적 견해

바울에게 있어서 그리스도의 부활은 대단히 중요한 사건이다. 바울의 모든 신학이 그리스도의 부활의 관점에서 정립되어야 할 만큼 바울신학에 있어서 그리스도의 부활이 차지하는 비중은 큰 것이다. 바울의 생애는 다메섹 도상에서 부활하신 그리스도를 만난 후 완전히 달라졌다(행 9:1-18). 바울의 세계관이 달라졌고, 바울의 인생관이 달라졌으며, 바울의 가치관이 달라진 것이다. 부활하신 그리스도를 만난 이전과 이후의 삶은 자신의 생애에 자랑할 것이 있는 것으로 믿고 살던 삶에서 "무엇이든지 내게 유익하던 것을 내가 그리스도를 위하여 다 해로 여기는 삶"(빌 3:7)과 "내 주 그리스도 예수를 아는 지식이 가장 고상"(빌 3:8)하다고 믿는 삶으로 전환되었다. 이처럼 그리스도의 부활은 바울의 생애를 바꾸어 놓았고 신학의 중심축을 이루는 사건이었다.

바울의 부활관을 고찰할 때 우리는 바울 서신 13개와 사도행전을 주요 자료로 사용할 수 있다. 그러나 우리는 여기서 부활장이라 부르는 고린도전서 15장을 중심으로 바울의 부활관을 정립하면서 다른 성경구절이 필요하면 그 부분을 다루고자 한다. 그렇게 할 때 우리는 바울이 세워놓은 체계 속에서 그가 예수 그리스도의 부활을 어떻게 이해하고 있었는지 알 수 있게 될 것이다. 우리가 다루려고 하는 고린도전서 15장은 바울 서신 내에서 가장 기본적이고 중요한 내용을 내포하고 있으며 바울 신학의 구조를 제공하고 있다. 부활사상은 바울 신학에서 아주 탁월한 위치를 차지한다. 바울 신학의 다른 요소들을 자세히 연구해 보면 결국 바울의 부활사상이 주축을 이루고 있는 것을 알 수 있다. 부활이 이처럼 자신에게 중요했기 때문에 바울은 "만일 죽은 자의 부활이 없으면 그리스도도 다시 살아나지 못하셨으리라 그리스도께서 만일 다시 살아나지 못하셨으면 우리가 전파하는 것도 헛것이요 또 너희 믿음도 헛것이며"(고전 15:13-14, 개역개정)라고 강력하게 말할 수 있었다. 불트만(Bultmann)도 바울이 죽은 자의 부활을 기독교 신앙의 핵심으로 생각했다고 말한다.[1]

바울 사도는 고린도전서 15장에서 장차 있을 신자들의 육체 부활의 성질에 대해서 취급한다. 바울이 신자들의 육체 부활을 설명하게 된 이유는

---

1   R. Bultmann, *Theology of the New Testament*, Vol.I (New York: Charles Scribner's Sons, 1951), p.77.

당시 고린도 교회 안에 신자의 육체 부활을 의심하는 사람들이 있었기 때문이다. "너희 중에서 어떤 사람들은 어찌하여 죽은 자 가운데서 부활이 없다 하느냐"(고전 15:12, 개역개정)라고 말한 내용은 고린도 교회 안에 장차 있을 육체 부활을 부인하는 사람들이 있었다는 것을 입증한다. 그러나 육체 부활을 부인하는 사람들이 많지 않다는 사실은 "너희 중에서 어떤 사람들이"라는 표현이 이를 잘 설명한다.[2]

그들의 부인에 대한 본질과 근거를 설명하기는 쉽지 않다. 고린도 교인들은 예수님의 부활을 믿고[3] "네가 만일 네 입으로 예수를 주로 시인하며 또 하나님께서 그를 죽은 자 가운데서 살리신 것을 네 마음에 믿으면 구원을 받으리라"(롬 10:9, 개역개정)라는 신앙고백을 할 수 있었다고 주석가들은 대부분 의견을 같이 하지만 그들의 부인에 대한 성질을 규명하는 데는 서로 의견이 다르다.

---

2   이 사람들이 누구인지에 대해서는 명확한 언급이 없다. 그러나 고린도교인들이 헬라인이었기 때문에 그 당시 헬라 철학의 영향을 받을 수 있는 지식층의 인물들이었다고 생각할 수 있다(행 17:32 참조). See R.C.H. Lenski, *The Interpretation of I and II Corinthians* (Minneapolis: Augsburg Publishing House, 1963), p.649. 그런데 죽은 자의 부활은 예수님 당시에도 바리새인들이 믿었던 신앙이다. 이 때문에 바울이 예루살렘 공회에서 "나는 바리새인이요 또 바리새인의 아들이라 죽은 자의 소망 곧 부활로 말미암아 내가 심문을 받노라"(행 23:6, 개역개정)라고 외쳤을 때 부활을 믿지 않는 사두개인과 (막 12:18ff.; 행 23:8 참조) 부활을 믿는 바리새인 사이에 분쟁이 일어나게 되었다. 이 사실은 그 당시에 죽은 자의 부활을 믿는 신앙이 많은 사람들에 의해 지지를 받고 있었다는 것을 증명한다. Josephus는 다음과 같은 말로 바리새인의 부활신앙을 명백하게 설명한다. "ψυχήν τε πᾶσαν μὲν ἄφθαρτον, μεταβαίνειν δὲ εἰς ἕτερον σῶμα τὴν τῶν ἀγαθῶν μόνην, τὰς δὲ τῶν φαύλων ἀιδίῳ τιμωρίᾳ κολάζεσθαι"(모든 영혼은 불멸한다. 그러나 선한 영혼만이 다른 몸으로 변화되며 악한 영들은 영원한 형벌로 고통을 당하게 된다). See F. Josephus, *Jewish War*, Book II, §163.

3   C. Hodge는 고린도 교인들이 그리스도의 부활도 믿지 못했을 것이라고 말하지만 이 견해를 뒷받침 해줄만한 확실한 근거가 없다. See C. Hodge, *An Exposition of The First Epistle to The Corinthians* (Grand Rapids: Eerdmans, 1965), p.319.

슈바이처(Schweitzer)는 이들이 예수님의 부활은 부인하지 않았기 때문에 부활에 대한 회의론자라고는 말할 수 없다고 주장한다. 그러나 이들은 예수님 재림 당시에 죽은 자들이 부활할 것을 믿지 못한 사람들이라고 한다. 즉 죽은 자들은 부활을 체험할 수 없고 오직 예수님 재림 당시에 산 자들만 이 축복을 받을 수 있다고 믿었던 사람들이 이 장에 나타난 죽은 자 가운데서 부활을 부인하는 사람들이라고 한다.[4] 흐로샤이데(Grosheide)도 이들이 몸의 부활을 부인했다는 점에 동의한다. 그는 헬라사상이 영혼의 불멸은 믿으면서 몸의 불멸은 믿지 못했기 때문에 사람이 죽을 때 영혼은 계속 존재하지만 몸은 멸망하는 것으로 생각하는 것처럼, 고린도전서 15장의 부활을 부인하는 자들은 헬라사상의 영향으로 영혼의 존재는 부인하지 않으면서 몸은 죽음으로 종말을 고한다고 믿어 육체부활을 믿지 못하는 사람들이었다고 한다.[5]

이상의 견해에서 공통점을 찾아보면 이들은 예수님의 재림 때에 죽은 자들이 육체로 살아날 것을 믿지 못한 것이다. 즉 고린도전서 15:12의 "어떤 사람들"은 죽은 자의 육체부활을 믿지 못하는 사람들이었다.

다른 견해는 몸의 부활을 영화시키는 것이다. 죽은 자의 부활을 부인하는 자들은 부활을 중생의 개념으로 이해한다. 신자들의 부활이 그들의 중생 때에 이미 발생한 것으로 생각하는 견해이다. 이 견해에는 미래적인 면이 전혀 없다. 이 견해의 기초가 되는 사상은 어떤 철학적인 입장이 아니고 오히려 몸을 멸시하는 노스틱(Gnostic) 사상 때문이다. 디모데

---

4   A. Schweitzer, *The Mysticism of Paul The Apostle* (London: Adam and Charles Black, 1967), p.93.

5   F.W. Grosheide, *Commentary on the First Epistle to The Corinthians* (*NICNT*, Grand Rapids: Eerdmans, 1968), p.356.

후서 2:17 이하에 나타난 후메네오(Hymenaeus)와 빌레도(Philetus)도 부활을 영화시켜 이해한 것 같다.[6] 바울은 그들의 말이 독한 창질의 썩어져감과 같고 그들은 부활이 이미 지나간 것으로 믿는다고 말한다. 본문에 나타난 "죽은 자 가운데서 부활이 없다" 하는 사람들의 부인에 대한 본질을 정확하게 규명하기는 어렵지만 지금까지 연구한 견해들을 종합할 때 그들이 육체부활을 부인한 것만은 확실하다.

이제 고린도전서 15장을 중심축으로 하여 바울의 부활관을 살펴보자. 고린도전서 15장은 바울의 부활 사상을 체계적으로 이해하는 데 큰 도움을 준다.

2. 그리스도의 부활의 역사성 부인

바울은 그리스도께서 역사적으로 부활하셨음을 믿었다. 사실상 고린도 교인들도 죽은 자들의 부활에 대해 회의를 품고 있었지 그리스도의 부활에 대해 회의를 품고 있었던 것은 아니다. 그런데 오늘날 어떤 사람들은 그리스도의 부활의 역사성을 부인한다.

18세기 영국의 자연신론(Deism)과 독일의 계몽주의의 출현으로 인간 이성이 최고의 위치를 차지하게 되었다. 이때로부터 시작하여 인간의 자율이 인정을 받게 되고 따라서 인간 이성이 모든 것을 판단하는 기준이 되었다. 그들은 성경도 인간의 이성의 판단 대상에서 예외 될 수는 없다고

---

6   W. Hendriksen, *Exposition of the Pastoral Epistles* (*NTC*, Grand Rapids: Baker Book House, 1974), pp.264f; R.C.H. Lenski, *The Interpretation of St. Paul's Epistles to the Colossians, to the Thessalonians, to Timothy, to Titus and to Philemon* (Minneapolis: Augsburg Publishing House, 1964), pp.801f.

생각하였다. 그들의 우주관은 폐쇄된 우주관을 견지하고 열린 우주관을 배척했다. 따라서 그들은 우주 내에서 초자연적인 하나님의 설 자리를 빼앗아 버린 것이다. 그들은 자연히 초자연적 사건인 이적을 부인하게 되었고 마침내 부활도 부인하게 된 것이다. 그 결과 그리스도의 부활을 논할 때 순전히 합리적인 방법으로 시체 도적설,[7] 예수님 기절설,[8] 신화설[9] 등을 논하게 된 것이다.

이처럼 성경에 나오는 초자연적인 사건을 배제하고 성경을 비평적으로 연구하도록 방법론을 체계화한 사람은 트뢸취(Ernst Troeltsch, 1865-1923)이다. 트뢸취의 방법론을 요약하면 다음과 같다.

첫째, 비평의 원리 - 과거를 판단할 경우 흑백을 가리듯 진리와 비 진리로 구분할 수 없다. 그것들은 개연성 정도의 문제이다. 그것들은 항상 재분석 평가할 수 있어야 한다.

둘째, 유추의 원리 - 과거의 경험은 결코 현재의 경험과 완전히 다를 수 없다. 그러므로 현재 우리가 경험하는 것은 과거의 경험을 판단하는 기준이 될 수 있다.

셋째, 상관의 원리 - 과거에 발생된 사건은 연쇄 관계에 놓여 있다. 즉

7　시체 도적설은 H. S. Reimarus (1694-1768)에 의해 제창되었다. 그는 제자들이 예수의 시체를 도적질하여 비밀한 곳에 감춘 후 예수의 부활을 공포했다고 주장한다. 더 자세한 내용은 박형용, 『복음비평사』 (서울: 성광문화사, 1985), pp.34-46을 보라.

8　기절설은 H. S. Paulus (1761-1851) 에 의해 제창되었다 . 그는 예수님이 십자가 상에서 기절했을 뿐 죽지는 않았다고 말한다 . 그는 예수님이 기절한 상태에서 회생된 후 40 일 동안 원기 회복을 위해 무척 노력했으나 실패하자 구름이 자주 덮이곤 하는 감람산에 제자들을 모으고 구름 속으로 걸어 올라가 자취를 감추었다고 한다 . 그리고 예수는 아무도 모르는 곳으로 가서 죽었다고 주장한다 . 더 자세한 내용은 박형용 , 『복음비평사』 pp. 49-55 를 참조하라 .

9　박형용, 『복음비평사』 pp.75-77 참조.

하나의 개체적 사건은 다음에 일어날 사건과 연관 관계에 놓여 있다.[10]

트뢸취의 방법론은 성경 내에 언급된 모든 이적을 부인하기 위해 만들어졌다고 할 수 있을 만큼 성경 연구에 부정적인 방면에서 지대한 영향을 미쳤다. 그의 이론을 따르면 현재 우리가 경험할 수 없는 것들은 과거에도 발생했다고 생각할 수 없기 때문에 자연히 현재 경험되지 않는 성경의 이적은 부활을 포함하여 허위이며 따라서 부인해야 하는 것이다. 이처럼 그리스도의 부활을 부인하는 사람들은 자연세계에서 하나님이 설 자리를 빼앗고 자신이 모든 것을 판단하는 최종 판단자의 역할을 수행하는 것이다. 그런데 이와 같은 사상의 영향으로 오늘날도 많은 학자들이 예수 그리스도의 부활을 부인하는 경우가 많다.

미국 캘리포니아 주 산타로사(Santa Rosa)에 웨스타연구소(The Westar Institute)가 있다. 이 웨스타연구소는 역사적 예수 연구에 관한 최근의 연구기관이라고 할 수 있다. 웨스타연구소는 "예수 세미나"(Jesus Seminar)를 계속 진행하고 있다. 예수 세미나는 성경에 묘사된 예수는 교회가 도금시켜 놓은 것이기 때문에 진정한 나사렛 예수일 수 없으므로 신앙의 그리스도와 나사렛 예수를 구분시켜야 한다고 주장한다.[11] 웨스타연구소는 예수 세미나를 통해 예수님의 말씀과 사역에 관한 특이한 연구를 하고 있다. 그들은 복음서에 기록된 예수님의 말씀과 사역을 연구하고 의논한 후 네 개의 색깔로 된 구슬을 가지고 각자의 의견을 투표로 제시한다. 그들은 빨강색, 분홍색, 회색, 검정색 구슬을 투표의 도구로 사용한다. 그들은 예수님이 직접 말씀하셨거나 예수님의 말씀에 근접한 내용이라고 생각하면 빨강

---

10   I. H. Marshall, *Biblical Inspiration* (Grand Rapids: Eerdmans, 1983), p.84.

11   Robert W. Funk, *Honest to Jesus: Jesus for a New Millennium* (Harper San Francisco, 1996), p.31.

색 구슬을 사용하고, 예수님이 말씀했을 개연성이 있는 내용이라고 생각하면 분홍색 구슬을 사용하고, 예수님의 말씀은 아니지만 사상만큼은 예수님의 말씀과 비슷한 내용이라고 생각하면 회색 구슬을 사용하고, 기독교 공동체가 만들어 낸 말이라고 생각하면 검정색 구슬을 사용하여 투표한다.

보고된 복음서 내용이 역사적으로 믿을 만하다고 생각되면 빨강색 구슬을 사용하고, 보고된 내용이 믿을 만한 개연성 정도 밖에 없으면 분홍색 구슬을 사용하고, 보고된 내용이 가능성은 있을지라도 믿을 만하지 못하면 회색 구슬을 사용하고, 보고된 내용이 허구라고 생각하면 검정색 구슬을 사용하여 투표한다.

그들은 이렇게 투표한 구슬을 모아 색깔별로 구분하여 사복음서의 내용을 가장 많이 투표한 색깔대로 분류한다. 결국 이들이 만들어 낸 사복음서는 거의 대부분 회색과 검정색으로 도배되어 있고 이적들과 부활사건은 검정색으로 칠해져 있다. 예수 세미나에 참여한 학자들은 예수님의 부활이 신앙공동체가 꾸며낸 허구이지 역사적 사건이 아니라고 결론을 내린다.[12] 세계적으로는 말할 것도 없고 한국교회 내에서도 그리스도의 부활이 교묘하게 부인되는 것을 본다. 전경연 교수는 "몰트만은 특히 주의시키기를 부활하신 분의 나타나심은 '기록계'가 수집한 것이 아니라 '선교사'들이 모았다고 하였다. 곧 그것은 어떤 객관적 관찰자에 의하여 사건 경위나 나타난 분의 모습을 관찰하여 얻은 것이 아니고 부활의 인식과 함께 선교의 사명을 얻게 된 것에 의미가 있다"[13]고 말하며 "부활 자체는 역사적 연구의 대상이 못되지만 그것이 일으켜 놓은 '역사적 주변'이 있다. 역사적

---

12   Funk, *Honest to Jesus*, p. 223.

13   전경연, "부활의 현대적 이해," 현대사조 3월호(1978), p.24.

연구는 이 주변 사실들을 연구할 수 있다"[14]라고 함으로써 성경에 기록된 부활에 관한 내용과 부활 사건 자체를 분리시키려 노력하고 있다. 성경에는 부활사건이 기록되어 있어도 성경 자체가 선교사들이 믿음으로 기록한 것이기 때문에 예수님의 부활은 믿음의 영역에서만 발생한 것이요, 역사적 검증이 가능하도록 발생하지 않았다고 믿는 것이다.

그러나 여기서 한 가지 질문을 해야 한다. 예수님의 부활을 부인할 수 있는 더 좋은 입지적 조건에 선 사람들이 20세기와 21세기를 살고 있는 우리인지 아니면 모든 것을 현장에서 목격할 수 있었던 1세기 사람들인지를 물어야 한다. 그것은 말할 필요도 없이 1세기에 살았던 사람들이다. 그런데 1세기에 살았던 사람들이 부인하지 않은 예수 그리스도의 역사적인 부활을 21세기에 살고 있는 사람들이 부인하려 드는 것이다. 이제 바울 사도가 논증하는 예수님의 부활의 역사성을 살펴보자.

3. 부활의 역사성을 입증하는 바울의 변증
(고전 15:1-11)

바울은 그리스도의 부활의 역사성을 네 가지로 증명한다. 첫째, 바울은 자신이 전하고 있는 그리스도의 부활이 초대교회의 증언과 정확하게 일치하기 때문에 의심의 여지가 없다고 말한다. 둘째, 바울은 예수 그리스도의 부활이 "성경대로" 이루어진 사건이기 때문에 확실하다고 말한다. 셋째, 바울은 예수 그리스도의 육체 부활을 목격한 사람이 많기 때문에 그리

---

14   전경연, "부활의 현대적 이해," p.24.

스도의 부활은 부인할 수 없는 사건이라고 말한다. 넷째, 바울은 자신의 삶이 그리스도의 부활을 통하여 이룩된 새로운 질서에 속한 부활 생명임을 증거 함으로 그리스도의 부활의 역사적 진정성을 증명한다. 이제 이 네 가지 내용을 좀 더 자세히 고찰해 보자.

첫째, 바울은 "내가 받은 것을 먼저 너희에게 전하였다"(고전 15:3)고 말함으로 자신의 가르침은 당시 초대교회의 전통과 정확하게 일치한다는 것을 분명히 한다. 바울은 초대교회가 보고 믿은 내용을 있는 그대로 가르치기 원한 것이다. "내가 받은 것을 먼저 너희에게 전하였다"라는 표현은 단순히 "받고" "주는" 전달 과정만 설명하는 것이 아니요, 받은 내용에 대한 바울 자신의 확신도 포함한다. 바울은 받은 내용이 주님께서 그에게 맡기신 메시지임을 확신하고 이제 사도로서 교회에게 자신이 받은 하나님의 말씀을 공개적으로 전하기 원한 것이다.[15] 특히 바울은 그리스도의 죽음과 장사지냄을 받은 사실이(고전 15:3-4) 성도들의 부활을 논증하는 본 문맥과는 직접 연관이 없음에도 불구하고 그 내용을 언급한다. 이는 바울이 사도적 공동체가 역사적 사건으로 믿었던 신앙고백을 그대로 전달하려는 노력의 일환인 것이다.[16] 초대교회는 그리스도의 죽음과 묻히심과 부활을 신앙의 핵심으로 생각하고 전달하였다(행 2:23-33; 3:12-15; 4:10; 5:30). 히브리서 저자도 "이 구원은 처음에 주로 말씀하신 바요 들은 자들이 우리에게 확증한 바니"(히 2:3)라는 같은 내용의 말씀을 한다. 구원에 필요한 핵심 메시지인 그리스도의 죽음과 부활은 초대교회의 신앙의 전통과 일치하

---

15   John Calvin, *The First Epistle of Paul to the Corinthians*, trans. John W. Fraser (Grand Rapids: Eerdmans, 1973), p. 313.

16   D.M. Stanley, *Christ's Resurrection in Pauline Soteriology* (Romae: E Pontificio Instituto Biblico, 1961), p.119.

는 것으로 "더 이상 축소시킬 수 없는 복음의 기초"[17]이다. 바울은 자신이
전하고 있는 그리스도의 부활이 목격자들의 증언을 토대로 이루어진 초대
공동체의 신앙고백과 일치함을 분명히 한다.

둘째, 바울은 그리스도의 부활이 "성경대로" 이루어진 사건이라고 한
다. 본문의 "성경대로"는 구약성경을 가리킨다. 우리는 구약에서 그리스
도의 죽음과 부활에 대한 풍부한 자료를 찾을 수 있다. 구약은 예수 그리
스도가 성도들을 대신해서 매를 맞으며(사 53:4; 사 50:6; 마 26:67), 성도들
이 받아야 할 고난을 대신 받고(사 53:5; 롬 5:6,8), 예수님이 부자의 무덤
에 묻히실 것(사 53:9; 마 27:57-60)을 예언한다. 또 구약은 예수님이 십자
가에 달리실 때 수족이 찔림 받고 그의 옷을 나누어 가질 것까지 자세하게
예언한다(시 22:17,18; 요 20:27). 예수님의 부활은 시편 16:10과 시편 49:15
에 명백하게 예언되어 있다. 그런데 이런 예언들이 정확하게 예수 그리스
도의 죽음과 부활에 적용된 것이다. 우리는 다른 어떤 증거보다 하나님의
정확 무오한 말씀인 성경의 증거가 더 무게 있고 분명하다는 것을 보게 된
다. 그래서 바울은 "성경대로"를 두 번이나 사용하면서 그리스도의 부활을
확증한다.

셋째, 바울은 육체로 부활하신 그리스도를 만난 사람이 많음을 들어
그리스도의 부활의 역사성을 증명한다. 바울은 예수님이 사흘 만에 부활
하셔서[18] 게바에게 보이시고 열 두 제자에게 보이시며, 오백여 형제에게

---

17   John Stott, *The Gospel and the End of Time: The Message of 1 and 2
Thessalonians* (Downers Grove: Inter Varsity Press, 1991), p.98.

18   바울이 "살아났다" (ἐγήγερται)는 동사를 완료시상으로 사용한 이유는 그리스도
의 부활의 영원한 효력을 근거로 논리를 전개하기 때문이다. 그런데 "사흘 만에"라는 시간
의 한정을 가리키는 표현은 완료시상과 함께 흔히 사용되지 않는다. 그럼에도 불구하고
바울이 완료시상과 함께 "사흘 만에"라는 구체적인 시간성을 지칭하는 표현을 사용한 것

일시에 보이셨으며 이 오백여 형제 중 태반이나 고린도전서를 쓸 당시에 살아 있었다고 한다. 예수가 부활했다는 바울의 증언이 거짓이라면 살아 있는 사람들이 곧 논박하여 바울을 거짓말쟁이로 몰아세웠을 것이다. 그러나 그런 일은 전혀 없었고 그 당시 사람들이 오히려 예수의 부활을 증거 한 것이다. 예수님은 부활 후에 게바에게, 열 두 제자에게, 오백여 형제에게, 야고보에게, 바울 자신에게까지 보이신 것이다. 이처럼 바울은 여러 증거를 사용하여 그리스도의 부활의 역사성을 명백히 증거 한다.

넷째, 바울은 자신의 삶이 새로운 질서에 속한 부활 생명이라고 증거 함으로써 그리스도의 부활의 역사성을 증명한다. 그리스도의 부활이 실제로 없었다면 다메섹 이전의 사울이 대 사도요, 대 전도자요, 대 신학자인 바울로 변화될 수 없었다. 바울은 그리스도의 부활이 과거의 역사적인 사건으로 성도들과 무관한 사건이 아니요 성도들에게 현재 효과를 미치는 사건이라고 강조하고 싶었다. 바울이 완료시상(ἐγήγερται 고전 15:4)을 사용하여 그리스도의 부활을 설명하고 그 완료시상과 함께 세 개의 단순과거(ἀπέθανεν, ἐτάφη, ὤφθη)를 사용한 것은 그리스도의 부활이 새로운 질서의 시작으로서 바로 이 새로운 질서의 세대가 현재 우리의 것이라는 것을 증거하고 싶은 이유였다. 신약에서 사용된 완료시상의 용법은 일반적으로 어떤 행위로 나타난 결과적인 상태를 염두에 두고 사용하는 것이다.[19]

은 그리스도의 부활의 역사성이 초대교회의 전통이었다는 증거이다. 바울은 고전 15장에서 한 번(15절, 단순과거)만 제외하고 "살아났다"는 동사를 모두 완료시상으로 사용한다.

19   Maximilian Zerwick, *Biblical Greek* (Roma: Editrice Pontificio Istituto Biblico, 1963), pp.96-97 (sec.286-288). 예를 들어 요 9:29에 "하나님이 모세에게는 말씀하신 줄을 우리가 알거니와" (ἡμεῖς οἴδαμεν ὅτι Μωϋσεῖ λελάληκεν ὁ θεός)라고 했을 때 이 뜻은 단순히 과거 어느 한 때에 하나님이 모세에게 말씀하셨다는 역사적 사실을 전달하기 위한 것이 아니요, 오히려 하나님께서 상대하여 말씀하셨던 그런 위엄을 현재도 소유한 모세라는 사실을 강조하고 있다.

그러므로 바울이 그리스도의 부활을 묘사할 때 완료시상을 사용한 것은 그리스도의 부활이 과거에 발생했지만 현재도 유효한 상태라는 것을 증거하고 싶은 목적 때문이었다. 이처럼 바울은 그리스도의 부활의 결과적인 효과를 생각하면서 그리스도의 부활이 과거에 발생한 단순한 역사적인 사건에 그치지 않고, 과거의 부활사건이 새로운 질서를 시작한 사건이요 성도들로 하여금 그 새로운 질서 속에서 부활 생명으로 살 수 있게 하는 유효한 사건임을 명시하기 원한 것이다.

제8장

부활에서
예수와 성도들의 연합

제8장

부활에서 예수와 성도들의 연합

바울 사도는 부활에서 예수 그리스도와 성도들의 연합을 강조하기 위하여 예수님이 자신의 부활에서 수동적인 역할을 한 것으로 묘사한다. 바울은 예수님의 신성을 강조하기보다는 성육신하여 우리와 동일시되신 사실을 강조하려는 목적으로 부활에서 예수님이 수동적인 역할을 한 것으로 묘사한다.

1. 예수의 부활에서 수동성

바울 사도가 부활을 묘사할 때 "일으키다" 혹은 "세우다"(에게이로)라는 동사가 능동형으로 등장할 때는 하나님을 동작의 주인으로, 예수님을 동작의 대상으로 묘사한다(롬 10:9; 고전 15:15). 그리고 이 동사가 수동형으로 사용될 때는 예수님이 문장의 주어로 등장하지만 역시 동작의 대상이 된다(롬 4:25; 고전 15:20; 참조. 고후 5:15; 딤후 2:8). 부활을 묘사하는 같은 동사가 분사형으로 사용될 때도 같은 현상이 나타난다(갈 1:1; 롬 4:24; 골 2:12; 살전 1:9, 10).[1]

바울 사도는 예수님의 부활을 묘사하면서 거의 모든 경우에 예수님이 일으킴을 받는 수동의 위치에 있었던 것으로 설명한다. 이는 바울신학의 특징의 일면이며 예수님의 부활과 성도들의 부활이 밀접하다는 것을 나타내려는 의도이다.[2]

2. 예수의 부활과 성도들의 부활의 연합

바울 사도가 예수 그리스도의 부활과 성도들의 부활이 어떻게 연합되었다고 생각하는지 바울 서신의 다른 구절들을 사용하여 고찰하여 보자.

(1) 성도들의 부활의 미래적인 면

① 고린도전서 15:20

"이제 그리스도께서 죽은 자 가운데서 다시 살아나사 잠자는 자들의 첫 열매가 되셨도다(개역개정).

---

1   부활에서 그리스도의 수동적인 역할에 대한 바울의 자세한 내용은 본서 제5장 "부활에서 그리스도와 성령의 역할"을 참조하기 바란다.

2   예수님이 요한의 세례에 복종하심으로 자신이 메시아로서 부르심을 받았다는 사실을 공표할 뿐 아니라 예수님 자신이 자기 백성과 동일시되신 것이다(눅 3:21 f. 참조). 이 사상은 예수님이 자신의 부활에서 수동적인 역할을 한 것으로 묘사하는 바울 사도의 사상과 상통한다.

본 절 하반 절에 그리스도의 부활과 신자들의 부활의 연합 개념이 명백하게 나타난다. 우리의 관심은 "잠자는 자들의 첫 열매"에 있다. 바이스(Johannes Weiss)는 이 구절에 한 논문이 들어있다고 말했다.[3] 사실상 이 구절에 나타난 사상은 고린도전서 15장 전체 논리와 연관이 있다. 첫 열매를 뜻하는 "아파르케(ἀπαρχὴ)"라는 용어를 먼저 연구해 보면 이 용어는 로마서 11:16, 16:5, 고린도전서 16:15에서 사용된 용어로 농사와 관련이 있다. 이 용어의 용법은 구약의 제사에서 첫 열매를 드리는 것을 상기시킨다(출 23:19; 25:2,3; 레 22:12; 23:10,17,20; 신 12:6,11,17; 18:4; 겔 44:30). 이 용어는 수확의 첫 부분이나 전체 중의 첫 분납금의 의미로 사용되었다. 여기서 중요한 것은 이것을 오로지 시간의 우선으로만 생각하면 안 된다. 시간적인 우선을 넘어 유기적인 연합 개념(organic unity)이 이 용어에 들어있다. 첫 부분을 말하지만 그것은 결코 전체와 분리될 수 없는 것이다. 즉 바울이 이 구절에서 '아파르케'를 부활과 연결할 때 그리스도의 부활과 신자들의 부활은 분리될 수 없다는 것이다. 왜냐하면 그리스도의 부활은 수확의 첫 열매가 되기 때문이다.

"아파르케"라는 말은 그리스도의 부활이 우리의 부활의 보증이라고는 말하지 않지만 이 용어는 그리스도의 부활을 대표적인 성격으로 이해하게 하며 또 세기적인 사건인 일반 부활의 실제적인 시작으로 보게 한다. 즉 예수님의 부활은 앞으로 한 번 있을 일반 부활의 첫 열매가 되는 것이다. 여기서 마지막 때에 있을 일반 부활의 개념이 나타난다. 사실상 예수님의 부활과 앞으로 있을 일반 부활은 두 사건이라고 생각할 수 없으며 오히려 시간적으로만 다를 뿐 같은 사건의 두 국면을 보여준다고 생각하는 것이

---

3   J.Weiss, *Der erste Korintherbrief* (MeyerK, 5, 10. Afl.; Göttingen: Vandenhoeck & Ruprecht, 1925), p.356: "In dem kurzen Wort liegt ein These."

옳다. 구약의 전망으로는 파루시아(Parousia)가 일회적인 것으로 보이지만 신약에서는 초림과 재림으로 구분된 파루시아 개념을 찾을 수 있다. 부활 개념에 있어서도 이와 같은 구조가 확실하며 이는 유기적으로 연관된 한 사건임을 증명하는 것이다.

이상의 논리를 증명하기 위해서 고린도전서 15:12-19의 내용을 개괄해 보면 같은 연합 개념이 확실히 나타나는 것을 찾을 수 있다. 바울은 여기서 가상적으로 그의 논리를 전개시키고 있다. 바울은 고린도전서 15:12에서 "그리스도께서 죽은 자 가운데서 다시 살아나셨다 전파되었거늘 너희 중에서 어떤 사람들은 어찌하여 죽은 자 가운데서 부활이 없다 하느냐"(개역개정)라고 말한다. 바울은 그리스도의 부활은 의심할 수 없다고 말한다. 고린도전서 15:13-16에서는 신자들의 미래 부활을 부인하는 것은 예수님의 부활을 부인하는 것과 같다고 말한다. 여기서 염두에 둘 바는 고린도 교인들이 예수님의 부활이 아닌 신자들의 미래 부활을 의심했다는 점이다. 바울의 전제는 확실히 이 두 사건이 밀접한 연관이 있기 때문에 서로 분리하여 생각할 수 없고 한 사건이 다른 사건 없이 생각될 수 없다고 말하는 것이다. 바울은 그리스도께서 죽은 자들의 첫 열매로 부활하셨기 때문에 부활에서 그리스도와 연합된 성도들은 반드시 부활할 것이라고 증언한다(고전 15:20; 고전 15:13,16 참조).

② 골로새서 1:18

골로새서 1:18에 나타나는 "죽은 자들 가운데서 먼저 나신 이"는 예수님을 지칭하며 특히 그리스도의 부활을 묘사한다(참조, 계 1:5에서는 전치사 에크(ἐκ) 없이 사용되었다). 여기 나오는 "프로토토코스"(πρωτότοκος)는 "아파르케"(ἀπαρχὴ)보다는 유기적인 연합 개념을 더 명확하게 나타내지는 못한다. 그러나 그리스도가 앞으로 일으킴을 받을 자들과 그의 부활에서 결속되었다는 사상은 명백하다. 즉 부활에서 그리스도와 앞으로 일으킴을 받을 성도들 간의 견고한 연합을 볼 수 있다(롬 8:29 참조). 일으킴을 받을 죽은 자들의 무리가 있고 예수님이 바로 이 무리들로부터(ἐκ τῶν) 먼저 나신자로 나타나셨다는 것이다. 유기적인 연합 개념을 생각할 때 로마서 8:29의 "그로 많은 형제 중에서 맏아들이 되게 하려 하심이니라"와 유사성이 있다. 즉 많은 형제의 무리가 있고 이 무리 중 예수님이 맏아들이 되신 것이다.

한 가지 오해할 수 있는 가능성은 본문의 예수님과 다른 성도들의 부활을 출생의 개념처럼 이해하는 것이다. 그러나 "프로토토코스"는 구약에서 나타난 대로 특별한 존엄의 개념이나 높이 여김을 받으신 지존의 위치를 가리키는 것으로 이해해야 한다(출 4:22; 시 89(88):27). 본문의 "프로토토코스"는 선행하는 "아르케"(ἀρχή)와 함께 생각해야 한다. 칼빈(Calvin)은 "아르케"를 해석하면서 "예수님은 죽은 자들 가운데서 먼저 나신 자이시기 때문에 시작이시다. 부활에서 모든 만물의 회복이 있고 따라서 부활은 둘째 창조 즉 새로운 창조의 시작이다. 왜냐하면 첫 창조는 첫 사람의 타락과 함께 파괴되었기 때문이다. 그리스도께서 부활하심으로 하나님 나라를 다시 시작하셨으므로 그는 마땅히 시작이라고 불리어야 한다."[4]라고 설명한다. "아르케"가 시간과 관련해서는 시작의 의미로(살후 2:13; 참조, 마 19:4, 8; 히1:10), 장소와 관련해서는 시작점 혹은 출발점의 의미로(참조, 행 10:11; 11:5), 지위와 관련해서는 능력, 통치, 왕국, 직무의 의미로(롬 8:38;

---

4   John Calvin, *The Epistles of Paul the Apostle to the Galatians, Ephesians, Philippians and Colossians*, trans. T.H.L. Parker (Grand Rapids: Eerdmans, 1974), p. 311.

엡 1:21) 탁월성(primacy)을 뜻한다.[5] "아르케"는 단순히 "시간적으로 먼저"
라는 뜻으로 이해해서는 안 된다.[6] 그 용어는 머리되심과 계속 뒤따라 올
것들을 수반하는 기원이 되시는 것을 뜻한다(창 49:3; 신 21:17).

"프로토토코스"가 "아르케"와 함께 사용되어 예수님이 "죽은 자들 가운
데서 먼저 나신 이"가 되셨으며 또 "새로운 인류"(New humanity)의 창립자
가 되셨음을 증거 한다. 본문은 예수님의 부활로 부활의 시대가 개막되었
으며 예수님은 죽은 자들 가운데서 먼저 부활하셔서 그에게 속한 사람들
의 미래 부활을 보증하신다.[7] "아르케"와 "프로토토코스"를 함께 취급할 때
신자의 일반 부활은 예수님의 부활로 시작되었다는 것이 뚜렷해진다. 즉
그리스도의 부활은 자기 백성을 수확하는 위대한 일반 부활의 첫 열매가
되는 것이다(고전 15:20). 이와 같은 연합 개념은 "그는 몸인 교회의 머리
시라"(골 1:18)에서도 잘 나타나는데 예수님과 신자들의 결속된 연합 개념
을 명시하고 있기 때문이다. 이는 그리스도께서 머리로서 교회뿐 아니라
온 우주를 유지하시는 창조적인 능력의 본체가 되시기 때문에 타당한 해
석으로 생각된다.[8] 이상의 고찰은 그리스도의 부활과 신자들의 부활의 연
합을 명시하고 있다.

---

5   K. Weiss, "ἀρχή," *Exegetical Dictionary of the New Testament*, Vol. 1 (Grand
Rapids: Eerdmans, 1990), pp.161-163.

6   시간적 "우선"의 개념을 완전히 제거할 수는 없다. 그러나 근본적인 사상은 그리스
도의 권위와 지존성을 나타낸다.

7   P.T. O'Brien, "Firstborn," *Dictionary of Paul and his Letters* (Downers Grove:
IVP, 1993), p.302.

8   Lewis B. Smedes, *All Things Made New* (Grand Rapids: Eerdmans, 1970),
p.227.

③ 고린도후서 4:14

본 문맥은 바울 사도의 목회적 성격을 반영하는 부분이다. 즉 바울은 "주 예수를 다시 살리신 이가 예수와 함께 우리도 다시 살리사 너희와 함께 그 앞에 서게 하실 줄을"(개역개정) 확신하고 있다.

본문은 예수님의 부활과 성도들의 부활의 연합 개념을 설명할 뿐 아니라 아울러 두 사건 사이에 시간적으로 차이가 있다는 것을 확실히 한다.[9] 연합 개념은 "예수와 함께"(σὺν Ἰησοῦ)라는 구절에서 명시된다. 여기서 바울이 "예수와 함께"라는 말을 쓸 때 신자들이 예수와 동시에 부활했다는 뜻으로는 사용하지 않았다. 바울의 의도는 과거의 예수님의 부활에 기초를 두면서 예수님이 죽은 자 가운데서 부활하시지 않았다면 우리에게도 생명의 부활이 있을 수 없다는 것을 강조하는 것이다. 그리고 본문의 "예수와 함께"라는 말은 하나님이 앞으로 신자들을 예수와 함께 살린다는 미래적인 개념으로도 생각할 수 없다. 오히려 성도들이 과거의 예수님의 부활과 연합되었기 때문에 예수님의 부활로 인해 성취된 모든 축복이 예수님과 연합된 성도들은 장차 부활하여 누릴 수 있게 된다는 개념으로 생각해야 한다. 이는 예수님의 부활이 신자들의 부활의 첫 열매가 되었다는 개념과 같은 뜻이다. 본문 마지막 두 구절에는 미래의 육체 부활의 개념이 뚜렷이 나타난다. 바울은 "예수와 함께 우리도 다시 살리사 너희와 함께 그 앞에 서게 하실 줄을 아노라."라고 확인한다.

지금까지 고찰한 구절들은 성도들이 그리스도와 연합되었기 때문에 성도들이 미래에 분명히 부활할 것이라고 천명한다.

---

9   R.B. Gaffin, Jr. *Resurrection and Redemption* (*A Study in Pauline Soteriology*, Ann Arbor: University Microfilms, 1970), p.42.

(2) 성도들의 부활의 과거적인 면

바울 사도는 그의 서신 여러 곳에서 성도들이 이미 부활했다는 성도들의 과거 부활을 말하고 있다(엡 2:5f.; 골 2:12f.; 3:1; 롬 6:3f.; 갈 2:19f.). 바울 사도가 흔히 "우리는 함께 일으키심을 받았다"(골 2:12)라고 쓸 때는 예수님이 요셉의 무덤에서 부활할 때 이미 성도들도 부활했다는 사상을 내포하고 있다. 즉 예수님은 우리를 위해 부활하셨고 우리는 그때 예수님과 함께 부활했다는 부활 사상이 본문에 나타난다. 우리는 예수 안에서 부활한 것으로 여겨진다.

이와 같이 신자들의 부활에 과거적인 면이 포함되지만 사실상 "우리는 함께 일으키심을 받았다"라는 구절이 예수님의 부활과 연합되는 과거적인 면뿐 아니라 신자 개인 생활에서 발생한 것으로 이해되는 실존적인 의미도 들어있다. 이는 2000년 전 요셉의 무덤에서 부활하신 예수님의 부활이 어떻게 우리의 부활로 연결되는지의 문제이다. 여기서 우리는 믿음의 역할을 보게 된다. 성도들이 믿을 때에 그리스도와 연합하게 되며 따라서 부활의 첫 경험을 하는 것이다.

골로새서 2:12은 믿음이 도구로 사용되어 과거의 예수님의 부활이 성도들의 구원의 첫 경험으로서의 부활과 어떻게 연관되는지를 설명한다. "너희가 세례로 그리스도와 함께 장사되고 또 죽은 자들 가운데서 그를 일으키신 하나님의 역사를 믿음으로 말미암아 그 안에서 함께 일으키심을 받았느니라"(골 2:12, 개역개정). 과거에 발생한 예수님의 부활은 성도가 예수 믿을 때 실제적으로 성도의 것이 된다. 그러므로 성도는 예수 믿을 때 구원의 첫 경험으로서의 부활을 소유하게 된다.

바울 사도가 구원의 요건을 믿음으로 제시하는 사실은 의미심장하다.

"네가 만일 네 입으로 예수를 주로 시인하며 또 하나님께서 그를 죽은 자 가운데서 살리신 것을 네 마음에 믿으면 구원을 받으리라 사람이 마음으로 믿어 의에 이르고 입으로 시인하여 구원에 이르느니라"(롬 10:9-10, 개역개정). 이 말씀은 사람이 예수 그리스도의 죽음과 부활을 마음으로 믿으면 구원을 얻게 된다고 명시한다. 즉 구속적 사건인 예수님의 죽음과 부활을 내가 마음으로 믿으면 예수님이 성취하신 구원이 나의 것이 된다는 뜻이다(롬 3:25-31 참조).[10] 여기서 우리는 예수님의 생애에 발생한 역사적 사건인 그의 죽음과 부활이 "믿음을 통해" 우리에게 연결되는 것을 알 수 있다. 이처럼 믿음은 과거에 일어난 예수님의 죽음과 부활을 성도들의 구원의 첫 경험과 연결시키는 역할을 한다.

에베소서 2:5-10은 과거 예수님의 부활과 신자들의 부활이 어떻게 연합되는지를 잘 설명해 준다. 에베소서 2:5에 허물로 죽은 상태에 있는(엡 2:1 참조) 우리를 하나님이 "그리스도와 함께 살리셨고," "함께 일으키고," "함께 하늘에 앉히셨다"고 말한다.[11] 여기서 사용된 용어들은 모두 단순과 거(aorist)들로서 과거의 그리스도의 부활과 신자들이 연합함으로 신자들

---

10 그리스도의 비밀 즉 그리스도의 죽음과 부활 사건이 우리를 위한 사건임을 알게 하는 것은 성령의 역할이다. 고전 2:10의 "하나님이 성령으로 이것을(그리스도의 비밀) 우리에게 보이셨으니"라고 할 때 "성령으로"(διὰ τοῦ πνεύματος)는 δια + 소유격 구문으로 그리스도의 비밀을 우리에게 알리는 데 성령이 도구로 사용되었다는 증거이다. cf. Maximilian Zerwick, *Biblical Greek* (Roma: Editrice Pontificio Istituto Biblico, 1963), pp.37-38.

11 본문의 "허물과 죄로 죽었던 너희를"(ὄντας: 죽었던) 그리고 "허물로 죽은 우리를"(ὄντας: 죽은), 긍휼에 풍성하신 하나님이 그리스도와 함께 살리셨다(ὁ θεὸς … συνεζωοποίησεν τῷ Χριστῷ)고 선언하신다. 여기서 본동사 συνεζωοποίησεν의 시상과 분사의 시상 관계를 주목해야 한다. 이 말은 우리가 죽었던 상태에 있을 그 때에 하나님이 우리를 그리스도와 함께 살리셨다는 뜻이다. 그때는 성도들이 구원받은 때, 즉 믿음으로 예수님을 구주로 영접한 때를 말한다.

도 과거에 이미 부활한 것으로 이해할 수 있다. 래드(G.E. Ladd)는 에베소서 2:1-6이 예수 그리스도와 함께 성도들이 영적으로 부활했다는 것을 가르친다고 해석한다(참조, 요 5:25-29).[12] 그러면 본 문맥에서 오로지 그리스도와 연합하므로 신자들이 과거에 그리스도와 함께 부활했다는 개념만 가르치고 있는가? 에베소서 2:1-10의 문맥을 자세히 관찰하면 1-3절과 4-10절의 대칭을 볼 수 있다. 바울 사도는 에베소서 2:1-3에서 우리들이 예수님을 알지 못했던 시절, 즉 "너희의 허물과 죄로 죽었던"(엡 2:1) 상태를 기록하고 있다. 그때는 세상 풍조를 따르고 공중의 권세 잡은 자를 따랐고 불순종의 영에 따라 살았고 육체의 욕심을 따라 살았고 육체와 마음의 원하는 것을 했었다. 그러나 바울 사도는 에베소서 2:4-10에서 이상의 경우와는 전적으로 다른 상태를 묘사한다. 4절의 문장구조를 앞 절과 비교하면 3절과 4절 사이에 약간의 간격이 있다는 것을 찾을 수 있다. 4절에서 바울 사도는 "긍휼이 풍성하신 하나님이…" 하면서 어조를 바꾼다. 본문은 바울 사도가 예수님을 안 이후의 상태가 "선한 일을 하는"(엡 2:10) 때요 "자신을 자랑하지 않는"(엡 2:9) 때라고 말한다.

이런 비교에서 바울 사도는 에베소서 2:2에서 "행하여"(페리에파테사테, περιεπατήσατε)를 써서 예수 알기 이전의 생활을 묘사하고 또 에베소서 2:10에서 "행하게 하려 하심이니라"(페리파테소멘, περιπατήσωμεν)를 써서 예수를 안 이후의 생활을 강조했다.[13] 이 구절(10절)에서 분명히 바울 사도

---

12   G.E. Ladd, "Historic Premillennialism," *The Meaning of the Millennium*, ed. Robert G. Clouse (Downers Grove: IVP, 1977), p.36.

13   첫 번째 "행한다"가 우리의 도덕적 타락을 가리키는 것이 틀림없다면 그와 대칭을 이루는 두 번째 "행한다"는 구원받은 자의 실제적인 삶을 가리킨다고 생각하는 것이 타당하다. 좀 더 자세한 내용은 박형용, 『에베소서 주해』 (수원: 합동신학대학원 출판부, 1998), pp.97-113(2006: pp.101-125)을 보라.

는 신자들의 실제 생활을 강조하고 있다. 적어도 바울 사도는 이 구절에서 신자가 되어 최초로 경험한 도덕적인 변화를 묘사하고 있다(골 2:13 참조).

골로새서 3장과 로마서 6장에서도 신자들의 실존적인 면을 다룬다. 로마서 6:4에도 "행하게 하려 함이라"(페리파테소멘)는 표현이 나오는데 이 동사는 개인 성도의 도덕적인 경험을 묘사하고 있다. 이는 마치 이 구절의 목적이 거룩한 생활에 있는 것처럼 묘사된 것이다. 이 구절들의 주요 강조는 구속의 성취에 있지 않고 오히려 성취된 구속을 적용하는 데 있다.

이상의 연구를 통해 나타난 사실은 성도들이 예수를 믿을 때 과거에 일어난 예수님의 부활과 연합되어 성도들도 이미 부활생명으로 살고 있다는 것이다. 성도들이 비록 부활체를 입는 부활은 소유하지 못한 상태이지만 이미 부활을 소유한 존재로 "부활생명"을 살아가고 있다는 뜻이다.

신자들의 부활과 그리스도의 부활의 연합에 대한 바울의 교훈에서 다음 세 요소를 찾을 수 있다. ① 요셉의 무덤에서 예수님의 부활, ② 기독신자의 생활에 대한 개념 즉 믿음으로 신자들이 받는 구원의 첫 경험으로서의 부활, ③ 미래에 있을 신자들의 육체부활이다.

이 세 요소를 유기적으로 연관시켜 생각할 때 그 구조는 부활에 있어서 예수님과 신자들의 연합을 찾을 수 있는데 신자들의 부활은 그들의 경험에서 두 국면(two episodes)으로 구성된다. 즉 과거에 이미 실현된 국면과 아직 실현되지 않은 국면이다(already-not yet).

3. 바울의 역설적인 논리(고전 15:12-20)

이처럼 바울은 예수님의 부활과 성도들의 부활의 연합을 믿고 이 사건을 하나의 사건으로 생각하기 때문에 그의 논리가 역설적인 논리로 전개된다. 우리는 성도들의 부활을 증명하기 위하여 우리의 논리의 방향을 "그리스도의 부활"에서 "성도들의 부활"로 이동하게 한다. 그리스도가 부활했으니 우리도 부활할 것이라는 논리이다. 물론 그 논리나 내용에 잘못이 있을 수 없다. 그러나 본문에서 우리의 논리의 방향과 전혀 다른 바울의 논리의 방향을 보게 된다. "만일 죽은 자의 부활이 없으면 그리스도도 다시 살아나지 못하셨으리라"(고전 15:13; 15:15-16 참조). 바울의 논리는 마치 그리스도의 부활이 죽은 자의 부활에 의존하고 있는 것처럼 말한다. 이는 그리스도의 부활과 죽은 자의 부활의 연합 개념을 강조하기 위한 것이지 그리스도의 부활이 죽은 자의 부활에 의존되었다고 말하는 것이 아니다.

바울의 이런 역설적인 논리는 그리스도의 부활과 성도들의 부활을 분리된 사건으로 보지 않고 그리스도의 부활과 성도들의 부활을 연합된 하나의 사건으로 보기 때문에 가능하다. 바울은 그리스도의 부활과 성도들의 부활이 분리된 사건이라면 그리스도의 부활이 성도들에게 아무런 의미가 없다고 주장한다.[14] 그는 그리스도의 부활이 의의가 있는 이유는 그리스도의 부활이 성도들의 부활의 첫 열매로서 부활했기 때문이라고 주장한다(고전 15:20). 그리스도의 부활과 성도들의 부활은 하나의 연합된 사건이요 그리스도의 부활은 부활 사건의 맨 처음에 발생한 첫 열매 역할을 하

---

14   D.M. Stanley, *Christ's Resurrection in Pauline Soteriology*, p.121: "It is the resurrection, on Paul's view, which thus specifies the whole object of Christian faith. Should it be proven false, then Christ's passion and death would not be salvific but meaningless."

는 것이다.

바울은 자신의 서신에서 그리스도와 성도들이 연합되었다는 것을 풍부한 자료로 증거 한다. 그리스도와 성도들은 "함께 살고"(롬 6:8), "함께 고난 받고"(롬 8:17), "함께 십자가에 못 박히고"(롬 6:6), "함께 죽고"(롬 6:8; 고후 7:3), "함께 장사지내고"(롬 6:4), "함께 부활하고"(골 2:12; 3:1), "함께 살림을 받고"(골 2:13; 엡 2:5), "함께 영광에 이르고"(롬 8:17), "함께 후계자가 되고"(롬 8:17), "함께 통치한다"(딤후 2:12; 롬 5:17).

이와 같이 그리스도와 성도들이 연합된 사실을 근거로 바울은 고린도전서 15:12-20에서 성도들의 부활이 없으면 그리스도의 부활도 아무런 의의를 가질 수 없다고 강조함으로 성도들의 부활을 증거하고 있다.

제9장

성도들의 부활

제9장

성도들의 부활

1. 현재의 삶 속에서 증거 되는 부활의 확신
(고전 15:29-34)

바울은 성도들의 부활을 증명하기 위해 고린도 성도들의 삶 속에서 찾을 수 있는 두 가지 요소를 언급한다. 그 하나는 고린도전서 15:29에 언급된 죽은 자들을 위해 세례 받는 습관이요, 다른 하나는 고린도전서 15:30-34에 언급된 이 세상에서 겪는 고난의 의미이다.

(1) 습관을 통한 증거(고전 15:29)

여기서 잠시 문맥을 고찰해 보자. 본 구절은 그리스도의 부활과 죽은 자들의 미래 부활을 변증하는 문맥 가운데서 발견된다. 바울은 죽은 자들의 미래 부활을 명백히 하기 위해 "만일 … 없으면"의 표현을 연속적으로 사용한다. "만일 죽은 자의 부활이 없으면 그리스도도 다시 살아나지 못하셨으리라"(고전 15:13, 개역개정; 참조, 고전 15:12, 14, 15, 16, 17, 19). 그런데 바울은 첫 아담과 마지막 아담의 대칭을 통해 앞으로 죽은 성도들의 부활은 마지막 아담의 질서에 속한 부활이 될 것과 성도들의 부활은 마지막 아담이신 그리스도가 그의 왕국을 하나님 아버지께 바칠 때에 발생할 것을 설명한 후 "만일 … 못하면"을 다시 등장시켜 죽은 자들의 부활을 확증하고자 하는 것이다. 고린도전서 15:29이 "그렇지 않다면"(ἐπεί)으로 시작되었지만[1] 앞서 사용된 "만일 … 없으면"(고전 15:13)의 용법이나 고린도전서 15:29 하반 절에 사용된 "만일 … 못하면"의 용법으로 볼 때 본 구절 속에 만일 죽은 자들의 부활이 없다면, 그렇다면 죽은 자들을 위해 세례는 무엇 하러 받느냐라는 의미가 내포되어 있는 것이다.

바울은 "만일 죽은 자들이 도무지 다시 살아나지 못하면 죽은 자들을 위하여 세례를 받는 자들이 무엇을 하겠느냐"(고전 15:29)라고 함으로 그 당시 죽은 자들을 위해 세례 받는 습관을 예로 들어 죽은 자들의 부활을 증명하고 있다. 바울은 만약 부활이 없고 죽은 자들이 다시 살지 못한다면 죽은 자들을 대신해서 받는 세례 의식은 무슨 소용이 있느냐고 반문하는 것이다. 바울은 만약 죽은 자들의 부활이 없다면 그들이 시행하고 있는 죽은 자들을 대신해서 받는 세례 관습은 어리석은 행위요 시간과 노력의 낭비일 뿐이라고 논박하고 있다.

죽은 자들을 위해 세례 받는다는 의미가 무엇인가? 여기서 두 가지로 그 가능성을 찾아 볼 수 있다. 첫째 가능성은 고린도 교회의 어떤 성도들

---

1 본 구절의 ἐπεί는 본 구절 중반절인 "εἰ ὅλως νεκροὶ οὐκ ἐγείρονται"와 함께 다루어져서 "만약 죽은 자들이 실제적으로 다시 살지 못하면," "그렇지 않다면, 죽은 자들을 위하여 세례를 받는 자들이 무엇을 하겠느냐 어찌하여 그들을 위해 세례는 받느냐"의 뜻으로 이해되어야 한다.

이 죽은 신자들을 위해서 대신 세례를 받아 주는 관습일 수 있다. 신자로서 살다가 갑작스런 병으로 죽었거나 어떤 특별한 상황 때문에 세례 받는 일이 지연되었는데 신자들이 세례 받기 전에 죽었을 경우 그들을 위해 세례를 대신 받아 주는 관습일 수 있다. 둘째 가능성은 고린도 교회의 어떤 성도들이 믿지 않는 친척이나 형제들을 위해서 대신 세례를 받아주면 그 세례의 효과가 죽은 자들을 구원의 반열로 끌어올릴 수 있다고 생각한 것이다. 이런 생각은 예수님이 성육신하시기 전에 죽은 자들의 장래와 복음이 아직 전파되기 전에 죽은 자들의 장래에 대한 관심 때문에 발생하게 되었을 것이다.[2] 칼빈은 바울이 "죽은 자들을 위하여 세례" 받는 것과 같은 미신적인 습관에 대해 전혀 책망하지 않은 것으로 보아 본문에 특별한 의미가 있는 것으로 결론짓는다. 칼빈은, "죽은 자들을 위하여 세례 받는 사람들이 이미 죽은 것으로 간주되는 사람들이며 생명의 소망을 모두 포기한 사람들이라고 주장 한다." 계속해서 칼빈은 "죽은 자들을 위하여 세례 받는 것은 살아있을 때 유익을 얻기 위한 것이 아니요, 죽을 때 유익을 얻기 위해 세례 받는 것을 뜻한다. 왜냐하면 초대교회 시대에 초신자로 아직 세례를 받지 못한 사람이 병에 걸려 곧 죽음이 임박할 것으로 보이면,

---

2 Manfred T. Brauch, *Hard Sayings of Paul* (Downers Grove: IVP, 1989), pp.174 ~177. Robert H. Stein(*Difficult Passages in the Epistles*: Leicesters, IVP, 1989, pp. 152-157)은 "죽은 자들을 위해 세례 받는 것"(고전 15:29)에 대해 다섯 가지 제안을 설명한 후 다섯 가지 제안들을 수용할 수 없는 이유를 밝힌다. 그리고 Stein은 서신(epistle)과 편지(letter)의 차이를 근거로 본 구절의 의미를 바울과 그의 처음 독자들은 이해했지만 우리들은 그 뜻을 알 수 없다고 결론짓는다. 그는 말하기를 편지는 저자와 독자가 어떤 지식과 경험을 공동으로 소유한 상황에서 기록된 것이지만, 서신은 저자와 독자가 지식과 경험을 공동으로 소유하지 못한 상황에서 기록된 것이라고 한다. 그러므로 서신의 경우는 저자가 독자의 이해를 위해 각 명제와 전제를 더 자세히 설명해야 한다(p.155). Stein은 고린도전서가 서신이라기보다는 편지이기 때문에 "죽은 자들을 위해 세례 받는 것"과 같은 관습은 공통된 지식과 경험을 가지고 있었던 바울과 고린도교인들은 이해할 수 있었지만 우리는 그 뜻을 알 수 없다고 설명한다.

그들은 세례를 베풀어 줄 것을 요청하는 습관이 있었다. 그들이 그렇게 한 것은 그들이 그리스도를 고백하기 전에 이 세상을 떠나지 않기 위한 것이며 또한 그들이 죽을 때 구원의 인침(seal)을 받고 가기 위해서이다"[3]라고 해석한다. 칼빈은 이처럼 죽은 자들을 위하여 대신 세례 받는 것을 바울이 용납했을 수 없다고 생각하여 본문에서 세례 받는 사람들은 곧 죽을 수밖에 없는 형편에 있는 사람들인 것으로 해석한다.

그러나 본문의 의미는 죽은 자들을 위하여 살아 있는 사람들이 대신 세례 받아 주는 의미가 있는 것으로 보는 것이 더 타당한 듯하다. 왜냐하면 바울이 고린도전서 15장을 쓰는 이유는 죽을 형편에 있는 사람들이 부활을 의심했기 때문이 아니요, 일반적인 고린도 성도들이 육체의 부활을 의심하고 있었기 때문이었다.

물론 바울은 "죽은 자들을 위하여 세례 받는 습관"을 승인한 것은 아니다. 바울은 단순히 고린도 교회에서 발견되는 습관을 사용하여 죽은 자들의 부활이 분명함을 확신시키고 있다. 바울은 "만일 죽은 자들이 도무지 다시 살아나지 못하면 죽은 자들을 위하여 세례를 받는 자들이 무엇을 하겠느냐"(고전 15:29)라는 질문의 형태로 말함으로 바울 자신과 그들을 구분시킨다. 바울은 3인칭으로 그들을 묘사함으로 자신이 그런 습관과는 무관함을 밝히고 있다.[4]

---

3 John Calvin, *The First Epistle of Paul to the Corinthians*, trans. John W. Fraser (Grand Rapids: Eerdmans, 1973), p.330. 어떤 이는 "죽은 자들을 위하여 세례 받는다"는 표현을 산 자들이 세례 받을 때 죽은 자들을 위해 세례 자체를 받는다는 뜻이 아니요, 세례를 받지 못하고 죽은 자들을 대신해서 전적인 헌신(the offering of total self-dedication)을 하는 것으로 이해하기도 한다. cf. C.F.D. Moule, *The Origin of Christology* (Cambridge: Cambridge University Press, 1978), p.115, n.6.

4 John A. Bengel, *Bengel's New Testament Commentary*, Vol.2 (Grand Rapids: Kregel Publications, 1981), p.261.

우리는 여기서 그 당시의 미신적인 습관을 사용하면서도 자신은 그 습관으로부터 거리를 유지하는 바울의 지혜를 본다. 바울은 오해를 받을 수 있는 습관을 사용해서라도 고린도 성도들에게 성도들의 미래 부활을 확신시키기 원한 것이다.

(2) 삶 속에서 겪는 고난의 의미(고전 15:30-34)

바울은 이 부분에서 자신이 복음을 위해 당하는 고난을 열거한다. 또 이런 고난을 현세에 당하는 이유는 미래에 대한 소망이 있기 때문이라고 말한다. 바울은 만약 미래의 부활이 없다면 "내일 죽을 터이니 먹고 마시자"(고전 15:32) 하는 삶이 우리의 삶이 될 것이라고 말한다. 바울은 죽음으로부터의 부활이 없다면 기독교는 가장 어리석은 종교요 기독교인은 이 세상에서 가장 불쌍한 사람들이라고 단언한다. 바울은 이 문맥을 주의와 권고와 책망으로 끝맺는다. "속지 말라 악한 동무들은 선한 행실을 더럽히나니 깨어 의를 행하고 죄를 짓지 말라 하나님을 알지 못하는 자가 있기로 내가 너희를 부끄럽게 하기 위하여 말하노라"(고전 15:33-34, 개역개정). 바울은 그 당시 죽은 자들 가운데서 부활을 부인하는 사람들이 타락한 생활을 하기 때문에 바로 그런 사람들의 삶은 미래의 부활을 믿지 못하는 삶이라고 설명한다. 그러나 미래의 부활을 믿는 사람들은 타락한 삶을 살 수 없다고 경고하는 것이다.[5]

---

5   Matthew Henry, *Matthew Henry's Commentary on the Whole Bible*, Vol. vi (Old Tappan: Fleming H. Revell Co., N.D.), pp.592~593.

2. 성도가 어떻게 자신의 육체 부활을 확신할 수 있는가?

(1) 하나님의 구원 방식이 성도의 육체 부활을 보증해 준다

성도들의 육체 부활에 대한 확신은 하나님께서 우리를 어떻게 구원하셨는지를 고찰하면 명백해진다. 우리들은 하나님의 "은혜에 의하여 믿음으로 말미암아 구원을 받았다"(엡 2:8). 그러면 무엇을 믿어야 하는가? 우리들의 구원을 위해 우리가 믿어야 할 것은 예수 그리스도의 죽음과 부활이다. 그래서 성경은 "네가 만일 네 입으로 예수를 주로 시인하며 또 하나님께서 그를 죽은 자 가운데서 살리신 것을 네 마음에 믿으면 구원을 받으리라 사람이 마음으로 믿어 의에 이르고 입으로 시인하여 구원에 이르느니라"(롬 10:9-10, 개역개정)라고 함으로 구원받을 수 있는 방법을 명확히 천명한다. 우리가 구원을 받아 하나님의 자녀가 되는 길은 예수 그리스도가 우리의 주님이시요 그의 죽음과 부활이 우리를 위해 성취하신 사건임을 믿는 길 밖에 다른 길이 없다.

그러면 믿음은 어떻게 생기는가? 인간이 자력으로 예수 그리스도를 구주로 믿을 수 있는가? 성경은 인간의 자력으로 예수를 구주로 믿을 수 없으며 예수의 고난과 부활이 자신을 위한 사건으로 믿을 수 없다고 분명히 한다(엡 2:1-7 참조). 우리의 "믿음은 들음에서 나며 들음은 그리스도의 말씀으로 말미암는다"(롬 10:17). 우리가 그리스도의 말씀을 들을 때 성령께서 말씀과 함께 역사 하셔서 우리에게 믿음을 주시는 것이다.[6] 그래서 성

---

6 John Calvin, *The First Epistle of Paul to the Corinthians*, p.259: "We also discover from this just how powerless we are, for we cannot employ our tongues to give praise to God unless they are governed by the Holy Spirit."

경은 "하나님의 영으로 말하는 자는 누구든지 예수를 저주할 자라 하지 아니하고 또 성령으로 아니하고는 누구든지 예수를 주시라 할 수 없느니라"(고전 12:3, 개역개정)라고 가르친다.[7] 우리가 그리스도의 말씀을 들을 때 성령께서 우리 마음에 역사 하여 우리로 하여금 예수 그리스도를 주님으로 고백하게 하며 그의 죽음과 부활이 우리를 위한 사건으로 받을 수 있게 하는 것이다.

그런데 성령이 우리 속에 역사 하신 순간부터 성령은 우리 속에 내주 하시기 시작한다. 바로 그 순간부터 성도들은 성령의 인침을 받아 하나님의 자녀들이 된 것이다(엡 1:13-14). 그래서 성경은 "너희는 너희가 하나님의 성전인 것과 하나님의 성령이 너희 안에 계시는 것을 알지 못하느냐"(고전 3:16; 참조 6:19; 고후 6:16; 딤후 1:14)라고 말한 것이다. 예수 믿는 성도들은 성령이 그 안에 내주 하는 사람들이다. 성령이 일단 성도 안에 내주 하시는 일을 시작하시면 성령은 그 선한 일을 끝까지 유지하시고 이루시게 된다(빌 1:6).

여기서 우리는 성도들의 미래 부활의 확신을 찾을 수 있다. 왜냐하면 성도들의 미래 육체 부활을 위해 하나님께서 쓰실 도구는 우리 속에 내주 하시는 성령이시기 때문이다. 그래서 성경은 "예수를 죽은 자 가운데서 살리신 이의 영이 너희 안에 거하시면 그리스도 예수를 죽은 자 가운데서 살

---

7 우리는 "예수님은 주님이시다"(Jesus is Lord)라는 고백을 1세기의 형편에서 이해하지 않으면 안 된다. 오늘날은 사람들이 예수님에게 절대적인 충성을 하지 않으면서 의지적으로 "예수님은 주님이시다"라고 말 할 수 있다. 그렇게 해도 오늘날은 별로 손해 볼 것이 없다. 그러나 1세기 성도들은 예수님을 주님(Lord)으로 고백함으로 자신들을 유대인들로부터 구별하고 또한 이방인들로부터도 구별하게 된다. 따라서 1세기의 상황에서 예수님을 주님으로 고백하는 것은 예수님을 자신의 신(神)으로 믿고 그에게 절대적인 충성을 한다는 뜻이다. cf. Gordon D. Fee, *The First Epistle to the Corinthians* (*NICNT*, Grand Rapids: Eerdmans, 1987), pp.581~582.

리신 이가 너희 안에 거하시는 그의 영으로 말미암아 너희 죽을 몸도 살리시리라"(롬 8:11, 개역개정)라고 증언하고 있다. 하나님은 성도 속에 내주하시는 성령을 도구로 사용하여 성도들의 죽을 몸을 살리실 것이다. 이제 로마서 8:11의 내용을 좀 더 구체적으로 고찰해 보자.

(2) 같은 성령을 도구로 사용하심(롬 8:11)

비록 바울 서신에 하나님께서 예수님을 다시 살리실 때 성령을 도구로 사용하셨다는 직접적인 언급은 없지만 그와 같은 사상은 바울 서신 여러 곳에서 찾을 수 있다.

로마서 8:11은 하나님께서 예수님을 부활시킬 때 성령을 도구로 사용하신 사실을 함축하고 있으며 앞으로 성도들을 부활시킬 때도 성령을 도구로 사용하실 것을 말씀하신다. 그리고 과거에 발생한 예수 그리스도의 부활이 어떻게 성도들에게 적용되는지를 설명한다. 어떻게 과거와 현재의 역사적인 간격이 연결될 수 있겠는가? 이는 신자들이 그리스도와 연합되었기 때문이다. 바울 사도는 본문에서 신자 안에 내주 하는 성령이 과거의 그리스도 사건과 신자들의 현재 경험을 연결시키는 역할을 하고 있다고 설명한다. 예수 그리스도와 신자의 연합은 신자들로 하여금 생명의 새로움을 가지고 현재 생활을 계속할 수 있게 한다(롬 6:4f). 확실히 신자가 생명의 새로움을 가지고 생활할 수 있는 것은 마치 자신의 생애에서 발생한 것처럼 그리스도와 함께 부활한 데 그 기초를 두고 있다. 그리스도 안에서 신자들의 생명은 부활생명이다. 그러므로 신자들의 현재 생활도 영적인 상태에 있다.

바울 사도는 로마서 8:11에서 예수 그리스도의 부활을 유추로 사용하여 신자들의 미래 상태를 확신시키고 있다. 바울사도의 기본적인 사상은 예수님을 살리신 이가 하나님 아버지로서 바로 그가 신자들 안에 내주 하시는 성령으로 말미암아 신자들의 죽을 몸도 살리시리라는 것이다. 이 위대한 드라마(Drama)는 하나님의 손에 달려있다. 하나님께서 예수님을 죽은 자들 중에서 살리신 것처럼 신자들도 역시 죽음에서 살리실 것이다. 하나님 아버지가 예수님을 위해 성취하신 것을 역시 신자들을 위해서도 성취하실 것이라는 사상이 명백하다. 다른 말로 표현하면 첫 열매에게 일어났던 사건은 나머지 열매에도 일어나게 될 것이다.[8]

이상의 관찰에서 볼 때 우리는 예수님의 부활에서 하나님 아버지가 성령으로 말미암아 아들을 살리셨다는 삼위일체적(Trinitarian) 성격을 찾을수 있을 뿐만 아니라 예수 그리스도와 신자 사이의 확고한 연합을 찾을 수있다. 하나님 아버지가 예수님의 부활에서 사용한 도구나 신자들의 부활에서 사용할 도구나 모두 같은 성령이시며 그 성령이 현재 신자들 안에 내주하고 있다는 사실은 신자들의 부활의 확실성을 증거 하는 것이다. 성도 안에 내주 하는 성령은 신자들의 생애에서 현재와 미래를 연결하는 교량 역할을 한다. 성령이 현재 신자 안에서 거하고 있다는 사실은 예수님의 부활에서 명백해진 부활의 원리가 현재 신자 안에서 역사하고 계신다는 것을 증명한다.[9] 그러므로 신자 안에 거하고 있는 성령이 장차 죽을 몸의 부활을 확실히 보증하는 것이다.

로마서 8:9-11에서 사도바울의 주장은 성령은 부활 행위를 위한 도구로서 하나님께서 그 도구를 예수님의 부활에 사용했으며 또한 같은 도구

8　G. Vos, *The Pauline Eschatology* (Grand Rapids: Eerdmans, 1961), pp.163~164.

9　Vos, *The Pauline Eschatology*, p.163.

를 신자들의 부활에도 적용하실 것이라고 한다. 이 도구인 성령이 현재 신자 안에 거하고 계신다. 그러므로 내주하는 성령은 미래에 있을 완전한 구속의 약속이 되는 것이다(롬 8:23; 엡 1:14). 다른 말로 표현하면 성령은 보증으로서 미래에 있을 신자들의 육체 부활을 확실하게 해주는 것이다(고후 5:1-5).

바울은 하나님이 예수님을 살리실 때 성령을 도구로 사용할 자리에 다른 표현을 사용하기도 한다. 바울이 성령 대신 사용한 표현은 '아버지의 영광'과 '권능' 등이다. '영광'과 '권능'이 도구처럼 사용된 성구를 적는다.

"그러므로 우리가 그의 죽으심과 합하여 세례를 받음으로 그와 함께 장사되었나니 이는 아버지의 영광으로 말미암아 그리스도를 죽은 자 가운데서 살리심과 같이 우리로 또한 새 생명 가운데서 행하게 하려 함이라"(롬 6:4). "하나님이 주를 다시 살리셨고 또한 그의 권능으로 우리를 다시 살리시리라"(고전 6:14). "그리스도께서 약하심으로 십자가에 못 박히셨으나 하나님의 능력으로 살아 계시니 우리도 그 안에서 약하나 너희에게 대하여 하나님의 능력으로 그와 함께 살리라"(고후 13:4, 개역개정).

이상의 구절에서 "영광"(δόξα)과 "권능"(δύναμις)이 예수님의 부활에서 도구로 사용된 것으로 설명하고 있다. 이는 '영광'과 '권능'과 '성령'이 밀접히 결속되어 있기 때문에 본 구절들에서는 동의어로서 사용된 것이다.

'성령'과 '영광'이 연결된 내용은 고린도전서 15:43-44, 고린도후서 3:8, 디모데전서 3:16, 빌립보서 3:20, 21에서 찾아볼 수 있다. 이 구절들은 '성령'과 '영광'이 밀접하게 연결된 사실을 명시한다. '성령'과 '권능'이 연결된 곳은 로마서 1:4; 15:13,18, 고린도전서 2:4,5; 15:43-44, 데살로니가전서 1:5, 디모데후서 1:7에 있다. 이런 구절들은 성령과 능력의 밀접한 관계를 보여준다.[10] '권능'과 '영광'이 밀접히 연관된 사실은 고린도전서 15:43, 에베소서 1:18-19; 3:16, 골로새서 1:11, 데살로니가후서 1:9에서 찾을 수 있다.

바울서신에서 이상의 '성령', '권능', '영광' 세 용어는 그 개념이 서로 엉키어 사용되는 것을 보여준다. 그러므로 '성령'이 사용될 위치에 '영광'이나 '권능'이 사용되는 예가 흔하다. 이렇게 '영광'이나 '권능'이 사용된 곳을 해석할 때 '성령'의 역할을 배제하고 생각할 수는 없다. 이 세 용어의 밀접한 관계를 인정할 때 로마서 6:4의 "아버지의 영광으로 말미암아 그리스도를 죽은 자 가운데서 살리심과 같이…" 고린도전서 6:14의 "그의 권능으로 우리를 다시 살리시리라" 고린도후서 13:4의 "하나님의 능력으로 그와 함께 살리라"에서 권능과 영광이 도구로 사용되어 부활에 적용될 때 성령의 역할을 배제할 수 없다. 성령은 예수 그리스도의 부활에서나 신자들의 부활에서 도구의 역할을 하고 있다.

이상의 고찰을 통해 성도들의 육체 부활에 대한 확신은 자신의 구원에 대한 확신과 정비례한다는 것을 알 수 있다. 왜냐하면 성도 자신이 예수를 확실히 믿기만 하면 그 안에 성령이 내주 하실 것이요 하나님은 그 내주 하시는 성령을 도구로 사용하여 성도들의 죽을 몸을 살리실 것이기 때문이다. 예수를 구주로 확실히 믿는다는 그 자체가 장차 있을 성도들의 육체 부활을 보증해 주는 것이다. 하나님은 이처럼 확실한 방법으로 성도들이 미래의 육체 부활을 보장받을 수 있도록 계획하신 것이다. 그러므로 현재 성도들은 부활생명으로 살고 있다.

---

10   cf. Hermann Gunkel, *The Influence of the Holy Spirit*, Trans., Roy A. Harrisville and Philip A. Quanbeck II (Philadelphia: Fortress Press, 1979), pp.92～97.

3. 성도들의 부활의 때

바울은 그리스도와 성도들이 부활에서 연합되었기 때문에 성도들의
부활이 확실함을 증거 한다(고전 15:12-20). 그리고 하나님께서 그리스도
의 부활에서 사용하신 같은 성령을 사용하여 성도들을 부활시키겠다는 하
나님의 구원 방법도 성도들의 부활의 확실성을 보장한다. 그러나 바울은
고린도 교회 성도들과 일반 성도들의 마음 속에 잠겨 있는 때에 관한 문
제 즉 언제 성도들의 부활이 발생할 것인지에 대한 문제를 다루어야 한다.
그래서 바울은 고린도전서 15:21-28과 고린도전서 15:50-56에서 성도들의
부활의 때를 다루고 있다.

(1) 고린도전서 15:21-28

바울 사도가 고린도전서 15:20에서 그리스도의 부활이 잠자는 자들의
첫 열매라고 언급한 후 곧 아담과 그리스도의 대칭을 소개하는 이유는 무
엇인가? 그리고 고린도전서 15장에서 문제가 되고 있는 신자들의 부활체
에 대해 계속 논리를 전개한 후 고린도전서 15:45에서 다시 아담과 그리스
도의 대칭을 사용한 이유는 무엇인가? 바울이 성도들의 부활의 문제를 다
루면서 아담과 그리스도를 대칭 시킨 것은 대표원리를 사용하여 신자들
의 부활체 문제를 해결하기 원한 것이다.[11] 바울은 아담과 그리스도를 비
교한 후 그리스도의 구속성취의 시간성을 소개한다. "먼저는 첫 열매인 그

---

11 고전 15:21-22과 고전 15:45은 서로 연관시켜 생각해야 한다. 바울 사도는 반대자들
이 제기한 질문에 답을 하기 위해 아담과 그리스도를 비교하여 대표원리를 사용한다. 이
처럼 바울은 우주적 전망에서부터 개인 문제의 해결을 찾는 것이다.

리스도요 다음에는 그가 강림하실 때에 그리스도에게 속한 자요 그 후에는 마지막이니 그가 모든 통치와 모든 권세와 능력을 멸하시고 나라를 아버지 하나님께 바칠 때라"(고전 15:23-24, 개역개정). 어떤 이는 본문의 "다음에는"(ἔπειτα), 그리고 "그 후에는"(εἶτα)의 용법에 근거하여 바울이 여기서 부활이 두 번 있을 것을 말하고 있다고 주장한다. 즉 먼저는 첫 열매인 그리스도의 부활이 있고, "다음에는" 그리스도 강림하실 때에 그리스도에게 붙은 자의 부활이 있을 것이며, 그리고 "그 후에는" 첫 번째 부활에서 살아나지 못한 자들(믿지 않은 유대인이나 이방인들)의 부활이 있을 것을 말한다고 주장한다. 또 어떤 이는 비슷한 개념으로 "다음에는"과 "그 후에는" 사이에 중간기 왕국(혹은 천년왕국)이 있을 것을 말하고 있다고 주장한다.[12] 그러나 고린도전서 15:24의 "그 후에는"은 토테(τότε)와 같은 뜻으로 사건들의 순간적인 연속을 표현하는데 사용될 수 있다.[13] "그 후에는"은 마지막 종말로 예수님이 나라를 아버지께 바칠 때라고 이해해야 한다. "에이타 토 텔로스"(εἶτα τὸ τέλος)는 "그 후에는 끝이니" 혹은 "그 후에는 마지막이니"라고 번역해야 한다.[14] 본문에서 "다음에는"과 "그 후에는" 사이에 장시간의 간격이 있는 것으로는 해석할 수 없으며 더욱이 한 천년 되는

---

12 참조, H. Bietenhard, *Das tausendjährige Reich*, 1955, p.55이하 ; H. Lietzmann, *An die Korinther* I, II(Rev. W. G. Kummel; HNT, 9; Tubingen: J. C. B. Mohr, 4th ed., 1949), p.193.

13 "그 후에는"(εἶτα)이 막 4:28에서는 단순한 사건의 열거를 위해서 사용되며, 히 12:9에서는 새로운 사상의 논리 전개를 소개하기 위해 사용된다. 그러므로 "그 후에는"이 반드시 장시간의 간격을 함의하고 있다고 생각할 수 없다.

14 한글 개역은 "그 후에는 나중이니"로 약간 애매하게 번역했지만 개역 개정은 "그 후에는 마지막이니"로, 표준 새 번역은 "그 후에는 마지막이 올 것인데"로 그리고 표준 새 번역 개정은 "그 때가 마지막입니다"로 번역했다. 영어 번역의 경우 KJV, NKJV, NASB는 "Then comes the end."로 번역했고, NIV는 "Then the end will come."으로 번역했다.

간격이 있을 것으로는 더더욱 생각할 수 없다.[15] 보스(Vos)는 "두 번의 부활은 두 번의 재림을 필요로 한다. 왜냐하면 이미 설명한 것처럼, 보이는 세상에서의 한 사건으로서의 부활은 주님의 보이는 재림, 즉 지상의 한 장소에 그의 나타나심과 연계되어 있기 때문이다."[16]라고 함으로 성도들의 부활은 그리스도의 재림과 연계되어 한 번만 있을 것임을 분명히 한다.

바울은 첫 열매의 부활은 이미 발생했지만 첫 열매에게 속한 자들의 부활은 아직 미래로 남아 있음을 암시하고 있다. 그리스도에게 속한 자들의 부활은 예수님께서 나라를 아버지 하나님께 바칠 때에 발생할 것이다. 즉, 예수님께서 재림하실 때 발생할 일반 부활이 바로 그 때이다. 예수님이 재림하실 때 성도들은 죽은 자 가운데서 부활할 것이며 바로 그때 마지막 원수인 사망이 멸망 받게 될 것이다(고전 15:26). 그리고 마지막 원수인 사망이 멸망 받을 때 하나님이 만유의 주로서 통치하시게 될 것이다. 그때 그리스도는 자신의 모든 구속적 성취를 아버지께 바치게 될 것이다. 쿨만(O. Cullmann)은 "모든 구속적 행위의 마지막 성취가 아들이 아버지에게 드리는 최종적인 복종으로 정확히 묘사된 것은 대단히 의미심장한 것이다"라고 말하면서 고린도전서 15:28을 "모든 신약 기독론을 이해하는 열쇠"[17]라고 칭한다. 벵겔은 "아버지는 아들 없이 통치를 시작하지 않을 것이며 아들은 아버지 없이 통치하시지 않을 것이다. 그 이유는 아버지와 아들

15　G. Vos, *The Pauline Eschatology*, pp.243~246. 고전 15:24의 τὸ τέλος (end, consummation)가 이를 더욱 지지해 준다. Cf. W. D. Davies, *Paul and Rabbinic Judaism*, p.295.

16　G. Vos, *Reformed Dogmatics*, Vol. 5 (Bellingham: Lexham Press, 2016), p.270. italics original.

17　Oscar Cullmann, *The Christology of the New Testament* (Philadelphia: The Westminster Press, 1959), p.293.

의 왕국은 영원부터이며 영원에 이를 것이기 때문이다"[18]라고 함으로 아버지가 통치할 왕국의 특성을 바로 묘사한다. 아들 예수님의 부활을 통하지 아니하면 아버지께서 영원한 왕국을 받으실 수 없는 것이다. 이처럼 바울이 첫 열매인 예수님의 부활을 언급하고 예수님께서 설립하신 나라를 아버지께서 받으실 때를 미래로 설정하고 논리를 전개시킨 이유는 과거의 첫 열매 부활과 성도들이 부활할 때까지의 사이에 일정 기간이 있을 것을 명백하게 제시하기 원해서이다. 성도들은 예수님 재림 때에 예수님처럼 부활하게 될 것이다.

(2) 고린도전서 15:50-56

바울은 부활체를 입은 성도들이 받을 궁극적인 유업은 하나님 나라라고 밝힌다. "혈과 육은 하나님 나라를 이어 받을 수 없고"(고전 15:50, 개역개정)는 성도들이 현재의 몸체로는 영원한 하나님의 나라에 들어갈 수 없다는 뜻이다. 따라서 마지막 나팔을 불면 즉 예수님이 재림하시면[19] 우리가 "썩지 아니할 것"(고전 15:50,54), "죽지 아니할 것"(고전 15:53)을 입게 될 것이다. 즉, 성도들은 썩지 않고, 강하고, 영광스러운 부활체(고전 15:42-43)를 입게 될 것이다.

바울은 이렇게 될 것을 비밀이라고 표현한다. 비밀은 이전까지는 알려지지 않았으나 그리스도 안에서 밝히 드러난 하나님의 계획이다. 바울은

---

18   Bengel, *Bengel's New Testament Commentary*, Vol.2, p.256.

19   살전 4:16은 "주께서 호령과 천사장의 소리와 하나님의 나팔 소리로 친히 하늘로부터 강림하시리니"(개역개정)라고 함으로 예수님의 재림의 때에 나팔 소리가 있을 것임을 분명히 한다.

"우리가 다 잠잘 것이 아니요 마지막 나팔에 순식간에 홀연히 다 변화되리
니[20] 나팔 소리가 나매 죽은 자들이 썩지 아니할 것으로 다시 살아나고 우
리도 변화되리라"(고전 15:51-52, 개역개정)라고 비밀의 내용을 밝힌다. 이
말씀은 예수님이 재림하실 때 모든 사람이 다 죽을 것이 아니요 어떤 사
람은 죽은 상태에 있을 것이요 또 어떤 사람은 아직 살아있는 상태에 있을
것이지만 마지막 날에 모든 사람이 다 변화하게 될 것이라는 뜻이다.[21] 바
울은 예수님 재림 때에 죽은 상태로 있는 성도나 그 당시 살아있는 성도나
모두 변화할 것이라고 말하고 곧이어 그 당시 죽은 상태로 있는 자들이 어
떻게 변화에 참여 할 것인지를 설명한다. "나팔 소리가 나매 죽은 자들이
썩지 아니할 것으로 다시 살게 될 것이다"(고전 15:52). 보스(Vos)는 본문
에서 "확실한 점은 바울이 부활을 영적인 변화가 포함된 것으로 생각하고
있다"[22]라고 설명한다. 이 변화는 예수님의 재림 때에 있게 될 것이다. 바

---

20 본문에 관한 사본 상의 차이를 보게 된다. 이는 본문이 전수되어 오는 동안 사서자
들이 교정했음을 증거 한다.
① 우리가 잠 잘 것이 아니요, 우리가 다 변화할 것이다.
(οὐ κοιμηθησόμεθα, πάντες δὲ ἀλλαγησόμεθα) (B, Dᶜ, K, P 등이 지지)
② 우리가 잠 잘 것이요, 우리가 다 변화하지 아니할 것이다.
(κοιμηθησόμεθα, οὐ πάντες δὲ ἀλλαγησόμεθα) (א, C 등이 지지)
③ 우리가 잠 잘 것이 아니요, 우리가 다 변화하지 아니할 것이다.
(οὐ κοιμηθησόμεθα, οὐ πάντες δὲ ἀλλαγησόμεθα) (P⁴⁶, Aᶜ, Origen이 지지)
④ 우리가 일으킴을 받을 것이요, 우리가 다 변화하지 아니할 것이다.
(ἀναστησόμεθα, οὐ πάντες δὲ ἀλλαγησόμεθα) (D*, Marcion, Tertullian이 지지)
이상에 나타난 사본상의 차이는 UBS판 헬라어 성경 편집자들도 동의하는 것처럼 ①번
이 원본이요, ②, ③, ④번은 ①번을 변형시킨 것으로 간주된다. ②번은 "모든 사람이 죽을
것이지만 성도들만 변화를 체험하게 될 것이라는 뜻이요," ③번은 ①번의 앞부분과 ②번
의 뒷부분을 연결시켜 만든 구문이요, ④번은 부활을 의식하고 고친 구문이다.

21 G. Vos, *The Pauline Eschatology* (Grand Rapids: Eerdmans, 1952), p.212.

22 G. Vos, *The Pauline Eschatology* (1952), p.213.

울이 데살로니가전서 4:16에서처럼 예수님의 재림을 언급하지 않은 이유는 본문이 성도들의 변화에 강조를 두고 있기 때문이다.[23]

이런 영적 변화가 있으면 마지막 대적 사망이 정복되고 성도들은 썩지 아니할 하나님 나라를 유업으로 받게 될 것이다. 칼빈(Calvin)은 "사망이 쏘는 것은 죄요"(고전 15:56)를 해석하면서 "죽음은 우리에게 상처를 입힐 만한 무기로 죄 이외의 다른 무기를 갖고 있지 않다. 왜냐하면 죽음은 하나님의 진노에서부터 오기 때문이다. 그러나 하나님은 우리들의 죄에 대해서만 진노하신다. 죄를 없이해 버리면 죽음은 더 이상 우리를 해칠 수 없다"[24]라고 말한다. 예수님이 재림하시면 성도들은 모두 부활체를 입고 영적인 변화를 하게 될 것이요 그 때가 되면 사망은 그 쏘는 힘을 잃게 될 것이다.

(3) 데살로니가전서 4:13-18

데살로니가전서는 예수님의 재림을 강조한 서신이다. 그래서 매장마다 예수님의 재림이 언급된다(살전 1:10; 2:19; 3:13; 4:13-18; 5:2, 23). 특별히 바울은 데살로니가전서 4:13-18에서 예수님의 재림을 비교적 자세하게 묘사한다. 이 구절은 예수님의 재림의 때가 언제일지를 밝히기보다 예수님의 재림 때에 어떤 일이 발생할 것인지를 설명한다.

---

23 Gordon D. Fee, *The First Epistle to the Corinthians* (*NICNT*, Grand Rapids: Eerdmans, 1991), p.801.

24 John Calvin, *The First Epistle of Paul to the Corinthians*, Trans. By John W. Fraser (Grand Rapids: Eerdmans, 1973), p.346.

① 공평한 주님의 재림

바울은 죽은 자들의 부활에 대해 성도들이 알기를 원한다. 성도들이 영적인 실재를 알지 못하면 위로와 소망을 가질 수 없다. 성도가 자신의 부활을 확신할 때 소망을 가지고 살 수 있다. "예수께서 죽으셨다가 다시 살아나심"(ὅτι'Ιησοῦς ἀπέθανεν καὶ ἀνέστη)은 복음의 핵심이다(참조, 롬 1:2-4). 브루스(F.F. Bruce)는 예수께서 죽으셨다가 다시 사심은 "더 이상 축소시킬 수 없는 복음의 기초"[25]라고 설명하며, 스톳트(Stott)는 "더 이상 축소할 수 없는 복음의 핵심"[26]이라고 설명한다. 바울은 "우리가 예수께서 죽으셨다가 다시 살아나심을 믿을진대"(살전 4:14, 개역개정)라고 말함으로 자기 자신을 믿는 자의 반열에 포함시키고 "믿는 자들"과 "소망 없는 다른 이들"(살전 4:13)을 대비시킨다. 그리고 바울은 예수님의 죽음과 부활을 믿는 사람들은 자연히 "예수 안에서 자는 자들도 하나님이 그와 함께 데리고 오실 것"(살전 4:14)[27]을 믿게 된다고 말한다.

---

25 F.F. Bruce, *1 and 2 Thessalonians: Word Biblical Commentary*, vol.45 (Waco: Word Books, Publisher, 1982), p.97: "the irreducible basis of the gospel."

26 John Stott, *The Gospel and the End of Time: The Message of 1 and 2 Thessalonians* (Downers Grove: Inter Varsity Press, 1991), p.98: "the irreducible core of the gospel."

27 οὕτως καὶ ὁ θεὸς τοὺς κοιμηθέντας διὰ τοῦ 'Ιησοῦ ἄξει σὺν αὐτῷ (살전 4:14). 본문의 문법적 구조를 볼 때 διὰ τοῦ 'Ιησοῦ가 κοιμηθέντας와 함께 취급되어야 하느냐 혹은 ἄξει와 함께 취급되어야 하느냐가 문제로 등장한다. 전자는 "주 안에서(주를 통해) 자는 자들"로 해석할 수 있으나 한 가지 특기할 만 한 것은 바울이 "주 안에서 자는 자들"을 표시할 때 διὰ τοῦ 'Ιησοῦ 대신 ἐν Χριστῷ를 즐겨 사용한다는 점이다(참조, 고전 15:18). 그리고 후자의 경우는 "예수를 통해 그와 함께 데리고 오시리라"로 번역할 수 있다. 그런데 후자를 택할 경우의 문제점은 ἄξει 앞뒤에 수식어구가 나타난다는 점이다. 본 저자는 비록 διὰ τοῦ 'Ιησοῦ의 표현이 약간은 어색하지만 τοὺς κοιμηθέντας와 함께 취급하는 것이 본문의 뜻을 살린다고 생각한다. 한글 개역 번역과 개역 개정은 "예수 안에서 자는 자들"로 번역했다(개역 개정은 난하주에 "자는 자들을 예수로 말미암아"라는 설명을 붙이고 있다).

본문에서 바울의 관심의 초점은 예수님의 죽음과 부활에 있지 않고 예수님의 재림 때에 예수님을 믿는 자들에게 어떤 일이 발생할 것인지에 있다. 뒤따라 나오는 본문(살전 4:15-17)의 내용이 이를 입증한다. 바울이 설명하고자 하는 문제는 부활 자체가 아니라, 그리스도 안에서 죽은 자들과 예수님의 재림과의 관계이다.[28]

바울은 본문 데살로니가전서 4:15부터 예수님의 재림 때에 있을 사건들을 집중적으로 설명한다. 데살로니가 성도들의 관심은 예수 안에서 죽은 자들이 어떻게 될 것이냐에 있었다. 그래서 바울은 "주님의 말씀"으로 데살로니가 성도들의 염려를 해결해 준다. "주님의 말씀"은 예수님이 직접 언급한 말씀이라고 생각하는 것이 가장 타당하다. 그러나 이런 내용이 복음서에 언급되어 있지 않다. 이 구절의 내용과 가장 근접한 내용은 "그가 큰 나팔소리와 함께 천사들을 보내리니 그들이 그의 택하신 자들을 하늘 이 끝에서 저 끝까지 사방에서 모으리라"(마 24:31, 개역개정)이다. 이처럼 비슷한 내용이 복음서에 나오지만 그 내용은 이 구절의 내용과 상당한 거리를 두고 있기 때문에 "주님의 말씀"에 대한 해석이 여러 가지로 나타난다. 어떤 이는 이 "주님의 말씀"을 예수님께서 바울에게 직접 주신 계시라고 주장한다. 다른 이는 예수님께서 다른 선지자에게 주신 말씀을 바울이 전해 들은 것이라고 주장하기도 한다. 그러나 가장 적당한 해석은 예수님께서 직접 하신 말씀으로 복음서에는 기록되지 않은 말씀이라고 생각하는 것이다(참조, 요 20:30; 21:25).[29] 우리는 성경 저자들이 예수님의 어떤 말씀

28　Charles A. Wanamaker, *Commentary on 1 and 2 Thessalonians* (*New International Greek Testament Commentary*, Grand Rapids: Eerdmans, 1990), p.169.

29　R. Bultmann은 살전 4:15-17에 나온 재림과 부활에 관한 "주님의 말씀"의 본질을 예루살렘 교회의 전통이 지지하고 있다고 말한다. 그러나 Bultmann은 바울이 전통적으로 전해 내려오는 어록을 인용했는지 혹은 승귀하신 주님이 그에게 준 계시를 말하고 있

은 정경에 포함시키고, 또 어떤 말씀은 포함시키지 않았는지 그 이유를 알 수가 없다.

바울은 주님 강림하실 때 "우리 살아 남아 있는 자도 자는 자보다 결코 앞서지 못하리라"(살전 4:15)라고 말한다. 바울 당시 데살로니가 성도들은 앞서 죽은 성도들이 예수님 재림 때에 어떤 위치를 얻게 될 것인지에 대해 많은 관심을 가지고 있었다. 그래서 바울은 본문에서 예수님 재림 때에 살아 있는 사람들이나 이미 죽은 사람들이나 차이가 있을 수 없다고 말한다. 예수님 재림 때에 살아 남아 있는 자들이나 이미 죽은 성도들이나 공평한 대우를 받게 될 것이다[30]

바울은 "우리 살아 남아 있는 자"라는 표현으로 예수님 재림 때에 자신도 살아 남아 있는 자중에 포함될 것으로 예상한 것처럼 들린다. 물론 바울은 빨리 죽어서 예수님과 함께 있기를 소원할 만큼 예수님의 재림을 고대하면서 살았다. 바울은 "살든지 죽든지 내 몸에서 그리스도가 존귀하게 되게 하려 하나니 이는 내게 사는 것이 그리스도니 죽는 것도 유익함이라 그러나 만일 육신으로 사는 이것이 내 일의 열매일진대 무엇을 택해야 할는지 나는 알지 못하노라 내가 그 둘 사이에 끼었으니 차라리 세상을 떠나서 그리스도와 함께 있는 것이 훨씬 더 좋은 일이라 그렇게 하고 싶으나 내가 육신으로 있는 것이 너희를 위하여 더 유익하리라"(빌 1:20-24, 개역개정)라고 고백한다. 이처럼 바울은 예수님의 재림을 간절히 기다리면서 살았다. 그래서 바울은 예수님의 재림 때에 자신이 살아 있을 것을 기대할

는지는 확실하지 않다고 말한다. cf. Rudolf Bultmann, *Theology of the New Testament*, Vol.1 (New York: Charles Scribner's Sons, 1951), pp.188~189; John Stott, *The Gospel and the End of Time*, pp.99~100.

30 W. Hendriksen, *I and II Thessalonians* (NTC), p.115.

만큼 예수님의 재림을 고대하고 있었다.

그러나 바울은 예수님의 재림의 날짜를 정하지 않는다(살전 5:2). 바울은 예수님의 재림이 언제 발생할 것인지 알지 못했다. 바울은 예수님의 재림이 곧 발생할 것이라고 가르치지 않았다. 바울은 예수님의 죽음, 부활, 승귀, 그리고 성령을 부어주신 오순절 사건 이후 이제 하나님의 계획으로 남아 있는 구속 사건은 예수님의 재림만 있는 것으로 알았다. 예수님의 재림은 앞으로 있을 구속 사건이요 또 마지막 구속 사건이다. 그래서 바울은 예수님의 재림이 속히 있었으면 하고 바라면서 살았던 사도였다. 그런 강렬한 소망 때문에 바울은 "주께서 강림하실 때까지 우리 살아 남아 있는 자도"(살전 4:15)라고 표현한 것이다. 바울이 본문에서 강조하고자 한 것은 언제 예수님이 재림하시느냐는 때에 관한 것이 아니요 예수님의 재림 때에 살아있는 사람도 이미 죽은 성도보다 앞서지 못할 것이라는 사실이다. 즉, 예수님의 재림 때에 살아있는 자나 이미 죽은 자나 공평한 대우를 받게 될 것이다.

② 예수님의 재림의 모습

예수님의 재림은 당당한 모습의 재림이 될 것이다. 예수님의 재림은 어떤 일부 사람만 알 수 있는 그런 방법으로 비밀리에 재림하실 사건이 아니요 세상 누구나 목격할 수 있도록 재림하실 것이다. "갈릴리 사람들아 어찌하여 서서 하늘을 쳐다보느냐 너희 가운데서 하늘로 올려지신 이 예수는 하늘로 가심을 본 그대로 오시리라"(행 1:11, 개역개정).

요한 사도는 예수님의 재림의 모습을 "볼지어다 그가 구름을 타고 오시리라 각 사람의 눈이 그를 보겠고 그를 찌른 자들도 볼 것이요 땅에 있는 모든 족속이 그로 말미암아 애곡하리니 그러하리라 아멘"(계 1:7, 개역개정)이라고 묘사한다. 그런데 바울 사도는 예수님의 재림을 "주께서 호령과 천사장의 소리와 하나님의 나팔 소리로 친히 하늘로부터 강림하시리니"(살전 4:16, 개역개정)라고 묘사한다. 바울은 예수님의 재림 때에 "호령과 천사장의 소리와 하나님의 나팔 소리"라는 세 가지가 반드시 있을 것이라고 말한다.[31] 예수님의 재림에 관한 가장 자세한 묘사요 가장 생생한 묘사이다.

본문이 분명히 하고자 하는 내용은 예수님이 어떤 명령에 따라 재림하시는 것이 아니요, 주님께서 호령을 친히 발하시면서 권세 있게 당당하게 재림하실 것이라는 뜻이다.[32] 천사장의 소리와 하나님의 나팔 소리는 예수님의 재림을 성도들에게는 기쁘고 경사스러운 사건으로, 불신자들에게는 두렵고 떨리는 사건으로 알리는 역할을 할 것이다. 예수님은 결코 "천사장의 소리와 하나님의 나팔 소리"가 알리는 명령 때문에 재림하시지 않고, 오히려 천사장의 소리와 하나님의 나팔 소리는 예수님의 재림을 장식하는 역할을 하게 될 것이다.

바울은 다시 한 번 예수님의 재림 때에 그리스도 안에서 죽은 성도들이 먼저 일어나겠다고 말씀함으로 먼저 죽은 성도들이 살아있는 사람보다 손해를 받지 않을 것을 명백히 한다. "그리스도 안에서 죽은 자들은" 예수님의 재림 때에 특별한 위치를 차지하게 될 것이다. 예수님의 재림 때 주

---

31 "ἐν κελεύσματι, ἐν φωνῇ ἀρχαγγέλου καὶ ἐν σάλπιγγι θεοῦ"의 전치사 ἐν, ἐν, ἐν은 세 가지 구별된 소리가 있을 것을 암시한다. cf. Leon Morris, *The First and Second Epistles to the Thessalonians* (*NICNT*, Grand Rapids: Eerdmans, 1970), p.143; John Eadie, *Commentary on the Greek Text of the Epistles of Paul to the Thessalonians* (Grand Rapids: Baker, 1979), p.162.

32 예수님이 명령에 응해서 재림할 것으로 번역한 번역본은 Jerusalem Bible이다: "At the trumpet of God, the voice of the archangel will call out the command and the Lord himself will come down."

안에서 죽은 자들이 먼저 일어난 후에 살아남은 자와 함께 구름 속으로 끌어올려 질 것이다. 이는 재림하시는 예수님을 성도들이 영접하는 모습이다.[33] 부활체로 변화된 성도들은 공중에서[34] 주를 만난 후 예수님과 함께 계속 지상으로 내려오게 될 것이다. 바울은 "그리하여 우리가 항상 주와 함께 있으리라"(살전 4:17)라고 말하고 그 이상은 말하지 않는다. 바울은 그 말 이외에 다른 말을 첨가할 이유를 찾지 못했다.

지금까지의 내용은 그리스도의 재림 때에 그리스도 안에서 이미 죽은 자들이나 그 당시 살아 있는 성도들이 함께 주님을 영접하게 될 것이라는 메시지이다. 즉 성도들의 부활의 때는 바로 예수님의 재림 때이다.

4. 성도들의 부활체(고전 15:35-49)

그리스도의 부활과 성도들의 부활의 연합 개념에서 성도들의 부활체에 대한 개념을 생각할 수 있다. 그리스도의 부활과 성도들의 부활의 연합 개념은 성도들의 부활체와 예수님의 부활체가 같을 것임을 내다보게 한다. 구체적으로 고린도전서 15장을 중심으로 생각해 보도록 하자. 바울 사

---

33 ἀπάντησιν(meeting)은 지체 높으신 분의 왕림을 공식적으로 환영하는 것을 묘사한다. cf. Erik Peterson, "ἀπάντησις," *TDNT*, Vol.I (Grand Rapids: Eerdmans, 1972), pp.380~81.

34 "공중에서"(εἰς ἀέρα)의 해석이 다양하다. Hendriksen (*I and II Thessalonians*, p.119)은 공중을 상징적으로 해석하며, 공중은 엄위한 주님의 오심과 연계된 것으로 해석한다. Stott (*The Gospel and the End of Time*, p.104)도 공중을 상징적으로 해석한다. 그리고 Wanamaker (*Commentary on 1 and 2 Thessalonians*, p.176)는 바울이 "공중"을 사용한 것은 변화된 성도들이 예수님과 함께 하늘로 인도되는 것을 가리키기 때문이라고 해석한다.

도는 고린도전서 15:35에서 두 가지의 질문을 한다.

첫째, 죽은 자들이 어떻게 다시 살 수 있느냐?
둘째, 부활할 때 어떤 종류의 몸으로 되느냐?

바울사도는 이 두 질문에 대해 합리적으로 설명하지 않고 오히려 세상을 주관하시는 하나님의 능력에 의해서 죽은 자가 부활할 수 있고 하나님이 그의 정하신 뜻에 따라 몸체를 주신다고 말한다(고전 15:36-38). 그러므로 바울은 "어리석은 자여 너의 뿌리는 씨가 죽지 않으면 살아나지 못하겠고"(고전 15:36)라고 말하며 "하나님이 그 뜻대로 저에게 형체를 주시되"(고전 15:38)라고 선언한다.

바울 사도는 "그 뜻대로"(ἠθέλησεν)와 "주시되"(δίδωσιν)라는 용어를 사용함으로 죽은 자의 부활이 이미 하나님의 뜻 속에 있으며 하나님이 그의 권능으로 죽은 자를 부활시키실 때 하나님이 원하는 몸체를 주실 것임을 암시한다. 바울은 고린도전서 15:36에서 특별한 용어인 "조오포이에오"(ζωοποιέω)를 사용하여 같은 사상을 전한다. "조오포이에오"는 신약성경에 12회 사용되었고(요 5:21; 6:63; 롬 4:17; 8:11; 고전 15:22,36,45; 고후 3:6; 갈 3:21; 딤전 6:13; 벧전 3:18) 그리고 12회 중 8회가 바울 서신에 사용되었다. 바울 서신에 사용된 "조오포이에오"의 용법을 고찰하면 모든 경우에 하나님이 "조오포이에오"의 주어로 사용되었다. 그러므로 바울 사도가 고린도전서 15:36에서 특별한 용어인 "조오포이에오"를 사용한 것은 성도들의 일반 부활 때 하나님의 역할을 강조하기 위해서이다. "조오포이

에오"는 항상 생명을 주시는 하나님과 연계되어 사용되었다.[35]

바울 사도는 두 질문에 대해 하나님의 권능을 근거로 한 간략한 답을 한 후 두 번째 질문에 대해서는 간단한 설명으로 끝나지 않고 고린도전서 15:38-49에 이르는 긴 설명을 하고 있다. 바울 사도는 고린도전서 15:42-49 사이에서 죽은 몸(The dead body)과 부활체(The resurrection body)를 비교한다. 고린도전서 15:42에 "썩을 것으로 심고 썩지 아니할 것으로 다시 살아나며"라고 비교함으로써 단적으로 설명한다. 본문에서 바울 사도는 "죽은 몸"의 특징은 "썩을 것"(고전 15:42), "욕된 것"(고전 15:43), "약한 것"(고전 15:43)이며 부활체는 "썩지 아니할 것"(고전 15:42), "영광스러운 것"(고전 15:43), "강한 것"(고전 15:43)이라고 비교한다. 그리고 고린도전서 15:44 상반절에서 지금까지의 비교를 종합하여 한 쌍의 대칭을 말한다. 바울은 성도들이 "육의 몸"으로 심고 "신령한 몸"으로 일으킴을 받게 된다고 말한다.[36] 이렇게 대칭을 한 다음 바울 사도는 고린도전서 15:44 하반절에서 "만약 육의 몸이 있다면 신령한 몸도 있다"라고 논증한다. 한글 번역 성경

---

35 참조, 바울서신 이외의 경우(요 5:21, 21; 6:63; 벧전 3:18)도 "조오포이에오"의 주어는 하나님이거나 아들 예수 그리스도이시다. 엡 2:5에 사용된 συνεζωοποίησεν의 경우도 주어가 하나님이요, 하나님의 동작은 성도들을 그리스도와 함께 살리시는 것이다. (ὁ θεὸς …… συνεζωοποίησεν) LXX에 사용된 ζωοποιέω도 삿 21:14과 전 7:13을 제외하고 모든 구절에서(왕하 5:7; 느 9:6; 욥 36:6; 시 70:20) 하나님이 생명을 주시는 역할을 한 것으로 묘사한다. Cf. *A Handy Concordance of the Septuagint*. London: Samuel Bagster and Sons Ltd., 1970, p.108.

36 R. Scroggs, *The Last Adam (A Study in Pauline Anthropology*, Philadelphia: Fortress Press, 1966), p.87. 본문 고전 15:42 이하에 나타난 육의 몸의 특징과 신령한 몸의 특징을 구분해서 열거하면 바울의 논리가 선명하게 나타난다.

σπείρεται ἐν φθορᾷ   ἐγείρεται ἐν ἀφθαρσίᾳ
σπείρεται ἐν ἀτιμίᾳ   ἐγείρεται ἐν δόξῃ
σπείρεται ἐν ἀσθενείᾳ   ἐγείρεται ἐν δυνάμει
σπείρεται σῶμα ψυχικόν   ἐγείρεται σῶμα πνευματικόν

인 개역 개정판은 "육의 몸이 있은즉 또 영의 몸도 있느니라"라고 하여 하나의 진술인지 논증인지 확실하지 않다. 그러나 원문 성경은 논증임을 증거 한다.[37] 바울 사도는 자연적인 몸에서부터 영적인 몸으로 그의 논리를 전개시킨다. 자연적인 몸은 영적인 몸의 조건으로 존재한다. 영적인 몸은 자연적인 몸을 기초로 추상할 수 있다. 다른 말로 표현하면 현재 "육의 몸"을 가지고 있지 않고 예수님을 구주로 받지 못한 존재는 장차 예수님 재림하실 때 "신령한 몸," 즉 부활체를 입지 못할 것이다. 이 논증을 강화시키기 위해서 바울 사도는 그 다음절인 고린도전서 15:45에서 창세기 2:7을 인용한다. 바울 사도가 창세기 2:7을 인용할 때는 70인경을 사용한다. 머레이(Murray)는 이 구절과 다음에 나오는 고린도전서 15:45-49절을 설명하면서 "바울은 여기서 성경 전체를 통해 가장 뚜렷하고 중요한 사상 구조를 제공한다. 두 아담을 머리로 한 체계 밑에서 하나님이 인간을 취급하시는 사실을 설명한다. 아담(Adam) 이전에는 아무도 없었다. 왜냐하면 그가 첫 사람이기 때문이다. 아담과 그리스도 사이에도 아무도 없다. 왜냐하면 그리스도가 둘째 사람이기 때문이다. 그리스도 이후에도 아무도 없다. 왜냐하면 그가 마지막 아담이기 때문이다."[38]라고 했다.

바울 사도가 신자의 육체 부활을 취급하면서 대표 원리를 소개하는 이

---

37 본문은 헬라어 εἰ가 이끄는 문장으로 논증임이 확실하다. 개역판 한글 성경은 "육의 몸이 있은즉 또 신령한 몸이 있느니라"라고 번역함으로 개역 개정판 번역과 비슷하다. AV는 "There is a natural body, and there is a spiritual body"라고 번역함으로 논증보다는 하나의 진술로 번역한 것 같다. ESV는 "If there is a natural body, there is also a spiritual body."라고 논증으로 번역했다. NASB, RSV, 그리고 NEB도 논증으로 번역했다. 참조 G. Vos, "The Eschatological Aspect of the Pauline Conception of the Spirit," *Biblical Theological Studies* (by the Members of the Faculty of Princeton Theological Seminary, New York: Scribner's Sons, 1912), p.232. note 28; Scroggs, *The Last Adam*, p.87.

38 John Murray, *The Imputation of Adam's Sin* (Grand Rapids: Eerdmans, 1959), p.39.

유는 분명히 이 원리를 사용하여 문제의 해답을 제공하기 위해서이다. 바울 사도가 고린도전서 15:20에서 그리스도의 부활이 잠자는 자들의 첫 열매라고 언급한 후 곧 아담과 그리스도의 대칭을 소개한 점과 고린도전서 15장에서 문제가 되고 있는 신자들의 부활체에 대해 계속 논리를 전개한 후 고린도전서 15:45에서 다시 아담과 그리스도의 대칭을 사용하는 것은 대표 원리를 통해 신자의 부활체의 문제를 해결하기 원한 것이다.

바울 사도는 자신의 논리를 증명하기 위하여[39] 70인경(LXX, 285-150 BC)에서 창세기 2:7을 인용하면서 "첫째"라는 말과 "아담"이라는 말을 첨가하여 사용하였다. 즉 바울 사도는 창세기 2:7을 그리스도의 부활 이후의 자신의 입장에서 해석한 것이다. 70인경은 "그 사람은 생령이 되었다"[40](창 2:7b)로 되어 있는데 "첫째"($\pi\rho\hat{\omega}\tau o\varsigma$)와 "아담"($^{\prime}A\delta\acute{\alpha}\mu$)을 첨가하여 "첫 사람 아담은 생령이 되었다"[41](고전 15:45a)고 하였다. 이는 바울 사도가 창세기 구절을 그리스도 사건 이후의 관점에서 해석하고 있음이 틀림없다.[42] 왜냐하면 고린도전서 15:45 하반절에 "마지막 아담은 살려주는 영이 되었다"[43]고 말함으로써 마지막 아담 그리스도와 첫 사람 아담을 비교하고 있기 때문이다. 바울 사도가 그리스도와 아담을 비교하면서 그리스도를 "마지막 아담"이라 칭하고 이와 대칭을 이루기 위해 창세기 2:7b의 "그 사람은"을 "첫 사람 아담은"으로 해석 사용할 수 있었던 것은 그리스도

---

39 고전 15:45 상반절에 $o\check{\upsilon}\tau\omega\varsigma$ $\kappa\alpha\grave{\iota}$ $\gamma\acute{\epsilon}\gamma\rho\alpha\pi\tau\alpha\iota$을 참고하라.

40 $\kappa\alpha\grave{\iota}$ $\dot{\epsilon}\gamma\acute{\epsilon}\nu\epsilon\tau o$ $\dot{o}$ $\check{\alpha}\nu\theta\rho\omega\pi o\varsigma$ $\epsilon\grave{\iota}\varsigma$ $\psi\upsilon\chi\grave{\eta}\nu$ $\zeta\hat{\omega}\sigma\alpha\nu$. (창 2:7 LXX)

41 $\dot{\epsilon}\gamma\acute{\epsilon}\nu\epsilon\tau o$ $\dot{o}$ $\pi\rho\hat{\omega}\tau o\varsigma$ $\check{\alpha}\nu\theta\rho\omega\pi o\varsigma$ $^{\prime}A\delta\grave{\alpha}\mu$ $\epsilon\grave{\iota}\varsigma$ $\psi\upsilon\chi\grave{\eta}\nu$ $\zeta\hat{\omega}\sigma\alpha\nu$. (고전 15:45a)

42 바울은 여기서 자신이 첨가한 내용과 성경(O.T.)을 동등하게 취급함으로써 자신의 해석에 구약성경과 동등한 권위를 부여하고 있다.

43 $\dot{o}$ $\check{\epsilon}\sigma\chi\alpha\tau o\varsigma$ $^{\prime}A\delta\grave{\alpha}\mu$ $\epsilon\grave{\iota}\varsigma$ $\pi\nu\epsilon\hat{\upsilon}\mu\alpha$ $\zeta\omega o\pi o\iota o\hat{\upsilon}\nu$ (고전 15:45b)

의 죽음과 부활 사건 이후의 관점에서가 아니고는 불가능한 것이다. 그리스도를 마지막 아담으로 칭한 것은 부활 이후의 특징이다.

바울이 어떤 과정을 통해 "마지막 아담은 살려 주는 영이 되었다"라는 진술을 하게 되었는지는 대답하기 어려운 문제이다. 탈굼(Targum)에 풀어쓴 형태로 비슷한 내용이 나타나긴 하지만 바울이 거기에서 빌려 왔다고 말할 만한 아무런 근거도 찾을 수 없다. 이 구절은 바울이 창작하여 사용했을 것이다.[44]

바울 사도는 여기서 아담과 예수님을 비교함으로써 자신의 전망을 넓힌다. 바울 사도의 전망의 범위는 한편으로는 "생령"(ψυχὴν ζῶσαν)으로서 아담이 있고 다른 편으로는 "살려주는 영"(πνεῦμα ζῳοποιοῦν)으로서 예수님이 있다. 그런데 첫 아담은 창조로 인하여 생령이 되었고 마지막 아담은 부활로 인하여 살려주는 영이 되었다(고전 15:20 이하 참조). 첫 아담이 창조에 의해 생령이 되었다는 것은 70인경(LXX)의 창세기 2:7을 인용한 사실이 이를 명백히 증명한다. 그러나 예수님이 부활하심으로 살려주는 영이 되었다는 사실은 명백하게 언급되지 않았다. 예수님이 살려주는 영이 되신 기원에 대해 주석가들의 견해는 다르다. 레온 모리스(Leon Morris)[45]는 언제 예수님이 살려 주는 영이 되었는지 정확한 시간은 말할 수 없다고 한다. 그는 "어떤 이는 그때를 성육신으로 생각하고, 다른 이는 부활이나 재림으로 생각한다. 그러나 바울은 그 때를 확실하게 언급하지 않는다."

---

44   W.D. Davies, *Paul and Rabbinic Judaism. Some Rabbinic Elements in Pauline Theology* (New York and Evanston: Harper and Row, 1967), p.44.; Scroggs, *The Last Adam*, p.86; R.C.H. Lenski, *The Interpretation of I and II Corinthians*, pp.717f.; Gaffin, *Resurrection and Redemption*, p.108.

45   Leon Morris, *The First Epistle of Paul to the Corinthians* (Grand Rapids: Eerdmans, 1958), p.229.

고 말한다. 호로샤이데(Grosheide)[46]와 핫지(Hodge)[47]는 그때가 성육신이라고 주장한다.

그러나 문맥에서 논의되고 있는 내용은 부활에 관해서이다. 개핀(Gaffin)은 말하기를 "고린도전서 15:45은 고린도전서 15:22과 연관시켜 이해해야 하는데 그 이유는 고린도전서 15:22에서도 아담과 그리스도 사이에 분명한 대칭을 보이고 있기 때문이다. 두 구절을 연관시켜 연구하면 "첫 열매"(ἀπαρχή)로서 그리스도와 "살려주는 영"(πνεῦμα ζῳοποιοῦν)으로서 그리스도 사이에 분명한 연결이 나타나며, 그리스도가 첫 열매가 되고 살려주는 영이 된 근거는 그의 부활에 있다는 것이 나타난다."[48]고 했다. 그는 계속해서 말하기를 "그리스도는 오로지 그의 부활한 상태에서만 그리고 그의 부활을 근거로 해서만 살려주는 영(Life-giving Spirit)으로서

---

46 F.W. Grosheide, *Eerste Brief Aan De Kerk Te Korinthe* (*CNT*, Kampen: J.H. Kok, 1957), p.424. "Paulus zegt niet, dat Christus door Zijn opstanding tot een levendmakenden geest werd. Hij zal wel bedoelen, dat Hij het werd door het gehele Middelaarswerk, dus reeds door de incarnatie."

47 C., Hodge, *An Exposition of the First Epistle to the Corinthians* (Grand Rapids: Eerdmans, 1965), p.350.

48 Gaffin, *Resurrection and Redemption*, p.123. 예수님이 부활로 인해 살려 주는 영이 되었다고 생각하는 학자들은 다음과 같다. D.M. Stanley, *Christ's Resurrection in Pauline Soteriology* (Analecta Biblica, 13, Romae: E. Pontificio Instituto Biblico, 1961), p.124; J.A. Schep, *The Nature of the Resurrection Body* (Grand Rapids: Eerdmans, 1964), p.176; Lenski, *The Interpretation of I and II Corinthians*, pp.720ff; A. Robertson and A. Plummer, *A Critical and Exegetical Commentary on the First Epistle of St. Paul to the Corinthians* (ICC, New York: Charles Scribner's Sons, 1929), p.373; C.K. Barrett, *A Commentary on the First Epistle to the Corinthians* (New York and Evanston: Harper and Row, 1968), p.374; E. Schweizer, "πνεῦμα," *TDNT*, Vol.VI (Grand Rapids: Eerdmans, 1971), p.419; N.Q. Hamilton, *The Holy Spirit and Eschatology in Paul* (Scottish Journal of Theology Occasional Papers, No.6, Edinburgh: Oliver and Boyd, 1957), pp.14f., J.D.G. Dunn, *Jesus and the Spirit* (London: SCM Press, 1975), p.322.

기능을 발휘하신다. 구체적으로 말하면 부활하신 그리스도가 살려주는 그리스도이시다."⁴⁹고 했다.

그러면 바울 사도가 "첫 사람 아담은 생령이 되었다 함과 같이 마지막 아담은 살려주는 영이 되었다"(고전 15:45)고 대칭을 시키는 의도는 무엇인가? 이처럼 아담과 예수님을 비교함으로써 고린도전서 15:35에서 반대자들이 제기한 질문에 해답을 줄 수 있겠는가? "죽은 자들이 어떠한 몸으로 오느냐"(고전 15:35)라는 질문의 답으로 아담과 예수님을 비교한 바울의 논리는 방향이 빗나간 것처럼 보인다. 그러나 문맥을 자세히 고찰해 보면 부활체를 설명한 고린도전서 15:44과 아담과 예수님을 대칭한 고린도전서 15:45 사이에 분명한 논리적 연결이 있다. 바울 사도는 고린도전서 15:42-44에서 부활체에 대한 설명을 한 다음 고린도전서 15:45 초두에 "이처럼 기록되었으되"⁵⁰라고 말함으로써 고린도전서 15:45과 이전 절의 논리적 연결을 보여준다.

그러면 고린도전서 15:35에서 제기된 질문과 연관하여 생각할 때 어떤 의미를 내포하고 있는가? 첫 사람 아담은 몸을 가진 존재의 표본으로서 육의 몸의 소유자였고 마지막 아담 예수님은 부활 이후 영적인 몸의 존재를 대표하는 신령한 몸의 소유자이다. 즉 부활 전의 우리의 몸은 아담의 몸과 같은 형태이고 부활 이후의 신자들의 몸은 부활 이후의 예수님의 몸과 같이 될 것이다. 바울 사도는 다른 곳에서도(롬 5:12ff.; 고전 15:22) 그러했듯이 여기서도 아담과 예수님을 한 개인으로서 비교하지 않고 대표자로서

---

49 Gaffin, *Resurrection and Redemption*, p.123.

50 개역한글판에는 고전 15:44과 고전 15:45 사이의 논리적 연결이 확실하지 않지만 헬라어 원문 성경이나 영어 번역판은 논리적 연결을 명확히 보여준다. 고전 15:45 초두의 οὕτως καὶ γέγραπται를 참조하라.

비교한다. 바울 사도의 논리는 아담을 대표로 한 육의 몸으로서 존재 양식과 예수님을 대표로 한 신령한 몸으로서 존재 양식을 비교한다.[51] 바울 사도는 개인이 포함된 두 세상의 질서를 설명하고 있는 것이다. 바울 사도는 반대자들의 질문(고전 15:35)에 대한 답으로 우주적인 전망을 제시하고 개인 신자의 문제는 그 개인이 속한 세상의 질서로부터 해결책을 찾도록 한 것이다. 즉 예수님에게 속한 사람은 부활할 때에 그리스도의 부활체와 같이 신령한 몸으로 부활할 것을 말하고 있다.

바울 사도가 여기서 아담과 그리스도를 두 세상의 질서를 대표한 대표자들로서 대칭시킨 것은 아담의 타락 이전 세상까지도 포함시키고 있는 것을 뜻한다. 왜냐하면 아담이 생령이 된 것은 창조로 인해 된 것이지 타락으로 된 것이 아니기 때문이다. 이처럼 본문의 대칭이 아담 타락 이전까지 포함한 사실은 대칭의 광범위함을 나타낼 뿐 아니라 구속역사에 있어서 그리스도의 사역의 중요성을 이해하는 데 큰 역할을 하고 있다. 이 사상을 부활체와 관련하여 설명한다면 하나님께서는 태초에 현재 몸의 형태보다 더 훌륭한 종류의 몸을 계획하고 있었음을 증명하는 것이다.[52]

---

51 J.A. Motyer, "σῶμα, body," *NIDNTT*, Vol.I, ed. Colin Brown (Grand Rapids: Zondervan Publishing House, 1975), p.236.: "In this discourse on resurrection Paul sets in opposition an earthly or 'physical body'(v.44 RSV, σῶμα ψυχικόν) and a 'spiritual body'(σῶμα πνευματικόν). These are the two possibilities before man. The former represents his earthly existence and the latter his post-resurrection life."

52 여기서 바울을 전택론자(Supralapsarian)로 만들 필요는 없다. 바울은 예수님의 사역으로 구약에서 예기된 완성의 성취를 강조하고 있다. Vos는 이 문제에 대해 다음과 같이 말한다. "바울 사도는 처음부터 하나님이 그의 계획 가운데서 우리가 현재 경험하고 있는 몸보다도 월등한 종류의 몸을 준비하고 계셨음을 보여준다. 죄로 인해 비정상적이 된 몸에서부터 다른 종류의 몸의 존재를 추정할 수는 없다. 비정상적인 것과 종말론적인 것은 하나가 다른 것을 기초로 가정할 수 있을 만큼 논리적으로 서로 통하지 않는다. 그러나 창조의 세계와 종말론의 세계는 상관적이기 때문에 하나가 다른 것을 가리키고 있는 것이다. 표상학(表象學, Typology)의 원리에 근거해서 첫째 아담은 둘째 아담

바울은 "부활체"와 대비되는 구약의 "몸체"를 생각할 때 아담을 사용할 수밖에 없었다. 그 이유는 바울이 아담의 질서와 그리스도의 질서를 대비하고 있기 때문이다. 아담과 그리스도를 대표로 삼고 이어지는 대표원리가 타락 이후의 "어느 몸체"로는 불가능하기 때문이다. "마지막 아담"이 "종말"(Endzeit)을 마감하는 것으로 생각하는 바울의 사상은 자연히 "시작"(Urzeit)과 함께 존재한 "첫 사람 아담"과 "마지막 아담"을 비교하도록 만든다. 첫 사람 아담이 생령의 질서를 소개한 것처럼 마지막 아담 그리스도는 성령의 삶의 질서를 소개한다.[53]

그리스도 사역의 종말론적 중요성은 고린도전서 15:46에서도 재확인된다. 우리는 바울 사도가 두 세상의 질서를 비교하면서 그 순서를 조심스럽게 배열한 사실을 간과해서는 안 된다. 마땅히 "육의 사람"(τὸ ψυχικόν)이 먼저요 "신령한 사람"(τὸ πνευματικόν)이 그 뒤를 따른다.[54] 아담의 질서가 먼저요 그리스도의 질서가 그 다음이다. 이 순서는 결코 변경될 수 없다. 왜냐하면 그리스도에게 속한 질서는 마지막 질서이기 때문이다. 다른 말로 표현하면 예수님 이후에는 아무도 있을 수 없다(고전 15:45

을 예시하며 육의 몸은 신령한 몸을 예시하고 있다(cf. 롬 5:14)." See G. Vos, *The Pauline Eschatology*, p.304.

53   W. D. Davies, *Paul and Rabbinic Judaism*, p.49.

54   고전 15:46의 ἔπειτα와 고전 15:47의 δεύτερος의 의미는 이를 증명하고 있다. 이와 같은 사상은 결코 헬라적인 영향을 받았다고 생각할 수 없다. Philo (c.20 B.C.-A.D. c.50)의 교훈에서는 영적인 것(the spiritual)이 먼저요 자연적인 것(the natural)이 그 다음이다. 이와는 반대로 바울 사도는 자연적인 것이 먼저요 그 다음에 영적인 것이라고 말한다. 또한 Philo에게 있어서는 영적인 것(the idea)은 자연적인 것(the natural)을 포함할 수 없는 다른 차원에 속한 것이다. 그러나 바울 사도는 같은 역사 선상에서 자연적인 것(the natural)과 영적인 것(the spiritual)을 비교하고 있다. Philo는 과거의 원형(prototype)을 돌아다보고 있지만 바울 사도는 현재 제시된 종말론적인 인간을 바라보고 있다. cf. Davies, *Paul and Rabbinic Judaism*, p.52; R.N. Longenecker, *Paul: Apostle of Liberty* (New York, Evanston and London: Harper and Row, 1964), p.47.

ἔσχατος 참조). 머레이도 같은 뜻으로 "아담 이전에 아무도 없었다. 왜냐하면 그가 첫 사람이기 때문이다. …… 그리스도 이후에도 아무도 없다. 왜냐하면 그가 마지막 아담이기 때문이다"[55]라고 했다. 개핀은 고린도전서 15:46을 설명하면서 이는 "압축하여 표현한 역사 철학"[56]이라고 했다. 그는 계속해서 말하기를 첫째 아담의 시대로서 육의 질서(the Physical order)는 전 종말론적(Pre-eschatological) 시대요, 불완전하고, 과도기적이요, 준비적인 세상 질서이지만 반대로 마지막 아담의 시대로서 영의 질서(the Pneumatic order)는 종말론적이요, 완전하고 결정적이며 최종적인 세상 질서를 가리킨다고 했다.[57] 보스(Vos)도 같은 의미로 말하기를 "고린도전서 15:46에 나타난 '신령한 것'(τὸ πνευματικόν)과 '육적인 것'(τὸ ψυχικόν, 자연적인 것)은 보편화된 표현이기 때문에 그 뒤에 몸(σῶμα)을 붙여 생각하는 것은 잘못이다. 이 두 표현은 역사 선상의 포괄적인 두 원리의 연속적인 통치를 지칭하는 것이다. 즉 두 세상 질서로 아담을 선두로한 첫째 창조와 둘째 창조를 가리키는 것이다"[58]라고 했다.

바울 사도 앞에 펼쳐진 전망은 우주적인 것이 틀림없다. 계속해서 대칭의 포괄적인 성격은 "하늘"과 "땅"이라는 상반 용어들에 의해 확증되고 있다(고전 15:47). "영"(πνεῦμα)과 "육"(ψυχή)이 "하늘"(οὐρανός)과 "땅"(γῆ)에 의해 대치되었을 뿐 바울 사도의 논리를 약화시킨 것은 아니다. 오히려 "명백한 우주적인 언어를 사용한 것은 대칭의 성격이 포괄적

55   John Murray, *The Imputation of Adam's Sin*, p.39.

56   Gaffin, *Resurrection and Redemption*, p.114.

57   Gaffin, *Resurrection and Redemption*, p.114.

58   Vos, "Eschatology and the Spirit," p.231.

이고 전체를 포함한 것이라는 사실을 확실하게 한다."[59] "땅에서"(ἐκ γῆς)
나 "하늘에서"(ἐξ οὐρανοῦ)와 같은 표현은 질적인 면을 설명하고 있지 그
기원을 가리키는 것이 아니다.[60] 이 표현들이 질적인 면을 설명하고 있
다는 사실은 고린도전서 15:48과 고린도전서 15:49에 사용된 "하늘에 속
한"(ἐπουρανίου)이라는 표현이 이를 확증한다. 이 형용사는 그리스도뿐
아니라 신자에게도 똑같이 적용되었는데 신자들에게 적용되었을 경우 바
울이 이 편지를 쓰고 있을 때 신자들이 하늘에서부터 왔다는 뜻으로 결코
이해할 수는 없다. 결국 문맥을 조심스럽게 연구해 보면 "땅에서"나 "하늘
에서"(ἐξ οὐρανοῦ)라는 표현이 기원을 가리키고 있지 않다는 사실을 확실
하게 한다. 중복된 표현인 "흙에 속한"(χοϊκός, 고전 15:47)은 선행 구절의
질적인 면을 더 강조하고 있다. 본문에서 바울 사도는 아담의 창조로 인해
일어난 결과적인 상태와 그리스도의 부활로 인해 이루어질 결과적인 상태
에 관심을 두고 있다.[61] 예수님의 부활 이전의 상태는 바울의 관심 밖의 일
이다. 적어도 이 구절에서는 예수님이 부활 이전에 어떤 조건 하에 존재하

---

59   Gaffin, *Resurrection and Redemption*, p.114.

60   Vos, *The Pauline Eschatology*, pp.167f.; Scroggs, *The Last Adam*, p.88.;
Gaffin, *Resurrection and Redemption*, p.115.

61   예수님이 결과적인 상태에 들어간 시간에 대해서 바울은 명확하게 언급하지 않는
다. 그러나 전체적인 논리가 부활을 가리킴에 틀림없다. 이와 같은 주장은 반대자들이 제
기한 질문의 내용과도 일치하는 것이다(35절; cf.22, 45절). 어떤 이는 ἐξ οὐρανοῦ가 그리
스도의 재림을 가리키는 것으로 해석한다.[cf.F. Godet, *Commentary on St. Paul's
First Epistle to the Corinthians*, Vol.II (Edinburgh: T and T Clark, 1886), pp.428f.;
A. Robertson and A. Plummer, *A Critical and Exegetical Commentary on the First
Epistle of St. Paul to the Corinthians*, p.374]. 그러나 이와 같은 견해는 문맥에 나타난 병
행법 때문에 제외될 수밖에 없다(cf. Schep, *The Nature of the Resurrection Body*, p.177).
그리고 다른 이들은 ἐξ οὐρανοῦ가 성육신을 가리킨다고 주장한다(Grosheide, Lenski,
Schep). 그러나 이 견해도 이 구절에서 적합하지 않은데 그 이유는 바울 사도가 본문에서
부활체를 다루고 있기 때문이다.

였는지는 설명하려 하지 않는다.[62]

고린도전서 15:48에서도 아담과 예수님이 개인으로만 비교되지 않고 그들과 관련된 자들의 대표자로서 비교되었다는 것이 명백하다. 아담은 "흙에 속한 자"(ὁ χοϊκός)로서 "흙에 속한 자들"(οἱ χοϊκοί)을 대표하고 반면에 예수님은 "하늘에 속한 이"(ὁ ἐπουράνιος)로서 "하늘에 속한 자들"(οἱ ἐπουράνιοι)을 대표한다.

지금까지의 연구는 그리스도와 신자 사이를 맺어 주는 결속의 원리가 강조되었음을 증거 한다.[63] 바울 사도는 이 결속의 원리를 개인에게 적용하여 "죽은 자들이 어떠한 몸으로 오느냐"(고전 15:35) 라고 묻는 질문에 답을 하고 있다. 신자들이 부활할 때는 그리스도가 그의 부활 후에 가졌던 부활체와 같은 몸을 갖게 될 것이라고 한다. 예수님은 부활의 첫 열매(ἀπαρχή)로서 그가 가졌던 부활체는 뒤따라 올 열매들이 어떤 부활체로 나타날 것을 보증해 주는 것이다.

바울 사도가 그리스도와 신자들 사이에 맺어진 결속의 원리로 고린도전서 15:35에서 제기된 문제의 답을 찾으려고 하는 논리의 방향은 고린도전서 15:49에서도 확증된다. 고린도전서 15:49은 지금까지 전개한 논리의 절정으로서 다시 출발점으로 되돌려 신자들의 몸에 대한 관심을 보여주고 있다.[64] "우리가 흙에 속한 자의 형상을 입은 것 같이 또한 하늘에 속한 이의 형상을 입으리라"(고전 15:49, 개역개정).

---

62   Vos, "Eschatology and the Spirit," p.233.; cf. Gaffin, *Resurrection and Redemption*, p.116.

63   F.F. Bruce, *Paul: Apostle of the Heart Set Free* (Grand Rapids: Eerdmans, 1977), p.308.

64   Grosheide, *Commentary on the First Epistle to the Corinthians*, p.389.

신자들은 부활할 때에 "하늘에 속한 이의 형상"을 입게 될 것인데 이는 고린도전서 15:44의 "신령한 몸"을 가리킨다. 신자는 성령이 일으키시고 조종하며 또 성령이 내주하는 신령한 몸을 갖게 될 것이다. 신자들은 영적인 왕국에 적합한 존재로서의 몸을 갖게 될 것이다.

여기서 지금까지 살핀 내용을 요약 정리해 보자.

1) 본 장에서 인간의 몸의 대칭으로 취급되는 인간의 영은 전혀 고려 밖의 사실인 것이 확실하다. 바울 사도는 본 장에서 인간 개인의 영을 설명하고 있지 않다. 그러므로 "신령한 몸"은 어떤 이의 주장처럼 "인간 본질의 합리적이고 불멸하는 원리인 인간의 영에 걸맞는 몸"[65]이라고 할 수 없으며 또한 신령한 몸이 "인간의 현재 몸이 지상 생활에 밀접히 관련된 것처럼 인간의 영에 밀접히 관련된 기관"[66]이라고도 할 수 없다.

신령한 몸은 "전적으로 성령에 의해 점유된 몸이며 성령의 전적 도구이고 그리스도의 부활 생활에 잘 적합한 몸이다."[67] 신령한 몸은 영광의 몸이요, 능력의 몸이며 존귀의 몸이다. 생명을 주시는 영, 즉 성령이 내주하며 성령이 전 생애원리를 관할하는 몸이다. 신령한 몸은 구속받은 존재를 위해 마련된 몸으로 이 몸으로써 하나님의 백성들이 완전한 의미의 영생을 즐기게 될 것이다.[68]

2) 바울 사도는 반대자들이 제기한 질문에 답을 하기 위하여 타락 이전

65 C. Hodge, *An Exposition of the First Epistle to the Corinthians,* p. 347.

66 L. Morris, *The First Epistle of Paul. to the Corinthians*, p.228.

67 G.E. Ladd, *The Pattern of New Testament Truth* (Grand Rapids: Eerdmans, 1968), p.98.

68 G.E. Ladd, "The Resurrection of Jesus Christ," *Christian Faith and Modern Theology*, ed. C.F.H. Henry (New York: Channel Press, 1964), p.276.

까지 연장되는 우주적 전망을 사용한다. 아담과 그리스도를 비교하여 대표 원리로서 그들에게 답을 하고 있다. 이처럼 우주적 전망으로부터 바울 사도는 개인 문제의 해결을 찾는다. 바울 사도의 이와 같은 방법은 구속역사에 있어서 예수 그리스도의 사역에 대한 종말론적 중요성을 더욱 크게 부각시키고 있다.

3) 바울 사도는 완성이 실현된 것을 암시한다. 구속의 과정을 통해서 타락 이전의 목적이 원리적으로 성취된 것이다. 타락 전의 원래의 창조와 예수 그리스도가 성취하신 새로운 창조를 비교하는 것은 아담의 타락 이전의 질서를 상대적으로 열등하다고 제시할 뿐 아니라 그리스도가 성취한 질서를 월등하고 중요하다고 증명하는 것이다.[69] 원래의 창조 질서는 시련적 성격(Probational character) 때문에 전 종말론적(Pre-eschatological)이며 따라서 결정적인 성격이 결여된다. 반면 새로운 창조는 종말론적(Eschatological)이며 완전하고 결정적이며 최후적인 세상 질서인 것이다.

4) 바울 사도는 육의 몸의 소유자인 아담과 신령한 몸의 소유자인 그리스도를 비교 대칭시켜 기원론(Protology)과 종말론이 서로 관련이 있음을 보인다. 본래의 창조에서 종말론을 내다볼 수 있고 또 설명할 수도 있다. 타락 전 창조 질서가 그리스도의 종말론적인 구속의 성취로 인해 완성된 질서로 실현될 것이다. 이는 또한 구원론과 종말론이 떼려야 뗄 수 없는 관계라는 것을 보여준다. 실제로 완성된 종말은 구속적인 성격을 띠고 있다.

5) 기원론과 구원론은 서로 관련이 없다. 그 이유는 구속은 창조에 의

---

69   Vos, "Eschatology and the Spirit," pp.232f.

해서 설명될 수 없기 때문이다. 원래의 창조는 구속이 필요하지 않았다. 구속은 죄를 전제하는 것인데 원래의 창조 안에 죄가 내재하지 않았기 때문에 구속과 창조는 상관적이라고 할 수 없다. 죄는 아담의 불순종으로 말미암아 세상에 들어왔고 그 때문에 구속이 필요하게 되었다.

6) 마지막 아담은 부활로 인해 살려주는 영(πνεῦμα ζῳοποιοῦν)이 되었다. 부활하셨기 때문에 그리스도는 생명을 주시는 영으로서 역사 하실 수 있다. 부활하신 그리스도는 신자들의 생애는 물론 새로운 창조 세계에서도 생명을 주시는 영으로서 역사하신다. 그러므로 부활하신 그리스도와 성령이 기능적으로 동일시될 수 있다(고후 3:17 참조). 예수님의 부활은 그리스도와 연합된 자들의 부활과 관련이 있다. 그러므로 부활로 인해 생명을 주시는 영이 되신 그리스도는 신자들에게 생명을 주시는 것이다. 이런 이유로 신자는 생명을 가졌고 또 가질 것이다. 이는 예수님이 생명을 주시는 영이 되셨기 때문이다. 신자들의 경험에 관한 한 그리스도는 결코 성령과 분리되어 생각될 수 없고 성령 또한 그리스도와 관련 없이 생각될 수 없다.

여기서 첫 사람 아담은 몸을 가진 존재의 표본으로서 육의 몸의 소유자였고 마지막 아담 예수님은 부활 후 영적인 몸의 존재를 대표하는 영의 몸의 소유자였다. 즉 부활 전의 우리의 몸은 아담의 몸과 같은 형편이고 부활 후의 성도들의 몸은 부활 이후의 예수님의 몸과 같이 될 것이다. 바울 사도는 여기서 아담과 예수님을 한 개인으로서 비교하지 않고 대표자로서 비교한다. 로마서 5:12이나 고린도전서 15:22에서도 같은 방법으로 아담과 예수님을 비교한다. 여기서 바울 사도의 논리는 아담을 대표로 한 육의 몸으로서 존재양식과 예수님을 대표로 한 신령한 몸으로서 존재양식을 비교하고 있다. 바울 사도는 두 세상의 질서를 말하므로 그 속에 개인이 내포되어 있다고 말한다. 이 사실은 예수님에게 속한 신자가 부활할 때는 신령한 몸으로 부활할 것을 말한다. 즉 고린도전서 15:35의 질문인 "어떠한 몸으로 오느냐"에 대한 대답으로 바울 사도는 그리스도의 부활체와 같이 그에게 속한 성도들이 신령한 몸으로 부활할 것이라고 말한다.

신령한 몸은 살과 뼈가 있으며(눅 24:7,39), 음식을 먹을 수도 있고(눅 24:41,42), 다른 사람이 식별할 수도 있고(눅 24:39), 사람이 만질 수도 있다(눅 24:39). 그러나 신령한 몸은 시간과 공간의 영향을 받지 않는다(눅 24:36). 신령한 몸은 썩지 않고(고전 15:42), 영화로운 몸이며(고전 15:43), 강한 몸이다(고전 15:43). 고린도전서 15:47에서 말한 것처럼 예수님은 하늘에 속한 자요, 그에게 딸린 자들은 고린도전서 15:49에 있는 대로 하늘에 속한 자의 형상을 입게 될 것이다. 즉 신령한 몸을 입게 될 것이다. 이 신령한 몸을 입게 될 때 신자들의 구원은 완성된다. 그래서 로마서 8:23에서는 "우리 곧 성령의 처음 익은 열매를 받은 우리까지도 속으로 탄식하여 양자 될 것 곧 우리 몸의 속량을 기다리느니라"(개역개정)고 했고, 고린도후서 5:1-2에서는 "만일 땅에 있는 우리의 장막 집이 무너지면 하나님께서 지으신 집 곧 손으로 지은 것이 아니요 하늘에 있는 영원한 집이 우리에게 있는 줄 아느니라 참으로 우리가 여기 있어 탄식하며 하늘로부터 오는 우리 처소를 덧입기를 간절히 사모하노라"(개역개정)라고 했다.

고린도후서 3:18은 "우리가 다 수건을 벗은 얼굴로 거울을 보는 것 같이 주의 영광을 보매 그와 같은 형상(τὴν αὐτὴν εἰκόνα)으로 변화하여 영광에서 영광에 이르니 곧 주의 영으로 말미암음이니라"(개역개정)라고 했으며, 빌립보서에서는 "우리의 낮은 몸을 자기 영광의 몸의 형체와 같이 변하게 하시리라"(빌 3:21, 개역개정)고 했다.

요한 사도도 같은 뜻으로 "사랑하는 자들아 우리가 지금은 하나님의 자녀라 장래에 어떻게 될지는 아직 나타나지 아니하였으나 그가 나타나시면[70] 우리가 그와 같을 줄을 아는 것은 그의 참모습 그대로 볼 것이기 때문이니"(요일 3:2)라고 기록했다.

성경은 신자가 소유할 부활체의 특징에 대해서 자세히 언급하지 않는다. 고린도전서 15장에서도 부활체의 특징을 "썩지 아니할 것," "영광스러운 것," "강한 것"으로 묘사할 뿐이며, 그 구체적인 특징은 그리스도의 부활체의 활동에서 연상해 볼 수 있다.

복음서의 기록에 따르면 신자들이 소유할 부활체는 신령한 존재로 육체는 가졌지만 시간과 공간의 제약을 받지 않는 것 같다. 부활 후에 예수님은 "영은 살과 뼈가 없으되 너희 보는 바와 같이 나는 있느니라"(눅 24:39) 하시면서 육체 부활을 증명이라도 하시는 듯 구운 생선 한 토막을 잡수시기까지 하셨다(눅 24:42; 요 21:5-14). 이처럼 육체는 가졌지만 갑자기 나타났다가 갑자기 사라질 수도 있고(눅 24:31), 문이 닫힌 방에 나타날 수도 있고(요 20:19-20), 사람들이 보는 앞에서 하늘로 올라가실 수도 있었다(행 1:11).

복음서에 나타난 부활하신 예수님의 활동은 신자들이 부활 후, 어떤 부활체를 소유하게 될 것인지에 대한 약간의 자료를 제공한다. 바울 사도

---

70 "그가 나타나시면"은 헬라 원어로 φανερωθῇ인데 이 용어의 번역이 두 가지로 달라진다. 개역한글판처럼 주어를 "그(He)"로 하는 번역은 AV (when he shall appear), RSV (when he appears), NASB (if He should appear), NIV (when he appears), NEB margin (when he does appear), Dutch translation (als Hij zal geopenbaard zijn) 등이며 그리고 주어를 "그것(it)"으로 하는 번역은 Jerusalem Bible (when it is revealed), NEB (when it is disclosed), German translation (wenn es erscheinen wird) 등이다. 아마 "He"로 번역한 번역판은 예수님의 다시 오심을 염두에 두고 번역한 것 같고 "it"를 채택한 번역은 재림 사건 자체를 염두에 둔 것 같다. 어느 번역을 택하더라도 실질적으로 의미에 큰 차이는 없다. 왜냐하면 예수님이 다시 오실 때 바로 재림 사건이 발생할 것이기 때문이다.

는 고린도전서 15장에서 그리스도와 신자 사이의 연합 개념을 사상의 구조로 삼고 그리스도의 부활을 바탕으로 신자들의 육체 부활과 신자들이 소유할 부활체에 대해 바울 사도답게 심오하게 논설한다.

5. 성도들의 현재의 삶

(1) 하나님께 대한 감사와 찬양(고전 15:57)

바울은 하나님께 대한 찬양과 성도에게 권면하는 것으로 고린도전서 15장을 마무리한다. 성도들은 "다 잠잘 것이 아니요"(고전 15:51), "썩지 아니할 것으로 다시 살아나고"(고전 15:52), "죽지 아니함을 입게 될 것이다"(고전 15:53). 하나님은 인간을 그렇게도 괴롭힌 죄 문제를 그리스도의 죽음과 부활을 통해 해결하신 것이다. 그래서 바울은 그의 서신 다른 곳에서 "죄의 삯은 사망이요 하나님의 은사는 그리스도 예수 우리 주 안에 있는 영생이니라"(롬 6:23, 개역개정)라고 말했다. 사망의 문제만큼 인간을 많이 괴롭힌 것이 없다. 많은 군왕들이 오래 살고 사망을 피하기 위해 그들의 재물과 권력을 총동원해서 노력했지만 수포로 돌아갔다. 인간적인 방법으로는 사망을 이길 수가 없다. 그러나 하나님은 성도들의 죽음의 문제를 예수님의 죽음으로 해결하셨다. 하나님은 죽음의 문제를 역설적인 방법으로 해결하신 것이다. 이처럼 죽음으로 죽음의 문제를 해결하신 것이 하나님의 지혜이다. 하나님은 죽음을 통해 죽음을 해결하고 부활로 이를 확증하셨다. 부활이 사망을 이긴 것이다. 그래서 바울은 "사망아 너의 승리가 어디 있느냐 사망아 네가 쏘는 것이 어디 있느냐"(고전 15:55)라고 승리의 개가를 부르면서 그리스도 안에서 사망의 세력을 무효하게 하신 하나님께 감사와 찬양을 드리고 있는 것이다.

(2) 성도들에 대한 권면(고전 15:58)

바울은 고린도전서 15장의 마지막 결론으로 현재 살아있는 성도들에게 간결하면서도 심오한 권면을 한다. "그러므로 내 사랑하는 형제들아 견실하며 흔들리지 말고 항상 주의 일에 더욱 힘쓰는 자들이 되라 이는 너희 수고가 주 안에서 헛되지 않은 줄 앎이라"(고전 15:58, 개역개정). 이 말씀은 현재 몸을 가지고 살면서 육체 부활을 기다리고 있는 성도들이 어떻게 살아야 할 것을 가르친다. 우리는 부활하신 주님이 육체로 계실 때 어떻게 살았는지를 주목해야 한다. 부활하신 주님이 우리 주님이요 주인이며 왕이시라면, 그리고 우리가 앞으로 부활하신 주님처럼 부활체를 입게 될 것이라면, 우리 주님 예수 그리스도께서 부활하시기 전 육체로 계실 때 어떠한 삶을 살았는지를 배워 그대로 살아야 할 것이다.

예수님은 요셉의 목수 일을 도우면서 자라고 강건해졌다. 그는 자신의 삶 속에서 자제하는 것을 배웠다. 그는 휴식을 취해야만 했고 잠을 자야만 했지만 여러 날 밤 아버지께 기도하면서 지냈다. 그는 먹어야 하고 마셔야 했지만 이런 식욕이 그를 주장하지 못했다. 예수님은 항상 자제와 단련으로 하나님 아버지의 목적을 성취하기 위해 노력하셨다. 이처럼 이미 부활생명을 소유하고 살아가는 성도들은 예수님이 부활하시기 전에 사셨던 삶처럼 현재의 삶을 살아야 한다. 그래서 바울은 "너희 몸을 하나님이 기뻐하시는 거룩한 산 제물"(롬 12:1)로 드리라고 권면한다. 성도들이 몸을 가지고 있는 동안 "죽은 몸"이 아니라 "살아있는 몸"으로 하나님의 목적을 이루며 하나님께서 기뻐하실 일을 예수님처럼 해야 한다. 그것이 부활의 확신을 믿고 사는 성도들의 삶이다. 성도들의 수고는 주 안에서 결단코 헛되지 않을 것이다.

제10장

예수님의 부활과 바울의 설교

10장

예수님의 부활과 바울의 설교

지금까지 우리는 바울 신학의 부활 사상에 대해 집중적으로 고찰했다. 바울은 예수 그리스도의 죽음과 부활이 복음의 핵심인 줄 알고 그가 복음을 전할 때는 그 핵심을 빼놓지 않고 선포했다(행 13:19-30, 36-37; 16:18; 17:3, 18, 31; 23:6; 24:21; 26:8,23). 사도행전에 수록된 바울의 설교에서 예수님의 죽음과 부활이 강조되고 있는지를 밝히는 것은 바울 신학을 이해하는 데 유익을 준다.

사도행전에서 설교를 연구하려면 베드로의 설교와 바울의 설교를 연구해야 한다. 베드로의 설교는 사도행전 전반부에 기록되어 있고 바울의 설교는 사도행전 후반부에 기록되어 있다. 베드로의 설교는 8개로 ① 맛디아를 택할 때 행한 설교(행 1:16-22), ② 오순절에 행한 설교(행 2:14-36), ③ 솔로몬 행각에서의 설교(행 3:12-26), ④ 공회 앞에서 행한 설교(행 4:8-12), ⑤ 공회 앞에서 행한 설교(행 5:29-32), ⑥ 고넬료 집에서 행한 설교(행 10:34-43), ⑦ 예루살렘 교회 앞에서 행한 설교(행 11:5-17), 그리고 ⑧ 예루살렘 공회에서 행한 설교(행 15:7-11)이다.

반면 바울의 설교는[1] 일반적으로 9개로 계산하는데

① 바울의 비시디아 안디옥 설교(행 13:16-41)

② 바울의 루스드라 설교(행 14:14-18)

③ 바울의 아덴 설교(행 17:16-34)

④ 바울의 밀레도 설교(행 20:17-38)

⑤ 바울의 예루살렘 설교(행 22:1-21)

⑥ 바울이 공회 앞에서 행한 설교(행 23:1-11)

⑦ 바울이 벨릭스 총독 앞에서 행한 설교(행 24:10-21)

⑧ 바울이 아그립바 왕 앞에서 행한 설교(행 26:1-23)

⑨ 바울의 로마 설교(행 28:17-20)이다.

이제 9개의 바울의 설교를 개별적으로 분석하고 평가하여 설교의 특징과 설교의 중심 메시지를 밝히고자 한다. 사도행전에 나타난 바울의 설교는 바울신학의 중심 주제가 무엇인지를 밝혀줄 것이다. 바울의 설교는 예수님의 죽음과 부활을 기초로 하고 있다.

---

1 이것이 바울의 설교이냐 연설이냐 하는 논란은 있지만 여기서는 설교라는 용어로 통일했다.

1. 바울의 비시디아 안디옥 설교(행 13:16-41)

(1) 설교의 분석

비시디아 안디옥에서 행한 설교가 기록상으로는 바울의 처음 설교이다. 비시디아 안디옥에서 바울의 설교를 들은 청중은 "이스라엘 사람들과 및 하나님을 경외하는 사람들"(행 13:16)이었다. 즉 청중은 유대인들과 하나님만을 경외하는 이방인이었다. 바울은 청중이 유대인들과 하나님을 경외하는 이방인들이었기 때문에 구약의 역사를 언급하며 구약성경을 인용하여 자신의 메시지를 전달한다.

1) 이스라엘 백성의 과거 역사(행 13:17-23)

바울은 오랜 역사를 통해 하나님의 장중에 붙들린 이스라엘의 구원 사건을 간략하게 재 진술한다. 하나님이 이스라엘을 애굽에서 인도해 내신 사건, 가나안 땅을 기업으로 주신 사건,[2] 사사들과 사무엘을 통해 통치하시고 사울과 다윗 왕을 주신 사건들을 언급한다. 다윗을 언급하면서 바울은 예수님이 다윗의 씨에서 태어난 이스라엘의 구주라고 설명한다(행 13:23).

바울은 예수님이 다윗의 씨에서 태어난 이스라엘의 구주라고 말함으로써 유대인들과 대화의 접촉점을 찾는다. 유대인들은 다윗의 혈통에서 메시아가 태어난다는 신앙을 가지고 있었다(롬 1:3,4 참조).

2 　행 13:19절의 450년간은 애굽의 400년, 광야생활 40년, 가나안 정복 10년을 합친 연수로 생각할 수 있다.

2) 세례 요한의 준비 사역(행 13:24-25)

바울은 세례 요한의 사역이 예수님을 위한 준비의 사역임을 명백히 한다. 세례 요한은 오실 메시아가 아니요 선구자일 뿐이다. 이 구절은 누가복음 3:15-17의 내용과 비슷하다.

3) 예수님의 죽음과 부활(행 13:26-41)

바울은 예수님의 수난과 죽음이 유대인의 책임이지만 그렇게 된 것은 구약성경의 성취라고 말한다(행 13:27). 그리고 바울은 예수님의 부활을 구약성경 세 곳을 들어 증명한다.

첫째 인용은 시편 2:7이다. 바울은 시편 2:7의 "너는 내 아들이라 오늘 내가 너를 낳았도다"라는 말씀을 인용하면서 이 말씀이 예수님의 부활을 통해 성취되었음을 확실히 한다(행 13:33). 이 말씀은 예수님을 하나님의 아들로 증거하고 있으나 성육신만을 가리키지 않고 "그리스도를 통한 하나님의 전체 구원 사역"[3]을 뜻한 것으로 생각된다. 류폴드는 "만약 이 시편(시 2:7)이, 우리가 강하게 주장하는 것처럼, 그리스도의 모형이라면 그렇다면 다윗이 하나님과 친밀한 관계를 유지하여 하나님의 자녀로 인정되는 한 날이 그의 생애에 있었던 것처럼, 그리스도의 생애에서도 아버지와의 특이한 관계가 의미심장한 방법으로 선언되는 상응하는 날이 있어야 할 것은 당연하다. 누가 묻기를 '그리스도의 생애에서 그런 명백한 선언이 어느 날에 이루어졌느냐'고 묻는다면 우리는 '그의 부활에 의해서'라고 답

---

3 C.S.C. Williams, *A Commentary on the Acts of the Apostles* (New York: Harper and Row, 1957), p.164. Williams는 눅 3:22은 예수님의 세례를 가리키고, 히 1:5; 5:5은 예수님의 승천을 가리키는 것으로 해석한다.

을 할 수밖에 없다."⁴라고 함으로 시편 2:7의 예언이 그리스도의 부활에서 성취되었음을 잘 정리해 준다.

둘째 인용은 이사야 55:3이다. "내가 다윗의 거룩하고 미쁜 은사를 너희에게 주리라"(행 13:34).⁵ 여기서 이사야 55:3의 인용은 하나님이 다윗에게 하신 약속이 예수님을 통해 성취될 것을 증거 한다. 다윗과의 언약은 "네 집과 네 나라가 내 앞에서 영원히 보전되고 네 왕위가 영원히 견고하리라"(삼하 7:16, 개역개정)이다.

셋째 인용은 시편 16:10이다. "주의 거룩한 자로 썩음을 당하지 않게 하시리라"(행 13:35; 참조. 행 2:25-27). 이 구절은 예수님의 부활을 확증하는 구절이다. 바울은 시편 16:10이 다윗의 생애에서 성취되지 않고(행 13:36), 예수 그리스도 안에서 성취되었다고 말한다(행 13:37). 바울 사도가 이 구절에서(행 13:36,37) 대칭시키고 있는 요점은, 첫째로 다윗의 봉사는 한 세대에 그쳤지만 그리스도의 봉사는 영원히 모든 세대에 해당된다는 점이요, 둘째로 다윗은 그 조상들과 함께 묻혀 썩음을 당하였지만 그리스도는 썩음을 당하지 않았다는 점이다.

여기 인용된 말씀들은 서로 밀접한 관계가 있다. 이런 맥락으로 볼 때 다윗에게 약속한 언약이 그리스도 안에서 성취되었으며 그리스도의 위와 나라가 영원할 것이라고 한다.

청중들은 이처럼 하나님의 계획 속에서 다윗의 씨로 탄생하고 수난당하고 죽으시고 부활하신 예수님을 믿어 의롭게 되어야 한다(행 13:39). 바울은 비시디아 안디옥에서 전한 설교에서 예수 그리스도의 사건을 설명하

---

4 H. C. Leupold, *Exposition of the Psalms* (Welwyn: Evangelical Press, 1977), p. 51.

5 사 55:3 "다윗에게 허락한 확실한 은혜니라."(개역한글판)

고 예수 그리스도를 통해 죄사함을 받으며(행 13:38) 의롭다 인정함을 받을 수 있다고 천명한다(행 13:39).

(2) 설교의 특징

① 바울은 청중의 형편에 맞추어 설교를 진행한다. 구약을 인용하고 이스라엘 역사를 언급한 것은 청중을 의식하고 청중들의 배경에 맞추어 설교를 하기 위함이다.

② 바울은 예수님의 죽음보다는 부활을 강조한다. 비시디아 안디옥에서 전한 바울의 설교는 구약의 예언에 근거를 두고(행 13:27,29,33,35) 예수님의 부활을 강조한다(행 13:30,34,35,37).

③ 오순절의 베드로의 설교(행 2:14-40)는 스데반의 설교(행 7:1-53)와 유사한 점이 많다. 구약의 이스라엘 백성의 역사를 자세히 소개하고 구약 역사의 목적이 그리스도에게 귀결된다고 정리한다. 사도행전의 저자가 누가라는 점을 생각할 때 이해할 수 있다. 바울은 그리스도의 부활을 강조하면서 구약의 구절을 인용한다.

④ 바울은 구원의 메시지에 반응을 보일 대상이 유대인과 이방인 모두라고 증언한다(행 13:26). 사실상 바울의 소명에는 유대인과 이방인에게 복음을 전해야 할 책임이 들어있다. "이 사람은 내 이름을 이방인과 임금들과 이스라엘 자손들에게 전하기 위하여 택한 나의 그릇이라"(행 9:15, 개역개정).

⑤ 바울은 모세의 율법과 칭의의 문제를 명백히 한다. 바울은 예수님의 죽음과 부활을 통해 "믿는 자마다 의롭다 하심을 얻게"(행 13:39; 참조. 롬 4:25) 된다고 설명한다. 바울은 후에 로마서와 갈라디아서에서 이 주제

를 충분히 발전시킨다. 비시디아 안디옥이 갈라디아 지역임을 생각할 때 갈라디아서의 내용과 비시디아 안디옥에서 전한 바울의 설교 내용이 일치하는 것은 당연하다.

2. 바울의 루스드라 설교(행 14:14-18)

(1) 설교의 분석

루스드라에서 행한 설교의 대상은 이방인들이었다. 바울과 바나바는 루스드라에서 나면서부터 앉은뱅이 된 자를 고치는 이적을 행한다. 그 이적 베푸는 것을 보고 루스드라 사람들이 바울과 바나바를 경배하려 할 때 두 사도는 지체하지 않고 행동과 말로써 그들을 제지하고 바울이 그들에게 설교한다.

사도들은 먼저 옷을 찢는다. 옷을 찢는 습관은 한탄의 표현(수 7:6), 슬픔의 표현(삼하 1:11-12), 참을 수 없는 상태의 표현(마 26:65)을 나타내는 것이다. 두 사도가 여기서 옷을 찢은 것은 청중들의 행동을 묵인할 수 없었기 때문이다. 옷을 찢는 것은 목에서부터 한 뼘 정도 아래로 찢는 것을 뜻한다.[6] 루스드라에서 전한 바울의 설교는 그가 행한 설교 중 가장 간략한 설교이다. 루스드라의 혼란스런 형편을 감안할 때 설교가 간략하다는 것은 당연하다.

바울은 청중이 순수한 이방인들이었기 때문에 구약성경을 인용하거나

---

6   Everett F. Harrison, *Acts: The Expanding Church* (Chicago: Moody Press, 1975), p.222.

근거하지 않고, 자연을 통해 나타난 하나님의 계시를 근거로 복음을 전한다. 바울은 하나님의 선하심을 설명하면서 비시디아 안디옥에서 했던 것처럼 구약성경을 구체적으로 사용하지도 않고 나중에 아덴에서 했던 것처럼 철학을 사용하지도 않는다. 오히려 바울은 자연을 사용하여 하나님의 선하심을 설명한다. 여기서 계시 종교와 자연종교의 차이점이 나타난다. 바울은 참되신 하나님이 한 분이심을 알고 있었던 유대인들에게는 예수님을 메시아라고 증거 했지만, 여러 우상을 섬기는 이방사람들에게는 우상 숭배의 헛됨(렘 2:5; 8:18)을 지적하고 만물을 지으신 한 분 하나님께로 돌아오라고 권한다(행 14:15; 살전 1:9). 바울 사도는 이방인들의 헌신이 잘못된 방향으로 나갔다는 것을 지적하고 하나님께로 향해야 한다고 말한다. 유일하신 하나님은 창조주이시며 섭리하시는 하나님으로 그의 뜻을 완전히 드러내기 전까지는 오래 참으셨으나(묵인하였으나) 이제는 관용의 때가 지나갔다고 말한다. 루스드라에서 바울은 자신의 메시지의 본질은 바꾸지 않았지만 접근 방법과 강조는 바꾸었다. 비시디아 안디옥에서 유대인들에게 설교할 때의 맥락은 구약성경이었고, 구약의 역사와 예언과 율법이었다. 그러나 루스드라에서 이방인들에게 설교할 때는 이방인들이 알지 못하는 성경에 초점을 맞추지 않고 이방인들이 알고, 볼 수 있는 그들 주변의 자연세계에 초점을 맞춘다. 바울은 허망한 우상숭배로부터 살아 계시고 참다운 하나님께로 돌아서라고 호소한다. 바울은 살아 계신 하나님이 하늘과 땅과 바다와 그 가운데 있는 모든 것을 지으신 창조주라고 설명한다.[7]

바울이 루스드라에서 예수 그리스도의 죽음과 부활을 언급했을까 하

---

7   John R.W. Stott, *The Spirit, The Church, The World: The Message of Acts* (Downers Grove: Inter Varsity Press, 1990), p.232.

는 문제가 대두된다. 바울은 "십자가에 못 박힌 그리스도"만을 전파한다고 말했기 때문에 질문의 대상이 되는 것이다. "하나님이 지나간 세대에는 모든 민족으로 자기들의 길들을 가게 방임하셨으나"(행 14:16, 개역개정)는 바울이 하나님의 구속의 점진적 계시를 말하고 있다는 증거이다. 바울의 루스드라 설교가 그리스도를 통한 구원을 직접적으로 언급하지는 않았지만 그리스도를 통해 하나님의 구원 역사의 절정이 성취되었다고 증거 하지 않았을 리 없다.[8]

한 가지 분명한 것은 바울이 그리스도의 죽음과 부활을 언급했을 수 있으나 사도행전의 저자인 누가가 자신의 기록 목적에 맞추어 생략하고 여기서는 바울 사도가 이방인들에게 설교할 때 어떤 내용을 첨가할 수 있는지를 보여준다고 생각할 수 있다.[9]

(2) 설교의 특징

① 바울은 대상이 이방인이었으므로 이스라엘의 역사나 구약을 구체적으로 인용하지 않는다. 바울은 청중의 형편에 맞추어 설교한다.
② 바울은 우상숭배의 조잡한 행위에 대해 조롱하는 말을 하지 않고, 청중들의 감정을 상하게 하지 않으면서 단순히 우상숭배의 무익함을 지적하고 더 나은 길을 제시한다.[10]

---

8   R.N. Longenecker, *The Acts of the Apostles (The Expositor's Bible Commentary*, Grand Rapids: Zondervan, 1981), p.436.

9   I. Howard Marshall, *The Acts of the Apostles (Tyndale New Testament Commentaries*, Grand Rapids: Eerdmans, 1980), pp.238-239.

10   Harrison, *Acts: The Expanding Church*, p.222.

③ 하나님은 창조주이시다. 하나님이 창조주라고 증거 할 때 구약을 사용
하지만(출 20:11; 시 146:6) 출처를 분명히 밝히지 않은 것은 루스드라
사람들이 성경에 익숙하지 않았기 때문이다.
④ 하나님의 섭리가 언급되었다. 하나님이 자연을 통해 은혜를 베푸셨다
고 증거 한다.
⑤ 루스드라의 설교는 청중이 이방인들이었기 때문에 아덴의 설교와 많은
유사점이 있다(행 17:16-34).

3. 바울의 아덴 설교(행 17:16-34)

(1) 설교의 분석

바울은 온 성에 우상이 가득한 죽은 도시 아덴을 보았다. 사도행전
17:16은 바울의 마음이 격분했다고 표현한다. "그의 안에 있는 그의 영이
분하여"(παρωξύνετο τὸ πνεῦμα αὐτοῦ ἐν αὐτῷ)[11]라는 표현 중 "그의 안에
있는 그의 영"(τὸ πνεῦμα αὐτοῦ ἐν αὐτῷ)은 히브리식 표현으로 "그가"로
번역해도 좋다. 그래서 본문을 "그가 강렬한 감정과 고통을 가지고"로 해
석해도 된다. 본문에 미완료동사를 사용한 것은 그런 마음의 상태가 계속
된 것을 뜻한다.

바울은 이런 마음 상태를 가지고 회당과 저자에서 복음을 전하고 변
론을 했다. 바울의 청중은 에피쿠로스와 스토아 철학자들을 포함한 지식

---

11 행 17:16을 개역과 개역개정은 "마음에 격분하여"로 번역했고, 한글새번역은 "마음
이 격분했습니다"로 번역했고, 표준새번역은 "바울이…격분하였다"로 번역했다.

층의 아덴 사람들이었다. 에피쿠로스(Epicurean)라는 명칭은 그들의 창시자 에피쿠로스(Epicurus, 341-270 B.C.)에서 왔으며 그들의 주요 사상은 인간 존재의 주요 목적을 쾌락이라고 생각하는 것이다. 그들은 물질주의적인 전망을 가지고 있으며 신이 존재하지 않거나 영향력을 미치기에는 너무 멀리 계신다고 생각한다. 그들이 쾌락을 강조하나 그 쾌락이 육정의 쾌락을 뜻하지는 않는다.

스토아(Stoic)는 창시자가 제논(Zeno of Cyprus, 340-265 B.C.)이다. 스토아라는 명칭은 스토아(Stoa)에서부터 유래되었다.[12] 스토아 철학자들은 이성을 강조하며 이성이 우주의 구조에 내재해 있다고 생각했다. 그들은 범신론적인 전망을 가졌으며 책임과 자기 훈련을 강조했다. 바울은 이런 지식인 철학자들에게 아레오바고(Mars Hill)에서 복음을 전한 것이다.

터툴리안은 "아덴이 예루살렘과 무슨 상관이 있느냐?"라고 말했다. 철학의 도시와 종교의 도시가 무슨 관계를 가졌느냐? 예술, 정치, 건축, 철학의 중심인 아덴에서 전한 바울의 메시지가 다른 곳에서처럼 적절한 효과를 나타내는 메시지가 될 수 있을까? 거기에는 명백한 관계가 있다. 알파와 오메가 되신 그리스도는 우리의 마음과 생활의 주인일 뿐 아니라 우리의 지능의 주인도 되신다. 인간의 지능도 그리스도 앞에 무릎을 꿇어야 한다. 문화도 기독교 신앙과 관계없이 존재하지 않는다. 하나님의 모든 보화가 그리스도 안에 감추어져 있다. 기독교의 진리는 어느 시대를 막론하고 그 시대의 지성에게 도전을 주어야 한다.

바울은 사도행전 17:22-31에서 인간의 진리 탐구와 미적 탐구의 해답이 그리스도라고 말한다. 바울은 먼저 아덴 사람들을 가리켜 "종교심이 많

---

12   Stoa의 뜻은 두 줄로 나란히 선 행각으로 스토아 철학자들이 이곳에서 가르쳤기 때문에 그런 명칭이 생겨났다.

다"(행 17:22)고 말함으로써 그들에 대한 친절과 예의를 표시한다. "종교심이 많다"는 말을 비판의 뜻으로 생각하여 "미신적이다"로 해석할 수도 있다. 사도행전 17:23의 "무지"라는 언급을 근거로 그렇게 주장할 수도 있다. 그러나 본문의 경우는 칭찬의 뜻으로 생각하는 것이 더 타당하다. 바울은 대화의 분위기를 만들기 위해 아부하지 않으면서 그들을 칭찬한 것이다. 대화의 분위기를 마련한 바울은 "알지 못하는 신에게"라는 비명에 적힌 내용을 전도의 접촉점으로 삼아 하나님을 증거 한다(행 17:23). 아덴 사람들은 "알지 못하는 신"이 누구인지 알 수가 없다. 바울은 사도행전 17:24 이하에서부터 창조주 하나님을 소개한다. 하나님은 창조주시요(24절), 계시자시요(25절), 우리의 아버지시다(28,29절). 바울은 인류의 연합(26,27절), 인간의 죄(30절), 임박한 심판(31절), 그리스도의 부활(31절)을 증거 한다.

아레오바고 설교는 바울이 그리스도의 부활을 언급하는 것으로 갑자기 끝난다. 아덴의 철학자들은 그들의 철학에서 부활이라는 새로운 요소를 용납할 수 없었다.[13] 이 시점에서 철학자들의 지혜와 복음의 참 지혜가 상충된 것이다.

어떤 이는 바울의 아덴 설교가 실패한 것이라고 말한다. 그 이유는 사도행전에 아덴 교회의 언급이 없기 때문이다. 또 회개자의 수가 몇 안 되었기 때문이다. 그러나 아레오바고 관리 디오누시오, 다마리, 또 다른 사람들이 믿는 자의 대표들이었고 그들이 핵심이 된 것이다. 바울의 아레오바고에서의 설교를 실패로 규정하는 것은 잘못이다. 예수님은 "죄인 한 사람이 회개하면 하나님의 사자들 앞에 기쁨이 되느니라"(눅 15:10, 참조, 눅 15:7)라고 말씀하셨다.

---

13   박형용, 『사도행전 주해』 (수원: 합신대학원출판부, 2003), p.210.

(2) 설교의 특징

① 아덴의 청중들은 지적인 사람들이었으므로 설교가 더 길고 철학적이다. 루스드라에서는 단순한 이방인들을 위한 메시지였다.

② 바울은 청중들의 감정을 상하게 하지 않고 메시지 전달의 접촉점을 찾았다. "종교심이 많도다," "알지 못하는 신" 등의 표현은 접촉점 역할을 했다.

③ 바울은 창조주 하나님, 인간의 죄, 회개, 심판, 부활 등 복음의 핵심 내용을 증거 했다. 특히 바울의 아레오바고 설교는 예수님의 부활을 강조했다. 바울이 부활을 설명할 때 설교가 끊긴 것은 이를 간접적으로 증명하고 있다(행 17:31).

④ 아덴의 설교는 문화도 그리스도 밖에 존재하지 않음을 증거 한다. 그래서 바울은 하나님이 "우주와 그 가운데 있는 만물을 지으신 하나님께서는 천지의 주재"(행 17:24)이심을 강조한다.

⑤ 바울은 청중들을 생각하여 그들의 시인의 말을 인용하여 복음의 메시지를 전달한다(행 17:28,29).

4. 바울의 밀레도 설교(행 20:17-38)

(1) 설교의 분석

밀레도의 설교는 에베소 장로들에게 한 것이다. 이 설교에서는 진정한 목회자상을 엿볼 수 있다. 목사나 장로가 교회를 위해 어떻게 처신해야 할 것인가 하는 점을 찾을 수 있으며, 기독교 목회의 고상한 이상이 나타난다. 교회 장로들도 청중이었으므로 설교의 내용도 목회에 필요한 것들이었다.

바울은 에베소 교회를 겸손과 눈물과 인내로 섬겼다. 그는 말씀 선포를 공중 앞에서와 각 집에서 행했다. 말씀 선포의 대상은 유대인이나 헬라인이었다. 그들은 예수 그리스도를 영접함으로써 둘이 아니요 하나가 되었다(엡 2:12-22).

한글 개역판 번역은 사도행전 20:22을 "심령에 매임을 받아"(δεδεμένος ἐγὼ τῷ πνεύματι, bound in Spirit)로 번역했으나 개역개정판은 "성령에 매여"로 번역했다. 개역개정판의 번역이 원문에 더 가까운 번역이다. 사도행전은 인간이 성령의 사역에 순응해야 할 것을 많이 강조한다. 그러므로 "성령에 매여"는 성령의 명령에 순종하는 바울의 의무감의 표현이다.[14] 바울은 성령의 명령에 순응하여 환난이 기다리나 자신의 사명을 저버릴 수 없다고 천명한다(행 20:24; 딤후 4:7). 바울 사도의 사명은 은혜의 복음을 증거 하는 것이며(행 20:24; 갈 1:6), 하나님 나라를 전파하는 것이다(행 20:25; 참조, 19:8; 28:31).

에베소 교회의 어려움은 밖으로부터는(행 20:29) 이리의 공격을 받고, 안으로는(행 20:30) 분파 작용이 있을 것이라는 사실이다. 그러므로 바울은 교회를 위한 사역이 눈물과 희생과 의로움과 많은 수고를 통해 자신을 희생하신 그리스도를 본받아 자기 자신을 주는 사역이 되어야 한다고 강조한다. "주는 것이 받는 것보다 복이 있다"(행 20:35)는 주님의 말씀은 복음서에 기록되어 있지 않고 전통으로 전해진 말씀이다.

---

14 Harrison, *Acts*, p.315; Jacques Dupont, *The Sources of Acts* (New York: Herder and Herder, 1964), p.90에서도 성령으로 해석함.

바울이 에베소 장로들에게 행한 설교를 통해 그의 전도 원리를 간단히 찾아보자.

1) 바울의 전도방법(행 20:18-20)

◇겸손

바울은 아시아에 들어온 첫날부터 겸손으로 주를 섬겼다(행 20:19). 바울은 복음이 바로 전파될 수 있는 길은 자신이 겸손해져야 한다는 것을 누구보다 잘 알고 있었다. 바울은 "오직 겸손한 마음으로 각각 자기보다 남을 낫게 여기고"(빌 2:3)라는 그의 말처럼 그리스도의 겸손을 그 본으로 친히 보여준 사도였다. 목회자가 가져야 할 태도는 첫째도 겸손, 둘째도 겸손, 셋째도 겸손이다.

◇눈물

바울은 눈물을 많이 흘린 사람이었다. 이는 자신을 위한 눈물이 아니요 복음을 위한 눈물이었으며 양 떼를 위한 눈물이었다(행 20:19). 바울은 "내가 삼 년이나 밤낮 쉬지 않고 눈물로 각 사람을 훈계하던 것을 기억하라"(행 20:31)라고 함으로 장로들에게 경성할 것을 요청한다.

◇인내

바울의 전도 방법은 인내를 통한 방식이었다(행 20:19). 어려운 일이 많았고 그의 생명을 노리는 일도 있었지만 바울의 끈기는 좌절되지 않았다. 인내는 하나님 나라를 확장하는데 필요한 성령의 열매이다(갈 5:21-22).

2) 바울의 메시지 내용(행 20:21,25)

◇하나님께 대한 회개

복음 전도에서 회개처럼 중요한 것은 없다. 초대 교회의 메시지는 회개에 대한 강조였다. 베드로도 "너희가 회개하여 각각 예수 그리스도의 이름으로 세례를 받고 죄사함을 받으라"(행 2:38, 개역개정)라고 선포했다. 바울은 "하나님께 대한 회개"를 증거한 것이다(행 20:21).

◇그리스도께 대한 믿음

회개와 믿음은 분리시켜 생각할 수 없다. 회개가 먼저이냐 믿음이 먼저이냐를 논하는 것은 무익한 논쟁이다. 예수 그리스도를 주로 인정하는 믿음은 자연히 죄를 미워하고 죄에서부터 떠나야 한다. 회개가 부정적인 측면이라면 믿음은 긍정적인 측면이다. 회개를 통해 마음을 비운 사람에게 필요한 것은 그 속에 예수 그리스도를 채우는 믿음이다.[15]

◇하나님 나라

"내가 여러분 중에 왕래하며 하나님의 나라를 전파"(행 20:25)하였다고 바울은 말한다. 복음 전도와 하나님 나라는 서로 뗄 수 없는 관계를 가지고 있다. 실상은 사도행전 전체가 이 관계를 설명하고 있다. 예수님은 하나님 나라가 언제 임할 것인지를 묻는 제자들에게(행 1:6) 너희는 먼저 내 증인 역할을 하라고 말씀하신다(행 1:8). 이는 복음 전도 자체가 하나님 나라의 사역이라고 천명하는 것이다. 따라서 사도행전에서 하나님 나라는

---

15   John Murray, *Redemption Accomplished and Applied* (Grand Rapids: Eerdmans, 1968), pp.113-116.; Wayne Grudem, *Systematic Theology* (Grand Rapids: Zondervan, 1994), pp.713-717.

사도들의 복음 선포의 특징이 된다(행 8:12; 19:8; 20:25; 28:23,31 참조).

◇구속의 교리

바울은 "하나님이 자기 피로 사신 교회를 보살피게 하셨느니라"(행 20:28)[16]라고 말한다. 바울은 "그리스도 (혹은 아들)의 피로 값 주고 산 교회"를 생각하고 있었을 것이다. 이 말씀은 바울 서신에서 많이 강조된 구속의 교리가 여기에 언급되었음을 증거한다. 성경은 그리스도께서 그의 피로 교회를 샀다고 증언한다(엡 1:7; 히 9:12,14; 벧전 1:18-19; 계 5:9). 그리스도는 성도들을 대신하여 십자가에서 죽으심으로 죄 값을 치르셨다. 바울은 감독자가 해야 할 일의 귀중함을 구속의 교리와 연관하여 설명하고 있다.

---

16   헬라어 원본은 διὰ τοῦ αἵματος τοῦ ἰδίου로 되어 있다. A.V., N.I.V., ESV, 그리고 N.A.S.B. 모두 "with his own blood"로 번역했고, RSV는 "with the blood of his own Son"으로 번역했다. 그리고 표준새번역과 표준새번역 개정판은 "하나님께서 자기 아들의 피로 사신 교회"로 번역했고 바른 성경은 "자기의 피로 사신"으로 번역했다. 그런데 개역판과 개역개정판 번역이 "하나님이 자기 피로 사신 교회(τὴν ἐκκλησίαν τοῦ θεοῦ)"로 번역한 것은 앞에 나온 "하나님의 교회"의 "하나님"을 선행사로 삼고 번역했기 때문이다. 그러나 τοῦ θεοῦ(ℵ, B, 056, 0142 등지지) 대신 τοῦ κυρίου(P⁷⁴, A, C', D, 33, 181 등 지지)를 본문으로 택한 사본들도 있다. 본문에 나타난 사본상의 문제를 이해하기 위해서는 성경의 내적 가능성을 생각해 볼 수 있다. ἐκκλησία κυρίου는 LXX에 7회 나타나지만 신약에는 나타나지 않는다(롬 16:16의 "그리스도의 모든 교회"가 유일하게 근접한 표현임). 반면 ἐκκλησία τοῦ θεοῦ는 바울 서신에 11회 사용되고 신약 다른 곳에서는 사용되지 않는다. 그러므로 사서자가 κυρίου 대신 θεοῦ로 바꾸어 본문을 필사했을 수 있다. 반대로 헬라어 원본은 θεοῦ였는데 대신 κυρίου로 바꾸어 기록했을 수도 있다. 왜냐하면 하나님이 자기 피로 교회를 샀다는 교리는 성경의 다른 곳과 잘 일치하지 않기 때문이다. 어느 사본이 원본이었느냐를 결정하는 것은 그렇게 쉬운 일이 아니지만 본문에서 ἰδίου 다음에 υἱοῦ(참조, 롬 8:32: τοῦ ἰδίου υἱοῦ)가 생략되었다고 생각하면 문제가 해결된다. cf. Bruce M. Metzger, *A Textual Commentary on the Greek New Testament* (London: New York: United Bible Societies, 1971), pp.480-481.

3) 바울의 태도(행 20:24, 29-30)

◇목자의 심정

바울은 복음이 뿌려진 곳에 흉악한 이리가 들어와 제자들을 유혹할 것을 잘 알고 있었다. 그래서 바울은 끝까지 책임지는 태도로 "내가 여러분을 주와 및 그 은혜의 말씀에 부탁"(행 20:32)한다고 말한다.

◇일사각오

복음 전도를 위해서는 한번 죽는 것을 무서워하지 않은 바울 사도였다. "내가 달려갈 길과 주 예수께 받은 사명 곧 하나님의 은혜의 복음을 증언하는 일을 마치려 함에는 나의 생명조차 조금도 귀한 것으로 여기지 아니하노라"(행 20:24, 개역개정). 바울은 "사는 것이 그리스도니 죽는 것도 유일함이라"(빌 1:21)는 마음 자세로 목회를 했다.

(2) 설교의 특징

① 청중들이 장로들이었으므로 바울의 설교는 목회적인 내용이 많이 들어 있었다. 장로(행 20:17)와 감독자(행 20:28)를 목사와 같은 뜻으로 사용했다.

② 기독교 복음에 익숙한 장로들이므로 설교의 내용은 은혜의 복음과 하나님 나라였다(행 20:24,25). 그리고 하나님께 대한 회개와 그리스도께 대한 믿음(행 20:21)도 바울의 설교 내용이었다.

③ 바울은 교회의 목회를 위해 겸손과 인내를 강조한다. 겸손과 인내는 예수님이 보여 주신 본이었고(요 13:1-17; 빌 2:5-8) 바울 사도가 보여 주신 본이었다(고전 15:9; 엡 3:8; 딤전 1:15).

④ 바울은 메시지의 효능이 사역에 대한 성실성과 열심에 근거를 두고 있다고 강조한다. 바울의 설교는 에베소 교회를 위한 그의 사역이 성실했고 열심을 다한 사역이었기 때문에 더 능력 있게 전달되었다(행 20:31-38).

⑤ 바울이 하나님의 나라를 전파하고(행 20:25), 하나님의 뜻을 다 전하고 (행 20:27: πᾶσαν τὴν βουλὴν τοῦ θεοῦ), 주님(하나님)이 자기 피로 사신 하나님의 교회(행 20:28)를 언급한 것은 복음의 핵심을 전파했다는 증거이다. 복음의 핵심은 예수님의 십자가상의 죽음과 부활이다(롬 1:2-4; 10:9-10).

5. 바울의 예루살렘 설교(행 22:1-21)

바울은 3차 전도여행 보고를 마쳤다. 바울의 전도여행과 예루살렘 보고는 성공적이었다(행 21:17-20). 그러나 예루살렘에서는 예언된 대로 (행 20:23; 21:11) 환난이 바울을 기다리고 있었고 그는 결국 체포된다(행 21:30-33). 바울은 천부장의 보호를 받으며 그를 송사한 유대인들에게 설교를 한다.

(1) 설교의 분석

1) 서론적 진술(행 22:1-2)

바울은 화해적이고 존경의 예를 잊지 않는다. "부형들아 내가 지금 여러분 앞에서 변명하는 말을 들으라"(행 22:1). 히브리 방언과 그의 제스처가 좋은 대화의 분위기를 만들었다(행 22:2). 바울은 쇠사슬에 묶여 있으나 의연한 자세로 설교한다.

2) 바울의 유대주의 신봉 시절(행 22:3-5)

"나는 유대인으로 길리기아 다소에서 났고 이 성에서 자라 가말리엘의 문하에서 우리 조상들의 율법의 엄한 교훈을 받았고 오늘 너희 모든 사람처럼 하나님께 대하여 열심이 있는 자라"(행 22:3, 개역개정). 본문의 "길리기아 다소에서 났고 이 성에서 자라 가말리엘의 문하에서……교훈을 받았고"는 바울의 성장 과정을 설명해 준다. 바울이 다소 태생이라는 것은 의심의 여지가 없다. 그러나 바울이 언제 예루살렘으로 갔느냐에 대해서는 분명치 않다. 본문의 "자라다"는 "집에서 자라다"는 뜻이 있고 "이 성은" 다소가 아니라 예루살렘을 가리킨다.[17] 이 사실은 바울이 가말리엘 문하에서 교육받기 오래 전 그가 젊었을 때 예루살렘에 와서 자랐다는 증거이다(행 26:4 참조).[18]

어떤 이는 바울이 가말리엘 문하에서 교육받은 사실을 의심하면서 그

---

17 "자란다"의 헬라어는 ἀνατεθραμμένος로 ἀνατρέφω의 완료 수동태 분사이다. 헬라어 구문이 γεγεννημένος ἐν ταρσῷ τῆς κιλικίας, ἀνατεθραμμένος δὲ ἐν τῇ πόλει ταύτῃ으로 태어난 곳과 자라난 곳을 구분하고 있다.

18 W.C. van Unnik, *Tarsus or Jerusalem the City of Paul's Youth* (London: Epworth, 1962), pp.17-45; R.C.H. Lenski, *The Interpretation of the Acts of the Apostles* (Minneapolis: Augsburg Publishing House, 1961), p.901. "His place of birth made him a Hellenist, but his rearing and his education, both of which took place in Jerusalem, were those of a Hebrew." 하지만 Jerome Murphy-O'Connor는 바울이 다소(Tarsus)를 떠날 때는 이미 청년이 되어 있었다고 주장한다. Murphy-O'Connor는 바울이 그의 성장기를 다소에서 보냈다고 주장하는 것이다. See, Jerome Murphy-O'Connor, *Paul: A Critical Life* (Oxford. New York: Oxford University Press, 1997), p.46: "Paul was already grown when he left his home in Tarsus."

이유를 다음과 같이 제시한다.

첫째, 만약 바울이 가말리엘 문하에서 수학했다면, 바울은 교회에 대해 유순한 태도를 가졌어야 했을 것이다. 가말리엘은 유순한 태도를 가졌는데(행 5:33-39) 바울은 반대로 교회를 심히 핍박했다. 그러나 제자와 선생이 꼭 같아야 한다는 법은 없다. 이런 이유로 바울 자신의 말을 부정할 수는 없다.

둘째, 만약 바울이 가말리엘 문하에서 수학했다면, 바울이 율법을 부정적으로 본 것이 이상하다. 그러나 바울의 관심은 율법이 칭의의 수단이 될 수 없다는 데 있었지 율법을 경시하지 않았다. 오히려 바울은 율법을 높이 생각했다(롬 7:12; 8:4; 갈 3:24).

셋째, 바울의 구약 사용법은 유대주의 교훈의 전통을 더 강조하지, 탈무드 중심의 율법적인 전통에 있지 않다는 것은 가말리엘 문하 수학을 의심하게 한다. 그러나 바울은 가말리엘의 할아버지 힐렐(Hillel)[19]의 유추의 원리를 로마서 4:1-8 등에서 사용한 것으로 보아 이런 주장은 납득할 수가 없다.

바울이 가말리엘 문하에서 수학한 사실을 확증하는 것은 무엇보다도 바울 자신의 증거이다. 예루살렘에서 수학하지도 않은 사실을 거짓으로 주장한다면 바울의 신실성은 곧 탄로가 났을 것이다. 예루살렘에서 멀리 떨어진 곳이라면 몰라도 예루살렘에서는 그렇게 말할 수가 없다.[20]

이처럼 바울은 철저한 유대인으로 청중들과 똑같은 생각으로 예수를 핍박하고 다른 사람들보다도 더 열심히 유대주의를 위해 일했다고 말한다.

---

19 Hillel이 죽었을 때 Mishna는 "순결과 경건이 죽었다"라고 탄식했다.

20 Joseph Klausner, *From Jesus To Paul* (New York: MacMillan, 1943), pp.309-311.

3) 하나님의 간섭에 의한 바울의 회심(행 22:6-16)

사도행전에 바울의 회심이 여러 번 기록된다(행 9:1-22; 22:2-16; 26:12-17). 바울이 자신의 회심 경험을 왜 상세히 설명하고 있을까? 바울이 팔레스틴 유대주의에서 유명한 사람이었다면 그렇게 할 필요가 없었을 것이 아닌가?

그러나 바울이 교회를 핍박한 이래 약 20년의 세월이 지나갔고 다소의 바울을 잘 알지 못하는 새로운 세대가 등장했기 때문이라고 생각된다. 그리고 기독교인의 영적 경험은 그리스도의 사역이기 때문에 불신자의 마음을 확신시키는 데 효과적이다.

사도행전 22:8에서 "나사렛"이라는 용어를 쓰므로 바울은 청중들과 일치감을 조성했다. 유대 신자들은 "나사렛 이단"(행 24:5)이라고 불렀다. 바울이 장님이 된 것은 그가 핍박한 주님을 만났다는 증거이다. 부활하신 주님께서 아나니아를 바울에게 보내신 것은 바울을 하나님의 택한 그릇으로(행 9:15) 만들기 원해서이다. 주님은 다메섹 도상에서 주님을 대면하므로 겸손하게 된 바울이 보고, 듣고, 경험한 것을 증거할 수 있도록 그에게 특권을 부여해 주셨고, 아나니아를 보냄으로 이를 확증해 주셨다.

바울이 부활하신 예수님을 대면한 사실은 바울을 12 사도들과 동등하게 만들었고, 실제로 12 사도들이 즐기지 못했던(대망의 뜻으로 본 변화산 경험을 제외하고는) 찬란한 영광 중에 계신 주님을 보는 경험을 바울이 한 것이다.[21]

---

21   Harrison, *Acts,* p.337.

4) 그리스도의 명령에 대한 바울의 헌신(행 22:17-21)

바울은 부활하신 주님의 "속히 예루살렘에서 나가라"(행 22:18)는 명령과 함께 "내가 너를 멀리 이방인에게로 보내리라"(행 22:21)는 명령을 받는다. 하나님은 바울을 이방인의 사도로 부르셔서 이방인들에게 복음을 전하기 원하신 것이다. 바울의 헌신은 균형 잡힌 헌신이었다. 바울 안에 창조된 그리스도의 새로운 생명이 그의 헌신을 균형 있게 만들었다.

(2) 설교의 특징

① 바울은 청중이 유대인들이었기 때문에 자신의 유대주의의 배경을 설명한다. 바울은 그 당시 유명한 가말리엘 문하생이라고 자신을 명백히 밝힌다.
② 바울은 청중의 감정을 상하게 하지 않는다. 그는 화해적이고 존경을 표시하며 대화의 분위기를 조성시킨다.
③ 바울은 예수님이 나사렛 사람이며 부활하여 지금도 살아 계신다고 증거 한다. 바울은 나사렛에서 사셨던 역사적 예수가 부활하여 영광 중에 계신다고 선포한다. 바울은 자신의 삶이 철저하게 변화된 것은 부활하신 예수님을 만났기 때문이라고 하며 예수 그리스도의 부활을 강조한다.
④ 바울은 자신의 영적 경험을 사용하여 청중을 권면한다. "이제는 왜 주저하느냐 일어나 주의 이름을 불러 세례를 받고 너의 죄를 씻으라"(행 22:16).

6. 바울이 공회 앞에서 행한 설교(행 23:1-11)

(1) 설교의 분석

공회 앞에서의 설교는 유대인들이 바울을 왜 송사하는지 그 실상을 알기 위해 천부장이 바울을 제사장들과 온 공회 앞에 세움으로 시작된다(행 22:30). 바울이 설교에서 "여러분 형제들아 오늘까지 나는 범사에 양심을 따라 하나님을 섬겼노라"(행 23:1)라고 말하자[22] 대제사장 아나니아가 바울 곁에 섰던 사람에게 바울의 입을 치라고 함으로 잠시 방해를 받는다.

불시에 입을 얻어맞은 바울은 "회칠한 담이여 하나님이 너를 치시리로다 네가 나를 율법대로 심판한다고 앉아서 율법을 어기고 나를 치라 하느냐"(행 23:3)라고 항의한다. 그 때 옆에 선 사람이 "하나님의 대제사장을 네가 욕하느냐"(행 23:4)라고 말하자 바울은 "그가 대제사장인 줄 알지 못하였노라"(행 23:5)고 대답한다. 그런데 바울을 치게 명령한 사람이 대제사장인 줄을 바울이 몰랐을까 라는 질문이 대두된다. 이 질문에 대한 답은 본문에서 찾아야한다. 바울이 직접 그가 대제사장인 줄 모르고 그런 말을 했다고 답하는 것으로 보아 바울은 처음에 그를 치게 한 사람이 대제사장

---

[22]   E. Haenchen (*The Acts of the Apostles*. Oxford: OUP, 1971, p.637)은 바울의 전체 생애의 경험을 근거로 바울이 스데반을 죽일 때 묵인한 것은 바울의 양심에 거리낌이 없었는가? 라고 질문한다(행 7:57-8:1 참조). 반면 I. Howard Marshall (*The Acts of the Apostles: Tyndale New Testament Commentaries*. Grand Rapids: Eerdmans, 1991, p. 362)은 바울이 "양심을 따라 하나님을 섬겼노라"고 말한 것은 오래 전의 경험을 포함시키지 않고 유대인들의 송사 내용에 대해 양심적으로 깨끗함을 가리킨다고 해석한다. cf. Simon J. Kistemaker, *Exposition of the Acts of the Apostles* (*New Testament Commentary*(Grand Rapids: Baker, 1990), p.808.

인 줄 몰랐다고 해석하는 것이 바르다.[23] 바울이 입을 얻어맞은 사건은 공회에 혼란을 일으켰고 그래서 바울이 유대인의 법정에서는 공의로운 재판을 받을 수 없다는 것을 깨닫게 되었다.

이 사건이 있은 후 바울은 공회의 구성원이 사두개인들과 바리새인들로 되어 있는 것을 알고 "여러분 형제들아 나는 바리새인이요 또 바리새인의 아들이라 죽은 자의 소망 곧 부활로 말미암아 내가 심문을 받노라"(행 23:6, 개역개정)고 말을 잇는다. 이 말은 공회를 양분시켰다. 부활을 믿는 바리새인들과 부활을 믿지 않는 사두개인 사이에 큰 다툼이 일게 되었다. 결국 천부장은 큰 분쟁으로 인해 바울이 다칠까 염려해서 바울을 영문 안으로 데리고 들어갔다(행 23:9-10).

(2) 설교의 특징

① 누가는 공회 앞에서 전한 바울의 설교를 전체적으로 기록하고 있지 않다. 그 이유는 누가가 바울의 설교 내용을 전달하기 원하지 않고 바울 자신에게 집중하기를 원했기 때문이다.[24] 독자들은 이미 바울을 고소한 내용을 알고 있는 형편이었다(행 21:28).

② 바울은 청중의 형편을 예리하게 분석하고 있었다. 청중이 사두개인과 바리새인으로 구성된 줄 알고 바울은 지혜롭게 자신을 향한 분노의 분위기를 그들 스스로에게 돌리도록 유도한다(행 23:6-7). 바리새인과 사

---

23   I. H. Marshall (*Acts*: Tyndale, p.364)은 "당신과 같은 사람이 어떻게 대제사장이 될 수 있겠는가"라고 바울이 냉소적으로 말했다고 해석한다. 이 부분에 대한 더 자세한 논의는 박형용, 『사도행전 주해』 (수원: 합동신학대학원출판부, 2003), pp.245-246을 보라.

24   I. H. Marshall, *Acts* (Tyndale), p.362.

두 개인들은 바울이 부활을 믿는 것 때문에 심문을 받는다는 말에 서로 큰 투쟁을 하게 되었다. 바울은 청중을 잘 분석하고 있었다.

③ 바울의 설교는 역시 그리스도의 부활을 강조하는 설교였다. 바울은 벨릭스 총독 앞에서처럼(행 24:21) "죽은 자의 소망 곧 부활로 말미암아 심문을 받는다"(행 23:6)라고 말한다. 바울의 설교는 항상 예수 그리스도의 죽음과 부활을 강조한다.

7. 바울이 벨릭스 총독 앞에서 행한 설교
(행 24:10-21)

(1) 설교의 분석

바울의 설교는 더둘로(Tertullus)의 고소(행 24:1-8)에 대한 변증으로 시작한다. 더둘로는 많은 아첨의 말로 바울을 고소했다. 반대로 바울은 더둘로의 경우와는 달리 진리 안에서 간명하게 변증했다. 바울은 더둘로처럼 아부하지는 않았지만 예절을 지키고 화해적인 태도를 취한다(행 24:10). 바울은 더둘로의 고소 제목을 구체적으로 언급하면서 논리적으로 자신의 입장을 변명한다.

1) 유대인을 다 소요하게 하는 자라는 고소 내용(행 24:5)
바울은 이 고소 내용을 사도행전 24:11-13에서 답변한다. 바울은 자신이 예루살렘에 머문 기간이 12일에 불과한데 난동을 계획하고 일으키기에는 너무 짧다고 말한다. 그리고 그는 예루살렘에 올라간 목적을 "예배하러" 올라간 것이라고 설명한다. 바울은 자기를 고소하는 사람들이 증거를 제시할 수 없다고 논리적으로 말한다(행 24:13).

2) 나사렛 이단의 우두머리라는 고소 내용(행 24:5)

바울은 이 고소 내용을 사도행전 24:14-16에서 답변한다. 더둘로의 이 두 번째 고소 내용에 대해 바울은 자신이 연루되어 있다고 고백한다. 더 둘로는 기독교를 이단(αἵρεσιν)으로 정죄하고 이단을 나쁜 의미로 사용했다. 그러나 바울은 더둘로가 이단이라고 하는 것을 바로 "도"(τὴν ὁδόν)라고 말한다. 이단은 부정적이요 분파적이지만 도는 긍정적이요 목적이 내포되어 있다. 바울은 그들이 나사렛 이단이라고 하지만 자신은 "조상의 하나님을 섬기고 율법과 선지자들의 글에 기록된 것을 다 믿었다"(행 24:14)고 말한다. 그는 이스라엘의 하나님을 멀리하지 않았고 이스라엘의 거룩한 율법을 버리지 않았다. 그의 신앙은 율법과 선지자들의 글에 나타난 것과 일치한다고 주장한다. 그들은 기독교를 이단이라고 하지만 바울은 기독교가 유대주의 신앙의 완성이라고 말한다.[25]

바울은 여기서 바리새인들도 믿는 "의인과 악인의 부활"에 대해 언급한다. 바울은 공회(행 23:6-9)에서 부활을 언급하므로 바리새인들의 지지를 받은 바 있다. 바울은 부활의 소망을 인하여 "하나님과 사람에 대하여 항상 양심에 거리낌이 없기를 힘쓰나이다"(행 24:16)라고 말한다. 악한 자는 부활하여 심판을 받게 되지만 의인은 부활하여 보상을 받게 될 것이다.

---

[25]   R.J. Knowling, *The Acts of the Apostles (The Expositor's Greek Testament*, Grand Rapids: Eerdmans, 1980), p.482.

3) 성전을 더럽게 했다는 고소 내용(행 24:6)

바울은 세 번째 고소 내용의 답변을 행 24:17-21에서 설명한다. 바울은 먼저 "교회"라는 말을 사용하지 않고 "민족"이라는 말을 쓴다. 바울이 예루살렘을 방문한 이유는 민족을 구제하기 위해서였다.[26] 바울이 교회 대신 민족이라는 용어를 쓴 것은 예루살렘의 교회가 하나님의 백성(이스라엘 민족)과 격리되지 않았음을 시사한 것이다. 그러나 실상 구제의 대상은 교회였다.

바울은 성전에 있었던 것을 시인한다(행 24:18). 그러나 성전에 있었던 이유는 결례를 행하기 위해서였다고 말한다. 바울이 성전에 있을 때는 "모임도 없고 소동도 없었다"(행 24:18). 그러므로 성전을 더럽혔다는 고소는 잘못된 것이요 증거도 없는 것이라고 바울은 변명한다. 바울의 변명은 구체적이요 논리 정연했다. 고소자들은 증거를 제시할 수 없었고 바울의 변명은 성공적이었다. 그럼에도 불구하고 벨릭스는 판결을 연기한다(행 24:22,23).

(2) 설교의 특징

① 바울은 다른 경우와 마찬가지로 예절을 지키면서 화해적인 태도를 취한다.
② 바울은 더둘로의 고소를 구체적이면서도 논리적으로 변증한다. 바울은 조직적인 마음의 소유자였다. 바울은 자신에게 주어진 자료들을 조

---

26 예루살렘에 있는 가난한 성도들을 위해 구제 헌금을 가져왔다는 기록은 사도행전에서는 이 구절이 유일하다. 바울 서신에서는 자주 언급된다(고전 16:1-4; 고후 8장-9장; 롬 15:25-33).

직적으로 연구 분석하는 데 천재적인 소질이 있었다.[27]

③ 바울은 율법에 제한이 있다고 명백히 밝힌다. 율법의 목적은 정죄하
  는 것이지만 복음은 정죄에서부터 해방되게 하고 부활생명을 누리게
  한다.

④ 바울은 고소자들이 "나사렛 이단"(the Nazarene sect)이라고 하는 기독
  교가 유대인의 신앙의 성취이며 자신은 그 도를 믿는다고 고백한다(행
  24:14-16).

⑤ 바울은 그리스도의 부활을 강조한다. 그는 "내가 죽은 자의 부활에 대
  하여 오늘 너희 앞에 심문을 받는다"(행 24:21)라고 심문받는 이유를
  말한다.

8. 바울이 아그립바 왕 앞에서 행한 설교
  (행 26:1-23)

(1) 설교의 분석

아그립바 왕 앞에서 행한 바울의 설교는 훌륭한 헬라어로 되어 있다.
벨릭스 총독 앞에서처럼 고소의 내용에 대하여 변명할 필요가 없었고 설
교의 내용에 대해 더 자유를 가질 수 있었다. 바울은 자기 앞에 있는 사람
들을 많이 의식하고 있었고 특히 아그립바 왕을 의식하면서 잘 준비된 설
교를 했다. 바울의 설교를 세분하면 다음과 같다.

27　G. Vos, *The Pauline Eschatology* (Grand Rapids: Eerdmans, 1966), p.60.

① 서론(행 26:1-3)

② 바울의 초기생활(4-11)

③ 바울의 회심과 사명(12-18)

④ 그리스도에 대한 바울의 증거(19-23)

이제 구체적으로 설교의 내용을 분석해 보자.

1) 서론(행 26:1-3)

설교의 서두에 "변명"(1-2절)이라는 말이 두 번 나온다. 우리는 바울이 아그립바 왕 앞에서 재판 받는 것도 아니요, 고소자도 없는데 변명할 필요가 있는가라고 생각할 수 있다. 그러나 바울은 자신이 심문받는다고 생각했고(행 26:6) 또한 변명이라는 용어가 엄격히 법률적인 경우에서만 사용되지 않고 보편적으로 사용될 수 있음을 감안할 때(행 19:33; 고후 12:19) 바울이 여기서 쓴 "변명"이라는 용어는 아무런 문제가 되지 않는다.

바울은 아그립바 왕이 유대인의 풍속에 대해 잘 알고 있다는 말로 그를 칭찬한다. 아그립바 왕은 유대인의 풍속뿐 아니라 헬라의 문화도 잘 알고 있었다. 역사가 요세푸스(Josephus)는 아그립바 왕이 헬라 문화를 철저하게 터득하고 있었다고 증언한다.[28] 아그립바 왕은 유대인의 풍속과 문

---

28 Flavius Josephus, *The Life of Flavius Josephus (The Works of Flavius Josephus*, Vol.II, Grand Rapids: Baker, 1974), p.50: 요세푸스는 두 편의 아그립바 왕의 편지를 소개한다. 요세푸스에게 보낸 아그립바 왕의 편지들은 요세푸스와 아그립바 왕이 얼마나 가까운 사이였는지를 보여주며 또 아그립바 왕이 여러 가지로 해박했다는 증거이다. 아그립바 왕이 요세푸스에게: "그대의 절친한 친구가 문안을 보냅니다. 나는 큰 즐거움으로 그대의 책을 읽었습니다. 내 생각에는 그대가 다른 저자들보다 훨씬 더 정확하게 그리고 세심한 주의를 기울인 것 같습니다. 이 책들의 나머지 부분도 나에게 보내 주시오. 나의 절친한 친구여, 안녕히 계십시오." 아그립바 왕이 요세푸스에게: "그대의 절친한 친구가 문안을 보냅니다. 그대가 쓴 것은 시작부터 우리의 정보를 위해 더 이상의 설명이 필

제점과 헬라의 문화를 잘 아는 해박한 지식을 소유한 왕이었다.

2) 바울의 초기 생활(행 26:4-11)

바울은 자신이 엄한 바리새인의 생활을 했고 이스라엘 백성에게 약속하신 하나님의 약속, 즉 죽은 자의 부활을 바라며 살았다고 한다. 그러나 바울은 처음에 나사렛 예수가 살았다는 사실을 믿지 않고 예수와 예수 믿는 자들을 핍박하는 데 가장 열심을 냈던 사람이 자신이라고 말한다(갈 1:13,14 참조). 바울은 사도행전 26:10에서 많은 "성도"(τῶν ἁγίων)라는 말로 기독교인을 묘사함으로써 자신의 태도의 변화를 나타낸다. 이런 변화는 다메섹 도상의 회심의 시점으로부터 시작된다. 사도행전 26:10은 "죽일 때에 내가 찬성투표를 하였고"라고 한 반면 사도행전 8:3은 "사울이 교회를 잔멸할새 각 집에 들어가 남녀를 끌어다가 옥에 넘기니라"고 기록한다. 사도행전 26:10은 사도행전 8:3보다 바울이 기독교인을 처형하는데 찬성투표를 했다고 더 구체적으로 진술한다. 어떤 이는 사도행전 26:10의 "찬성투표를 하였다"는 구절을 근거로 바울이 산헤드린의 회원이었을 것으로 가정한다. 그러나 그 당시 바울은 젊은이였고(행 7:58), 그런 청년으로서 나이 많은 장로들의 모임인 산헤드린의 회원이 될 수는 없었다고 생각된다. 그리고 바울이 "찬성투표를 한 것은" 교회 핍박자 중의 제일인자로서 성도들을 정죄한 사실을 가리키는 것으로 생각할 수 있다.[29]

요 없는 것 같습니다. 그러나 그대가 나에게 올 때 그대가 모르고 있는 훨씬 더 많은 일들에 대해 그대에게 알려 줄 것입니다."

29   박형용,『사도행전 주해』, p.158; Harrison, *Acts*, p.375; Jerome Murphy-O'Connor (*Paul: A Critical Life*, Oxford and New York: Oxford University Press, 1997, pp.65-66) 는 산헤드린만이 사형 언도를 내릴 수 있고, 산헤드린의 정회원만 이런 투표를 할 수 있기 때문에 바울이 산헤드린의 회원이었다고 주장한다.

3) 바울의 회심과 사명(행 26:12-18)

바울은 사도행전 26:12에서 "대제사장들"이라고 복수를 쓴다. 사도행전 9장의 회심 경험에서는 복수형 대신 단수를 쓴다. 그 이유는 아마 사도행전 25:15에서 바울을 송사하는 사람들이 바로 "대제사장들"이었기 때문일 것이다. 그리고 바울은 자신이 처음에는 그들과 똑같은 사역을 했지만 이제는 그들이 바울의 생명을 없이하고자 한다는 사실을 명백히 밝히기 위해서 일 수 있다. 바울이 사도행전 9:1에서 "대제사장"이라고 단수를 쓰는 이유는 교회를 핍박하기 위한 서류는 대제사장 한 사람의 공문만 있으면 되기 때문이요, 사도행전 9:14,21에서 "대제사장들"이라는 복수형을 쓴 이유는 그 당시 대제사장이 여럿 있었기 때문이다.

바울의 회심의 기사가 사도행전에 세 번 묘사된다. 사도행전 9:3-18은 누가가 바울의 회심 사건을 순수한 역사적인 사건으로 기록했고, 사도행전 22:6-16은 바울이 유대인들 앞에서 자신을 변호한 내용이고, 사도행전 26:12-18은 바울이 아그립바 왕 앞에서 자신의 회개 사건을 묘사한 것이다. 세 곳의 기록이 거의 비슷하지만 사도행전 26:12-18 묘사 중 특이한 것은 "가시채를 뒷발질하기가 네게 고생이니라"(행 26:14)는 농업 생활에서 얻어진 격언을 첨가한 것이다. 이 격언을 해석하는 가운데 브루스는 바울의 마음속에 그리스도교가 진리라는 의식이 있었다고 주장한다. 그리고 브루스는, 스데반이 순교할 때 한 설교와 그의 태도가 바울이 용납할 수 없을 정도로 설득력이 있어서 그가 크게 감명을 받고 이런 의식을 억누르기 위해 더 열심히 기독교를 핍박했을 것이라고 한다.[30]

그러나 브루스의 해석보다는 스패로-심슨(Sparrow-Simpson)의 해석이

---

30 F.F. Bruce, *The Book of the Acts* (*NICNT*, Grand Rapids: Eerdmans, 1970), p.491.

더 타당하다. 스패로-심슨은 격언의 뜻이 의식적인 반항을 뜻하지 않는다고 말한다. 미련한 황소가 가시채를 뒷발질하면서도 그 길로만 가려는 것처럼 사울도 자기의 길 외에 더 나은 길을 알지 못했다. 바울은 하나님이 그를 위해 정해 놓은 길을 알지 못하고 자신의 길을 열심히 걸어갔던 것이다.[31]

스패로-심슨의 해석이 바른 이유는, 첫째로 바울 자신이 "내가 이전에 유대교에 있을 때에 행한 일을 너희가 들었거니와 하나님의 교회를 심히 박해하여 멸하고"(갈 1:13, 개역개정)라고 고백한 것처럼 바울의 심리적 상충을 찾을 수 없으며, 둘째로 브루스처럼 심리적으로 해석하면 바울의 회심의 초자연적인 성격과 상충되기 때문이다.[32]

바울은 회심 후에 사명을 받는다. 예수님께서 "내가 네게 나타난 것은 곧 네가 나를 본 일과 장차 내가 네게 나타날 일에 너로 종과 증인을 삼으려 함이니"(행 26:16, 개역개정)라고 말씀하심으로 바울이 예수 그리스도로부터 직접 사명을 받은 사실을 확인한다. 바울이 어두움을 사단과 연관시키고, 빛을 하나님과 연관시키는 사상이나(행 26:18; 참조, 행 13:10-11; 고후 4:4-6), 죄사함, 거룩하게 된 무리, 기업을 그리스도 안에서 얻게 된다고 주장하는 사상은 바울 자신의 것임에 틀림이 없다(행 26:17-18).

4) 그리스도에 대한 바울의 증거(행 26:19-23)

바울은 사명 받은 후 다메섹, 예루살렘, 유대 온 땅, 이방인에게 예수님

---

31   W.J. Sparrow-Simpson, *The Resurrection and Modern Thought* (London: Longmans, Green & Co., 1911), p.145.

32   R.P.C. Hanson, *The Acts* (*New Clarendon Bible*, Oxford, 1967), p.238; 박형용, 『사도행전』, pp.254-256.

을 증거 했다고 말한다. 이는 열한 사도에게 명하신 예수님의 명령과 일치한다(행 1:8). 여기에 바울이 회심 직후 갔던 아라비아가 언급되지 않은 것은 그곳에서 전도하기보다는 자신의 사명에 대해 묵상하고 준비했기 때문이라고 생각된다.[33] 바울이 선포한 내용은 "회개하고 하나님께로 돌아서라," "회개에 합당한 일을 행하라"(행 26:20)였다. 바울은 세례 요한이나(마 3:2, 8), 예수님이나(마 4:17), 베드로(행 2:38)처럼 회개의 중요성과 그 회개를 뒷받침하는 생활의 중요성을 강조했다. 바울은 자신이 선포한 내용은 유대인들이 믿는 "선지자들과 모세가 반드시 되리라고 말한 것"(행 26:22)이며 그것이 바로 그리스도의 수난과 부활이었다고 말한다. 바울은 구약에서 예언한 것이 신약에서 성취되었다고 말함으로 신구약의 통일성을 지적한다.

(2) 설교의 특징

① 아그립바 왕 앞에서 행한 설교는 잘 준비된 설교이며 훌륭한 헬라어로 되어 있다. 본 설교는 고소자도 없었고 분위기도 비교적 안정되었기 때문에 바울이 설교의 내용을 구성하는 데에 더 자유로울 수 있었다.
② 바울은 청중을 의식하고 설교한다. 특히 유대의 풍속에 정통한 아그립바 왕을 의식하면서 설교한다.
③ 바울은 자신의 과거의 생활을 거짓 없이 고한다. 그리고 다메섹 도상에서 예수 그리스도를 만난 사실과 그로부터 직접 사명을 받은 사실도 명백히 밝힌다.

---

33   Harrison, *Acts*, p.378.

④ 바울은 예수 그리스도의 수난과 부활을 강조해서 선포한다. 그리고 회개의 필요성과 그 회개에 합당한 생활이 뒤따라야 함을 강조한다.

9. 바울의 로마 설교(행 28:17-20)

(1) 설교의 분석

바울의 로마 설교는 바울이 유대인들을 두 번 만나는 것을 계기로 진행된다(행 28:17, 23). 첫 만남은 바울이 로마에 도착한 지 사흘 후에 이루어졌다. 바울은 로마에서 유대인들을 찾기 위해 회당으로 가지 않고[34] 자신의 처소로 그들을 초청했다.

바울은 첫 번째 만남에서 불신자 유대인들에게 세 가지 사실을 설명한다. ① 바울은 자신이 이스라엘 백성이나 관습에 관해 잘못한 일이 없다고 말한다(행 28:17). ② 바울은 로마인들이 자신의 잘못을 찾을 수 없어 석방하려 했다고 말한다(행 28:17-18). ③ 바울은 유대인들의 반대에 부딪쳐 할 수 없이 가이사에게 호소한 것이라고 말한다(행 28:19). 가이사에게 호소했다는 말은 바울 자신이 로마 시민권자임을 함축적으로 밝히는 것이다.

유대인 지도자들은 바울에 관해 별로 아는 바가 없기 때문에 다시 만나서 바울의 말을 듣기로 하고 헤어졌다(행 28:20-22). 두 번째 만남에서 바울은 유대인 지도자들에게 본격적으로 예수님에 관해 설명한다. 바울

---

34   그 당시 로마에는 10개 정도의 회당이 있었던 것으로 전해진다. Cf. Emil Schurer, *The History of the Jewish People in the Age of Jesus Christ* (175 B.C.-A.D. 135), rev. and ed. Geza Vermes and Fergus Millar, 3 Vols. (Edinburgh: Clark, 1973-87), Vol.3, pp.96-100.

은 아침부터 저녁까지 하나님 나라에 대해 증거하고 구약을 사용하여 예수님이 메시아이심을 설명한다. 진정한 복음은 편을 가르게 된다. 이 경우도 마찬가지였다. 바울의 말을 듣고 믿는 사람이 있는가 하면 믿지 않는 사람도 생겨났다. 결국 바울은 이사야 6:9-10의 말씀을 인용하여 구약의 성취를 선언하고 유대인들이 복음을 배척하였으므로 하나님의 구원이 이방인에게로 넘어갔다고 설명한다(행 28:26-28).[35]

(2) 설교의 특징

① 바울은 청중이 불신자 유대인 지도자들이었기 때문에 구약 이사야의 말을 인용하여 예수님이 메시아시라고 확증한다(행 28:23).

② 바울의 설교의 내용은 하나님 나라에 관한 것이었다. 바울이 가르친 하나님 나라의 전파는 그리스도의 복음 전파와 같은 의미가 있다.[36] 바울이 선포한 "이스라엘의 소망"(행 28:20)이나 "예수의 일"(행 28:23)은 예수님이 메시아로서 성육신하시고, 고난 받으시고, 부활하심을 포함한다. "바울의 선포에 약속된 메시아의 죽음과 부활이 포함되었다는 것을 의심할 이유가 하나도 없다"(참고. 행 26:22-23; 눅 24:44-47).[37]

③ 바울의 설교는 결국 청중을 두 갈래로 나누었다. 이사야서의 예언처럼 일부는 바울의 설교를 받아 들였고, 일부는 바울을 배척했다. 로마에

---

35   사도행전에서 바울은 하나님의 구원이 유대인의 배척으로 이방인들에게 넘어간 사실을 네 번 언급한다(행 13:46; 18:6; 19:8-9; 28:28).

36   Simon J. Kistemaker, *Exposition of the Acts of the Apostles* (*NTC*), p.961.

37   Everett F. Harrison, *Acts: The Expanding Church* (Chicago: Moody Press, 1975), p.403.

서의 바울의 설교는 사도행전 1:8의 말씀처럼 "땅 끝까지" 복음이 전파되어야 할 방향성을 제시한다. "그런즉 하나님의 이 구원이 이방인에게로 보내어진 줄 알라 그들은 그것을 들으리라"(행 28:28, 개역개정).

정리하는 말

지금까지 예수님의 부활이 바울의 설교에 어떤 영향을 미쳤는지 고찰했다. 바울의 설교는 예수님의 수난과 부활을 계속해서 강조한다. 바울의 신학은 하나님의 구속역사와 성도들의 의무를 목회적인 필요에 응해서 설명한 결과로 나온 것이다. 바울의 설교 역시 청중의 필요에 따라 행해진다. 설교자로서 바울은 생동적으로 복음을 전달하고 결단을 요청하는 능력을 소유하고 있다. 바울은 또한 복음을 전달하는 기교에 탁월한 재능을 가진 사람이다. 아덴에서 헬라인들에게 설교할 때는 유대인의 성경을 언급하지 않고 그 지역의 예배 형식에서부터 시작하고 헬라 시인의 말을 인용한다(행 17:28). 비시디아 안디옥에서는 청중이 유대인들이었으므로 자연스럽게 구약을 인용하고 유대의 역사를 설명한다(행 13:16-41). 루스드라에서는 이방인들이 청중이었기 때문에 유대의 법이나 역사도 언급하지 않고, 아덴의 문화와 먼 곳이므로 헬라 시인의 말도 인용하지 않는다. 바울은 이처럼 복음을 전할 때 어떤 말을 해야 청중을 사로잡을 수 있을지를 알았다. "내가 모든 사람에게서 자유로우나 스스로 모든 사람에게 종이 된 것은 더 많은 사람을 얻고자 함이라 유대인들에게는 내가 유대인과 같이 된 것은 유대인들을 얻고자 함이요 율법 아래에 있는 자들에게는 내가 율법 아래에 있지 아니하나 율법 아래에 있는 자 같이 된 것은 율법 아래에 있는 자들을 얻고자 함이요 율법 없는 자에게는 내가 하나님께는 율법 없는 자가 아니요 도리어 그리스도의 율법 아래에 있는 자이나 율법 없는 자와 같이 된 것은 율법 없는 자들을 얻고자 함이라"(고전 9:19-21, 개역개정).

바울의 설교 방법을 간략히 요약하면 다음과 같다

① 바울은 자신 앞에 놓인 형편을 잘 분석하여 설교에 이용한다. 청중의 학식, 직업, 가정상황 등을 분석하여 설교의 방향을 잡는다. 바울은 청중을 정죄하지 않고 청중의 상태를 이용하여 복음진리를 전하는 데 활용한다.

② 바울은 분석해낸 사실을 근거로 접촉점을 찾아 복음을 증거 한다. 바울은 설교를 들어야할 청중들의 상황을 잘 분석하여 설교가 허공만 흔드는 일이 없게 한다. 유대인들에게는 구약성경과 그들의 과거 역사를, 이방인들에게는 자연 현상이나 공감대를 형성할 수 있는 사실을 근거로 접촉점을 찾는다. 그러나 바울의 설교는 항상 예수 그리스도의 죽음과 부활을 중심 메시지로 삼는다.

③ 바울은 진리를 선포할 때 담대함으로 한다. 청중들에게 예절을 지키지만 진리는 결코 양보하거나 타협하지 않는다. 바울에게는 "부분적인 진술로 복음의 문을 열어 놓으려는 시도가 없다. 바울은 진정한 문제를 감추거나 그 문제 속에 내포된 것을 감추지 않고, 청중들에게 상처를 입힐까 봐 두려워하는 모습이 없고, 타협을 제시하지 않고, 진정으로 어려운 일을 쉽게 보이려 한 시도가 없다."[38] 바울은 담대하게 자신

---

38   Roland Allen, *Missionary Methods: St. Paul's or Ours?* (London: World Dominion Press, 1960), pp.63-64.

의 메시지를 전한다.

④ 바울의 설교는 듣는 자의 반응을 유도한다. 예수 그리스도는 살아 있고 장차 심판하실 것이기 때문에 예수를 믿어야 한다고 호소한다. 바울은 회개의 필요성과 회개에 합당한 생활이 뒤따라야 한다고 말한다. 이런 방법으로 바울은 청중들을 계속되는 구원 역사의 흐름 속에 처하도록 만든다.

⑤ 바울은 예수님의 수난과 부활을 자신의 메시지의 중심 위치에 둔다. 바울은 중요한 복음진리는 설교의 중심에 두고 약간 덜 중요한 것은 그 맥락 속에서 알맞게 사용한다. 바울은 예수 그리스도의 수난과 부활을 항상 강조하되 수난보다도 부활을 더 강조한다. 그 이유는 바울이 그리스도의 죽음과 부활을 되돌아보는 입장에 있었기 때문이다.

제11장

바울이 이해한 신약 교회

제11장

바울이 이해한 신약 교회

제 11장은 다음에 뒤따라 나오는 세 장과 관련이 있다. 다음 세 장은 "위를 향한 교회의 역할," "안으로 향한 교회의 역할," "밖을 향한 교회의 역할"을 각각 다룬다. 그러므로 이 장과 다음 세 장은 바울의 신약교회 이 해에 관하여 서로 보완의 역할을 한다. 이 장에서는 바울 사도가 교회를 건물의 기능과 비교하고, 몸의 역할과 비교한 것에 초점을 맞추어 간단히 고찰하려고 한다.

바울은 교회에 대해 지대한 관심을 가진 사도이다. 교회(ἐκκλησία)라 는 용어가 신약에 115회 나타나는데 그 중 62회가 바울 서신에 나타난다 는 사실이 이를 입증한다.[1] 바울은 "에클레시아"라는 용어를 우주적인 교 회를 가리킬 때도 사용하고(엡 5:23,25), 한 장소에서 회집되는 개 교회를 가리킬 때도 사용한다(고전 1:2; 4:17). 그러나 바울은 자신의 서신 어디에

---

[1]   J.B. Smith, *Greek-English Concordance to the New Testament* (Scottdale: Herald Press, 1974), p.116(section 1577).

서도 건물을 교회라 부르지 않는다. 교회는 예수님을 믿는 사람들이 예배와 교제와 봉사를 위해 정규적으로 모이는 성도들의 모임을 가리킨다. 예수 그리스도의 교회란 그리스도를 왕으로 삼고, 그분께 절대 충성하며, 그분의 왕권 아래 순종하며 사는 부름 받은 백성을 뜻한다.

1. 성령으로 이룩된 단체(고전 12:3,13; 롬 8:9-11)

교회는 성령을 떠나서 존재할 수 없다. 교회는 성령의 역사로 시작되고, 존재하며, 활동한다. 신약교회의 설립은 오순절과 관계가 있다. 예수님은 구속을 성취하실 십자가 사건을 얼마 남겨 놓지 않은 시점에서 제자들에게 "너희는 나를 누구라 하느냐"(마 16:15)라고 물으신다. 이 질문을 받은 제자들 중 베드로가 "주는 그리스도시요 살아 계신 하나님의 아들이시니이다"(마 16:16)라는 유명한 신앙고백을 한다. 이 신앙고백을 들은 예수님은 "너는 베드로라 내가 이 반석 위에 내 교회를 세우리니 음부의 권세가 이기지 못하리라"(마 16:18)고 교회 설립에 관해 말씀하신다.[2] 예수님께서 신앙고백을 한 베드로에게는 "너는 반석이다"라고 현재 시상으로 말씀하신 반면 교회설립 시기에 관하여는 "내 교회를 세우리니"라는 미래 시상으로 말씀하신 이유가 무엇인가? "그 이유는 죄 문제를 해결하고 구속을 완성하게 될 예수님의 죽음과 부활의 사건이 그 당시로 보아서는 아직

---

2   어떤 이는 헬라어로 베드로 (Petros) 는 남성형이요 반석 (petra) 은 여성형이기 때문에 베드로의 신앙고백과 사도 베드로를 구분해야 한다고 주장한다 . 그러나 신약교회의 설립은 신앙고백도 중요하지만 베드로의 사도성도 중요하다 . 이 문제에 대한 좀 더 자세한 설명은 박형용 (『사도행전 주해』 수원 : 합동신학대학원출판부 , 2003, pp.47-49) 과 Edmund P. Clowney (*The Church*. Downers Grove: IVP, 1995, pp.39-41) 를 참조하라 .

미래로 남아 있었기 때문이다. 구속의 성취 사건이 발생하기도 전에 그 구속의 복음을 책임지고 전파할 교회를 설립할 수 없었기 때문이다. 예수님의 죽음과 부활 이전에 신약교회를 설립하면 신약교회는 전파할 구체적인 메시지도 없이 설립되는 것이다. 이 사실은 예수님께서 오순절을 교회 설립 시기로 생각하고 계셨음을 암시한다."[3]

오순절 성령 강림 사건은 신약교회 설립을 위해 계획된 사건이다. 오순절 사건은 새로운 사명을 부여 받은 신약교회의 시작을 알리는 사건이요, 신약교회를 인친 사건이며, 또한 복음을 땅 끝까지 전파할 수 있도록 성령의 능력을 덧입힌 사건이다. 이처럼 신약교회는 구속역사의 진전에 따라 오순절 성령 강림 사건을 기점으로 시작되었지만, 신약교회 즉 믿음의 공동체의 형성은 성령의 사역을 통해서만 가능하다는 사실이 성경의 교훈이다. 성경은 "우리가 유대인이나 헬라인이나 종이나 자유인이나 다 한 성령으로 세례를 받아 한 몸이 되었고 또 다 한 성령을 마시게 하셨느니라"(고전 12:13, 개역개정)고 말한다. 여기 "다 한 성령으로 세례를 받아 한 몸이 되었고"는 "다 한 성령에 의해 세례를 받아 한 몸이 되었다"는 뜻이 아니요 "다 한 성령 안에서(ἐν ἑνὶ πνεύματι) 세례를 받아 한 몸이 되었다"는 뜻이다. 그 이유는 세례를 받을 때 "한(하나의) 성령"이란 표현은 적절하지 않기 때문이다. 성도들은 한 성령 안에서 세례를 받아 한 몸이 되었다. 즉 우리의 구원은 성령의 사역을 근거로 이루어진 것이다(엡 1:13,14). 성령은 우리가 예수 그리스도를 구주로 믿도록 도와주신다(고전 12:3). 우리의 구원의 요건은 예수 그리스도를 구주로 믿는 것이다. 믿음 이외의 다른 요건이 있을 수 없다(롬 3:26-31). 십자가에서 고난당하시고

---

3   박형용, 『교회와 성령』 (수원: 합동신학대학원출판부, 1997), pp.161-162.

사흘 만에 부활하신 예수 그리스도가 우리의 믿음의 대상이시다. 그래서 바울 사도는 "네가 만일 네 입으로 예수를 주로 시인하며 또 하나님께서 그를 죽은 자 가운데서 살리신 것을 네 마음에 믿으면 구원을 받으리라 사람이 마음으로 믿어 의에 이르고 입으로 시인하여 구원에 이르느니라"(롬 10:9-10, 개역개정)라고 했다. 그런데 예수를 주로 시인하며 그리스도의 십자가 사건과 부활을 믿을 수 있는 믿음은 누가 주는가? 죄인은 스스로 예수를 구주로 믿을 수가 없다. 그러므로 우리의 믿음까지도 우리 자신의 것이 아니요 하나님이 주신 것이다. 성경은 "너희는 그 은혜에 의하여 믿음으로 말미암아 구원을 받았으니 이것은 너희에게서 난 것이 아니요 하나님의 선물이라"(엡 2:8, 개역개정)고 증거 한다. 비록 본문의 내용 중 "하나님의 선물"이 믿음을 가리키는지 구원의 전 과정을 가리키는지에 대한 논의는 나누어지지만 구원과 믿음이 모두 하나님의 선물임에는 틀림없다.[4] 고린도전서 12:3은 "하나님의 영으로 말하는 자는 누구든지 예수를 저주할 자라 하지 아니하고 또 성령으로 아니하고는 누구든지 예수를 주시라 할 수 없느니라"(개역개정)라고 했다. 이 말씀은 성령으로 아니하고는 우리 모두가 그리스도를 구주로 믿을 수 없었다는 것을 증거 한다. 성령께서 우리 한 사람 한 사람에게 믿음을 주셔서 예수를 구주로 믿게 하시고 그 믿음으로 말미암아 우리는 구원을 받게 된다.

그러므로 우리가 예수를 믿는 순간 성령은 성도 안에 거하시고(롬 8:9-11), 그런 이유로 성도의 몸을 가리켜 성령의 전이라고 부르는 것이다(고전 3:16; 6:19). 성령은 신실하게 그리스도를 고백하는 사람들 안에 내주하

---

4   박형용, 『에베소서 주해』 (수원: 합동신학대학원출판부, 1998), pp.117-120: 박형용은 엡 2:8의 "이것이"(τοῦτο)를 "구원의 전 과정"을 뜻하는 것으로 해석한다. 하지만 믿음 역시 구원의 전 과정 속에 포함된다.

신다. 성도들은 이처럼 성령의 사역이 있을 때에 예수님을 마음으로 믿고
입으로 시인하게 되며 외적인 물세례를 받아 보이는 교회의 교인이 된다.
그러므로 교회는 성령의 사역으로만 구성될 수 있는 믿음의 공동체인 것
이다.

2. 예수님이 교회의 머리되심(엡 1:22-23)

바울 사도는 머리(κεφαλή)라는 용어를 자신의 서신에서 18회 사용한
다.[5] 그런데 이 가운데 그리스도께서 교회의 머리라는 개념을 담고 있는
구절은 4회뿐이다(엡 1:22; 4:15; 5:23; 골 1:18). 특히 에베소서 1:22과 골로
새서 1:18은 그리스도가 교회의 머리되심과 만물의 머리되신다는 사상
을 분명하게 전하고 있다. 그리스도를 "만물 위에 교회의 머리로 삼으셨
다"(엡 1:22)는 표현과 "교회는 그의 몸이니 만물 안에서 만물을 충만하게
하시는 자의 충만"(엡 1:23)이라는 표현, "그는 몸인 교회의 머리시라……
이는 친히 만물의 으뜸이 되려 하심이요"(골 1:18)[6]라는 표현은 그리스도
와 교회 그리고 그리스도와 피조물의 관계를 설명하는 축약된 특이한 표
현이다. 그런데 여기서 주목해야 할 사항은 예수 그리스도께서 교회의 머
리가 되시고 또 만물의 머리가 되시는 근거를 예수 그리스도의 부활에 둔
다는 것이다(엡 1:20-23; 골 1:15-18 참조). 바울 사도는 창조주와 구속주가

---

5   롬 12:20; 고전 11:3(3회), 4(2회), 5(2회), 7, 10; 12:21; 엡 1:22; 4:15; 5:23(2회); 골
1:18; 2:10,19.

6   골 1:18은 골 1:15과 함께 고찰해야 한다.

같은 한 분이라고 밝힌다.[7] 이제 이 두 내용을 문맥에 비추어 더 구체적으로 생각해보자. 그리스도를 "만물 위에 교회의 머리로 삼으셨느니라"(엡 1:22)는 뜻은 그리스도의 권위가 만물에게까지 미치는 것을 강조한다. 예수 그리스도는 교회의 머리이지만 통치의 권한은 교회에 국한한 것이 아니요 만물에게까지 미치는 것이다. 에베소서 1:22은 예수 그리스도와 교회, 예수 그리스도와 만물의 관계를 설명하는데, 전자의 관계는 함축적으로 나타나고 후자의 관계가 더 명시적으로 강조된다.[8] 본문은 교회와 우주가 그리스도 안에서 동일한 머리를 갖게 되리라고 설명하면서 그리스도께서 우주를 다스리시는 사실에 대해 더 강조한다.

그러면 "교회는 그의 몸이니 만물 안에서 만물을 충만하게 하시는 이의 충만"(엡 1:23)이라는 뜻은 무엇인가? 이 구절의 해석은 "충만"(πλήρωμα)이라는 용어를 능동적인 의미로 생각하느냐 수동적인 의미로 생각하느냐에 따라 해석이 달라진다.

"충만"을 능동적인 의미로 생각하면 본문은 교회가 그리스도를 완전하게 만든다는 뜻이다. 머리가 그 자체로 완전할지라도 지체가 없으면 무엇인가 불완전하기 때문에 교회의 머리이신 그리스도가 완전하게 되기 위해서는 지체인 교회가 필요하다는 것이다. 바울이 문맥에서 머리와 몸의 비유를 사용했기 때문에 그리스도의 완전이 교회를 필요로 한다는 것으로 해석한다.[9]

---

7   K.H. Bartels, "Firstborn," *NIDNTT*, Vol.1, p.669.

8   S.D.F. Salmond, *The Epistle to the Ephesians* (*The Expositor's Greek Testament*, Vol. III, Grand Rapids: Eerdmans, 1980), p.280

9   John Calvin, *The Epistles of Paul the Apostle to the Galatians, Ephesians, Philippians and Colossians*, p.138; William Hendriksen, *Ephesians* (*NTC*), pp.103-106.

그러나 "충만"을 능동적인 의미로 해석하기보다는 수동적인 의미로 해석하는 것이 문맥과 더 잘 어울린다고 생각된다. 본 구절의 "충만"을 수동적으로 해석하면 교회가 '채우는 것'이 아니요 '채워지는 것'이 된다. 그렇다면 교회가 그리스도의 충만인 까닭은 교회가 그리스도를 충만하게 하기 때문이 아니라 그리스도가 교회를 충만하게 하기 때문이다.[10] 본문의 "충만"을 그리스도를 묘사하는 것으로 생각하기보다 교회를 묘사하는 것으로 생각하는 것이 더 타당하다. 교회는 그리스도의 은혜와 은사로 채워지는 저장소이다(엡 4:7-11 참조).[11] 즉 교회는 그리스도의 몸으로서, 그리스도가 아버지로부터 받은 완전한 충만을 그리스도로부터 계속 받는 것이다. 그리스도가 하나님에 의해 채워진 그 충만이 이제는 그(그리스도) 안에 있는 사람들을 채우고 있다.[12] 교회는 그리스도의 몸일 뿐 아니라 머리이신 그리스도에 의해 모든 필요와 자양분을 공급받는 것이다.

에베소서 1:23의 논리의 방향은 교회로부터 그리스도로가 아닌 그리스도로부터 교회와 우주로 향한다. 바울 사도가 시종일관 예수님의 절대 주권을 강조하면서 같은 문맥에서 교회가 그리스도를 완전하게 한다고 생각할 수 없는 것이다.

바울 사도는 본 문맥에서 하나님의 지극히 크신 능력이 그리스도를 교회의 머리로 세우시고 그리스도로 하여금 교회의 존재와 사명에 필요한 모든 것을 충분하게 제공할 수 있도록 하신다고 설명한다.

---

10   John R.W. Stott, *God's New Society*, *The Message of Ephesians* (Downers Grove: IVP, 1979), p.64.

11   David S. Lim, "Fullness," *Dictionary of Paul and His Letters* (Downers Grove: IVP, 1993), p.320.

12   John A.T. Robinson, *The Body* (London: SCM Press, 1977), p.69.

그리스도는 교회의 모퉁이 돌이시다(벧전 2:6 참조). 모퉁이 돌은 사실상 건물의 기초의 일부분으로 가장 중요한 위치에 놓여 건물 구조를 지탱하는 역할을 한다. 모퉁이 돌은 건물의 기초로서 다른 돌들과 연결되어 건물을 지탱하며 건물을 이루어 나가는 것이다. 모퉁이 돌이 없으면 건물이 존재할 수 없으며 건물의 기능을 유지할 수 없다. 그러므로 교회는 존재, 능력, 성장을 그리스도에게 의존하고 있다.

바울 사도가 교회를 건물에 비유하고 있다는 사실이 큰 교훈을 준다. 한 건물이 세워지기 위해서는 모퉁이 돌이 있어야 하고 건물 모든 부분이 튼튼해야 한다. 모퉁이 돌과 기초는 튼튼하지만 그 위에 세워지고 있는 부분들이 튼튼하지 않으면 전체 건물은 튼튼할 수 없다. 이 말은 성도들 각자가 영적으로 튼튼하지 않으면 하나님의 거하실 처소가 튼튼하게 지어질 수 없음을 시사한다.

그러나 항상 기억할 것은 성도들은 성도들 안에서 역사하시는 성령의 작업장으로서 완전을 향해 전진하고 있기 때문에 오늘의 미완숙을 낙망해서는 안 된다. 에베소서 2:21-22에서 "주 안에서 성전이 되어 가고"(αὔξω)나 "예수 안에서 함께 지어져 가느니라"(συνοικοδομεῖσθε)는 현재 시상으로 건물이 현재 건축 중에 있다는 뜻을 함축한다(엡 2:21-22).[13]

그런데 건물이 성전으로 되어 간다는 사상 속에는 두 가지 분명한 비유적 의미가 담겨있다. 교회를 건물에 비유할 때는 교회가 계속해서 완전을 향해 지어지고 있다는 사상을 함축하며, 반면 교회가 성전이라는 말은 아직 완성의 단계에 이르지 않은 교회일지라도 교회는 성령이 내주하는 처소임을 가르친다. "교회를 건물로 생각할 때는 교회가 아직 건축 도상에

---

13   John A. Allan, *The Epistle to the Ephesians* (*Torch Bible Commentaries*, London: SCM Press, 1959), p.88.

있지만, 교회를 성전으로 생각할 때는 교회는 성령이 내주하시는 처소인 것이다."[14] 새 하늘과 새 땅이 창조되면 이런 과도기적인 성격이 없어지고 "하나님의 장막이 사람들과 함께 있게"(계 21:3) 되는 때가 이를 것이다.

하나님은 멀리 있는 백성과 가까운 데 있는 백성을 그리스도 안에서 하나로 만들어 새 인류를 창조하셨다. 하나님과 인간 사이에 있는 불화 또 사람과 사람 사이에 있는 소외와 적대감과 불화를 그리스도 안에서 폐하시고 하나님이 통치하시고 사랑하시는 새로운 사회인 교회를 이룩하셨다.

그러므로 하나님이 그리스도 안에서 이루신 교회는 인종주의, 민족주의, 지방색, 성직자주의, 오만, 질투, 편견 등을 용납할 수가 없다. 하나님이 폐지시킨 것을 인간이 다시 세울 수 없는 것이다. "그의 안에서 건물마다 서로 연결하여 주 안에서 성전이 되어 가고 너희도 성령 안에서 하나님의 거하실 처소가 되기 위하여 그리스도 예수 안에서 함께 지어져 가느니라"(엡 2:21-22, 개역개정).

3. 유기체로서 교회의 기능

바울 사도는 교회의 유기적 기능을 고린도전서 12:12-26에서 비교적 자세하게 설명한다. 바울은 성령이 내주하는 모든 사람들은 그리스도의 몸인 교회의 지체를 이룬다고 가르친다.

---

14   R. J. Mckelvey, *The New Temple* (Oxford: OUP, 1969), p.117.

(1) 유기체로서 교회

교회를 몸에 비유한 것은 몸이 유기적으로 움직이는 것처럼 교회도 유기적인 단체라는 증거이다. 몸의 각 지체가 유기적으로 협력하여 몸의 활동을 원활하게 하듯 교회도 유기적으로 활동할 수 있도록 각 지체가 협력해야 한다는 뜻이다. 몸은 한 몸이지만 몸을 이루는 지체가 많다. 사람의 몸이 몸이 되기 위해서는 몸을 구성하는 모든 지체가 있어야 하고 또 모든 지체가 한 곳의 조종을 받아야 한다. 뱅크스(R. Banks)는 "몸은 공통된 신경을 가지고 있다. 몸 안에는 한 지체가 다른 지체와 동일시되는 한 생명이 있다."[15]라고 설명한다. 그리스도가 교회의 머리라는 말은 교회가 그리스도의 조종을 받아야 한다는 뜻이다. 모든 지체는 한 생명으로 사는 것이지 여러 생명으로 사는 것이 아니다. 발의 생명이 있고, 손의 생명이 따로 있고, 또 눈의 생명이 달리 있을 수 없다. 모든 지체는 한 생명을 위해서 존재해야 하며 그럴 때 몸의 구실을 제대로 하는 것이다. 유기체인 몸을 튼튼하게 유지하려면 몸이 필요로 하는 자양분을 골고루 섭취해야 한다. 마찬가지로 교회도 튼튼한 유기체가 되려면 여러 종류의 영적 자양분이 필요하다. 설교의 자양분도 필요하고 하나님의 말씀을 공부하는 자양분도 필요한 것이다.

(2) 다른 지체를 위해 존재함

교회를 몸에 비유해서 설명한 것은 각 지체의 은사의 사용과 직접적인

---

15   Robert Banks, *Paul's Idea of Community* (Grand Rapids: Eerdmans, 1980), p.64.

연관이 있다. 각 지체의 다양한 공헌을 통해 공동체의 통일성이 명백하게 드러난다.[16]

몸의 지체는 자기 자신을 위해 존재하는 것이 아니요 다른 지체를 위해 존재하는 것이다. 엄지손가락이 가려울 때 엄지손가락 자체가 그 가려운 곳을 긁을 수는 없는 것이다. 다른 손가락이 가려운 곳을 긁어 주어야 하는 것이다. 마찬가지로 교회의 지체인 성도들은 자기 자신을 위해 존재하는 것이 아니라 다른 지체를 위해 존재하는 것이다. 하나님께서 몸의 각 지체에게 다른 기능을 주셔서 전체 몸의 활동을 돕도록 하신 것처럼 교회의 지체인 성도들은 하나님이 주신 서로 다른 은사를 잘 활용하여 교회가 잘 활동할 수 있도록 협력해야 한다. 교회 내에는 가장 연약하게 보이는 성도일지라도 그의 역할이 있고 유용한 것이다[17](롬 12:3-8; 엡 4:7-12 참조). 몸의 지체들이 유기적으로 잘 조화를 이루어 협력하므로 전체 몸을 잘 보존하는 것처럼, 성도들은 그리스도의 몸의 지체들로서 그리스도의 몸인 교회가 유기적으로 잘 활동할 수 있도록 각자의 맡은 책임을 잘 감당해야 한다.

(3) 각 지체 간에 귀천의 차이가 없음

몸의 지체는 귀천의 차이가 없다. 몸의 지체는 맡겨진 기능을 잘 감당할 때 전체 몸을 위한 역할을 잘하게 된다. "만일 온 몸이 눈이면 듣는 곳은 어디며 온 몸이 듣는 곳이면 냄새 맡는 곳은 어디냐"(고전 12:17). 칼빈

16　Banks, *Paul's Idea of Community*, p.65.

17　Calvin, *The First Epistle of Paul to the Corinthians* (trans. John W. Fraser), p.269.

은 몸의 각 지체가 서로 동등할 수는 없지만 각 지체가 다른 기능으로써 서로를 위해 봉사를 하지 않으면 전체 몸이 파괴될 수밖에 없다고 말한 다.[18]

(4) 각 지체 간에 경쟁 관계가 없음

몸의 각 지체는 서로 간에 시기나 경쟁을 하지 않는다. "몸 가운데서 분쟁이 없고 오직 여러 지체가 서로 같이 하여 돌보게 하셨느니라 만일 한 지체가 고통을 받으면 모든 지체가 함께 고통을 받고 한 지체가 영광을 얻 으면 모든 지체가 함께 즐거워하느니라"(고전 12:25-26, 개역개정)라고 말 한 것처럼 각 지체 간에 시기와 분쟁이 있을 수 없고 서로 협력하여 하나 의 방향으로 움직여야 하는 것이다. 몸의 각 지체 간의 동등성을 주장하는 것은 전체 몸의 안녕과 건강을 위해 유익하지 않다. 하나님께서 여러 지체 로 유기체인 몸을 이루게 하시고 전체 몸을 위해 각 지체에게 다른 기능과 은사를 주셨다. 그러므로 어떤 지체가 자신의 위치에 대해 불만족을 표시 하는 것은 지체의 질서를 정하신 하나님과 전쟁을 하려는 것과 같다.[19]

이처럼 교회의 지체인 우리도 교회 내에서 우리에게 맡겨진 지체의 기 능을 잘 감당해야 할 뿐 아니라 다른 성도들과의 관계에 있어서 유기적인 협력을 해야 한다.

---

18   Calvin, *The First Epistle of Paul to the Corinthians*, p.267.

19   Calvin, *The First Epistle of Paul to the Corinthians*, p.267.

4. 그리스도를 대표하는 몸의 기능

몸의 각 지체가 유기적으로 협력하여 몸을 잘 보존하는 이유는 몸으로 하여금 자신을 외적으로 잘 대표하고 활동할 수 있게 하려는 까닭이다. 몸의 한 지체가 아프면 전체 몸의 활동도 지장을 받는다. 이처럼 몸을 유기체로 잘 보존하는 이유는 자신을 잘 대표할 수 있게 하기 위함이다.

본문 고린도전서 12:27은 고린도 교회를 가리켜 "너희는 그리스도의 몸이요"라고 했다. 이 말씀은 우리의 몸이 우리 자신을 외적으로 대표하는 역할을 하는 것처럼 교회는 세상에서 그리스도를 나타내 보이는 역할을 해야 한다는 뜻이다. 바울 사도가 다른 서신에서 "우리가 그리스도를 대신하여 사신이 되어"(고후 5:20)라고 말한 내용도 비슷한 뜻을 함축하고 있다. 바울 사도가 고린도전서 9:27에서 "내가 내 몸을 쳐 복종하게 함은 내가 남에게 전파한 후에 자신이 도리어 버림을 당할까 두려워함이로다"(개역개정)라고 말했을 때 바울 사도가 단순히 자기 육체를 심하게 다루었다는 뜻이 아니요 자기 자신을 심하게 다루었다는 뜻이다. 또한 "너희 몸을 하나님이 기뻐하시는 거룩한 산 제물로 드리라"(롬 12:1)라고 했을 때 그것은 바울 사도가 육체를 제사로 바치라는 것을 뜻하지 않고 전체 인격을 모두 하나님께 바치라는 것을 뜻한다. 여기서 몸은 전체 인격체를 가리킨다. "거룩한 산 제물"은 제물이 죽어 있는 것이 아니라 제물이 살아 있으면서 제사를 바치는 것을 뜻한다. 그것은 우리의 몸이 살아서 활동하는 가운데 하나님께 우리 인격 전체를 바치는 것을 뜻한다.

몸은 사람을 외적으로 대표하는 역할을 한다. 내 몸이 움직일 때 내가 움직이고, 내 몸이 일할 때 내가 일하게 된다. 따라서 내 몸이 선한 일을 하면 내가 선한 일을 하고 내 몸이 악한 일을 하면 내가 악한 일을 하는 것이다. 체조 선수의 몸이 훌륭한 연기를 보여 주면, 그 선수 자신이 훌륭한 연기를 보여 주었다고 생각한다.

본문에서 "너희는 그리스도의 몸이요"라고 했을 때 이 말은 교회에 큰 도전을 주는 말씀이다. 왜냐하면 교회가 그리스도의 몸이라고 말씀하기 때문이다. 교회는 세상을 향해서 그리스도를 대신해야 한다는 말씀이다. 즉 교회가 움직이면 그리스도가 움직이는 것과 같고, 교회가 휴식을 취하면 그리스도가 휴식하는 것과 같고, 교회가 잘못을 저지르면 그리스도가 잘못을 저지르는 것과 같으며, 교회가 선한 일을 하면 그리스도가 선한 일을 한 것과 같기 때문이다.

그리스도의 교회를 우리의 몸에 비유한 것은 우리의 몸의 기능처럼 교회도 같은 기능으로 활동해야 한다는 뜻이다. 사람의 몸이 세상을 향해서 인격체인 사람을 외적으로 대표하는 것처럼, 교회는 세상을 향해 그리스도를 대표해야 한다는 뜻이다. 그리스도의 몸인 교회가 세상을 향해 어떻게 대표하느냐에 따라 그리스도에게 영광이 돌아갈 수도 있고 욕이 돌아갈 수도 있다.

5. 교회의 특권

(1) 구속의 비밀을 책임진 교회

바울 사도는 예수님께서 그의 죽음과 부활을 통해 "한 새 사람"(ἕνα καινὸν ἄνθρωπον)을 지으셨다고 말한다(엡 2:15). "한 새 사람"은 유대인과 이방인이 그리스도 안에서 한 그룹이 된 새 인류를 가리킨다. "한 새 사람"이란 그리스도 안에서 하나의 가족으로 창조된 본질적으로 새로운 인류를 뜻한다. 유대인과 "이방인들이 복음으로 말미암아 그리스도 예수 안에서 함께 상속자가 되고 함께 지체가 되고 함께 약속에 참예하는 자"(엡 3:6, 개역개정)가 되었다. 바울 사도는 "함께"(συν-)라는 접두어를 세 번 사용함으로 이방인이 유대인과 한 가족이 된 것을 명백히 한다. "함께 상속자가 된 것은" 성도들의 특권이요, "함께 지체가 된 것"은 성도들의 상태요, 또한 "함께 약속에 참여하는 것"은 성도들의 신분을 말한다.[20] 윌슨 (Wilson)은 이 구절을 설명하면서 "동료 상속자"는 유대인이나 이방인이나 그리스도 예수 안에서 동등하게 유산을 받게 된다는 뜻이며, "동료 멤버"(함께 지체됨)는 한 몸을 같이 나누는 공동 협력체라는 뜻이며, "동료 참여자"는 하나님의 언약에 함께 참여하는 공유자가 된 것을 뜻한다고 말한다.[21]

이처럼 교회는 특별하게 설립되어 "영원부터 만물을 창조하신 하나님 속에 감추어졌던 비밀의 경륜"(엡 3:9)을 온 세계에 드러내는 특권을 소유한 것이다. 바울은 하늘의 선한 천사들까지도 하나님의 구원에 관한 각종 지혜를 교회를 통해서만 알 수 있다고 선언한다. 바울은 "이제 교회로 말미암아 하늘에서 통치자와 권세들에게 하나님의 각종 지혜를 알게 하려 하심이니"(엡 3:10)라고 설명한다. "천사들까지도 하나님의 지혜의 지식을 교회를 통해 얻게 되었다는 놀라운 선언은 우리로 하여금 잠시 깊은 사색에 빠지게 한다. 왜냐하면 하나님에 의해 선택되고, 그리스도에 의해 구속되고, 성령에 의해 거룩하게 된 신약의 교회 안에서 하나님의 영원한 목적

---

20   박형용, 『에베소서 주해』 (수원: 합동신학대학원출판부, 1998), pp.149-150.

21   Geoffrey B. Wilson, *Ephesians* (Carlisle: The Banner of Truth Trust, 1978), p.66.

의 완성이 경이적인 모습으로 응시하는 천사들에게 드디어 나타났기 때문이다(벧전 1:12 참조)."[22] 그래서 바울은 "이 비밀은 만세와 만대로부터 감추어졌던 것인데 이제는 그의 성도들에게 나타났고 하나님이 그들로(성도들) 하여금 이 비밀의 영광이 이방인 가운데 얼마나 풍성한지를 알게 하려 하심이라 이 비밀은 너희 안에 계신 그리스도시니 곧 영광의 소망이니라"(골 1:26-27, 개역개정)라고 쓴다.

이 말씀은 하나님이 그리스도 안에서 성취하신 그의 구속의 비밀을 온 세상에 드러내시는 데 사용할 단체가 바로 교회라는 사실을 증거 한다. 이는 교회가 얼마나 귀한 공동체인지를 증거 하며, 교회가 얼마나 고상한 특권을 소유하고 있는지를 밝히는 것이다.

(2) 천국 만찬을 미리 맛보는 교회

성만찬은 예수님이 잡히시던 밤에 제자들을 위해서 제정하신 마지막 만찬이었다(마 26:26-29; 막 14:22-25; 눅 22:14-20; 고전 11:23). 바울 사도는 고린도전서 10:14-22과 11:23-26에서 성만찬을 해석적으로 설명하고 있다. 이제 바울 사도가 위의 두 구절에서 언급하고 있는 내용을 근거로 성만찬이 교회 공동체의 특권인 이유를 간단히 고찰해 보고자 한다.

1) 고린도전서 6:13-18과 10:14-22

바울 사도는 고린도전서 6:13-18에서 성도들의 몸이 그리스도의 지체라고 밝히고 "그리스도의 지체"와 "창녀의 지체"를 비교 설명한다(고전

---

22   Clinton E. Arnold, *Ephesians: Power and Magic* (Grand Rapids: Baker, 1992), pp.63-64.

6:15). 그리스도의 지체는 창녀와 합할 수 없는데 그 이유는 창녀와 합할 경우 창녀의 몸이 되기 때문이다(고전 6:16). 그리스도의 지체가 창녀와 합하여 창녀의 몸이 된다는 말은 참여를 통한 연합을 뜻한다. 한 사람이 두 개의 서로 상반되는 다른 연합에 참여할 수 없다는 뜻이다. 그리스도의 지체가 창녀와도 연합되고 또한 그리스도와도 연합될 수 없는 것이다. 샌더스(Sanders)는 바울이 본문에서 "참여를 통한 연합"의 사실에 근거하여 성적 부도덕성(sexual immorality)을 말하고 있다고 하지만,[23] 필자의 견해로는 바울이 본문에서 강조하기를 원하는 것은 성적 부도덕성을 드러내기 위한 것이 아니요, 오히려 성도들은 주님과 연합하여 그리스도의 지체가 되었기 때문에 창녀와 연합하는 잘못을 범해서는 안 된다는 것이다.

바울 사도는 고린도전서 10:14-22에서 "주의 잔"에 참여하는 것과 "귀신의 잔"에 참여하는 것을 비교한다(고전 10:21). 성도들은 "주의 잔"에 참여하는 특별한 존재들이다. 샌더스는 "우상숭배는 참여적 연합을 뜻하는 것으로 우상 숭배하는 사람을 그리스도와의 연합에서 배제시킨다(고전 10:14-22). 여기서 바울은 한 사람이 주님의 만찬에서 그리스도의 몸과 피에 참여하는 그 자체를 논증하는 것이 아니다. 오히려 한 사람이 주님의 만찬에 참여하였기 때문에 그 사람은 귀신이 참여하는 음식과 잔에 참여해서는 안 된다. 이처럼 범죄가 한 사람을 그리스도와 맺은 연합으로부터 제거시킨다는 단순한 의미가 아니라 오히려 그리스도와 맺은 연합과 귀신과 맺은 연합은 서로 배타적이라는 뜻이다. 바울은 우상숭배가 잘못이라는 사실을 설명할 수 있는 수많은 구약의 구절들을 가지고 있다. 그러나 그는 우상숭배가 하나님의 계명과 뜻에 반하는 범죄이기 때문에 잘못이라는

---

23 E. P. Sanders, *Paul and Palestinian Judaism* (Philadelphia: Fortress Press, 1977), pp.454-455.

사실을 증명하는 데 필요한 뚜렷한 구절들을 하나도 사용하지 않는다. 오히려 논의는 우상숭배가 우상과 연합되는 것이기 때문에 (우상숭배)한 사람을 그리스도의 몸에 참여하는 것으로부터 배제시킨다는 것이다."[24]라고 설명한다. 홀란드(Holland)는 "주의 상은 성도들이 주님과 갖는 관계를 말하는 것처럼 귀신들의 상은 참여자가 귀신들과 갖는 관계를 말한다."[25]라고 말하며 또한 그는 계속해서 "바울이 두 상(床) 사이를 직접 비교한 것은 한 상이 한 공동체를 의미하는 것처럼 다른 상은 다른 공동체를 의미한다는 것을 분명히 함축하고 있다."[26]고 설명한다.

바울 사도는 교회가 그리스도와 영적으로 연합되었기 때문에 귀신의 상에 참여하는 것은 신성 모독의 행위나 다름없다고 말한다. 신약교회가 성만찬에 참여할 수 있는 근거는 예수 그리스도와 성도들의 연합(κοινωνία)에 기초를 두고 있다. 성도들은 예수님과 함께 살고(롬 6:8), 예수님과 함께 고난 받고(롬 8:17), 예수님과 함께 십자가에 못 박히고(롬 6:6), 예수님과 함께 죽고(고후 7:3), 예수님과 함께 장사되었고(롬 6:4), 예수님과 함께 부활하고(골 2:12; 3:1), 예수님과 함께 살림을 받고(골 2:13; 엡 2:5), 예수님과 함께 영광에 이르고(롬 8:17), 예수님과 함께 후계자가 되고(롬 8:17), 예수님과 함께 통치한다(딤후 2:12). 신약교회는 성만찬에 참여함으로 예수 그리스도와의 교제를 확인하며 성도 상호간의 깊은 연대를 증거 한다. 신약교회는 특별히 구별되어 "주의 잔"에 참여할 수 있는 믿음의 공동체이다.

---

24   E. P. Sanders, *Paul and Palestinian Judaism*, p.455-456.

25   Tom Holland, *Contours of Pauline Theology* (Geanies House, Fearn, Ross-Shire: Christian Focus Publications, 2004), p.135.

26   Holland, *Contours of Pauline Theology*, p.136.

2) 고린도전서 11:23-26

바울 사도는 고린도전서 11:23-26에서 신약 교회가 계속해서 성만찬에 참여해야 한다고 제시한다(고전 11:25-26). 예수님께서 성만찬을 제정하실 때 자신의 죽음과 부활을 기점으로 재림하실 때까지 신약 교회가 성만찬을 계속 지켜야 한다고 가르치셨다. 마가복음 14:25은 "내가 포도나무에서 난 것을 하나님 나라에서 새 것으로 마시는 날까지 다시 마시지 아니하리라"라고 말씀하셨고, 마태복음 26:29은 "내가 포도나무에서 난 것을 이제부터 내 아버지의 나라에서 새 것으로 너희와 함께 마시는 날까지 마시지 아니하리라"고 하셨으며, 또한 누가복음 22:18은 "내가 이제부터 하나님의 나라가 임할 때까지 포도나무에서 난 것을 다시 마시지 아니하리라"(개역개정)고 말씀하셨다. 성만찬을 설명하는 위의 세 구절은 성만찬이 예수님의 고난과 죽음을 제자들에게 상기하게 하는 의식이므로 예수님께서는 "하나님의 나라가 임할 때까지" 더 이상 성만찬에 참여하지 않을 것임을 분명히 한다. 성만찬은 분명히 부활의 잔치는 아니다. 성만찬은 예수님의 십자가 죽음을 회상하게 하는 의식이다. 신약 교회는 예수님께서 그의 십자가 죽음을 통해 구속 성취를 이루셨기 때문에 성만찬의 계속적인 참여를 통해 신약 교회의 정체성과 사명을 계속 확인해야 한다. 신약 교회는 성만찬 참여를 통해 교회가 예수님께 구속받은 단체임을 재확인하고 교회가 천국에서 누릴 축복을 지상에서 미리 맛보는 것이다. 그래서 바울 사도는 "축사하시고 떼어 이르시되 이것은 너희를 위하는 내 몸이니 이것을 행하여 나를 기념하라 하시고 식후에 또한 그와 같이 잔을 가지시고 이르시되 이 잔은 내 피로 세운 새 언약이니 이것을 행하여 마실 때 마다 나를 기념하라 하셨으니 너희가 이 떡을 먹으며 이 잔을 마실 때마다 주의 죽으심을 그가 오실 때까지 전하는 것이니라"(고전 11:24-26, 개역개정)라고 쓴다.

그러므로 신약 교회의 성만찬 참여는 주님 오실 때까지 교회의 정체성과 사명을 부단히 드러내는 교회의 특권인 것이다. 성만찬 참여는 교회가 세상에 대해 배타적이면서도 또한 세상을 향해 증거 역할도 해야 함을 함축한다. 배타적이라는 뜻은 그리스도에게 속한 사람만이 성만찬에 참여할 수 있기 때문이요, 증거의 역할이라는 뜻은 교회가 성만찬에 참여함으로 세상으로 하여금 예수 그리스도에게 속한 복된 사람들이 누구인지를 알리기 때문이다. 그래서 바울은 "너희가 이 떡을 먹으며 이 잔을 마실 때마다 주의 죽으심을 그가 오실 때까지 전하는 것이니라"(고전 11:26)라고 말한다.

제12장

하나님을 향한 성도의 삶
: 예배와 기도

제12장

하나님을 향한 성도의 삶: 예배와 기도

1. 바울의 예배론

　바울은 구속받은 성도들이 함께 모여 공적 예배를 드리는 것을 당연하게 생각한다. 그가 고린도 교회에서 18개월 동안 사역할 때와 에베소 교회에서 3년간 사역할 때에 성도들은 함께 모여 예배를 드렸다. 그 외의 다른 교회에서도 공적 예배를 드렸다. 그러나 바울은 선교사였고 신학자였다. 그가 교회에 보낸 서신에는 공적 예배가 이미 전제되어 있다. 바울은 험악하고 죄 많은 세상 속에서 성도들의 삶을 강조함으로써 하나님께 영광을 돌릴 수 있다고 말한다. 하나님께 영광 돌리는 것이 하나님께 드리는 참 예배이기 때문이다.

　"라트류오"(λατρεύω)는 "예배하다," "봉사하다"라는 의미가 있다. "라트류오"는 바울 서신에서 로마서 1:9,25(2회) 빌립보서 3:3(1회), 디모데후서 1:3(1회)에 나온다. 그리고 명사형인 라트레이아(λατρεία)는 로마서

9:4; 12:1(2회)에만 나타난다. 여기 나타난 통계로 볼 때는 "라트류오"나 "라트레이아"는 로마서, 빌립보서, 디모데후서에만 나타난다. 여기서 바울이 사용한 예배라는 용어가 발견된 구절과 예배와 관련된 구절을 중심으로 바울이 예배에 대해 어떻게 생각하고 있는지를 고찰하고자 한다.

(1) 로마서 12:1-2

바울은 로마서 12장을 "그러므로"(οὖν)로 시작한다. 이 말씀은 바울의 생각이 지금까지 기술한 내용을 근거로 로마서 12장을 이어가기 원한다는 증거이다. 바울은 로마서 1장부터 11장까지 죄로 멸망할 수밖에 없는 세상을 위해 마련하신 하나님의 구원계획을 비교적 상세하게 기록한다. 그리고 바울은 로마서 12장을 기록하기 바로 전에 "이는 만물이 주에게서 나오고 주로 말미암고 주에게로 돌아감이라 그에게 영광이 세세에 있을지어다 아멘"(롬 11:36, 개역개정)이라고 하며 하나님의 구원 계획의 궁극적 목적과 구원받은 성도들이 해야 할 일을 설명한다. 바울은 하나님이 모든 창조 세계의 중심임을 여기서 선언하고 있다. 모든 창조 세계가 "주에게서 나왔다"(ἐξ αὐτοῦ)는 뜻은 모든 창조 세계의 근원이 주님임을 밝히는 것이요, 모든 창조세계가 "주로 말미암고"(δι᾽ αὐτοῦ)라고 한 것은 주님이 모든 창조 세계의 보존자요 유지자임을 뜻하고, 모든 창조세계가 "주에게로 돌아감"(εἰς αὐτόν)이란 뜻은 모든 창조 세계의 목표가 주에게 있다는 증거이다.[1] 바울은 이렇게 모든 창조 세계에서 하나님의 주권과 중심성을 강조

---

1   James Denney, "St. Paul's Epistle to the Romans," *The Expositor's Greek Testament*, Vol II (Grand Rapids: Eerdmans, 1980), p.686: "ἐξ αὐτοῦ: from Him, as their source: δι᾽ αὐτοῦ: through Him, as the power by whose continuous energy the world is sustained and ruled; εἰς αὐτόν: unto Him, as their goal, for whose glory they

하고 구원받은 성도들의 하나님께 대한 반응은 영광을 돌리는 것이라고
말한다.

바울은 이제 로마서 12:1-15:13까지 삭막하고 불확실한 세상 속에서 구
원받은 성도들의 삶이 어떤 삶이 되어야 할 것을 설명한다. 그리고 바울은
로마서 12:1-2에서 마치 뒤따라오는 구절의 서문처럼 성도들의 삶을 요약
하여 정리한다. 바울은 "형제들아 내가 하나님의 모든 자비하심으로 너희
를 권하노니"(롬 12:1)라고 말한 다음 그리스도 안에서 베풀어 주신 하나님
의 은혜에 대한 성도들의 반응을 요약하여 정리한다.[2]

바울은 제의적 언어(cultic language)를 사용하여 성도들의 삶을 묘사한
다. "너희 몸을 하나님이 기뻐하시는 거룩한 산 제물로 드리라 이는 너희
가 드릴 영적 예배니라"(롬 12:1, 개역개정). 바울은 여기서 구약과 유대주
의의 제사 의식이 그리스도를 통해 획기적으로 변화되었다고 설명한다.
구약과 유대주의에서는 제사의식이 하나님의 백성들의 삶에서 가장 중심
적인 역할을 했다. 그들은 피 흘린 제물을 제단에 바쳐 하나님께 접근할
수 있었다. 그런데 바울은 그리스도 안에서 기독교가 구약과 유대주의의
제사의식의 성취라고 말한다. 기독교인들은 제단에 피 흘린 희생물을 더
이상 바칠 필요가 없다. 그 이유는 그리스도께서 "단번에 자기를 드려"(히
7:27) 모든 제사 제도를 완성시키셨기 때문이다. 우리는 그리스도께서 단
번에 바치신 참 희생을 통해 하나님과 화목하게 되었다. 성도들이 화목 제
물로서 희생제물은 더 이상 바칠 필요가 없다. 만약 성도들이 그런 희생제
물을 바친다면 그것은 우리를 위해 십자가에 못 박히신 그리스도에게 크

---

exist."

2   Douglas Moo, *The Epistle to the Romans* (*NICNT*, Grand Rapids: Eerdmans,
1996), p.748.

게 불명예를 끼치는 것이다.[3] 이제 신자들은 자신의 몸을 산 제물로 바쳐야 한다. 바울은 이렇게 하는 것이 신자들이 하나님께 드릴 영적 예배라고 말한다. 신자들은 "신령한 제사"(벧전 2:5)를 하나님께 드려야 한다. 즉, "찬송의 제사" 즉 "그 이름을 증언하는 입술의 열매"(히 13:15)를 하나님께 바쳐야 한다.

바울은 하나님께서 성도들에게 요구하는 것은 죽은 제물이 아니라 우리의 몸을 산 제물로 바치는 것이라고 말한다. 하나님은 성도들이 바칠 수 있는 어떤 제물만 요구하시지 않고 바치는 자 자신을 요구하고 계신다.[4] 성도들은 몸을 제물로 드린다. 바울은 여기서 몸이 사람의 전체 인격을 가리키며 특히 성도는 그 전체 인격으로 세상과 접하는 모든 부분에서 헌신하는 것이 영적 예배라고 강조한다.

바울은 우리의 몸으로 드릴 제사를 세 개의 형용사로 수식하여 성도가 드릴 제사가 어떤 제사가 될 것인지 설명한다. 그 세 개의 형용사는 "산," "거룩한," "하나님이 기뻐하시는"것이다(롬 12:1).[5] 바울은 "산 제물"이라는 표현을 통해 구약시대에 동물을 죽여서 제사하는 것과 대칭을 이루는 살아서 드리는 제사를 강조한다. "산 제물"은 제의적인 용어로 구약의 제사와 비교된다. 성도들은 매일 살아서 하나님께 헌신하는 것이다.[6]

던(Dunn)은 "희생의 사상은 이중 선(線)을 따라 전환된다. 제사 의식에

---

3   John Calvin, *The Epistles of Paul to the Romans and Thessalonians*, Trans, R. Mackenzie (Grand Rapids: Eerdmans, 1973), p.264.

4   Moo, *The Epistle to the Romans (NICNT)*, p.750.

5   θυσίαν ζῶσαν ἁγίαν εὐάρεστον τῷ θεῷ. (롬 12:1)

6   John Murray, *The Epistle to the Romans*, Vol. II (*NICNT*, Grand Rapids: Eerdmans, 1968), p.111: "It is possible that the word 'living' also reflects on the permanence of this offering, that it must be a constant dedication."

서 매일의 삶으로, 매일 동물을 바치는 것으로 특징을 이룬 이전 세대에서 전 인격이 매일의 삶을 헌신하는 것으로 특징을 이룬 (새로운) 세대로 전환된 것이다."[7]라고 설명한다. 성도들이 드리는 영적 예배는 어떤 경우에 처하든지 살아있는 몸으로 하나님께 헌신하는 삶이다.

바울은 "거룩한 제물"이라는 표현을 통해 제물이 구별된 제물이어야 한다고 강조한다. "거룩"도 제의적인 의미를 포함한다. 하나님께 바치는 제물은 거룩해야만 한다. 구약의 제사는 "여호와께 향기로운 냄새"(레 2:9; 3:5, 16; 6:15,21; 8:28)가 되어야 할 뿐 아니라 거룩한 제사여야 한다(레 6:25; 7:6; 8:12,30). "거룩"은 하나님의 속성이기 때문에 성도가 드려야 할 제사 역시 거룩하지 않으면 안 된다. 그래서 거룩한 제물만이 하나님을 기쁘시게 할 수 있다.

바울은 계속해서 "하나님이 기뻐하시는 제물"이라는 표현을 통해 성도들이 드리는 제물은 성도들 자신의 종교적 욕구나 감정적 욕구를 충족시키는 것이 아니요 하나님을 기쁘시게 하는 것이라고 천명한다. 하나님이 기뻐하시는 제물은 성도들의 삶이 하나님의 뜻에 합당할 때 가능하다. 바울은 여기서 구약 예언에 나타난 하나님이 받으실 수 없는 희생 제사를 생각했을 수 있다(호 8:13; 암 5:22; 미 6:7; 말 1:8,10,13).[8] 구약 예언은 하나님의 백성이 하나님의 뜻은 제쳐 놓고 의식적인 행위만 일삼고 있기 때문에 하나님께서 그들의 제물을 받으실 수 없다고 질책한다.

이제 바울은 "너희 몸을 하나님이 기뻐하시는 거룩한 산 제물로 드리는 것"(롬 12:1)이 성도들이 하나님께 드릴 영적 예배라고 말한다. 바울이

---

7   James D. G. Dunn, *Romans 9-16*: *Word Biblical Commentary*, Vol. 38B (Dallas: Word Books, 1988), p.710.

8   James Dunn, *Romans 9-16*, p.711.

사용한 "너희가 드릴 영적 예배"(τὴν λογικὴν λατρείαν ὑμῶν)라는 표현은 해석하기가 쉽지 않다. "로기켄"은 70인경(LXX)에 나타나지 않고 신약에서도 베드로전서 2:2과 이 구절에서만 사용된다. 베드로전서 2:2은 "순전하고 신령한 젖"(τὸ λογικὸν ἄδολον γάλα)을 표현할 때 로기콘(λογικὸν)을 사용했다.[9] "로기켄"은 "내적이라는 의미로서 영적"이라고 해석할 수 있다. 이 경우 "로기켄 라트레이안"은 마음과 뜻과 정성을 모아서 드리는 예배를 가리킨다. 그리고 "로기켄"은 "하나님의 합리적이고 영적인 피조물로서 인간에게 적당한"이란 의미로 해석할 수 있다. 이 경우 예배는 죄의 권세 아래 있는 인간들이 하나님께 드리는 예배가 아니라, 성도들이 하나님께서 진정으로 원하는 것을 드림으로 하나님을 영화롭게 한다는 뜻이다. 이상의 두 의미를 종합해 보면 "로기켄 라트레이안"은 구속받은 성도들이 마음과 뜻과 정성을 모아 하나님께 드리는 예배가 하나님을 높이는 "참 예배"라는 의미를 포함하고 있다.[10] 바울은 이제 로마서 12:2에서 참 예배를 드릴 수 있는 방법을 제시한다. 성도들은 참 예배를 드릴 수 있기 위해 "이 세대를 본 받지 말고 오직 마음을 새롭게 함으로 변화"(롬 12:2)를 받아야 한다. 그리고 성도들은 "하나님의 선하시고 기뻐하시고 온전하신 뜻이 무엇인지 분별"(롬 12:2, 개역개정)하도록 해야 한다. 이 말씀은 성도들이 타락하고 변질된 이 세상을 본 받지 말고 계속해서 마음을 새롭게 하여 하나님의 뜻에 합당한 삶을 살 때 참 예배를 드리는 것이라고 증거 한다.

---

9   Wayne Grudem, *I Peter* (*Tyndale New Testament Commentaries*, Grand Rapids: Eerdmans, 1988), p.95. Grudem은 벧전 2:2의 λογικὸν을 "figurative, not literal"(문자적이 아니요 비유적인)로 해석한다.

10   Moo, *The Epistle to the Romans*, pp.752-753.

바울은 구체적으로 성도들의 삶의 표현이 하나님을 기쁘시게 하는 것이라고 설명한다. 로마의 감옥 속에 있는 자신을 위해 빌립보 교회가 에바브로디도(Epaphroditus) 편에 쓸 것을 보내왔다. 이 선물을 받은 바울은 빌립보 교회에 답을 하면서 "에바브로디도 편에 너희가 준 것을 받으므로 내가 풍족하니 이는 받으실 만한 향기로운 제물이요 하나님을 기쁘시게 한 것이라"(빌 4:18, 개역개정)고 쓴다. 피(Gordon Fee)는 바울이 빌립보 성도들의 선물에 대한 감사를 이런 표현 이상으로 더 아름답게 표현할 수는 없다고 설명한다.[11] 빌립보 성도들의 행위는 아벨의 제사와 같고(창 4:3-4), 노아의 제사와 같고(창 8:20-21), 이삭을 바친 아브라함의 제사와 같다(창 22:1-14).[12] 바울은 빌립보 성도들의 헌신적인 행위를 가리켜 "향기로운 제물"(ὀσμὴν εὐωδίας), "받으실 만한 희생 제물"(θυσίαν δεκτήν), "하나님을 기쁘시게 한 것"(εὐάρεστον τῷ θεῷ)이라고 강조하여 설명한다. 그런데 바울은 로마서 12:1에서도 "너희 몸을 하나님이 기뻐하시는 거룩한 산 제물로 드리라"고 말하면서 "희생 제물"(θυσίαν), "하나님이 기뻐하시는 것"(εὐάρεστον τῷ θεῷ) 등의 표현을 사용했다. 우리는 몸을 드리는 예배를 묘사하면서 사용한 용어(롬 12:1-2)와 빌립보 성도들의 물질적 헌신을 묘사하는 용어(빌 4:18)가 같다는 사실에 주목해야 한다. 바울은 성도들의 합당한 삶이 하나님을 기쁘시게 하고 하나님을 높이는 예배의 한 부분이라고 강조한다.

---

11   Gordon D. Fee, *Paul's Letter to the Philippians* (*NICNT*, Grand Rapids: Eerdmans, 1995), p.451.

12   박형용, 『빌립보서 주해』 pp.244-245.

(2) 빌립보서 3:3

참다운 기독교는 성령에 의해 조종 받는다. 그리고 참다운 기독교의 특징은 성령의 인도로 하나님께 예배를 드리는 것이다. 본문의 분사 "라트류온테스"(λατρεύοντες)는 "봉사하다," "예배하다"라는 의미가 있다. 본문에서 어느 용법이 더 적합한지를 밝히는 것이 중요하다.

피(Gordon Fee)는 본문의 "라트류오" 동사는 성도들이 함께 모여 예배 드릴 때 사용하는 예배의 의미로 사용된 것이 아니요, 하나님께 헌신하는 형식으로 바쳐진 봉사의 의미로 사용되었다고 해석한다.[13]

그러나 구약적인 배경을 살펴보면 이스라엘 백성들이 여호와 하나님께 예배하는 것을 묘사할 때 이 용어를 사용했다(출 23:25; 신 6:12-13; 10:12, 20; 수 22:27). 본문에서 "라트류온테스"는 봉사하다라는 의미보다는 "예배하다"라는 의미로 해석하는 것이 더 타당하다.[14] 특히 "라트류온테스"가 "프뉴마티"와 함께 사용됨으로 이 구절은 종말론의 시대에 성령의 부어 주심과 예배가 서로 밀접하다고 증거 한다. 예수님의 오심은 구원의 새로운 세대를 시작했고 성령은 이 구속의 표징이다. 그런데 그리스도에게 속한 사람은 새로운 질서에 속한 사람이요 따라서 새로운 질서 안에서 하나님께 예배드릴 때는 성령의 도움으로 예배를 드려야 한다.[15] 바울

---

13 Gordon D. Fee, *God's Empowering Presence: The Holy Spirit in the Letters of Paul* (Peabody, MA.: Hendrikson Publishers, 1994), p.752; *Paul's Letter to the Philippians* (*NICNT*, Grand Rapids: Eerdmans, 1995), p.300.

14 개역한글판, 개역개정판, 표준신약전서는 "봉사하다"로 본문을 번역했으며, 표준 새번역과 표준새번역 개정판은 "예배하다"로 번역했고, N.I.V.는 "worship by the Spirit of God"로 번역했고, A.V.는 "worship God in the spirit"로 번역했으며, N.A.S.B.는 "worship in the Spirit of God"로 각각 번역했다.

15 H. Ridderbos, *Paul: An Outline of His Theology* (Grand Rapids: Eerdmans,

은 여기서 "우리가 곧 할례파라"(빌 3:3)를 "하나님의 성령으로 예배하며"
와 함께 사용한다. 이는 성도들이 육체가 아닌 마음에 할례를 받았으며 외
적인 의식이 아닌 영적인 참 예배를 드리는 것을 함축한다.[16]

참다운 하나님의 백성은 하나님께 예배할 때 성령의 도움으로 예배를
드려야 한다. 그러면 어떻게 예배를 드려야 하는가? 요한복음은 "아버지
께 참되게 예배하는 자들은 영과 진리로 예배할 때가 오나니 곧 이때라 아
버지께서는 자기에게 이렇게 예배하는 자들을 찾으시느니라 하나님은 영
이시니 예배하는 자가 영(靈)과 진리(眞理)로 예배할지니라"(요 4:23-24, 개
역개정)라고 기록한다. 이 말씀은 예수님께서 사마리아 여인에게 하신 말
씀이다. 예수님은 자신의 강림으로 종말이 도래했고 이제 종말의 때에는
예루살렘에서나 그리심 산에서 예배할 필요가 없고 어디서든지 하나님께
영과 진리로 예배를 드릴 수 있다는 뜻이다(요 4:20-21). 영과 진리로 예배
드리는 것은 성도들의 영(spirit)과 하나님의 진리가 함께 연합하여 진정한
예배 분위기를 조성해서 예배를 드리는 것이다. 하나님께 드리는 예배는
성도들의 영이 온전히 참여해야 하고 진리가 있어야 하나님을 기쁘시게
할 수 있다.[17]

1975), pp.214-231.

16   J. B. Lightfoot, *Philippians* (Wheaton: Crossway Books, 1994), p.159.

17   R.C.H. Lenski, *The Interpretation of St. John's Gospel* (Minneapolis: Augsburg
Publishing House, 1943), p.323; R. B. Kuiper, *The Glorious Body of Christ* (London:
The Banner of Truth Trust, 1967), p.335.

(3) 에베소서 1:13-14

성도들의 구원은 하나님의 영광의 표현이다. 하나님께서 우리를 구원하신 목적은 우리로 하여금 하나님의 영광을 찬송하게 하시기 위함이다(엡1:6,12,14). 성도들의 구원이 왜 하나님의 영광의 표현인가? 성경은 예수님이 이 땅 위에 오신 것을 영광과 찬송의 사건으로 묘사한다. "지극히 높은 곳에서는 하나님께 영광이요 땅에서는 하나님이 기뻐하신 사람들 중에 평화로다"(눅 2:14, 개역개정). 그런데 그리스도의 성육신은 우리의 구원을 위해서 하나님께서 계획하신 사건이다. 그리스도의 수난, 십자가의 죽으심, 그리스도의 부활, 그리스도의 승천 이 모든 사건들이 우리의 구원을 위해서 이루어진 것이다. 구속 성취를 위한 그리스도의 사건이 하나님의 영광의 표현이기 때문에 자연히 그리스도의 사건을 통해 구원받은 우리의 구원 역시 하나님의 영광의 표현인 것이다. 그러므로 궁극적으로 성도가 구원받는 것은 성도의 특권이 아니라 하나님의 영광을 위함이다.

살몬드가 "이 구절은 하나님께서 우리를 그의 기업으로 만드시기 위해 예정하신 궁극적 목적이 무엇인지를 진술하고 있다. 그것은 우리 자신의 특권을 위한 것이 아니요 우리를 통해 하나님의 영광이 표명되도록 하시기 위함이다."[18]라고 말한 것은 바른 해석이다. 구약 예언은 이 사실을 분명하게 지적한다. "이 백성은 내가 나를 위하여 지었나니 나를 찬송하게 하려 함이니라"(사 43:21; 빌 1:11 참조). "내가 노래로 하나님의 이름을 찬송하며 감사함으로 하나님을 위대하시다 하리니 이것이 소 곧 뿔과 굽이 있는 황소를 드림보다 여호와를 더욱 기쁘시게 함이 될 것이라"(시 69:30-

---

18 S.D.F. Salmond, *The Epistle to the Ephesians*: *Expositor's Greek Testament*, Vol. III (Grand Rapids: Eerdmans, 1980), p.265.

31, 개역개정). 이처럼 하나님께서 우리를 자기의 백성으로 삼으신 궁극의 목적은 "그의 은혜의 영광을 찬송하게"(엡 1:6)하시려 함이다. 여기에 하나님께 대한 성도들의 예배의 참 의미가 있다. "영적 예배는 하나님을 크게 영화롭게 하는 것이다. 왜냐하면 영적 예배만이 하나님이 진정으로 누구신지를 인정하기 때문이다. 사람이 할 수 있는 어느 것도 더 직접적으로 그리고 더 즉시로 하나님을 영화롭게 하지 못한다. 영적 예배야말로 진정한 그리스도의 교회가 드릴 예배이다."[19] 로마서 1:25에서도 하나님을 경배의 대상이시라고 밝히고 "주는 곧 영원히 찬송할 이시로다 아멘"으로 기록한다. 성도들은 모일 때 하나님께 경배하고 흩어질 때도 하나님의 영광을 위해 살아야 한다. 그것이 곧 하나님께 경배하는 것이기 때문이다.

2. 바울의 기도론

(1) 기도의 사도 바울

바울은 기독교로 개종할 수 없는 사람 중의 하나였다. 그는 기독교 메시지에 대해 적대감을 품고 예루살렘에 있는 기독교인을 핍박하는 것으로 만족하지 않고 대제사장의 공문을 받아(행 9:1-2) 다메섹에 있는 기독교인들까지 붙잡아 예루살렘으로 데려오기 위해 다메섹으로 떠난다. 바울이 가까운 곳인 사마리아를 택하지 않고 상당한 거리에 있는 다메섹을 공격의 대상으로 삼은 것은, 예수의 복음을 핍박하고 기독교의 전파를 막기 위

---

19   R. B. Kuiper, *The Glorious Body of Christ*, p.356.

해서는 먼 장소까지라도 기꺼이 갈 수 있다는 바울의 확신을 나타내 보여주는 것이다.

그러나 하나님은 바울의 생애에 다른 계획을 가지고 계셨다. "주께서 이르시되 가라 이 사람은 내 이름을 이방인과 임금들과 이스라엘 자손들에게 전하기 위하여 택한 나의 그릇이라"(행 9:15, 개역개정). 칼빈은 "택한 나의 그릇"(σκεῦος ἐκλογῆς)이라 할 때의 그릇을 도구(instrument)로 해석하고 "그 용어 '도구'는 하나님이 그의 뜻에 따라 사람들의 사역을 사용하시는 것 이외에는 그들이 아무것도 할 수 없음을 보여준다."[20]라고 말했다. 칼빈은 계속해서 누가가 "택한 나의 그릇"이라는 용어를 통해 나타내기를 소망한 것은 "이 사람은 그리스도의 보통 사역자가 아니요, 다른 사람들과 비교해서 특별히 탁월한 은사를 받은 사역자가 될 것이다."[21]라는 뜻이라고 말한다. 렌스키(Lenski)도 "주님 자신이 그의 사역을 위해 그의 도구를 택하신다."[22]라고 말함으로 바울이 주님의 특별한 사역자로 택함 받았음을 천명한다. 이처럼 바울은 주님의 특별한 도구로 선택된 사도였다. 바울이 다메섹을 향하여 가고 있을 때 부활하신 주님은 특별한 방법으로 바울을 개종시킨다(행 9:1-9; 22:4-16; 26:9-18). 바울의 개종은 주님의 특별하신 간섭에 의한 것이지 그의 마음속에 쌓인 심리적 갈등에 의한 것은 아니다.[23]

---

20   J. Calvin, *The Acts of the Apostles*, Vol. 1 (Grand Rapids: Eerdmans, 1973), pp.265-266.

21   Calvin, *The Acts of the Apostles*, p.266.

22   R.C.H. Lenski, *The Interpretation of the Acts of the Apostles* (Minneapolis: Augsburg Publishing House, 1961), p.363.

23   행 26:14을 해석하는 가운데 바울의 회심을 심리적 영향과 연결시킨 학자는 F.F. Bruce (*The Book of the Acts*, NICNT. Grand Rapids: Eerdmans, 1970, p.491), R.C.H.

다메섹 도상에서 부활하신 주님을 만난 바울은 그 이후 이 땅에서 생명을 다할 때까지 위대한 선교사, 위대한 목회자, 위대한 신학자로서 하나님의 "택한 그릇" 역할을 감당한다. 바울은 하나님이 "택한 그릇"으로서 처음부터 기도의 사람으로 나타난다. 다메섹 도상의 사건이 있은 직후 주께서 아나니아를 바울에게 보내시면서 "일어나 직가라 하는 거리로 가서 유다의 집에서 다소 사람 사울이라 하는 사람을 찾으라 그가 기도하는 중이니라"(행 9:11, 개역개정)고 하신 말씀이 이를 잘 증명해준다. 바울은 회심 직후부터 기도에 전념한 것이다. 그 후 아라비아에서의 기간(갈 1:17)도 바울은 자신의 회심 경험의 신학적인 의의를 묵상하고 기도로 시간을 보냈을 것이 명백하다.[24]

성경은 바울의 기도 생활 전반에 대해 많은 언급을 하지 않는다. 그러나 바울이 회심했을 때 기도한 사실이나(행 9:11), 안디옥 교회의 파송을 받을 때 금식과 기도로 준비하고 파송 받은 사실이나(행 13:3), 교회를 개척한 후 "각 교회에서 장로들을 택하여 금식 기도하며 그들이 믿는 주께 그들을 위탁"(행 14:23)한 사실이나, 빌립보에서 기도 처소에 간 사실이나(행 16:16), 빌립보 감옥 속에서 "기도하고 하나님을 찬송"(행 16:25)한 사실이나, 밀레도에서 에베소 장로들과 함께 "무릎을 꿇고 그 모든 사람들과 함께 기도"(행 20:36)한 사실이나, 두로에서 무릎을 꿇고 기도한 사실이

Lenski (*The interpretation of the Acts of the Apostles,* p.1037), James Stalker (*Life of Paul*. Atlanta: Jernigan press, 1981, p.36), J. Weiss (*Earliest Christianity*, 1, 1959, p.190: "The final outcome of an inner crisis")이다. 그러나 바울의 회심을 심리적 영향의 결과로 보는 것보다 하나님의 특별하신 사역의 결과로 보는 것이 성경본문(행 26:24; 행 9:1-18)의 바른 해석으로 보인다. 더 자세한 논의는 박형용, 『사도행전 주해』 (수원: 합동신학대학원출판부, 2003), pp.253-256를 보라.

24   Donald Guthrie, *The Apostles* (Grand Rapids: Zondervan, 1975), p.75.

나(행 21:5), 예루살렘 성전에서 기도한 사실이나(행 22:17), 멜리데 섬에서 보블리오(Publius)의 부친의 열병과 이질을 고쳐줄 때 기도한 사실(행 28:7-9) 등은 바울의 생애에 기도가 얼마만큼 중요한 위치를 차지했는지 알려 준다. 그리고 바울의 기도의 모습, 즉 무릎을 꿇고 기도한 모습(참조. 행 20:36; 21:5)은 바울이 얼마만큼 진지하게 기도하고, 열심히 기도했는지를 보여준다. 사실상 누가는 사도행전에서 기도가 바울의 삶의 중심 역할이었다고 강조한다.

바울의 기도 생활에 대한 더 깊은 이해는 그의 서신에 나타난 기도에 관한 교훈에서 찾을 수 있다(참조, 엡 1:15-23; 3:14-21). 그러나 바울 서신에는 기도의 필요성, 기도의 시간, 기도의 자세, 기도의 모범 등에 관한 구체적인 서술이 구약이나 복음서나 사도행전에 비해 많지 않다. 그 이유는 다음과 같다. 첫째로, 바울 당시 편지 쓰는 관습은 기도를 받으시는 분으로 하나님을 직접 언급하면서 다른 사람에게 편지 쓰는 것을 허용하지 않았으며,[25] 둘째로, 바울 사도의 신학이 그리스도와 성도들의 연합을 강조하고 성도들의 생활에서 외면적인 형식보다는 내면적인 중요성을 강조하기 때문이다.

(2) 바울의 기도 형식과 내용

바울의 사도직은 기도로 시작하고 기도로 끝맺었다고 할 수 있다. 누가는 바울이 회심했을 때 "그가 기도하는 중이니라"(행 9:11)라고 말함으로 바울이 자신의 사도직을 기도로 시작했다고 증거 한다. 사도행전과 그

---

25   W.B. Hunter, "Prayer," *Dictionary of Paul and His Letter*, editors, G.F. Hawthorne, Ralph P. Martin (Downers Grove: Inter Varsity Press, 1993), p.726.

의 서신들의 기록이 증거 하는 것처럼 바울의 전체 사역은 기도에 뿌리를 내리고 있고, 항상 기도를 통해 전능하신 하나님으로부터 능력을 힘입어 진행하는 사역이었다.

전통에 의하면 바울은 순교할 때 기도하면서 생을 마쳤다고 전한다. 전통의 신빙성을 확인할 수는 없지만 한평생 예수 그리스도에 미쳐(고후 5:13) 예수 그리스도만 의지하고, 예수 그리스도만 위해 산 바울 사도가 자신의 사도직을 기도로 시작하고 자신의 사역을 기도로 진행했다면 생애 마지막 순교시에 하나님께 기도를 드리지 않았다고 생각할 수 없다. 바울은 한마디로 기도의 사람이었다.

1) 바울의 기도의 형식

바울 서신은 하나님을 직접 호칭하는 기도문은 기록하고 있지 않다. 그 이유는 다른 사람들에게 편지를 쓰는 상황에서 하나님의 이름을 직접 호칭하는 기도문은 적합하지 않기 때문이다. 그러나 바울 서신은 기도에 관한 많은 자료를 전한다. 일반적으로 학자들은 바울 서신에 언급된 기도의 자료를 형식에 있어서 소원형식의 기도와 보고형식의 기도로 나누어 생각한다.

i) 소원 형식의 기도

소원 형식의 기도는 하나님을 3인칭으로 사용한다. 이 경우 문장은 희구법(optative)과 함께 사용된다. "이제 인내와 위로의 하나님이 너희로 그리스도 예수를 본받아 서로 뜻이 같게 하여 주사 한 마음과 한 입으로 하나님 곧 우리 주 예수 그리스도의 아버지께 영광을 돌리게 하려 하노

라"(롬 15:5-6, 개역개정).[26]

이처럼 소원 형식의 기도는 희구법과 함께 자주 사용된다(롬 15:5-6; 15:13; 살전 3:11-13; 5:23-24; 살후 2:16-17; 딤후 1:16; 4:16). 비록 희구법과 함께 사용되지는 않았지만 편지의 인사나 축복은 소원 형식이라는 기도 범주에 넣을 수 있다. 예를 들면 "주 예수 그리스도의 은혜와 하나님의 사랑과 성령의 교통하심이 너희 무리와 함께 있을지어다"(고후 13:13)의 경우이다.[27]

ii) 보고 형식의 기도

바울은 자신이 다른 사람들을 위해 기도한 사실을 언급한다. "형제들아 내 마음에 원하는 바와 하나님께 구하는 바는 이스라엘을 위함이니 곧 그들로 구원을 받게 함이라"(롬 10:1, 개역개정). 그리고 다른 사람들이 바울의 편지를 받는 수신자들을 위해 기도한 사실도 언급한다(고후 9:14). 그러나 보고 형식의 기도는 바울 사도 자신의 기도가 가장 많은 부분을 차지한다. 왜냐하면 바울 서신 대부분 하나님께 대한 감사와 수신자들을 위한 간구로 시작되기 때문이다(롬 1:8-10; 고전 1:4-8; 고후 1:3; 엡 1:3-14; 엡 1:15-23; 엡 3:14-21; 빌 1:3-11; 골 1:3-14; 살전 1:2-10; 살후 1:3-10; 딤후 1:3-5; 몬 1:4-7).[28] 이처럼 바울은 편지를 시작할 때 하나님께 대한 감사와 성도들

---

26 본문의 "주사"(δῴη)는 부정과거 희구법 3인칭 단수이다.

27 G. P. Wiles, *Paul's Intercessory Prayers: The Significance of the Intercessory Prayer Passages in the Letter of Paul* (Cambridge: Cambridge University Press, 1974), pp.238-239.

28 바울의 10개의 서신에는 "내가 하나님께 감사한다"(εὐχαριστῶ τῷ θεῷ, 롬, 고전, 빌, 몬), "찬송하리로다 하나님은 … "(εὐλογητὸς ὁ θεός, 고후, 엡), "우리 하나님께 감사한다"(εὐχαριστοῦμεν τῷ θεῷ, 골, 살전) 등의 표현이 나타나며 데살로니가후서

을 위해 기도한 사실을 언급한다.

2) 바울의 기도 내용

바울의 기도 내용은 편의상 다섯 곳에서 발견되는 본문을 근거로 고찰하고자 한다. 그 이유는 앞으로 다룰 다섯 곳의 본문이 단위를 이루어 기도의 내용을 전달하고 있기 때문이다. 여기서 다루고자 하는 구절들은 데살로니가전서 3:11-13, 골로새서 1:9-14, 에베소서 1:15-23, 에베소서 3:14-21, 빌립보서 1:9-11이다. 이상의 구절들을 각각 간략히 주해함으로 바울 사도의 기도 내용이 어떤 것인지를 점검하고 그 후에 전체를 종합하려고 한다.

i) 데살로니가전서 3:11-13

바울의 기도는 하나님 아버지와 예수 그리스도에게 드려진다. 이렇게 하나님과 예수님이 함께 성도들의 기도를 받으신다는 사실은 신학적으로 의미심장한 진술이다. 이는 예수님을 하나님과 동등한 분으로 생각하기 때문이다. 바울은 삼인칭을 사용하여 기도의 내용이 성취되기를 소원한다.

첫째로, 바울은 속히 자신이 데살로니가 성도들을 만날 수 있게 해 달라고 기도한다(살전 3:11).

본문의 "갈 수 있게 하시오며"(κατευθύναι)는 "바르게 하다," "곧게 하다," "직행하게 하다"는 뜻이 있다.[29] 바울과 데살로니가 성도 사이의 길을

(εὐχαριστεῖν ὀφείλομεν τῷ θεῷ), 디모데후서(χάριν ἔχω τῷ θεῷ)에는 변형된 표현으로 하나님께 감사하는 내용이 나타난다. 그러나 갈라디아서, 디모데전서, 디도서는 긴급한 상황에서 쓰인 때문인지 바울의 인사가 끝나자 곧바로 편지의 내용을 소개한다.

29   κατευθύναι는 κατευθύνω의 부정과거, 희구법, 3인칭, 단수이다. 희구법의 용법은 하나님께 소원을 표현하는 것이다.

곧게 하면 가장 짧은 거리로 빨리 여행할 수 있기 때문에 이런 용어로 자신의 소원을 피력했다. "갈 수 있게 하시오며"가 본 절 이외에 신약의 다른 두 곳에서 사용된다(눅 1:79; 살전 3:11; 살후 3:5). 데살로니가후서 3:5의 경우는 "주께서 너희 마음을 인도하여 하나님의 사랑과 그리스도의 인내에 들어가게 하시기를 원하노라"(개역개정)라는 말씀인데 여기서는 "들어가게 한다"라는 의미로 사용되었고, 누가복음 1:79의 경우는 "우리 발을 평강의 길로 인도하시리로다"라는 말씀인데 여기서는 "인도하시다"라는 의미로 사용되었다. 이렇게 볼 때 바울은 하나님 아버지와 주 예수께서 그의 길을 평탄하게 하고 인도하여 속히 데살로니가 성도들을 만나기 원한 것이다.

둘째로, 바울은 데살로니가 교회가 든든히 세워지도록 기도한다(살전 3:12-13).

① 교회가 든든히 세워지기 위해서는 성도들 상호간에 사랑이 넘쳐야 한다. 그래서 바울은 데살로니가 성도들 상호간의 사랑이 넘치기를 소원하면서 기도한다. 어떤 이는 데살로니가 교회에 두 그룹이 있어서 서로 의견의 일치를 보지 못했기 때문에 바울이 그 두 그룹 상호간에 서로 사랑할 것을 말한다고 해석한다. 즉 데살로니가 교회 내에 유대인 기독교인들과 이방인 기독교인들이 서로 불화 관계에 있었기 때문에 바울이 이런 소원을 말하는 것으로 해석한다.[30]

물론 본문에서 바울이 데살로니가 교회의 연합과 일치를 위해서 기도한 것은 사실이지만 본문에서 유대인 기독교인과 이방인 기독교인 상호간의 불화를 끄집어내는 것은 무리라고 생각된다. 바울은 단순히 데살로

---

[30] K. Lake, *The Earlier Epistles of St. Paul* (London: Rivingtons, 1914), pp.89-90.

니가 성도들의 사랑이 더 넘쳐 나서 그 범위가 "피차간"뿐 아니라 "모든 사람"에게로 확대되기를 소원한다(살전 3:12). 여기 "모든 사람"은 단순히 "모든 형제들," 즉 "모든 기독교인 형제들"로 국한시킬 필요가 없다. 왜냐하면 하나님의 사랑이 성도의 삶에 넘쳐나면 같은 동료 기독교인들뿐 아니라 세상의 모든 사람을 사랑할 수 있게 되기 때문이다.

② 교회가 든든히 세워지기 위해서는 성도들이 그리스도 안에 뿌리를 내리고 있어야 한다(살전 3:13). 바울은 데살로니가 성도들이 그리스도 안에서 뿌리를 든든히 내려 어떤 두려움과 위험이 닥쳐와도 굳게 서 있기를 소원하고 있다. 데살로니가 성도들은 거짓 교훈에 빠질 수 있고, 불합리한 소망에 빠져 결국에는 실망할 수밖에 없는 상태로 빠질 수 있고, 또한 자신들의 도덕적인 삶에 대한 확신의 결여로 믿음의 자리가 흔들릴 수도 있다. 바울은 데살로니가 성도들이 이런 모든 불안정에서 자유로울 수 있도록 기도하는 것이다. "굳건하게 한다"(τὸ στηρίξαι)라는 용어는 데살로니가전서 3:2의 "너희를 굳건하게 하고"에서도 발견된다.

③ 바울은 하나님의 심판대 앞에 설 교회를 위해 기도한다(살전 3:13). 바울은 데살로니가 성도들의 현재 상태만 관심을 보이는 것이 아니요, 장차 하나님 앞에 설 때 어떻게 될 것인지에 관심을 나타낸다. 데살로니가 성도들은 하나님 앞에 설 때 거룩하게 승화될 것이다(살전 3:13; 5:23). 하나님 앞에서 거룩하고 흠이 없게 되는 것이 세상적인 표준으로 거룩하고 흠이 없는 것보다 중요하다. 바울 사도가 "거룩함"(ἐν ἁγιωσύνη)을 사용한 것은 거룩해지는 과정을 생각했다기보다는 거룩한 상태를 생각한 것이다.[31] 바울은 데살로니가 성도들이 하나님의 심판대 앞에 설 때에 흠 없

---

31 ἁγιωσύνη (살전 3:13)는 거룩하게 된 상태(the state of being holy)를 뜻하는 반면 ἁγιασμός (살전 4:3)는 거룩하게 되는 과정(the process of making holy)이라는 뜻이

는 상태로 나타나기를 소원한 것이다. 이 용어는 구약에서 오로지 하나님에게만 적용되었고 신약에서는 본문과 고린도후서 7:1에만 사용되었다. 예수님의 재림 때에 "성도들은" 완전히 성화된 상태로 나타날 것이다. 성도들이 하나님 앞에 설 때는 "예수께서 그의 모든 성도와 함께 강림하실 때"(살전 3:13)이다. 이때는 세상의 종말이요, 선과 악이 최종적으로 구별될 때이며, 하나님의 나라가 완성된 상태로 이루어질 때이다.

ii) 골로새서 1:9-14

a) 문법적 구조의 분석

이 구절은 사실상 좀 더 확대시켜 골로새서 1:9-20까지 함께 고려하도록 짜여있다.[32] 그러나 이 구절의 구조를 좀 더 자세히 살펴보면 골로새서 1:9-12까지는 기도의 내용을 담고 있으나 골로새서 1:13-20까지는 기도의 대상인 하나님 아버지가 예수 그리스도 안에서 성도들을 위해 무엇을 이루셨는지 설명한다. 이 구절을 골로새서 1:9-14로 잡은 것은 원래 한글 개역판의 배열을 따른 것인데 개역개정판은 헬라어 원문에 더 가깝게 배열했다. 개역판의 배열을 따른 것은 편의상 그렇게 한 점도 있으나 골로새서 1:13-14이 성도들이 하나님께 기도할 수 있는 근거를 제시하고 있기 때문이다.

바울은 골로새서 1:9에서 기도하는 것과 간구하는 것을 그치지 않는다

다. cf. H. Balz, "ἅγιος," *Exegetical Dictionary of the New Testament*, Vol. 1 (Grand Rapids: Eerdmans, 1990), p.18.

32 헬라어<*The Greek New Testament,* 3rd edition, United Bible Society판; Nestle-Aland's *Novum Testamentum Graece,* 27판(1993)>는 골 1:9-20을 한 문단으로 제시하고 있다.

고 시작한다. "그치지 아니하고"[33]가 본동사이며, 본동사를 수식하는 "기도하는 것"과 "구하는 것"이라는 두 분사[34]가 뒤를 따른다. 그리고 그 두 분사는 히나(ἵνα)가 이끄는 목적절과 함께 "행하여"(περιπατῆσαι)라는 목적을 나타내는 부정사와 함께 사용되었다.[35] 그리고 뒤따라 나오는 네 개의 분사, 즉 "열매를 맺게 하시며," "자라게 하시고," "능하게 하시며," "감사하게 하시며"[36]는 "주께 합당하게 행하여 범사에 기쁘시게 하고"(골 1:10)를 구체적으로 설명하고 있다. 따라서 이 구절에서 바울이 기도하는 것은 골로새 교회 성도들이 "모든 선한 일에 열매를 맺고," "하나님을 아는 지식에 자라며," "그의 영광의 힘을 따라 모든 능력으로 모든 견딤과 오래 참음에 능하게 하시며," "기쁨으로 아버지께 감사하는" 삶을 살므로 "주께 합당하게 행하여 범사에 하나님을 기쁘게 하기 위하여" "모든 신령한 지혜와 총명에 하나님의 뜻을 아는 것으로 채워지기를 바라는" (골 1:9)것이다. 이제 바울의 기도의 내용을 좀 더 구체적으로 고찰하기 전에 문법적 구조에 비추어 본문을 다시 번역하는 것이 유익하리라 사료된다.

"그러므로 우리도 여러분의 소식을 듣던 날부터 여러분을 위하여 기도하는 것과 간구하는 것을 쉬지 않고 있다. 우리는 여러분이 모든 신령한 지

---

33 παυόμεθα는 παύω의 현재, 수동태이다.

34 προσευχόμενοι(기도하는 것), αἰτούμενοι(간구하는 것).

35 περιπατῆσαι(단순과거, 부정사)는 결과를 나타내는 부정사로 해석하기보다 목적을 나타내는 부정사로 해석하는 것이 문맥에 더 적합하다. cf. E. Percy, *Die Probleme der Kolosser und Epheserbriefe*. Skrifter Utgivna Av Kungl. Humanistika Vetenskapssamfundet i Lund, 39 (Lund: Gleerup, 1946), p.126.

36 καρποφοροῦντες (열매를 맺게 하시며), αὐξανόμενοι (자라게 하시며), δυναμούμενοι (능하게 하시며), εὐχαριστοῦντες (감사하게 하시며)가 περιπατῆσαι를 보완하는 역할을 한다.

혜와 총명으로 하나님의 뜻을 아는 지식이 채워져서 주님께 합당하게 살아감으로써 모든 일에서 그를 기쁘시게 하기 위해, 모든 선한 일에서 열매를 맺고, 하나님을 아는 지식이 점점 자라며, 하나님의 영광의 권능에서 오는 모든 능력으로 모든 견딤과 오래 참음에 능하게 되며, 빛 가운데 있는 성도들이 받을 상속의 몫을 차지할 자격을 여러분에게 주신 아버지께, 감사드리게 되기를 바란다."(골 1:9–12의 사역)

b) 바울의 기도 내용

① 성도들은 하나님의 구속 계획 전체를 알아야 한다(골 1:9). 바울의 기도 목적은 성도들이 하나님의 뜻을 아는 지식으로 충만히 채워지는 것이다. 본문에서 "하나님의 뜻"은 성도들이 어떻게 살아야 할 것에 대한 통찰력 정도에 그치지 않고, 그리스도 안에서 이루신 하나님의 전체 구속의 목적을 가리킨다.[37] 그러므로 바울의 기도는 골로새 성도들이 그리스도 안에서 이루신 하나님의 전체 구속의 목적이 무엇인지를 충분히 아는 것이다.

골로새 성도들이 알아야 할 지식은 사적인 종교적 경험이나 사이비 종파의 신비적인 지식이 아니라 그리스도 안에서 성취된 하나님의 구속의 전모이다.[38] 바울은 성도들이 하나님의 비밀의 계시(롬 16:26), 즉 그리스

---

[37] N. T. Wright, *Colossians and Philemon* (*Tyndale New Testament Commentaries*, Grand Rapids: Eerdmans, 1989), p.57.

[38] Hendriksen, *Colossians and Philemon*, p.57; A. S. Peake (*The Epistle to the Colossians: The Expositor's Greek Testament*. Vol.III, Grand Rapids: Eerdmans, 1980, p.499)는 "이것은 하나님의 구속의 계획(counsel)을 뜻하지 않고, 그리스도 안에서 우리에게 알려진 하나님의 전체 계획도 뜻하지 않는다. 그러나 문맥이 가리키는 것처럼(10절) 하나님의 뜻의 도덕적 요소, 즉 우리의 삶의 행실을 위한 하나님의 뜻을 가리킨다."라고 해석한다.

도 안에서의 구속을 충만히 알 수 있기를 위해 기도한다.

바울은 성도들이 "모든 신령한 지혜와 총명으로"(골 1:9)[39] 하나님의 깊은 뜻을 알 수 있다고 말한다. 신령한 지혜와 총명은 성령께서 주시는 지혜와 총명이다. 하나님의 뜻을 아는 일에 성령 하나님의 도움이 없이는 불가능하다. 바울은 "성령은 모든 것 곧 하나님의 깊은 것까지도 통달하시느니라"(고전 2:10)라고 말한 후 같은 맥락에서 "하나님의 일도 하나님의 영외에는 아무도 알지 못하느니라"(고전 2:11)라고 설명한다. 그러므로 본문(골 1:9)의 지혜와 총명은 성령의 선물로 "육체의 지혜"(고후 1:12)와 반대되는 것이다. 지혜는 정신적 기능의 전체 분야를 모두 포함하지만 총명은 특별한 지적 기능을 뜻하거나 혹은 거짓과 진리를 구분하는 통찰력을 가리키고 둘 사이의 관계를 파악하는 기능을 뜻한다.

바울은 이처럼 성령께서 성도들의 모든 정신적 기능, 참과 거짓을 분별하는 분별력, 진리의 참뜻을 이해하는 통찰력을 주셔서 하나님의 구속계획의 전모를 알기 원한다.

② 성도들은 모든 일에 주님을 기쁘시게 할 만큼 주님께 합당한 삶을 살도록 기도한다(골 1:10).

바울의 이 두 번째 기도 내용은 사실상 첫 번째 기도 내용의 목적에 해당한다. 성도들이 모든 신령한 지혜와 총명으로 하나님의 뜻을 알아야 하는 이유는 하나님을 기쁘시게 할 수 있는 주께 합당한 삶을 살아야 하기 때문이다. 리델보스(H. Ridderbos)는 "바울의 사상에서 '합당한'(waardig)이라는 용어는 공적과는 아무런 관계("niets met verdienstelijkheid te maken")도 없다. 그러나 그 속에 있는 동기는 전적으로 하나님의 은혜로

---

39   두 개의 형용사 "모든" (πάση)과 "신령한" (πνευματική)이 지혜와 총명을 한정시키고 있다. 그러므로 본문의 의미는 모든 신령한 지혜와 모든 신령한 총명을 가리킨다.

우신 행위("het genadig handelen Gods")로부터 기인한다. 하나님은 그의 은혜로우신 행위로 교회를 자신에게 성별시키시며, 따라서 교회를 그가 부르신 소명에 합당하게 하신다(살후 1:11)."[40]라고 말한다.

바울은 네 개의 분사를 사용하여 어떻게 골로새 성도들이 하나님을 기쁘시게 하는 삶을 살 수 있는지 설명한다.

첫째, 삶의 선한 열매(골 1:10)

성도들은 "전에 악한 행실로"(골 1:21) 하나님을 멀리 떠나 살았다. 그러나 이제는 "모든 선한 일에 열매를 맺어야"(골 1:10) 한다. 바울이 "열매"의 개념을 사용한 것은 열매가 인간의 노력으로 만들어진 것이 아니요, 나무나 혹은 땅이 제공하는 생명을 주는 능력에 의해 자연적인 성장의 결과로 나타난다는 것을 드러내기 위함이다.[41] 따라서 바울은 그리스도의 몸 안으로 접붙임 받은 사람들의 삶에서, 즉 그리스도의 성령이 활동하므로 그리스도와 생명력 있는 교제를 누리고 있는 성도들의 삶에서, 선한 열매가 자연히 맺어야 함을 기도하고 있다.[42] 복음이 열매를 맺어 자라는 것처럼 하나님의 백성들도 선한 일에 열매를 맺어야 한다(골 1:5-6과 골 1:10 비교).

둘째, 하나님을 아는 지식의 증가(골 1:10)

바울은 하나님을 기쁘시게 하는 삶의 출발점이 하나님을 아는 지식이요(골 1:9) 또 하나님을 기쁘시게 하는 삶을 살기 위해서는 하나님을 아는

---

40   H. Ridderbos, *Paulus: Ontwerp van Zijn Theologie* (Kampen: J. H. Kok, 1971), p.289.

41   씨 뿌리는 비유에서 예수님은 같은 용어를 사용하신다. "땅이 스스로 열매를 맺되"(αὐτομάτη ἡ γῆ καρποφορεῖ)가 바울의 사상과 맥을 같이한다(막 4:28).

42   R. Hensel, "Fruit (καρπός)," *NIDNTT*, Vol.I (Grand Rapids: Zondervan, 1975), p.723.

지식에서 자라가야 한다고 말한다. 본문의 "자라게 한다"(αὐξανόμενοι)가 현재 시상인 점을 감안할 때 바울은 하나님을 아는 지식이 성도들의 삶에서 계속 증가되기를 소원한다. 칼빈은 성도들이 죽을 때까지 경건의 교리 안에서 항상 성장해야만 한다는 보통의 권면을 기억해야 한다고 해석한다.[43] "하나님을 아는 것 자체가 활동이요, 하나님께 순종하는 것이 경건의 한 형태이다."[44] 바울은 바른 하나님에 대한 지식이 바른 행동을 수반한다고 말한다(빌 1:9-10; 참고. 롬 12:2; 15:14). 하나님을 기쁘시게 하는 일에 있어서 하나님을 아는 지식의 증가는 필요 불가결하다.

셋째, 인내의 삶(골 1:11)

이 세상에서 성도들의 삶은 "모든 견딤과 오래 참음"이 특징이다. "견딤은 견디어 나가는 은혜이며, 모든 역경과 시련에도 불구하고 하나님이 주신 자신의 사역을 실행하는데 인내하는 용기이며, 절망이나 비겁함에 굴복하는 것을 거절하는 것이다. 그것은 인간의 특질로 사물들과 관계되어 나타난다. 즉 그 사람이 연루된 재앙, 고통, 핍박 등의 상황과 관계되어 나타난다. 오래 참음은 자신을 반대하고 괴롭히는 사람들과의 관계에서 인내를 행사하고, 감정이나 분노의 폭발에 굴복하지 않는 그런 사람의 특성이다. 바울의 서신에서 오래 참음은 친절, 자비, 사랑, 양선, 긍휼, 온유, 겸손, 관용, 용서의 정신과 관계되어 사용되었다(롬 2:4; 갈 5:22; 엡 4:2; 골 3:12-13)."[45] 바울이 성령의 모든 열매 중에서 특별히 견딤과 오래 참음을 강조한 이유는 이 두 덕목이 위험하고 유혹 많은 이 세상을 성도들이 살

---

43 Calvin, *The Epistles of Paul the Apostle to the Galatians, Ephesians, Philippians and Colossians*, p.305.

44 N. T. Wright, *Colossians and Philemon*, p.59.

45 Hendriksen, *Colossians and Philemon*, p.59.

아가는 데 꼭 필요하기 때문이다. "견딤과 오래 참음의 정신은 믿음, 소망, 사랑의 조용한 귀결로서 하나님 아버지가 세상의 주권을 가진 주님이시며 바로 그분이 자신의 때에 자신의 방법으로 자신의 목적을 이루실 것이라는 확고한 확신의 산물이다."[46] 바울은 하나님의 영광의 권능과 모든 견딤과 오래 참음을 연관시켜 사용함으로 모든 견딤과 오래 참음이 실천하기에 얼마나 어려운 덕목인지를 보여준다. 바울은 견딤과 오래 참음에 능한 성도들이 되도록 기도한다.

넷째, 성도가 받을 기업과 감사의 삶(골 1:11)

바울은 성도들이 하나님 아버지께 감사해야 할 이유를 뒤따르는 골로새서 1:12-14 사이에서 밝힌다. 골로새 성도들은 먼저 하나님께서 그들에게 성도의 기업을 주셨기 때문에 감사해야 하며(골 1:12), 다음으로 하나님께서 성도들을 흑암의 권세에서 건져내사 아들의 나라로 옮겨 주셨기 때문에 감사해야 하며(골 1:13), 마지막으로 하나님께서 그의 아들 예수 그리스도 안에서 성도들이 "속량 곧 죄 사함"을 얻게 해 주셨기 때문에 감사해야 한다(골 1:14). 바울은 골로새 성도들이 개종하기 전에는 "흑암의 권세" 아래 있었으나 하나님이 아들을 통해 속량하여 그의 사랑의 아들의 나라에 속하게 해 주심으로 "빛 가운데서" 성도의 기업을 받게 해 주셨음으로 감사해야 한다고 말한다.

iii) 에베소서 1:15-23

에베소서 1장은 크게 두 부분으로 나뉜다. 첫째 부분(엡 1:3-14)은 성도들에게 복을 주시는 하나님께 대한 찬송으로 되어있다. 성부, 성자, 성령,

---

46   N. T. Wright, *Colossians and Philemon*, p.60.

삼위일체 되신 하나님이 그의 깊으신 지혜로 성도들을 구원하신 사실로 인해 그에게 찬송을 돌리는 것이다(엡 1:6, 12, 14).

둘째 부분(엡 1:15-23)은 하나님의 크신 축복을 이해할 수 있도록 하나님께서 성도들의 마음의 눈을 열어달라는 바울의 기도가 담겨져 있다. 헬라어 성경을 보면 첫째 부분도 한 문장으로 되어있고 둘째 부분도 한 문장으로 되어 있다. 바울은 성도들에게 베푸신 하나님의 은혜와 축복의 풍성함 때문에 맥박이 멈추는 듯 감격한 마음으로 하나님께 찬송을 드린 후에 같은 마음가짐으로 하나님께 기도를 드린다. 바울의 감사 기도는 어떤 학자의 주장처럼 에베소서 1:13-14에 언급된 성령 하나님만 대상으로 한 것이 아니요,[47] 오히려 에베소서 1:3-14에 언급된 성부, 성자, 성령, 삼위일체 하나님을 대상으로 하고 있다.[48]

바울은 본문에서 에베소교회 성도들이 진정한 믿음을 가졌을 뿐 아니라 그 믿음에 부응하는 사랑의 행위가 있음을 듣고 하나님께 감사한 것이다. 바울은 에베소교회 성도들의 믿음과 사랑을 인하여 하나님께 끊임없이 감사하면서도 아직 그들의 현 상태에 만족하지 않는다. 그러면 바울의 요구는 무엇인가. 그것은 에베소 성도들이 또 다른 축복을 받기 원하는 것

---

47   S. D. F. Salmond, *The Epistle to the Ephesians: Expositor's Greek Testament*, Vol. III (Grand Rapids: Eerdmans, 1980), p.270; 박윤선, 『에베소서 주석, 바울 서신 주석』 (서울: 영음사, 1967), p.105.

48   엡 1:15의 διὰ τοῦτο (이로 말미암아)가 단순히 엡 1:13,14의 내용만 받는다고 생각하기보다는 엡 1:3-14 내용 전체를 받는다고 생각하는 것이 문맥에 비추어 볼 때 더 타당하다. 성도들의 구원을 위한 성령의 사역은 하나님 아버지와 예수 그리스도의 사역을 떠나서는 생각조차 할 수 없다. cf. R.C.H. Lenski, *The Interpretation of St. Paul's Epistles to the Galatians, Ephesians and Philippians* (Minneapolis: Augsburg Publishing House, 1961), pp.387-388; Geoffrey B. Wilson, *Ephesians* (Carlisle: The Banner of Truth Trust, 1978), p.33; W. Hendriksen, *Exposition of Ephesians* (*N.T.C.*, Grand Rapids: Baker, 1972), p.95.

이 아니요 그들이 이미 받은 하나님의 축복의 깊이와 너비와 높이를 이해할 수 있게 되기를 원한 것이다. 성도들은 흔히 새로운 영적 축복을 위해 기도하는 것에는 열심이 있지만 그들이 이미 받은 측량할 수 없는 축복에 대해서는 감사할 줄 모르는 것이다.

여기서 먼저 "지혜와 계시의 성령"(πνεῦμα σοφίας καὶ ἀποκαλύψεως)이란 표현을 "지혜와 계시의 영(정신)"으로 이해할지 아니면 "지혜와 계시의 성령"으로 이해할지 밝히는 것이 중요하다(엡 1:17). 한글개역판은 "지혜와 계시의 정신"으로 번역했고 개역개정판은 "지혜와 계시의 영"으로 번역했다.[49] "성령"으로 번역하지 않고 "정신" 혹은 "영"으로 번역한 이유는 로마서 8:15, 11:8, 갈라디아서 6:1, 디모데후서 1:7 등에 나타난 프뉴마(πνεῦμα)의 뜻을 유추로 본문의 프뉴마(πνεῦμα)를 주관적인 의미로 받아들여 에베소교회 성도들이 지혜의 정신과 이해의 정신을 소유하기 원하는 내용으로 생각하는 것이다. 이 견해는 "계시"를 신적 진리의 지식을 이해하는 뜻으로 생각하는 것이다. 그러므로 바울이 지혜와 계시의 성령께서 에베소교회 성도들의 마음의 눈을 밝혀 하나님께서 주신 그 크신 축복을 알게 되기를 위해 기도하는 것으로 이해하는 것이 바르다고 생각된다.

본문에서는 프뉴마를 "정신"이나 "영"(spirit)으로 해석하기보다는 성령(The Spirit)으로 해석하는 것이 문맥의 뜻에 비추어볼 때 더 적절하다. 즉 프뉴마를 객관적인 의미로 받는 것이다. 바울 서신에서 계시는 이해의 뜻으로 사용되기보다는 "비밀을 나타내는(revealing, disclosing) 뜻"으로 사용

---

49   개역개정, 바른성경, 표준새번역 성경은 "지혜와 계시의 영"으로 번역했고 공동번역은 "영적인 지혜와 통찰력"으로 번역했다. 공동번역은 본문의 πνεῦμα를 주관적으로 생각하고 번역한 것이다. NASB와 ESV, 그리고 RSV는 "a spirit of wisdom and of revelation"으로 소문자 spirit을 사용했다. 반면 NIV는 "the Spirit of wisdom and revelation"으로 번역하여 본문의 πνεῦμα가 "성령"임을 분명히 한다.

되었다(롬 2:5; 16:25; 고전 14:6, 26; 고후 12:1, 7; 갈 1:12; 2:2; 엡 3:3). "계시"를 "나타내는 뜻"으로 받을 때, 만약 에베소교회 성도들이 계시의 정신(영)을 소유한다면 그 뜻은 에베소교회 성도들이 하나님의 비밀을 다른 사람들에게 나타내는 역할을 해야 하는 능동적인 의미이다.

그러나 본문에서 문제가 되는 것은 바울의 기도 내용이 에베소 성도들이 다른 사람들을 위해 무엇을 할 수 있도록 기도한 것이 아니요 에베소교회 성도들이 어떤 사람이 되어야 할 것인지에 관심을 가지고 기도했다는 사실이다. 본문에서 "지혜의 정신"은 현명한 정신으로 이해가 가능하지만, "계시의 정신(영)"은 비밀을 나타내는 정신으로 이해할 때 이는 에베소 성도들이 다른 사람들에게 비밀을 나타내는 정신을 소유했다는 것을 뜻한다. 그렇다면 다른 사람들에게 비밀을 나타내는 정신(영)이란 어떤 것인가? 그 의미가 명확하지 않고 문맥에서 자연스럽지 못한 것이다.

헨드릭센은 본문의 프뉴마를 "정신(영)" 대신 "성령"으로 번역해야 하는 이유를 이렇게 설명한다.

① 바울은 "계시의……"라고 쓴다. 우리는 일반적으로 계시를 순전한 인간 정신 혹은 마음의 상태와 연관시키지 않는다.

② 이사야 11:2에 보면 지혜는 여호와의 신(성령)에 의해 주어진 여러 은사 중 첫 번째 것으로 언급되었다.

③ "진리의 영"(요 15:26), "양자의 영"(롬 8:15)과 같은 표현들은 성령을 가리킨다.

④ 에베소서에는 삼위이신 성령의 언급이 풍부하게 나타난다. 본 서신에 보혜사의 언급이 탁월하게 나타나기 때문에 이 구절에서도 바울이 성령을 염두에 둔 것이라고 믿을 수 있다.

⑤ 하나님 아버지와 아들 그리스도를 언급한 후 성령을 언급하는 것

은 바울의 특징이다(롬 8:15-17; 고후 13:13; 엡 1:3-14; 3:14-17; 4:4-6, 5:18-21 참조).

⑥ 하나님 아버지가 마음의 눈을 밝히실 때, 성령을 통해서 하시지 않는가?(요 3:3,5 참고). 사람은 성령을 통하지 않고는 하나님의 왕국을 볼 수도 없고 또 들어갈 수도 없다(엡 5:18; 요일 1:7 참조).[50]

이상의 설명이 잘 증거 하듯이 본문을 "지혜와 계시의 성령"으로 이해하는 것이 문맥의 뜻과 잘 조화를 이룬다. 성경은 성령에 대하여 "진리의 영"(요 14:17; 15:26), "계시의 중개자"(요 16:13), 진리를 가르치는 자(요 14:26; 고전 2:10)로 묘사한다. 그러므로 바울은 하나님께서 지혜와 계시의 공급자이신 성령을 에베소 성도들에게 주셔서 그들이 하나님을 알게 되고 하나님이 주신 축복의 풍성함을 알게 되기를 위해 기도한 것이다. 그러면 에베소 성도들이 이미 받은 성령을(엡 1:13) 왜 여기서 다시 주시라고 기도해야 하는가? 바울은 에베소 성도들이 이미 성령을 받았지만 여기서 기도하는 것은 이미 임한 성령의 임재가 강력하게 나타나기를 위해 기도한 것이다. 박윤선 박사는 "저들이 벌써 그리스도를 믿어서 하나님을 아는 자들인데, 이제 그 기초적 지식 위에 지혜의 영을 받아서 모든 영적 사리(事理)들을 더욱 알게 되기를 사도가 원하는 바이다."[51]라고 본문을 바로 해석했다.

바울 사도는 하나님께서 지혜와 계시의 성령을 통해 성도들의 마음의 눈을 밝혀 그들이 소유한 축복을 알게 되기를 기도한다. "마음의 눈"이라고 할 때의 "마음"은 직역하면 "심장"을 가리킨다. 바울이 이 구절에서 "심

---

50   참조. Hendriksen, *Ephesians*, p.97.

51   박윤선 , 『에베소서 주석』, 『바울 서신 주석』, p.106.

장"(καρδία)을 사용한 이유는 심장이 사람의 지능적, 종교적 그리고 도덕적 생활을 영위하게 하는 중심 기관이기 때문이다. 한마디로 마음은 사람의 내적 존재의 중심이라고 할 수 있다. 그러므로 성령은 마음에 내주하시며 영적 생활의 박동이 마음에서 나타난다고 생각할 수 있다.

이제 바울은 좀 더 구체적인 세 가지의 축복을 언급한다. 바울은 성령의 조명을 통해 성도들의 마음의 눈이 밝혀져 그들이 "하나님의 부르심의 소망"과 "그의 기업의 영광의 풍성함"과 "그의 능력의 지극히 크심"을 이해할 수 있도록 기도하는 것이다. 이제 이 세 가지 내용을 좀 더 구체적으로 생각하고자 한다.

첫째, 하나님의 부르심의 소망을 깨달음(엡 1:18).

하나님께서 성도를 부르실 때는 임의로 부르시지 않고 목적을 가지고 부르셨다. 그러면 성도를 부르신 목적이 무엇이겠는가? 신약성경의 교훈을 보면 하나님께서 성도를 부르신 목적은 성도로 하여금 그리스도 예수에게 속하여 그리스도와 함께 하나님의 후사가 되며(롬 8:17) 그와 교제 관계에 들어가도록 하시기 위함이다(고전 1:9). 하나님은 우리를 거룩한 "성도"로 부르셨고(롬 1:7; 딤후 1:9; 벧전 1:15), 우리를 하나님의 심판에서 자유하게 하시려고 부르셨다(갈 5:1).

또 하나님께서 우리를 부르신 이유는 종족간이나 계급의 장벽을 초월하여 서로 존경하며 격려하는 한 가족으로서 교제하게 하시려고 부르셨다(엡 2:13-18). 그때에 우리는 그리스도 안에서 한 몸으로 평화를 누리고 서로 사랑하는 공동체가 될 수 있기 때문이다.

기독교는 소망의 종교이다. 성도들의 구원은 현재에도 확실하고 완전하지만 앞으로 나타날 놀랄 만한 영광을 소망하면서 사는 것이다. 이 소망은 선(善)이 승리하리라는 막연한 바람이 아니다. 성도들의 소망은 성령을 보증으로 성도들에게 주시고(엡 1:14) 미래의 영광스런 상속을 약속하신 하나님이 신실하시기 때문에 확실히 보장된 소망이다.[52] 그래서 바울은 "우리가 소망으로 구원을 얻었으매 보이는 소망이 소망이 아니니 보는 것을 누가 바라리요 만일 우리가 보지 못하는 것을 바라면 참음으로 기다릴지니라"(롬 8:24-25, 개역개정)라고 말한다. 바울은 하나님께서 우리를 부르심으로 우리가 소유하게 된 소망과 그 본질과 확실성을 우리로 알게 하려고 기도한 것이다.

둘째, 성도가 받을 영광스러운 기업을 아는 일(엡 1:18).

바울 사도가 언급한 두 번째 내용은 성도들이 하나님께서 주시는 "그 기업의 영광의 풍성이 무엇인지"[53] 알게 되기를 원하는 것이다. 바울은 "기업의 영광의 풍성"이 말로 표현하기 힘들 만큼 엄청난 하나님의 축복이기 때문에 이 표현을 기록하는 데 심혈을 기울인다. 바울의 마음은 가득 차 있고 그의 언어에는 심오한 사상이 들어 있다.[54] 성도들은 하나님으로부터 영원한 기업을 약속 받았다. 성도들이 받을 기업은 "썩지 않고 더럽지 않고 쇠하지 아니하며……하늘에 간직된"(벧전 1:4) 기업이다. 성도는 하나님의 후사요 그리스도와 함께 한 후사(롬 8:17)로 그리스도가 성취한 풍성한 영광을 소유하게 된다. 성도들은 하나님을 볼 것이요 그때에는 성도들의 낮은 몸이 그리스도의 영광스러운 몸처럼 변화될 것이다(요일 3:2).

---

52 W. M. F. Scott, *The Hidden Mystery* (1942), pp.23f.

53 본문에서 τίς는 "얼마나 위대한"(how great)이나, "어떤 종류의"(of what kind)라는 뜻으로 이해하기보다 "무엇"(what)이라는 일반적인 의미로 생각해야 한다.

54 Albert Barnes, *Notes on the New Testament: Ephesians, Philippians and Colossians* (Grand Rapids: Baker, 1982), p.31: "There is a force in this language which can be found perhaps nowhere else than in the writings of Paul. His mind is full, and language is burdened and borne down under the weight of his thoughts."

성도들은 하나님과 함께 완전하고 영원한 교제를 즐기게 될 것이다(빌 3:21; 고전 13:12). 성도들이 받을 기업의 영광은 하나님께서 성도들에게 주신 것이요 성도들의 소망의 대상이다. 바울 사도는 성도들이 소유한 "기업의 영광의 풍성함"을 알게 되기를 기원하고 있다.

셋째, 하나님의 크신 능력을 아는 일(엡 1:19-23)

하나님의 "능력의 지극히 크심"은 이전 구절에서 언급된 두 가지 다른 요소들, 즉 소망과 기업 사이를 연결하는 요소로 필요한 것이다.[55] 하나님의 능력은 성도의 소망을 확실하게 하며 하나님께서 성도들에게 최종적으로 주실 기업의 영광의 풍성함으로 성도들을 완전하게 인도하실 수 있기 때문이다.

그런데 바울 사도는 하나님의 크신 능력을 표현함에 있어 비슷한 뜻의 용어들을 반복해서 사용한다. 에베소서 1:19에 나타난 하나님의 "힘"(ἰσχύς), "위력"(κράτος), "역사하심"(ἐνέργεια)은 모두 하나님의 "능력"(δύναμις)을 설명하기 위해 동원된 용어들이다.[56] 본문에서 사용된 "힘"은 내재적인 위대한 능력을 뜻하고 "위력"은 행위 속에 나타난 능력을 뜻하며 "역사하심"은 어떤 사역을 성취하는 효력 있는 초인간적인 능력을 뜻한다. 칼빈은 세 용어를 다음과 같이 설명한다. "여기 세 개의 용어를 주목해야 한다. 그것들은 하나님의 팔이 행위 가운데 나타날 때 표명되는 것으로 힘(strength)은 뿌리와 같고 위력(power)은 나무와 같으며 역사하심

---

55   Hendriksen, *Ephesians*, p.99.

56   Salmond, *The Epistle to the Ephesians*, p.276: "Ἐνέργεια, which in the NT is never used but of super human power whether Divine (Eph, iii. 7, iv. 16; Col. i.29, ii. 12) or Satanic (2 Thess. ii. 9) denotes power as *efficiency, operative, energising power*. Κράτος is power as *force, mastery*, power as shown in *action*: ἰσχύς is power as *inherent*, power as possessed, but passive." (italics original)

(efficacy)은 열매와 같은 것이다."[57]

그러나 바울이 본문에서 성도들에게 전하고자 하는 메시지는 세 종류의 능력이 아니라 지극히 크신 하나님의 능력(δύναμις)을 설명하기 위해 능력과 관련된 세 용어를 동원했다는 사실이다. 그러면 하나님의 능력이 지극히 크다는 사실을 어떻게 알 수 있는가? 바울 사도는 에베소서 1:20에서 하나님의 크신 능력이 어떻게 나타났는지 그리스도의 부활과 높아지심을 예로 들어 친절하게 설명하고 있다. 하나님의 크신 능력은 먼저 예수 그리스도의 부활, 다음으로 부활하신 그리스도의 왕권, 마지막으로 예수가 교회의 머리되심에서 분명히 밝혀진다.

① 예수 그리스도의 부활(엡 1:20)

하나님의 크신 능력은 그리스도의 부활로 나타났다. 죽음은 모든 사람이 두려워하는 것이요 아무도 죽음을 피할 수는 없다. 죽은 후에는 어떤 것도 몸의 부패와 변질을 막을 수 없다. 그런데 하나님이 그리스도의 죽음에서 이 자연적인 과정을 멈추게 하시고 그리스도를 죽은 자 가운데서 부활시키신 것이다. 예수 그리스도는 다른 모든 죽은 자들이 경험한 부패와 변질을 경험하시지 않고 부활하신 것이다(행 2:27참조). 신약의 메시지 가운데 십자가는 항상 중심 자리를 차지한다. 그러나 그리스도의 부활 없는 십자가는 아무런 의미가 없다. 성도들의 구속을 생각할 때도 그리스도의 부활을 떠나서는 설명할 수가 없다. 그래서 바울은 "예수는 우리가 범죄한 것 때문에 내줌이 되고 또한 우리를 의롭다 하시기 위하여 살아나셨느니라"(롬 4:25, 개역개정)라고 함으로 성도들의 의롭게 됨과 그리스도의 부활

---

57   Calvin, *The Epistle of Paul the Apostle to The Galatians, Ephesians, Philippians and Colossians*, p.135

을 연결시켜 설명한다.

워필드는 예수님의 부활에 대해 "예수님이 무덤에서 살아나지 않으셨다면 모든 우리의 소망, 모든 우리의 구원이 오늘날까지 그와 함께 죽어 누워있을 수밖에 없다.……이처럼 그리스도의 부활은 그의 완성된 사역, 그의 성취된 구속의 필요 불가결한 증거다."[58]라고 바로 설명한다.

섬머즈(Summers)도 "사람이 십자가를 바라볼 때는 죄와 죽음을 비웃거나 조롱할 수 없다. 그가 빈 무덤과 그리스도의 부활의 진리에 이를 때에만 죄와 죽음을 비웃을 수 있고 '우리에게 승리를 주신 하나님께 감사합니다'라고 말할 수 있다. 그리스도에 관한 어떤 개념도 부활을 포함하지 않는 것이면 신약의 개념이 될 수가 없다."[59]라고 그리스도의 부활의 중요성을 설명한다. 신자들의 구원은 그리스도의 죽음만으로 완전하게 성취되었다고 생각할 수 없으며 거기에는 반드시 그리스도의 부활이 요구된다. 따라서 하나님은 그의 크신 능력으로 자연의 섭리를 초월하여 그리스도를 부활시키신 것이다.

② 부활하신 그리스도가 왕 노릇하심(엡 1:20-22)

하나님은 그의 능력으로 예수님을 죽은 자들 가운데서 다시 살리셨을 뿐 아니라 그를 하나님의 오른편에 앉히셨다(엡 1:20). 이는 "여호와께서 내 주에게 말씀하시기를 내가 네 원수들로 네 발판이 되게 하기까지 너는 내 오른쪽에 앉아 있으라 하셨도다"(시 110:1, 개역개정)라는 구약의 메시

---

58   B. B. Warfield, "The Resurrection of Christ a Fundamental Doctrine," *Selected Shorter Writings*, Vol, I, ed. John E. Meeter (Philadelphia: Presbyterian and Reformed Publishing Co., 1970), p.200.

59   Ray Summers, *Ephesians: Pattern for Christian Living* (Nashville: Broadman Press, 1960), p.29

아 예언을 성취하신 것이다. 에베소서 1:20에 그리스도께서 하나님의 오른편에 앉으신 사실이나 에베소서 1:22에 만물을 그리스도의 발아래 복종하게 하신다는 사실은 시편 110편에 나타난 사상을 잘 반영한다. 신약의 저자들은 이 시편의 말씀이 그리스도의 높아지심으로 성취되었다고 증언한다(참조. 행 5:31; 7:56; 롬 8:34; 고전 15:25; 빌 2:9-11; 골 3:1; 히 1:3; 8:1; 12:2; 계 5:1-14).

하나님의 오른편은 어떤 자리를 가리키는가? 칼빈은 "그것은 어떤 특별한 장소를 뜻하지 않고 하나님 아버지께서 그리스도가 그의 이름으로 하늘과 땅을 다스리실 수 있도록 그리스도에게 주신 권능을 뜻한다."[60]라고 설명한다. 그리스도께서 부활 후에 영광과 권세의 자리로 높아지신 것은 하나님의 지극히 크신 능력에 의해 가능하게 된 것이다. 그리고 그리스도가 하나님의 보좌에 동참한다는 사실은 그리스도의 신적인 위엄과 그의 범우주적인 주권(Lordship)을 명백히 한 것이다. 그런데 그리스도가 하나님 우편에 앉아있다는 사실은 그리스도의 몸의 영원한 자세를 가리키지 않고(참조. 행 7:56; 계 2:1) 구속의 사역을 완성하신 후 그리스도께서 받으신 최고의 통치 권한을 가리킨다.

부활 승천하신 그리스도의 위치는 얼마나 높은가? 그의 주권의 범위는 얼마나 넓은가? 그리스도는 "모든 통치와 권세와 능력과 주권"(엡 1:21) 위에 뛰어난 탁월하신 분이며 "만물 위에 교회의 머리"(엡 1:22)로서 세우심을 받은 분이다. 그리스도의 주권은 이 세상뿐 아니라 오는 세상에까지 미치는 것이다. 본문의 "모든 통치와 권세와 능력과 주권"은 좋은 천사들을 가리킨다.[61]

---

60   Calvin, *Ephesians*, p.136.

61   Calvin, *Ephesians*, p.137 ; Hendriksen, *Ephesians*, p.101; Salmond, *The*

바울은 여기서 천사들도 그리스도를 떠나서는 능력을 행사할 수 없다고 밝힌다. 그리스도는 천사들을 포함한 모든 피조물들을 통치하신다. 바울은 그리스도의 주권이 이 세대뿐 아니라 오는 세대까지 미칠 것을 명백히 한다. 바울 서신 다른 곳에서는(롬 12:2; 고전 1:20; 2:6, 8; 고후 4:4; 갈 1:4; 엡 2:2; 딤전 6:17; 딛 2:12) 이 세대라는 용어만 나타난다. 그런데 본문 에베소서 1:21에서는 이 세대와 오는 세대가 명백한 대칭을 이루고 있다.

보스(Vos)는 바울이 에베소서 1:21에서 두 용어(이 세상과 오는 세상)를 사용한 특별한 이유를 지적한다. 그 이유는 "모든 이름 위에 뛰어난 그리스도의 이름의 최고위(最高位)를 시간과 공간에 관하여 아무런 제한 없이 인정하도록 하는 데 있다. 다른 구절들은 전(前)종말론적 기간 내에 어떤 특정한 요소를 다루기 때문에 상반하는 용어를 언급할 필요가 없다."[62]고 설명한다.

바울은 유대주의의 두 세대 개념을 자신의 교훈에 맞도록 하여 사용하고 있다. 원래의 두 세대 개념은 이 세대가 끝나면 오는 세대가 연속되는 것인데, 바울의 수정된 두 세대 개념은 그리스도의 부활을 기점으로 오는 세대가 시작되었고 그때로부터 예수님의 재림 때까지 이 세대와 오는 세대가 병존하며, 예수님의 재림 이후는 오는 세대가 완성을 이루게 되는 것이다. 그러므로 신자들은 이미 오는 세대에 속해 있으며 현재 천국 시민권을 소유하고 있지만 이 세상에 발을 붙이고 살기 때문에 신자만이 가질 수 있는 종말론적 삶의 긴장을 경험하게 되는 것이다(빌 3:20; 엡 2:6).

Epistle to the Ephesians, p.278; 스토트(John R. W. Stott, *God's New Society: The Message of Ephesians*, Downers Grove: IVP, 1979, p.60)는 통치와 권세를 악마들, 어두움의 세상 주관자들 또는 하늘에 있는 악한 영들을 가리키는 것으로 생각한다.

62   G. Vos, *The Pauline Eschatology*, p.12.

③ 예수가 교회의 머리되심(엡 1:22-23)

바울은 두 가지 특이한 표현으로 예수님이 교회와 만물의 머리시라고 설명한다. 그리스도를 "만물 위에 교회의 머리로 삼았다"(엡 1:22)는 표현과 "교회는 그의 몸이니 만물 안에서 만물을 충만하게 하시는 이의 충만"(엡 1:23)이라는 표현이다.

바울은 본문에서 예수 그리스도가 교회의 머리이실 뿐 아니라 그의 통치 권한이 모든 만물에게까지 미친다는 사실을 확실히 한다. 그래서 바울은 충만(πλήρωμα)이라는 용어를 사용하여 예수 그리스도가 교회를 충만하게 할 뿐 아니라 만물을 그의 발아래 복종하게 하시고 만물을 다스리고 계신다고 설명한다.[63] 바울 사도의 기도의 내용은 죄 문제를 해결하시기 위해 낮아지시고 십자가에 죽으신 후 부활하셔서 높아지신 예수 그리스도가 이 세상에서 교회와 만물을 다스리고 계신다는 것을 밝히고 있다.

바울 사도는 본 문맥에서 하나님의 지극히 크신 능력이 그리스도를 교회의 머리로 세우시고 그리스도로 하여금 교회의 존재와 사명에 필요한 모든 것을 충분하게 제공할 수 있도록 하신다고 설명한다.

iv) 에베소서 3:14~21

바울은 기도할 때 하나님의 "영광의 풍성함을 따라" 기도한다. 에베소서 1:18에서도 같은 표현을 사용한다. "그 기업의 영광의 풍성함이 무엇이며"라고 한 표현에서 쓴 "풍성"(πλοῦτος)이나 이 구절에 나오는 영광의 "풍성"이나 다 같은 말이다. 바울 사도는 하나님의 무한대한 풍성을 확신하는 가운데 성도들이 하나님의 축복과 부요를 받게 되기를 기도한다.

63　더 자세한 논의는 제11장 바울이 이해한 신약교회의 "예수님이 교회의 머리되심" 부분을 참조하라.

첫째, 속 사람의 강건을 위해 기도함(엡 3:16)

성경은 "네가 만일 네 입으로 예수를 주로 시인하며 또 하나님께서 그를 죽은 자 가운데서 살리신 것을 네 마음에 믿으면 구원을 받으리라 사람이 마음으로 믿어 의에 이르고 입으로 시인하여 구원에 이르느니라"(롬 10:9,10, 개역개정)라고 했다. 여기에서 믿음의 대상이 누구이며 어떻게 그를 믿어야 구원을 얻을 수 있는지를 명백히 한다.

성경은 예수를 구주로 믿을 수 있는 믿음을 우리에게 주신 분이 성령 하나님이라고 말한다. "하나님의 영으로 말하는 자는 누구든지 예수를 저주할 자라 하지 아니하고 또 성령으로 아니하고는 누구든지 예수를 주시라 할 수 없느니라"(고전 12:3, 개역개정). 성령께서 우리에게 믿음을 주셔서 예수를 구주로 고백하게 하는 순간 성령은 우리 속에 내주하기 시작하신다. 그래서 성도들의 몸을 성령의 전이라고 말하는 것이다(고전 3:16; 6:19).

성령께서 성도 안에 내주하신 때를 기점으로 성도 안에 속 사람이 창조된다. "속 사람"이라는 용어는 신약에 3회 나타나며 모두 바울 서신에서 사용된다(롬 7:22; 고후 4:16; 엡 3:16). 속 사람(the inner man 혹은 the inward man)은 몸(body)에 반대되는 영혼(soul)을 가리키지 않고 관능적인 생활 원리와 구분되는 이상적인 생활원리를 가리키지도 않는다. 속 사람은 하나님의 법을 즐기는 본질적인 인간을 가리킨다.[64]

속 사람은 감추어진 자아로서 후패되어 가는 겉 사람과는 대조적으로

---

64 G. Vos, *The Pauline Eschatology*, p.204 "The bodily life God sustained in Paul was the same life that enabled him to labor for the Corinthians. And he labored for them, certainly not by means of a mysterious invisible, embryonic corporeity built up within, but in no other way than by means of the present natural life of the body, in which he was undergoing hardships for their sake."

날마다 새롭게 되어 간다(고후 4:16). 그러나 새롭게 되는 것은 자동적인 과정이 아니기 때문에 바울 사도는 속 사람이 성령으로 말미암아 강건하게 되기를 위해 기도한다. 바울이 기도하는 것은 성도가 성령을 받도록 하기 위한 것이 아니요 이미 성령을 받은 성도들의 속 사람이 계속 성령으로 강건해지기를 위한 것이다.[65]

둘째, 성도들 안에 그리스도의 내주를 위해 기도함(엡 3:17)

바울은 그리스도의 사역과 성령의 사역을 분리하지 않는다. 오히려 그는 성령의 능력과 그리스도께서 성도들의 마음속에 내주하심으로 속 사람이 강건해지도록 기도한 것이다. 그리스도의 내주에 대한 바울 사도의 의도는 그가 사용한 용어에서 분명해진다. 바울은 잠시 기거하다 떠나는 상태를 파로이케오(παροικέω)라는 용어를 사용하여 설명한다(엡 2:19). 이와는 대조적으로 영구적인 정착과 거주를 설명하기 위해 카토이케오(κατοικέω)라는 용어를 사용한다. 이 카토이케오를 사용함으로 그리스도가 성도 안에 영구히 거하시기를 위해 기도한 것이다.

셋째, 사랑의 뿌리가 깊이 내리도록 기도함(엡 3:17)

이 구절에서 사용된 "사랑 가운데서"는 어떤 한정을 받지 않는 일반적인 의미로 사용되었다. 그러므로 "하나님의 사랑"이나 "그리스도의 사랑"을 구체적으로 언급하지 않고 오히려 기독교인의 원리인 일반적인 사랑을 말하고 있다. 즉 그리스도 안에서 하나님을 향한 사랑, 주님 안에서 형제자매를 향한 사랑, 이웃과 적에 대한 사랑을 포함하는 광범위한 사랑을 뜻

---

65 Hendriksen, *Ephesians*, p.171; Lenski, *Ephesians*, p.493: "We must also remember that the Spirit always operates with Word and Sacrament and never without these. It is incorrect to say that Paul is praying for a new Pentecost. Pentecost admits of no repetition; once poured out, the Spirit remains and by Word and Sacraments flows out into all the world and with ever-new power flows into the hearts of believers."

한다.[66]

워필드는 "사랑은 크게 확장시키는 자이다. 사랑은 지능을 확대시킨다. 사랑으로 차 있지 않은 사람은 반드시 생애와 사물을 보는 전망에서 좁고 메마르고 오그라지게 된다. 그리고 반대로 사랑으로 가득 차 있는 사람은 그의 이해가 크고 풍요롭다."[67]라고 바로 지적한다.

바울 사도는 에베소 성도들이 이런 광범위한 사랑으로 뿌리가 박히고 터가 굳어지기를 위해 기도한다. 바울은 여기서 나무와 건물에 관한 이중 은유를 사용한다. 나무의 뿌리가 깊이 박히면 박힐수록 나무가 든든하고 가지를 많이 뻗칠 수 있는 것처럼, 집의 기초가 견고하면 견고할수록 집이 튼튼히 세워질 수 있는 것처럼 바울 사도는 에베소 성도들이 사랑 가운데서 견고하고 튼튼해지기를 위해 기도하는 것이다.

칼빈은 이 구절의 "단순하고 진정한 의미는 우리가 사랑 가운데서 깊이 뿌리가 박혀야만 하고 우리의 기초가 깊은 곳에 튼튼하게 내려져서 아무것도 우리를 움직일 수 없어야 한다."[68]는 뜻이라고 말한다. 에베소 성도들이 그리스도의 사랑의 위대함을 이해하려면 생활의 계속적인 원리가 사랑으로 무장되어 있어야 한다고 바울은 기도하는 것이다.

넷째, 그리스도의 사랑의 전모를 알도록 기도함(엡 3:18,19)

바울 사도는 성도들이 그리스도의 사랑의 "너비와 길이와 높이와 깊이가 어떠함을 깨닫기를"(엡 3:19) 원한다. 여기 사용된 "너비와 길이와 높이

---

66 Salmond, *The Epistle to the Ephesians: Expositor's Greek Testament*, p.314; Hendriksen, *Ephesians*, p.172.

67 B. B Warfield, *Faith and Life* (Carlisle: The Banner of Truth Trust, 1974), pp. 275-276.

68 John Calvin, *Ephesians*, trans. T.H.L. Parker, p.168.

제12장 하나님을 향한 성도의 삶: 예배와 기도 · **391**

와 깊이"가 무엇을 가리키느냐에 대한 과거의 해석 역사를 보면 여러 견해가 제시되었다. 예를 들면, 구속의 비밀(Theodoret Bullinger), 그리스도의 교회(Michaelis, Koppe), 성전(Bengel), 십자가의 비밀(Jerome, Augustine), 하나님의 사랑(Chrysostom, Erasmus), 하나님의 지혜(De Wette), 사랑(Moule), 그리스도의 사랑(Calvin, Meyer, Hodge)이 제시되었다. 그리고 어거스틴은 좀 더 자세하게 십자가의 너비는 사랑을 가리키고 높이는 소망을 가리키고 길이는 인내를 가리키고 깊이는 겸손을 가리킨다고 설명한다.

스토트는 그리스도의 사랑은 모든 인류를 포함할 만큼 넓으며, 영원히 지속할 만큼 길고, 가장 타락한 죄인을 변화시킬 수 있을 만큼 깊으며, 그를 하늘에까지 올릴 만큼 높다고 바로 말했다.[69] 바울은 로마서에서는 "높음이나 깊음이나 다른 어떤 피조물이라도 우리를 우리 주 그리스도 예수 안에 있는 하나님의 사랑에서 끊을 수 없으리라"(롬 8:39, 개역개정)라고 했다. 바울 사도는 본문에서 그리스도의 무한한 사랑의 전모를 에베소 성도들이 경험적으로 알기를 원한 것이다.

바울 사도는 에베소 성도들이 "지식에 넘치는 그리스도의 사랑을 알도록"(엡 3:18) 기도하고 그리고 그리스도의 사랑의 경험적인 지식이 에베소 성도들 안에서 증가되기를 위해 기도한다. 반면 어떤 인간도 그리스도의 무한한 사랑의 지식을 혼자 소유할 수 없음을 인식하고 있다.[70] 우리는 그리스도의 이런 무한한 사랑을 이해하는데 다른 성도들의 존재가 중요함을 알아야 한다. 왜냐하면 바울 사도가 "모든 성도와 함께"라고 말함으로 다른 성도들의 존재란 우리가 그리스도의 사랑을 이해하는 데 필요 불가결

---

69   Stott, *God's New Society*, p.137.

70   Wilson, *Ephesians*, p.75.

하다고 설명하기 때문이다. 유대인이나 이방인이나 남자나 여자나 무슨 종족이든지 그들의 서로 다른 경험과 배경이 모두 합쳐져서 그리스도의 사랑의 깊이를 이해할 수 있게 되는 것이다.

다섯째, 하나님의 충만을 맛보도록 기도함(엡 3:19)

성도가 성장해야 하는 최종적인 상태는 하나님의 충만을 맛보는 상태이다. 하나님의 충만은 하나님 안에 있는 충만 또는 하나님 자신을 채우고 있는 것을 뜻한다. 하나님의 속성과 능력의 전부를 포함한다고 생각할 수 있다. 하나님의 충만은 하나님께서 주신 어떤 은사에 국한되지 않고 하나님의 완전 전체, 또는 하나님 안에 있는 탁월함 전체를 뜻하는 것으로 생각해야 한다.

여기서 한 가지 명백히 해야 할 사항은 성도들이 하나님의 충만으로 채워질 때에도 자신이 신(神)으로 변화되지 않고 피조물의 상태로 남아 있다는 사실이다. 성도들은 오로지 창조주의 영광을 영원히 반사하는 존재이며 성도의 영광은 고유적인 영광이 아니요 하나님으로부터 유래된 영광인 것이다. 그러므로 바울 사도는 성도들이 가장 크고 가장 심오한 의미에서 하나님의 충만을 맛볼 수 있도록 기도하는 것이다. 하나님은 성도가 매일 성장하기를 원하신다. 육신의 부모가 자녀들의 성장을 바라는 것처럼 하나님께서도 그의 자녀들이 성령의 도우심으로 계속해서 그리스도의 형상으로 변화되기를 원하신다(고후 3:18). 본문의 "교회 안에서와 그리스도 예수 안에서 영광이 대대로 영원무궁하기를 원하노라 아멘"(엡 3:21)이라는 말씀은 하나님의 영화로운 완전이 교회와 그리스도 안에 나타나 있음을 증거 하는 것이다. 교회는 하나님의 영광이 나타날 외적인 영역이요 그리스도는 내적인 영역으로 생각할 수 있다. 교회는 그리스도의 몸이요 그 몸의 머리는 그리스도이기 때문에 교회 안과 그리스도 예수 안에 하나님의 영광이 나타나는 것은 당연하다.

바울은 지금까지 자신이 드린 기도의 응답을 하나님께서 능히 하실 수 있다고 확신한다. 바울의 확신의 표현은, 첫째로 하나님은 우리 가운데서 역사하고 계시며, 둘째로 하나님은 우리의 구하는 것을 능히 응답하실 수 있고, 셋째로 하나님은 우리의 생각까지도 알고 계시며, 넷째로 하나님은 우리의 구하는 것 이상 넘치도록 채워주신다는 내용에 잘 나타나 있다. 바울은 이런 능력 있는 하나님께 영광이 영원무궁하기를 소원하면서 그의 기도를 끝맺는다.

v) 빌립보서 1:9-11

바울은 이 기도에서 무게가 실린 용어들을 많이 사용하였다. "너희 사랑"(ἡ ἀγάπη ὑμῶν), "지식"(ἐπιγνώσει), "모든 총명"(πάσῃ αἰσθήσει), "지극히 선한 것"(τὰ διαφέροντα), "진실"(εἰλικρινεῖς), "허물없이"(ἀπρόσκοποι), "의의 열매"(καρπὸν δικαιοσύνης), "하나님의 영광과 찬송"(δόξαν καὶ ἔπαινον θεοῦ)이 그런 용어들이다. 이제 바울의 기도의 내용을 좀 더 구체적으로 고찰해 보자.

첫째, 사랑의 풍성을 위하여 기도함(빌 1:9)

"풍성하다" 혹은 "증가하다"(περισσεύῃ)는 용어는 바울이 즐겨 쓰는 용어이다. 신약에서 39회 사용되는 데 그 중 26회가 바울 서신에 나타난다. 바울은 새로운 세대(New Age)의 특징으로 선한 일들이 풍성하게 될 것을 말한다. 새로운 세대에서 교회는 소망이 넘치게 될 것이요(롬 15:13), "믿음과 말과 지식과 모든 간절함"(고후 8:7)이 넘칠 것이며, 지혜와 총명으로 넘칠 것이다(엡 1:8).

본문의 사랑은 기독교인의 삶에서 가장 중요한 요소로 어떤 제한을 둘

수 없는 가장 포괄적인 의미의 사랑을 가리킨다.[71] 이 사랑은 "하나님은 사랑이심이라"(요일 4:8)라고 하나님을 특징지을 수 있는 것처럼, 바울 사도는 "빌립보 성도들은 사랑의 화신이라"고 말할 수 있을 만큼 그들이 사랑을 소유하기를 위해 기도하는 것이다. 빌립보 성도들의 사랑은 하나님의 사랑에 의존된 사랑이다. 그들은 하나님의 사랑을 본받아야 한다.

바울은 빌립보 성도들의 사랑이 점점 더 풍성하게 되기를 위해 기도한다. 사랑은 넘친다 해도 위험하지 않다. 사랑이 증가하는 데 제약이 필요한 것은 오직 그 사랑이 "지식과 모든 총명"으로 이루어지느냐 하는 것뿐이다.

둘째, 분별 있는 사랑을 위해 기도함(빌 1:10)

헨드릭센은 "사랑은 마땅히 지각 있는 사랑이어야 한다. 경험으로 무장된 예리한 분별력이나 인식은 선을 악으로부터 분리시키는 마음의 능력일 뿐 아니라 중요한 것을 중요하지 않은 것으로부터 분리시키는 마음의 능력으로 이 두 경우 모두 선한 것과 중요한 것을 택하고 악한 것과 중요하지 않은 것을 버리는 마음의 능력이다."[72]라고 말한다. 바울은 빌립보 성도들이 분별력 있는 사랑으로 계속 충만해지기를 위해 기도한다. 일반적으로 풍성한 사랑을 소유한 사람은 가슴이 뜨겁기 때문에 분별력을 결여하는 경우가 많다. 사랑을 베푸는 사람의 동기도 가치가 있고 그의 의도도 존경을 받을 만하지만 그의 사랑의 행동에 분별력이 결여되면 선을 이루기보다 오히려 해를 끼치는 경우가 많다. 그래서 바울은 "너희 사랑을 지

---

71   G.F. Hawthorne, *Philippians (Word Biblical Commentary,* Waco: Word Books, 1983), p.25.

72   William Hendriksen, *Philippians (New Testament Commentary,* Grand Rapids: Baker, 1974), p.60.

식과 모든 총명으로 점점 더 풍성하게"(빌 1:9)해야 한다고 빌립보 성도들의 사랑의 증가에 단서를 붙여 기도한 것이다.

셋째, 지극히 선한 것을 분별할 수 있도록 기도함(빌 1:10)

사실상 바울 사도가 빌립보 성도들의 "사랑을 지식과 모든 총명으로 점점 더 풍성"하게 되도록 기도하는 것은 그들이 지극히 선한 것을 분별할 수 있게 되기를 원해서이다. "지극히 선한 것"(τὰ διαφέροντα)은 "다르다"는 뜻도 있고(고전 15:41) "귀하다"는 뜻도 있다(마 6:26). 따라서 이 구절은 두 가지로 해석될 수 있다. ① 서로 다른 것들을 분별할 수 있도록 기도한다는 의미와 ② 참으로 중요한 것을 분별할 수 있는 판단 능력이 있게 해 달라고 기도한다는 의미이다. 두 해석 중에 본문의 뜻은 참으로 중요한 것을 분별할 판단 능력이 있게 해 달라고 기도한다는 뜻이다. 바울은 빌립보 성도들이 가장 귀한 것과 실행할 가치가 있는 것을 확신을 가지고 결정할 수 있기를 위해 기도한다.[73] 빌립보 성도들은 선과 악을 분별할 수 있을 뿐 아니라 선(善) 중에서도 최고의 선을 분별할 능력을 소유해야 한다.[74]

넷째, 모범된 성도들이 되도록 기도함(빌 1:10-11)

바울은 세 개의 형용사를 사용하여 빌립보 성도들이 어떤 모양으로 훌륭한 성도들이 되어야 할 것인지를 설명한다.

① 첫 번째 형용사인 "진실하여"(εἰλικρινεῖς)는 원래 "순수하다" "섞이지 않았다"라는 뜻이다. 이 용어는 귀중한 금속에서 찌꺼기를 제거하여 순수한 금속으로 만드는 것을 연상하게 한다. "진실하여"는 해(ἥλιος)와 판단하다(κρίνειν)의 합성어라고 생각된다. 영어의 "신씨어"(sincere)가 라

---

73 Hawthorne, *Philippians*, pp.27-28.

74 초기 헬라 교부들은 그들의 사회적인 상황에 영향을 받아 빌 1:10의 "분별한다"는 의미를 정통과 이단을 분별하고 참 교훈과 거짓 교훈을 분별하는 것으로 해석했다.

틴어의 "시네 쎄라"(sine cera)에서 왔으며 그 뜻은 "밀초가 없는"(without wax)이라는 뜻이다.

부정직한 상인들은 금이 간 도자기를 투명한 밀초로 보수해서 팔곤 했다. 이렇게 투명한 밀초로 보수한 도자기는 보통 금이 갔는지 그것을 식별하기가 어렵다. 그러나 이런 도자기를 햇빛에 비추어 보면 밀초를 발라 보수한 곳이 곧 드러나게 된다. 이런 악덕 상인이 있기 때문에 선량한 상인은 자신이 정성스럽게 만든 좋은 도자기에 시네 쎄라(sine cera, 밀초가 없는)라는 말을 붙여서 팔곤 했다. 이 말에서 영어의 신씨어(sincere)가 나왔고 따라서 본문의 "진실하여"(εἰλικρινεῖς- tested by sunlight)와 연관이 있다. 여기에서 "진실하여"가 도덕적으로 "순결하다"는 의미를 갖게 된다. 바울은 빌립보 성도들이 순결한 성도들이 되기를 원한다.[75] 바울은 빌립보 성도들이 신실하고, 정직하고, 마음이 깨끗하여 하나님과 다른 사람들 앞에서 투명하게 사는 사람들이 되기를 원한다.[76] 바울이 여기서 말하고 있는 바는 성도들의 삶에 위선이 있어서는 안 된다고 강조하는 것이다. 위선은 사랑의 전달을 막는다. 하나님의 사랑도 정직한 성도를 통해서만 전달된다. 진실한 사람은 하나님과 사람의 인정을 받는다.

② 두 번째 형용사인 "허물없이"(ἀπρόσκοποι)는 "다른 사람을 넘어지게 하는 뜻"과 "스스로 넘어지는 뜻"을 가지고 있다. 바울의 관심은 빌립보 성도들이 "길을 가면서 장애물에 의해 상처를 받지 않는 것"이다.[77] 즉 바

---

75   신약에서 εἰλικρινής와 그 파생어들은 항상 도덕적 순결을 뜻한다. 참조, 벧후 3:1; 고전 2:17; 5:8. see, F. Büchsel, εἰλικρινής, *TDNT*, Vol.II(Grand Rapids: Eerdmans, 1971), pp.397-398.

76   Hawthorne, *Philippians*, p.28.

77   Hendriksen, *Philippians*, p.61.

울은 빌립보 성도들이 도덕적으로 흠집이 없기를 바라는 것이다.[78] 하지만 본문의 맥락은 "허물없이"가 "다른 사람에게 흠집을 내게 한다"는 뜻보다는 "자신이 흠집 없이 살아간다"는 뜻을 더 지지한다. 자신이 흠집 없이 사는 것은 다른 사람에게 흠집 내지 않는 것까지 포함한다.

③ 세 번째 형용사는 "의의 열매가 가득하여"이다. 여기에 사용된 "가득하여"(πεπληρωμένοι)는 분사로서 형용사 기능을 하고 있는 단어이다. "가득하여"는 직접 목적을 수반하고 있는데 그것은 "의의 열매"이다. 바울은 빌립보 성도들의 생애에 아름다운 하늘나라의 열매가 맺히기를 원한 것이다. 여기서 우리는 "의의 열매"를 생각할 때 성령의 열매를 떠올리게 된다. 본문의 "열매"도 단수요, 갈라디아서 5:22의 "열매"도 단수이다. 따라서 두 구절 사이에 연관이 있다. 하늘나라의 열매는 바로 성령의 열매요, 그것들은 "사랑과 희락과 화평과 오래 참음과 자비와 양선과 충성과 온유와 절제"(갈 5:22-23)이다.[79] 하지만 빌립보 성도들의 도덕적 의는 그리스도를 통해 얻을 수 있는 법정적 의와 무관하지 않다. 왜냐하면 성도는 하나님과 예수 그리스도를 떠나서는 도덕적 의를 이룰 수 없기 때문이다.

다섯째, "하나님의 영광과 찬송"이 되도록 기도함(빌 1:11)

---

78   Hawthorne은 "허물없이"를 "다른 사람을 넘어지게 하지 않는다"는 뜻으로 해석한다. Hawthorne, *Philippians*, p.28. 같은 입장으로 Martin, *Philippians* (*NCBC*), p.69; Jac. J. Müller, *The Epistles of Paul to the Philippians and to Philemon (NICNT,* Grand Rapids: Eerdmans, 1970), p.46 등이 있다.

79   Martin[*Philippians* (*NCBC*), p.70.]은 본문의 의를 하나님과의 바른 관계에서 성립되는 의로 해석한다. 즉, 그는 본문의 의를 빌립보 성도들의 도덕적 상태로 해석하지 않고 하나님께서 주신 법정적 의로 해석한다. 그러나 본문의 "의의 열매가 가득하여"가 앞에 나온 "진실하여," "허물없이"와 병행하여 사용되었고, 앞에 나온 "진실하여"와 "허물없이"가 도덕적 의미로 해석되기 때문에 "의의 열매"도 빌립보 성도들의 삶을 통해 나타나는 도덕적 열매를 가리킨다고 생각하는 것이 타당하다.

본문의 하나님은 영광과 찬송을 받으실 분이다.[80] 소요리문답 제1문은 "사람의 제일 되는 목적이 무엇이뇨"인데, 그 답은 "하나님을 즐거워하며 그를 영화롭게 하는 것이니라"이다. "하나님은 그리스도인의 삶의 궁극성(utter finality)이시다. 따라서 하나님 한 분만이 모든 사람에 의해 존귀와 찬송을 받아야 한다."[81]

에베소서 서두에 보면 삼위일체 하나님께서 인간을 구속하신 내용이 나온다. 바울은 거기에서 성부의 사역을 설명한 후 마지막에 이는 "그의 은혜의 영광을 찬송하게 하려는 것이라"(엡 1:6)라고 말한다. 바울은 성자의 사역을 설명한 다음에 역시 "우리로 그의 영광의 찬송이 되게 하려 하심이라"(엡 1:12)라고 말하고, 성령의 사역을 언급한 후에도 "그의 영광을 찬송하게 하려 하심이라"(엡 1:14)라고 말한다.[82] 에베소서의 이 말씀과 빌립보서의 "하나님의 영광과 찬송이 되기를 원하노라"(빌 1:11)는 같은 뜻이다.

3) 바울의 기도의 신학적 조명

지금까지 다룬 데살로니가전서 3:11-13, 골로새서 1:9-14, 에베소서 1:15-23, 에베소서 3:14-21, 빌립보서 1:9-11에 나타난 바울의 기도 내용을 신학적으로 조명해 보자.

---

80 εἰς δόξαν καὶ ἔπαινον θεοῦ의 θεοῦ는 목적격의 소유격으로 영광과 찬송의 대상이 되신다.

81 Hawthorne, *Philippians*, p.30.

82 이 부분에 대한 자세한 설명은 박형용, 『에베소서 주해』(수원: 합동신학대학원출판부, 1998), pp.29-69를 보라.

i) 하나님 중심적인 기도

바울은 하나님이 창조주이시며 구속을 성취하신 분이요 세상 종말을 주관하실 분이라 믿고 기도한다. 바울의 기본적인 기도신학은 하나님이 주권자로 존재하시고 창조세계를 유지하고 계신다는 확신에 근거를 두고 있다(골 1:15-17). 그리고 바울은 하나님의 능력이 그리스도의 부활과 그를 높임에서 명백히 드러났다고 증거 한다. 바울은 창조주 하나님과 피조물 인간의 관계를 분명히 한다. 그러므로 피조물인 성도들은 하나님께 감사와 찬송을 드려야 한다. 바울의 기도 보고에 감사와 찬양과 영광이 큰 자리를 차지하는 이유도 바로 이 때문이다.

ii) 기독론적인 기도

바울은 죄로 왜곡된 세상이 그리스도 안에서 재창조되고 있음을 분명히 한다. 바울은 하나님이 예수 그리스도의 십자가를 통해 성도들의 죄 문제를 해결해 주시고(골 1:14), 그리스도 안에서 부활 생명으로 살게 하시며(엡 3:16; 빌 1:11; 골 1:13), 예수 그리스도의 재림 때까지 보존해 주실 것(빌 1:10; 살전 3:13)을 확신한다. 바울은 하나님의 구속계획 전체가 오직 예수 그리스도 안에서 성취되었다고 천명한다. 그러므로 바울의 기도는 그리스도 중심적인 내용으로 가득 차 있다.

iii) 구원론적인 기도

바울은 그가 기도할 수 있는 동기를 구원받은 데서 찾는다. 바울은 하나님이 성도들 안에 속 사람을 창조해 주셨으며(엡 3:16), 성도들에게 영광스러운 기업을 주셨고(엡 1:18; 골 1:12), 죄로부터 벗어나 자유롭게 되는 특권을 주셨다(엡 3:18-19). 바울은 하나님이 성도들을 아주 새로운 존재로 만들어 주셨음을 알고 하나님께 감사와 영광을 돌리고 하나님을 아는 지식에서 자라가야 한다고 강조한다(엡 1:17; 3:18-19; 골 1:9-10).

iv) 교회론적인 기도

바울은 하나님이 그리스도 안에서 구속을 성취하신 것은 교회를 위한 것이라고 확신한다. 하나님은 그리스도를 "만물 위에 교회의 머리로 삼으셨다"(엡 1:22). 성도들은 교회를 이루어 의의 열매를 맺으며 계속 자라가야 한다. 바울은 성도들이 "모든 견딤과 오래 참음"(골 1:11)으로 이 세상에서 하나님의 사랑을 실천하고 그리스도의 본을 보여야 한다고 강조한다. 에베소서는 그리스도의 교회에 관해 집중적으로 설명하는 서신인데, 여기에 바울의 기도가 두 번 언급된 것(엡 1:15-23; 3:14-21)은 바울의 기도가 교회론적이라는 증거이다.

v) 종말론적인 기도

여기서 종말론이라는 용어는 예수님의 재림 때에만 국한하여 사용한 것이 아니다. 예수님의 초림 때에 종말이 시작되었고 재림으로 그 완성을 이루게 될 것이다(행 2:17; 히 1:2). 바울의 기도는 하나님께서 종말에 예수 그리스도 안에서 성취하신 구속 사역의 전모를 기억하며 하나님께 감사와 찬양을 드려야 한다고 강조한다. 성도들은 하나님의 구속 계획의 전모를 아는 지식에서 자라가야 한다. 바울의 기도는 예수님이 재림하실 때 성도들의 위치가 흔들리지 않을 것이라고 분명히 한다. 왜냐하면 성도들은 하나님이 주신 기업을 소유하고 있으며 그리스도가 성도들 안에 내주하고 계시기 때문이다(엡 3:17).

바울은 기도의 사도이다. 바울은 사도로 부름을 받았을 때도 기도로 시작했고, 자신의 사도직을 수행해 나갈 때도 기도로 진행하고, 자신의 삶의 마지막도 기도로 끝마쳤다. 바울의 기도는 현세적인 복에 눈을 돌리지 않고 영원하고 영적인 복에 눈을 돌린 기도였다(엡 1:15-23; 3:14-21). 바울의 기도는 한 차원 높은 기도이다. 바울의 기도는 우리의 기도 생활을 새롭게 하는 패턴이다.

(3) 기도의 종류

바울 사도는 기도에 몇 가지 주요 분야가 있다고 말한다. "내가 첫째로 권하노니 모든 사람을 위하여 간구와 기도와 도고와 감사를 하되 임금들과 높은 지위에 있는 모든 사람을 위하여 하라 이는 우리가 모든 경건과 단정함으로 고요하고 평안한 생활을 하려 함이라"(딤전 2:1-2, 개역개정).

먼저 바울 사도가 사용한 기도에 관한 네 가지 용어를 간략히 분석해 보자. "기도는 진정한 기독교인의 신앙을 천명하는 가장 중요한 증거이다 (딤전 2:1). 기도는 바로 기독교인임을 나타내는 특징이다(딤전 5:5; cf. 행 9:11). 예수님까지도 기도하셨고(히 5:7; cf. 눅 22:44) 중재의 기도를 드렸다 (눅 22:32)."[83]

1) 기도(προσευχάς - prayers)는 모든 종류의 기도를 통틀어 말하는 일반 용어이다. 하나님께 드리는 고백이나, 도고나, 간구나, 찬양이나, 감사가 모두 기도의 범주에 속한다. 그러나 이 문맥 가운데서 기도가 간구, 도

---

83 H. Schönweiss, "δέομαι, δέησις," *The New International Dictionary of New Testament Theology*, Vol. 2 (Grand Rapids: Zondervan, 1977), p. 861.

고, 감사와 함께 사용되므로 더 구체적인 의미가 있다고 생각할 수 있다. 헨드릭센은 "나는 본문의 기도가 항상 존재하는 필요를 충족시키기 위해 요청하는 것을 뜻하는 것으로 생각한다(특별한 형편의 간구와 대조적으로). 즉 더 많은 지혜의 필요, 더 큰 헌신, 정의 시행의 진보 등을 가리킨다. 이렇게 해석해도, 그 뜻은 역시 광범위하다."[84]라고 말한다. 칼빈도 기도는 모든 종류의 기도를 포괄하는 것으로 말한다.[85] 이처럼 기도는 이 문맥에서 약간의 구체성을 내포하는 것으로는 생각되지만 일반적으로 모든 종류의 기도를 다 포함한 용어라고 생각된다.

2) 간구(δεήσεις - supplications or entreaties)는 어떤 구체적인 필요를 충족시키기 위해 요청하는 것을 뜻한다. 칼빈은 "간구는 어떤 특별한 요청을 하는 기도 형태"[86]라고 말한다. 간구는 하나님께 완전히 의존된 것을 인식하면서 특별한 필요를 채워주시라고 요청하는 것이다. 기도(προσευχή)는 일반 요청인 반면에, 간구(δέησις)는 특별 요청이다.[87]

3) 도고(ἐντεύξεις - intercessions)는 본문과 디모데전서 4:5에만 나타나는 용어이다. 일반적으로 도고는 "다른 사람의 유익을 위해 간청하는 기

---

84   W. Hendriksen, *I-II Timothy and Titus* (Grand Rapids: Baker Book House, 1974), p.92.

85   John Calvin, *The Second Epistle of Paul to the Corinthians and the Epistles to Timothy, Titus and Philemon* (Grand Rapids: Eerdmans, 1973), p.205.

86   Calvin, *The Second Epistle of Paul to the Corinthians and the Epistles to Timothy, Titus and Philemon,* p.205.

87   Ulrich Schoenborn, "δέησις," *Exegetical Dictionary of the New Testament,* Vol.1 (Grand Rapids: Eerdmans, 1990), p.287. "Δέησις as 'special' request(BAGD s.v.) is to be distinguished from προσευχή as the 'general' request."

도"(a prayer in the interest of others)를 뜻한다. 그러나 디모데전서 4:5은 "하나님의 말씀과 기도로 거룩하여짐이라"고 나온 것으로 보아 다른 사람을 대신해서 기도한다는 의미가 두드러진 것은 아니다. 도고는 "하나님과 자유스럽게 대화할 수 있도록 하나님의 면전에 담대히 나아갈 수 있다"는 뜻도 함축한다.

도고는 선하시고 완전하신 하나님을 인정하고 그의 앞에서 경건한 태도를 가지고 다른 사람의 필요를 채워주시라고 간구하는 것이다. 도고의 기도는 자기 자신을 위해 간구하는 것보다 월등한 차원의 기도이다.

4) 감사(εὐχαριστίας - thanksgivings)는 하나님께서 주신 복에 대해 고마운 마음을 표현하는 것이다. 감사는 경배와 찬양으로 우리의 사랑을 하나님께 드리는 것이다. 감사는 우리를 향하신 하나님의 일반적인 복뿐만 아니라 구속적인 특별한 복에 대해 고마운 마음을 갖는 것이다. 감사(εὐχαριστέω, εὐχαριστία)는 신약에서 사용될 때 거의 다 하나님께 대한 감사를 묘사할 때 사용된다. 세 곳(눅 17:16; 행 24:3; 롬 16:4)은 예외인데 사람에 대한 감사를 표현할 때 사용한다. 누가복음 17:16과 로마서 16:4의 경우는 영적인 행위를 묘사할 때 사용되었고, 사도행전 24:3의 경우는 당시 존경받는 한 유대인(더둘로)의 연설문에서 사용되었다. 이렇게 볼 때 "감사"는 하나님의 특별하신 은혜와 복을 생각하고 감사의 마음을 하나님께 드리는 것이다.[88]

---

[88]   Hans-Helmut Esser, "εὐχαριστία (Thank)," *NIDNTT*, Vol. 3 (Grand Rapids: Zondervan, 1979), p.818.

(4) 기도 종류의 분석

1) 간구 기도의 분석

i) 간구는 하나님의 선물이다.

간구는 하나님께서 값없이 주신 선물이다. 예수님께서도 "주시옵소서"(give us)라고 제자들에게 가르치시므로 간구 기도의 중요성을 말씀하셨다(마 6:9-13). 좀 더 강하게 표현하면 하나님은 그의 백성들이 간구하지 않을 때 기뻐하시지 않는다. 마치 우리 육신의 아버지가 아들이 아무것도 요청하지 않을 때 기뻐하지 않는 것처럼, 하나님 아버지도 자기 백성이 간구하지 않을 때 기뻐하시지 않는 것이다.

ii) 간구는 미사여구를 사용해서 복잡하게 할 필요가 없다.

간구가 응답을 받는 것은 우리가 쓰는 어휘들 때문이 아니요, 간구할 때의 마음의 상태 때문이다. 그러므로 간구할 때 아름다운 말을 사용할 필요가 없다. 중요한 것은 기도자의 마음 상태이다. 단순히, "오, 하나님," "오, 하나님," "오, 하나님"을 계속 외치는 경우도 하나님 보시기에 아름다운 간구가 될 수 있다. 기도하는 중 미사여구를 사용하는 것이 잘못은 아니지만 미사여구를 사용해야만 한다는 의식이 어떤 동기에서 생겼느냐가 중요하다. 다른 사람이 듣고 있기 때문에 미사여구를 사용해야 한다면 그 사람의 생각 속에는 하나님보다 다른 사람들이 자리를 차지하고 있다. 간구는 하나님께만 드리면 된다.

iii) 간구는 반복되어도 된다.

마태복음 7:7,8의 구하라(αἰτεῖτε), 찾으라(ζητεῖτε), 두드리라(κρούετε)

는 모두 계속성이 있는 현재시상이다. 이 표현은 계속 구하라, 계속 찾으라, 계속 두드리라는 뜻이다. 예수님은 바리새인들에게 중언부언하지 말라고 책망하셨다. 그러나 예수님이 바리새인들을 책망한 것은 공허한 말을 장구히 늘어놓기 때문에 책망한 것이지 의미 있는 반복을 책망한 것은 아니다.

iv) 간구는 정직한 마음으로 드려져야 한다.

파커(William Parker)와 세인트 존스(Elaine St. Johns)는 기도 처방의 가치(prayer's therapeutic value)에 대해 연구를 많이 한 후 다음과 같은 결론을 내린다. "기도 치유의 실제적인 첫 단계는 기도를 정직하게 하도록 하는 것이다."[89] 성도가 정직한 간구를 드리려면 성도 자신을 괴롭게 하는 그것을 하나님께 그대로 고해야 한다. 성도들 자신의 느낌을 하나님께 감출 필요가 없다. 하나님은 성도들의 느낌을 미리 알고 계신다. 그러므로 진정으로 정직하게 간구하는 것은 하나님께 영향을 미치기보다 성도 자신에게 영향을 미치는 것이다. 이런 차원에서 정직한 간구는 위대한 치유의 가치를 지니고 있다. 잠언에서 "사람이 귀를 돌려 율법을 듣지 아니하면 그의 기도도 가증하니라"(잠 28:9, 개역개정)라고 말한 내용도 정직한 마음으로 기도해야 함을 가르친다.

v) 간구만이 기도의 전부가 되어서는 안 된다.

간구가 기도의 중요한 한 분야인 것은 틀림없지만 간구가 기도의 모든

---

89   William R. Parker and Elaine St. Johns, *Prayer Can Change Your Life* (Pocket Books, 1957), p.62: "The first actual step we took in prayer therapy was to make prayer a practice in honesty."

것이 되어서는 안 된다. 기독교인은 대부분 하나님께 몇 가지 필요를 간구하는 것으로 기도를 대신한다. 그런 기도는 이기주의적 정신을 고양시킬 뿐 아니라 관용의 정신을 말살시킨다. 필요한 것을 요청하는 기도는 주저함 없이 드려야 하지만 기도의 전체가 간구로 끝나서는 안 된다.

2) 도고 기도의 분석

스데반은 죽는 시간에 자기를 핍박하고 돌로 치는 사람들을 위해 도고했다(행 7:54-60). 스데반의 도고 대상에는 후일에 하나님의 그릇으로 크게 사용된 다소의 사울도 포함되어 있었다. 스데반을 돌로 치도록 폭도들을 부추긴 사울이 후일에 "내게는 우리 주 예수 그리스도의 십자가 외에 결코 자랑할 것이 없으니"(갈 6:14)라고 말할 줄 누가 믿을 수 있었으며, "내가 사람의 방언과 천사의 말을 할지라도 사랑이 없으면 소리 나는 구리와 울리는 꽹과리가 되고"(고전 13:1, 개역개정)라는 말을 할 수 있을 줄 누가 믿었겠는가? 바울은 십자가만 전하고 십자가의 사랑을 실천한 사도였다(고후 5:14).

i) 도고는 사랑이 그 무릎을 꿇고 있는 것과 같다.

허바드(Hubbard)는 다른 사람을 위한 기도가 "우리의 기도생활의 기본적인 부담(burden)이 되어야 한다. 왜냐하면 사랑이 기독교인을 위한 삶의 법칙이기 때문이다."[90]라고 말했다. 허바드는 계속해서 "다른 사람을 위한 기도는 사랑의 가장 좋은 방법 중 하나다."라고 말했다. 도고는 사랑을 가지고 골방에 들어가 그 사랑을 우리의 기도에 적용시키는 것과 같다.

---

90   David A. Hubbard, *The Problem with Prayer is ....,* (Wheaton: Tyndale House Publ., 1972), p.32: Intercessions should be "the basic burden of our prayer life because love is the law of life for Christians."

ii) 도고는 잃어버린 영혼을 구원받도록 준비시킨다.

우리의 이해를 초월하여 하나님은 성도들의 도고 기도를 특별하게 사용하신다. 특별히 하나님은 구원받지 못한 심령을 준비시키는 데 성도들의 도고를 사용하신다. 머레이(Andrew Murray)는 "하나님은 자기 백성들의 기도를 통해 세상과 교회를 통치하신다. 하나님께서 자기 백성의 신실성과 기도에 의존하여 그렇게 널리 그의 왕국을 확장한 사실은 놀라운 신비이지만 그러나 절대적으로 확실한 사실이다."[91]라고 말했다.

iii) 도고는 영혼을 위한 마음의 외침이다.

도고는 기도 중에 가장 높은 차원의 기도이다. 그 이유는 무한한 값을 지닌 사람의 영혼을 다루는 기도이기 때문이다. 이런 의미에서 도고는 새로운 개심자를 위한 마음의 외침이라고 할 수 있다. 도고는 기도의 책임과도 관련이 있다. 성도는 도고해야 할 책임이 있다. 도고가 중요한 것은 도고가 주로 사람의 심령에 관심을 두기 때문이다. 간구는 일반적으로 물건에 관심을 두는 반면, 도고는 사람들에게 관심을 둔다. 사람은 무한한 가치를 지닌 존재이다.

iv) 도고는 하나님과 함께 사역한다.

성도가 도고의 기도를 드릴 때 그 모습은 하나님 앞에서 어떤 것을 받기 위해 손을 내밀고 있는 모습이 아니라 하나님 옆에서 다른 사람의 구속

---

91   Quoted in H.S. Shoemaker, *The Secret of Effective Prayer*, pp.118, 119: "God rules the world and His Church through the prayers of His people. That God should have made the extension of His Kingdom to such a large extent dependent on the faithfulness of His people and prayer is a stupendous mystery and yet an absolute certainty."

을 위해 사역하는 모습이다.[92] 다른 사람을 위해 도고하는 것은 세상을 복음화 하는 그리스도의 계획 수행을 위해 그리스도와 함께 참여하는 것이다. 바울은 "우리는 하나님의 동역자들이요"(고전 3:9)라고 말했다. 그러므로 도고의 기도는 기독교인이 스스로 할 수 있는 의무가 아니요, 하나님의 능력으로, 예수 그리스도의 권세와 함께 그리고 성령의 능력을 힘입어 실천하는 사랑의 사역이다.

3) 감사 기도의 분석

감사는 하나님께서 하신 일에 대해 하나님께 감사를 표현하는 것이다. 감사는 하나님께서 우리를 위해 하신 모든 일들을 그것이 비록 적은 일일지라도 그것들을 생각하며 말로 표현하며 나타내는 고마움의 표시이다. 감사는 하나님의 은혜와 친절에 대해 말로 "감사합니다."라고 표하는 것이다.

성경은 감사가 실제로 희생의 제물이라고 밝힌다. 시편 기자는 "감사로 하나님께 제사를 드리며"(시 50:14)라고 말하고 또 같은 시에서 "감사로 제사를 드리는 자가 나를 영화롭게 하나니"(시 50:23)라고 말한다. 많은 시편이 이런 감사의 기도를 하나님께 드리고 있다.

많은 사람들은 하나님의 선하심을 인정하지도 않을 뿐만 아니라 감사하지도 않고 살아간다. 그러므로 하나님께서는 사람들의 감사를 귀하게 여기신다. 예수님은 열 문둥병자를 고치셨지만 오로지 한 문둥병자만이 감사를 했다(눅 17:11-19). 바울은 "아무것도 염려하지 말고 다만 모든 일에 기도와 간구로 너희 구할 것을 감사함으로 하나님께 아뢰라"(빌 4:6, 개역개정)라고 말한다. 또 시편 100:4은 "찬송함으로 그의 궁정에 들어가서

---

92   Compiled William V. Krutza, *How much Prayer Should a Hamburger Get?* (Grand Rapids: Baker Book House, 1975), p.21.

그에게 감사하며"라고 하여 하나님의 면전에 나아가는 것과 감사하는 것을 밀접히 연결시킨다. 감사는 하나님이 주신 축복과 은혜를 구체적으로 생각하며 말로써 하나님께 감사를 드리는 것이다.

4) 찬양 기도의 분석

찬양은 디모데전서 2:1에 나타나지 않는 단어이다. 찬양은 감사와 깊은 관계가 있다. 감사가 하나님이 하신 일에 대해 고마움을 표시하는 것이라면 찬양은 하나님의 존재 자체를 생각하면서 고마움을 표시하는 것이다. 감사는 하나님이 주신 선물에 대해 기뻐하는 것이지만 찬양은 선물 주신 자를 기뻐하는 것이다. 찬양은 하나님을 찬송하고 경배하는 것을 뜻한다.

i) 찬양은 하나님이 하나님 되심을 인정하는 것이다.

헤링(Herring)은 찬양을 단순히 "영광을 돌리는 것"(making of glory)이라고 설명한다.[93] 찬양은 하나님께 영광을 돌리는 기도의 한 국면이다. 찬양은 하나님을 우주의 주권적인 창조주와 통치자로 인정하는 것이다.

ii) 찬양은 하나님의 모든 선하심을 사랑하는 기도의 한 국면이다.

찬양은 하나님께 요청하는 것이 아니요 하나님을 사랑하는 것이다. 우리의 요구를 제쳐놓고 하나님과 함께 교제하는 것이다. 린드셀(Lindsell)은 "찬양할 때는 어떤 약속도 요구하지 않으며, 응답된 기도 제목도 암송하지 않고, 하나님이 기도를 들으시고 응답하시는 능력이 있다는 증거를 나타낼 필요도 없고, 어떤 올가미도 찬양 자체에 연결시킬 필요가 없다. 찬양

---

93   Ralph Herring, *The Cycle of Prayer* (Wheaton: Tyndale House Publishers, 1974), p.57.

은 그 자체로 완전히 유효하다. 그래서 찬양을 하고 있을 때 열망하는 심령은 아무것도 필요가 없다. 그 심령은 이미 하나님을 발견한 것이다. 그것으로 족한 것이다."[94]라고 하여 여러 종류의 기도 중 찬양의 높은 차원을 설명한다. 진정한 찬양의 정신을 소유하면 하나님 아버지와 긴밀하게 되므로 어떤 경험도 하나님 아버지와 이야기하지 않고 지나칠 수가 없다.

iii) 찬양은 하나님에 대한 성도의 사랑을 표현하는 것이다.

간구와 도고를 할 때에도 말로 표현하면 그 강도가 증가한다. 그런데 찬양의 경우는 더 그렇다. 주님에 대한 우리의 사랑을 말로 표현하는 것이 중요하다. 젊은 남편이 자기 아내가 자기를 사랑하는 줄 알지만, 그 사랑이 말로 표현될 때 특별한 의미를 가지는 것이다. 마찬가지로 하나님도 성도가 하나님을 사랑하는 줄 알지만 성도가 하나님에 대한 성도의 사랑을 말로 표현하는 그 표현은 특별한 의미를 지니게 된다. 성경은 하나님께 드리는 찬송을 입술의 열매라고 했다. "항상 찬송의 제사를 하나님께 드리자 이는 그 이름을 증언하는 입술의 열매니라"(히 13:15, 개역개정).

(5) 바울의 기도 생활

이제 간구, 도고, 감사, 찬양이라는 이 네 가지 기도의 국면들을 바울 서신 전반에 걸쳐 고찰함으로써 그의 기도 생활을 일별해 보자. 한 가지 기억해야 할 것은 바울 서신에 나타난 기도에 관한 용어들이 그의 기도 생활을 구체적으로 묘사하기 위해 사용된 것이 아니라 교회의 필요에 따라

---

94   Harold Lindsell, *When You Pray* (Grand Rapids: Baker Book House, 1975), p.30.

언급된 용어들이기 때문에 그 용어들의 용도만 가지고는 바울의 기도 생활을 명백히 밝혀낼 수 없다는 점이다. 그러나 바울이 사용한 기도에 관한 용어들을 연구 분석함으로 특정 종류의 기도에 관한 바울의 사상과 그 배후에 있는 그의 생활을 짐작할 수 있다.

1) 바울의 간구(δέησις)

바울 사도는 "간구"(δέησις)라는 용어를 12회 사용한다.[95] 간구가 사용된 문맥을 분석해 보면 간구 기도는 성령의 활동과 연관이 있다. 특히 간구 기도는 감사, 기쁨, 소망과 연관이 있음을 본다(고후 1:11; 빌 1:4; 4:6; 딤전 5:5).

바울은 자신이 다른 사람을 위해 구할 뿐 아니라 성도들에게 자신을 위해 간구하도록 요청한다. 이는 기독교 공동체 안에서 간구 기도의 중요성을 지적하는 것이다. 기독교회 내에서는 간구 기도는 개인을 위해, 하나님의 백성을 위해(롬 10:1) 드린 것으로 나타난다. 또한 개인의 형편과 사역을 위해 기도할 때도 간구라는 용어를 사용한다. 바울이 로마 감옥에서 풀려날 수 있도록 기도하는 것도 간구로써 표현되며 복음의 비밀을 잘 전파할 수 있도록 기도하는 것도 간구로써 표현된다.

2) 바울의 도고(ἔντευξις)

바울 서신에 "도고"(ἔντευξις)는 2회(딤전 2:1; 4:5) 나타난다. 비슷한 의미인 "도고하다"(ἐντυγχάνω, make intercession)[96]라는 동사는 로마서에서

---

95 롬 10:1; 고후 1:11; 9:14; 엡 6:18(2회); 빌 1:4(2회), 19; 4:6; 딤전 2:1; 5:5; 딤후 1:3.

96 개역한글판은 "간구하다"로 번역하였다.

3회(롬 8:27, 34; 11:2) 사용된다.

디모데전서 2:1에서는 도고가 기도의 다른 형식처럼 사용되었고, 디모데전서 4:5에서는 도고가 거룩하여짐과 연관되어 사용되었다. 그리고 "도고하다"라는 동사는 로마서 8:27, 34에서는 성령과 예수님이 우리를 위해 하나님께 간구하심을 설명하기 위해, 로마서 11:2에서는 엘리야가 하나님께 이스라엘을 송사한다는 뜻으로 사용되었다.

비록 로마서 11:2의 뜻이 "위하는 것"보다는 "반대하는 것"으로 나타나지만 전반적인 의미는 다른 사람을 위해 기도하는 것으로 설명된다.[97] 바울은 다른 성도들을 위해서 기도하는 것을 기쁨으로 생각하고 그대로 실천했다.

3) 바울의 감사(εὐχαριστία)

바울 서신에 "감사"(εὐχαριστία)라는 명사는 12회 나타나고,[98] "감사하다"(εὐχαριστέω)라는 동사는 25회 나타난다.[99] 바울의 감사는 물질적인 것에 대한 감사보다는 영적인 축복에 대한 감사가 더 많다. 바울의 감사 범위는 하나님의 은혜에 대한 감사, 성도들의 헌신에 대한 감사, 그리스도 안에 있는 축복에 대한 감사, 그리스도의 구속에 대한 감사 등 하나님으로부터 받은 영적 은혜에 대한 감사가 더 많다. 바울의 감사에는 이 세상뿐

---

97 머레이(John Murray)는 롬 11:2을 해석하면서 엘리야가 이스라엘을 거슬러 하나님께 간청하는 것은 이스라엘을 위해 하나님께 도고하는 것으로 이해해서는 안 된다. 오히려 본문의 "거슬러"(against)가 보여주듯 이스라엘을 반대하여 고소 혹은 송사(accusation)하는 것으로 이해해야 한다. cf. John Murray, *The Epistle to the Romans*, Vol. 2 (*NICNT*, Grand Rapids: Eerdmans, 1968), p.68.

98 고전 14:16; 고후 4:15; 9:11, 12; 엡 5:4; 빌 4:6; 골 2:7; 4:2; 살전 3:9; 딤전 2:1; 4:3,4.

99 롬 1:8, 21; 7:25; 14:6(2회); 16:4; 고전 1:4, 14; 10:30; 11:24; 14:17, 18; 고후 1:11; 엡 1:16; 5:20; 빌 1:3; 골 1:3, 12; 3:17; 살전 1:2; 2:13; 5:18; 살후 1:3; 2:13; 몬 1:4.

아니라 오는 세상에서 하나님의 성도들이 누릴 은혜와 축복도 포함한다. 바울의 감사 기도는 그만큼 범위가 넓은 것을 볼 수 있다(엡 1:15-23 참조).

4) 바울의 찬양(δόξα)

바울은 지금까지 언급된 다른 용어들보다 찬양을 더 자주 사용한다.[100] 찬양은 영광(glory)으로 사용되기도 한다. 찬양이 나타나는 성경 구절은 대부분 하나님의 본질, 즉 하나님 자신께 영광 돌리는 것으로 되어 있다. 이는 바울의 마음 상태를 묘사해 준다. 바울은 모든 것을 그에게 주신 하나님 자신을 더 즐거워하고 기뻐한 것이다.

정리하는 말

바울의 기도 생활은 그의 신학적 입장과 밀접히 연관되어 있다. 바울은 그리스도의 수난과 부활로 인해 종말이 시작되었다고 분명히 천명한다. 또한 바울은 그리스도와 성도 사이에 밀접한 연합이 존재함으로 그리스도가 성취한 모든 것이 성도들의 축복이라고 말한다(고전 15:20; 롬 8:29; 골 1:14-18). 따라서 바울은 자신이 종말론적인 삶을 살고 있다고 확신했기 때문에 자신의 기도 생활도 종말론적인 전망에 의해 지배 받고 있는 것을 볼 수 있다.

100　명사인 찬양 (δόξα)은 로마서 16회, 고전 12회, 고후 19회, 갈 1회, 엡 8회, 빌 6회, 골 4회, 살전 3회, 살후 2회, 딤전 3a회, 딤후 2회, 딛 1회 나타나며, 동사 δοξάζω는 롬 5회, 고전 2회, 고후 3회, 갈 1회, 살후 1회 나타난다.

첫째로, 바울은 진정한 기도는 성령의 도움 없이 이루어질 수 없다고 말한다(롬 8:15, 16; 갈 4:6). 바울은 자신이 하나님의 아들이라는 인식을 통해 얻는 자유, 기쁨, 확신은 인간의 능력에 의해 생겨날 수 없고 하나님께서 주신 은사라고 말한다(엡 6:8 참조). 그러므로 기도는 공로로 생각될 수 없다.[101]

바울에 의하면 기도는 성도 안에 거하시는 성령이 성도와 함께 하나님과 대화하는 것이다(고후 3:17; 롬 8:14). "우리 곧 성령의 처음 익은 열매를 받은 우리까지도 속으로 탄식하여 양자될 것 곧 우리 몸의 속량을 기다리느니라"(롬 8:23, 개역개정). "성령도 우리의 연약함을 도우시나니 우리는 마땅히 기도할 바를 알지 못하나 오직 성령이 말할 수 없는 탄식으로 우리를 위하여 친히 간구하시느니라"(롬 8:26, 개역개정). 바울은 성령이 성도 안에서 드리는 기도로 구원의 확신이 명백해졌다고 강조한다(롬 8:15-16).

둘째로, 바울의 기도 생활은 종말론적 전망에 의해 지배를 받는다. 바울은 자신이 예수님의 초림과 재림 사이의 종말에 살고 있다는 것을 분명히 한다. 성도들은 종말에 살면서 하나님의 "아들이 하늘로부터 강림하실 것을 기다리는"(살전 1:10) 사람들이다. 와일즈(G.P. Wiles)는 "바울은 그의 기도에서 항상 하나님의 면전에서 살고 있다고 의식한다. 그는 재림과 심판이 이미 가까이 와 있는 말세에 살고 있다는 의식으로, 자신의 독자들과 자신이 그리스도의 심판의 자리에 곧 서게 되리라는 신념을 가지고 있다."[102]고 말한다. 바울이 마지막으로 남긴 디모데후서의 다음 구절은 자

---

101   H. Schönweiss and C. Brown, "Prayer," *NIDNTT*, Vol. 2 (Grand Rapids: Zondervan, 1977), p.873.

102   W.P. Wiles, *Paul's Intercessory Prayers: The Significance of the Intercessory*

신의 삶의 특징과 기도 생활이 어떠했다는 것을 증거한다. "하나님 앞과 살아 있는 자와 죽은 자를 심판하실 그리스도 예수 앞에서 그가 나타나실 것과 그의 나라를 두고 엄히 명하노니 너는 말씀을 전파하라 때를 얻든지 못 얻든지 항상 힘쓰라"(딤후 4:1-2, 개역개정).

셋째로, 바울은 자신의 선교 사역의 원동력이 기도에 있음을 알았다. "기도는 바울의 모든 선교 사역을 지탱해주는 버팀대 역할을 했다. 그가 선교 지역을 방문하기 전에, 방문하는 동안에 그리고 그가 그 지역을 떠난 후에도 기도는 그의 선교 사역을 버티게 해준 것이다. 그의 모든 계획은 하나님의 계속적인 인도와 뜻 가운데 계획되었다. 바울의 담대한 전도 여행은 자신과 동역자들의 계속적인 기도의 도움을 떠나서는 그에게 가치 없는 것으로 여겨졌다. 전체적으로 생각해 볼 때, 도고 기도 구절들은 바울이 자신과 동료 신자들의 간구하는 사역에 계속 의존했다는 감명적인 자료를 제공해준다."[103] 바울은 자신의 생활과 선교 사역을 자신의 기도와 성도들의 기도에 의존한다. 하나님과의 대화를 통해 생의 목표를 바로 정하고 사역에 필요한 활력을 제공받는다.

전반적으로 볼 때 바울 사도는 간구 기도와 도고 기도보다는 감사 기도와 찬양에 더 심혈을 기울인다. 주님께서 이루신 구속 사역이 바울 자신과 모든 성도들에게 미친 복을 생각하면서 바울은 감사와 찬양을 하나님께 드리는 것이다. 이처럼 바울 사도의 생활은 기도하는 생활이었고 그의 기도가 바로 생활 자체였다.

Prayer Passages in the Letters of Paul (Cambridge: Cambridge University Press, 1974), p.294.

103   Wiles, *Paul's Intercessory Prayers*, p.296.

제13장

교회를 향한 성도의 삶
: 목회 원리

제13장

교회를 향한 성도의 삶: 목회 원리

바울은 많은 은사를 받은 사람이요 열심이 특출한 사도였다. 그는 신약 27권 중 13서신을 썼다. 어떤 이들[1]은 히브리서도 바울이 기록했다고 주장한다. 그러나 오리겐(Origen)이 히브리서의 저자에 대해 "하나님만이 아시는 사실이다."[2]라고 말한 것처럼 바울을 히브리서의 저자로 생각할 필요는 없다. 따라서 우리는 선교행적이 기록된 사도행전과 그가 교회를 위해 쓴 13개의 서신을 근거로 교회에 대한 바울의 태도와 그의 목회 원리를 연구할 것이다. 바울 서신과 사도행전을 근거로 바울의 목회 원리를 찾을 때 각 서신이 기록된 배경 상황을 서신기록의 동기와 연관시켜 연구하는

---

1 Eusebius (*Historia Ecclesiastica*, iii, 3)는 "바울의 14개 서신들은 잘 알려져 있고 이의 없이 받아진 것"이라고 하면서 히브리서를 바울 서신에 포함시켰고, Jerome은 마 4:26 주해에서 히브리서의 저자를 바울로 말했고, Thomas Aquinas는 히브리서가 처음에 바울에 의해 히브리어로 기록되었고 누가에 의해 헬라어로 번역되었다고 말한다. Pink도 히브리서의 저자를 바울로 생각한다. cf. A.W. Pink, *An Exposition of Hebrews* (Grand Rapids: Baker, 1975), p.18.

2 Recorded in Eusebius, *Historia Ecclesiastica*, vi, 25.

것이 유익하다. 대부분의 경우 바울 서신은 교회의 구체적인 상황을 인식하면서 목회적 관심을 가지고 쓴 것이다. 그러므로 바울 서신의 내용을 배경적 상황에 비추어 연구함으로 바울의 목회 원리를 대략 정리할 수 있다.

1. 목회자 바울

바울은 신학자요 선교사였지만 또한 훌륭한 목회자였다. 바울이 신학자라는 것은 이미 논술한 바 있다.[3] 보스(Vos)는 바울이 기독교 자료를 건설적인 정신으로 심오하게 연구한 학자로[4] 조직적인 성향과 마음을 가지고 기존 자료들을 조직적으로 연구하고 분석하는 데 천재적인 소질을 가진[5] 종말론의 시조[6]로 칭해야 한다고 말했다. 보스의 말처럼 바울 서신 자체가 바울이 신학자라는 것을 증명한다. 바울 서신은 복음서와는 달리 기독교 자료를 해석하고 있다. 바울은 기독교 자료를 해석하는 신학적 활동을 통해서 자신의 서신들을 쓴 것이다. 따라서 바울은 신학자가 틀림없다.

그러나 바울은 신학자이기 전에 선교사였다. 부활 승천하신 예수께서 바울을 다메섹 도상에서 회개시키실 때 그의 사역을 정해 주셨다. "주께서 이르시되 가라 이 사람은 내 이름을 이방인과 임금들과 이스라엘 자손들에게 전하기 위하여 택한 나의 그릇이라"(행 9:15, 개역개정). 바울은 하나

---

3 참조, 박형용 "바울의 신학과 설교" 『신학정론』 4권 1호(1986, 5), pp.39-56; 박형용 "신학자의 모델 바울" 『성경과 신학』 제1권(1983, 5), pp.53-63.

4 G. Vos, *The Pauline Eschatology* (Grand Rapids: Eerdmans, 1966), p.149.

5 Vos, *The Pauline Eschatology*, p.60.

6 Vos, *The Pauline Eschatology*, p.vi.

님이 자신을 이방인의 사도로 택하신 것을 잊지 않았다. "베드로에게 역사하사 그를 할례자의 사도로 삼으신 이가 또한 내게 역사하사 나를 이방인의 사도로 삼으셨느니라"(갈 2:8, 개역개정). 바울은 일차적으로 선교사였다. 특히 이방인들에게 복음을 전하도록 세움 받은 선교사였다.

바울의 목회적 관심은 복음전도를 통해 교회가 설립되었을 때 나타난다. 바울은 복음을 전하므로 자신의 사역이 모두 끝났다고 생각하지 않는다. 그는 목회자로서 설립된 교회를 보살피며 기도하는 일을 게을리 하지 않았다. 바울의 목회자적 관심은 제1차 전도여행으로 설립된 교회들을 예루살렘 공회 후에 다시 방문하기 원한다는 말에서 증명된다.[7] "며칠 후에 바울이 바나바더러 말하되 우리가 주의 말씀을 전한 각 성으로 다시 가서 형제들이 어떠한가 방문하자"(행 15:36, 개역개정). 바울의 서신들도 설립된 교회를 의식하면서 쓴 서신들이기 때문에 목회적 관심의 소산들이라고 할 수 있다. 바울은 신학자요 선교사였지만 또한 목회자였다.

바울 서신 중 디모데전서, 디모데후서, 디도서를 목회서신이라 한다. 그 이유는 이 세 서신에서 바울이 젊은 일꾼 디모데와 디도에게 목회방법을 가르쳤기 때문이다. 바울은 디모데에게 읽는 것과, 권하는 것과, 가르치는 일에 전념하라고 지도한다(딤전 4:12-13). 사실 현재 목회서신이라고 하는, 디모데전서, 디모데후서, 디도서가 처음부터 목회서신이라고 불린 것은 아니다. 신약성경책들이 최초로 수록된(A.D. 170) 무라토리 정경(Muratorian Canon)[8]은 목회서신을 공동체에 보낸 서신에 대응되

7　바나바로부터 갈라선 바울은 그의 계속되는 전도 여행과 서신 기록에서 목회자로서의 모습을 나타낸다(참조. 행 15:41; 20:17-38).

8　A.D. 170년경에 바울의 13서신 전체를 정경으로 인정한 최초의 정경이다. 개인적으로는 Eusebius (A.D. 315년경)가 바울의 13서신을 진정한 것으로 인정한 처음 인물이라고 사료된다.

는 「개인편지」로 분류하여 수록하였다. 그리고 토마스 아퀴나스는 디모데전서가 "감독 훈련용"으로 쓰인 "일종의 목회 지침"을 담고 있다고 말했다. 그런 이유로 인해 17세기경에는 현재의 목회서신이 감독 편지(the Pontifical letters)라고 불리었다. 현재의 '목회서신'이라는 용어는 폴 안톤(Paul Anton)이 1726-1727에 할레(Halle)에서 일련의 강의를 하는 중 디모데전서, 디모데후서, 디도서를 가리켜 목회서신(Pastoral Epistles)이라는 명칭을 사용한 데서 비롯한다. 안톤은 목회서신이 "기독교 사역을 위한 준비 및 안내를 원하는 사람들에게 적합한 최고의 본이 되는 글들"이라고 설명했다. 그 이후 디모데전서, 디모데후서, 디도서를 가리켜 '목회서신'이라는 명칭으로 부르게 되었다.[9]

그러나 사실 바울의 13서신 중 로마서를 제외한 다른 12서신 모두 목회서신이라고 생각해도 잘못이 없다. 왜냐하면 "'목회'(pastoral)는 목자가 양을 치는 것같이 목사가 하나님의 자녀들인 신자들을 진리로 가르치며 기르는 것을 의미하기"[10] 때문이다. 더 구체적으로 말하면 "목회는 양들이 당면한 위기와 사건을 이해할 뿐 아니라 같이 동참하여야 하며, 초신자를 방문하고 양육하며, 피곤한 자들을 위로하고 격려하며, 출생한 자를 돌아보고 문제가 있는 자들을 상담하며, 슬퍼하는 이들을 위로하는 일이므로 목회자의 심신이 피곤할 때가 많으나 때를 따라 내리시는 주님의 은혜와

---

9   Everett F. Harrison, *Introduction to the New Testament* (Grand Rapids: Eerdmans, 1971), p.347. "목회서신"이라는 명칭이 반드시 적절하다고는 생각할 수 없다. 디모데전서는 교회의 목회를 위한 지침이 많이 포함되어 있기 때문에 세 서신 중 가장 목회적이라고 할 수 있으나 디도서와 디모데후서는 디모데전서만큼 목회적 성격이 두드러지게 나타나지 않는다. 특히 디모데후서는 교회의 목회에 대한 설명보다는 개인적인 교훈을 더 많이 담고 있다.

10   김병원, 『목회학』 (서울: 개혁주의신행협회, 1985), p.11.

새 힘으로 피곤과 괴로움이 물러가고 하루하루 주님의 몸 된 교회와 양 떼들을 위해 일하게 되는 것이다."[11] 이러한 목회의 정의를 생각해 볼 때 로마서를 제외한 모든 서신을 목회서신이라 할 수 있고, 좀 더 넓게 생각하면 로마서까지 포함한 바울의 모든 서신이 목회서신인 것이다. 바울은 자신의 서신을 쓸 때 항상 교회를 진리로 인도하며 양육하고 잘못된 것은 교정하여 바르게 하려고 서신을 썼다.

바울의 목회의 일면이 그가 밀레도에서 에베소 장로들을 청하여 그들에게 전한 말씀 속에서 나타난다(행 20:17-35). 바울은 목자의 심정으로 흉악한 이리가 교회에 들어와 교회를 해칠 것을 알고 교회를 "주와 및 그 은혜의 말씀에 부탁"(행 20:32)한다. 그는 "내가 달려갈 길과 주 예수께 받은 사명 곧 하나님의 은혜의 복음을 증언하는 일을 마치려 함에는 나의 생명조차 조금도 귀한 것으로 여기지 아니하노라"(행 20:24, 개역개정)라고 하며 목자의 심정을 토로한다. 바울의 태도는 양 떼를 위한 일사각오의 목자의 태도였다. "생과 사가 진정으로 문제가 되지 않았다. 가장 문제가 되는 것은, 그가 다른 교회에서 말했던 것처럼, '살든지 죽든지 내 몸에서 그리스도가 존귀하게 되게 하려'(빌 1:20)는 것이었다."[12]

바울은 첫날부터 겸손과 눈물로 교회를 섬겼으며(행 20:19), 어려운 일을 당할 때 인내로 그들을 섬겼다(행 20:19). 바울은 사명이 뚜렷했다. 바울의 사명은 "하나님의 은혜의 복음을 증언하는 일을 마치려"(행 20:24)는 것이다. 바울은 그의 사명이 "하나님이 자기 피로 사신 교회를 보살피게 하신 것"(행 20:28)임을 명백히 한다. 바울은 이처럼 감독자, 목자의 일을 위해 "삼년이나 밤낮 쉬지 않고 눈물로 각 사람을 훈계"(행 20:31)했던 것이다.

---

11   김병원 , 『목회학』 , p.12.

12   F.F. Bruce, *The Book of the Acts* (Grand Rapids: Eerdmans, 1970), p.414.

이렇게 볼 때 바울의 전도여행은 목회적 관심을 가지고 한 여행이며 바울의 서신들은 하나님의 교회를 다스리고 양육하며, 지도하고, 교정하기 위해 쓴 서신이라고 할 수 있다.

이제 바울 서신이 쓰인 계기를 근거로 바울이 어떤 목회적 관심을 가지고 그의 서신들을 썼는지 상고하므로 바울의 목회 원리를 찾아보도록 하자.

2. 바울의 목회 원리

바울은 2차 전도여행 때 고린도에서 데살로니가전서, 데살로니가후서, 갈라디아서를 썼다. 그리고 3차 전도여행 때 에베소에서 고린도전서를, 마게도냐(빌립보)에서 고린도후서를, 고린도에서 로마서를 썼다. 로마에 도착하여 투옥된 후 옥중서신인 에베소서, 빌립보서, 골로새서, 빌레몬서를 쓰고, 풀려난 후 마게도냐(빌립보)에서 디모데전서와 디도서를 쓰고 다시 투옥된 후 로마감옥에서 마지막으로 디모데후서를 썼다.

바울 사도는 서신을 쓸 때마다 교회를 의식하고 썼기 때문에 각 서신에는 바울의 목회 원리가 풍부히 담겨있다. 이제 각 서신이 쓰인 배경과 계기를 근거로 바울의 목회 원리를 살펴보도록 하자. 편의상 먼저 저작되었다고 생각되는 서신부터 취급하기로 하겠다.[13]

---

13 현 성경에 나타난 바울 서신의 순서는 저작연대에 의해 정해진 것이 아니라 책의 부피에 따라 정해졌다. 참조. F.F. Bruce, *1 and 2 Thessalonians* (*Word Biblical Commentary*, Vol. 45, Waco: Word Books, 1982), p.xIi.

(1) 권한 위임의 목회(데살로니가전서)

목회자는 자신의 권한을 다른 사람에게 위임하여 교회를 보살필 줄 알아야 한다. 바울은 데살로니가전서에서 디모데에게 권한을 부여하여 데살로니가 교회를 격려하며 환난에서 피할 수 있도록 하기 위해 그를 데살로니가에 파송한다(살전 3:1). "그리스도의 복음을 전하는 하나님의 일꾼인 디모데를 보내노니 이는 너희를 굳건하게 하고 너희 믿음에 대하여 위로함으로 아무도 이 여러 환난 중에 흔들리지 않게 하려 함이라"(살전 3:2-3, 개역개정). 디모데는 그리스도의 복음과 교회를 위해서라면 고생도 마다하지 않은 사람이다. 바울은 빌립보서에서 "자기 일을 구하고 그리스도 예수의 일을 구하지 아니한"(빌 2:21) 사람들과 디모데를 비교하면서, 디모데는 "자식이 아버지에게 함같이 나와 함께 복음을 위하여 수고하였느니라"(빌 2:22, 개역개정)라고 묘사한다. 바울은 이렇게 신실한 디모데를 빌립보 교회에 파송한다. 사실상 바울은 자신이 아덴에 있을 때 한두 번 데살로니가 교회를 방문하기 원했지만 사단의 방해로 뜻을 이루지 못했다(살전 2:18). 그래서 바울은 마게도냐에서 온 디모데를 대신 데살로니가에 보내 그들의 사정을 알아보고 데살로니가 교회를 격려하게 했다. 바울은 자신이 해야 할 일을 디모데에게 위임하여 실행하게 한 것이다.

바울은 제3차 전도여행을 하는 동안 에베소 교회를 섬기면서 고린도 교회를 보살필 때도 같은 원리를 사용한다. 고린도 교회의 문제들을 교정해 주고 그들을 바로 양육하기 위해 바울은 디모데를 파송한다(고전 4:17). 디모데는 고린도를 향해 육로로 떠난다. 그래서 바울은 고린도전서 16:10-11에서 디모데가 도착하거든 잘 영접하라고 고린도 교회에 부탁한다. 그 후 바울은 디도를 고린도에 보내 고린도 교회의 형편을 알아 오게 한다.

바울이 에베소를 떠나 마게도냐로 가던 중 드로아에서 디도를 만나기 원했지만 만나지 못함으로(고후 2:12-13), "심령이 편하지" 못했다고 토로한다. 그러나 바울은 디도를 마게도냐(빌립보)에서 만나 고린도 교회의 형편을 듣고 기뻐한다(고후 7:5-7). 이처럼 바울은 자신의 동역자들을 교회 양육과 교정을 위해 효과적으로 사용한다.

(2) 권면과 권고의 목회(데살로니가전서)

믿음 때문에 핍박당하는 성도들에게 필요한 권고는 주님이 갑자기 재림하실 것이라는 교훈이다. 사도행전 17:1-10은 바울과 그 일행이 데살로니가를 처음으로 방문한 내용을 다룬다. 바울 일행의 복음전도는 믿는 공동체를 생성시켰지만 유대인들의 방해로 밤중에 고요히 데살로니가를 떠나야만 했다. 베뢰아(Berea)에 도착한 바울 일행이 복음에 더 수용적인 베뢰아 사람들에게 전도를 했다. 그 결과 "그중에 믿는 사람이 많고 또 헬라의 귀부인과 남자가 적지 아니"(행 17:12, 개역개정) 했다.[14] 그러나 데살로니가에서 바울을 반대한 유대인들이 베뢰아까지 원정 와서 바울의 전도활동을 방해한 것이다. 바울은 베뢰아에서도 조용히 떠날 수밖에 없었다. 바울 일행이 마게도냐 지역으로 건너와서 처음 전도 활동을 할 때는 이전에 밤에 환상으로 마게도냐 사람이 "마게도냐로 건너와서 우리를 도우라"라고 요청했던(행 16:8,9) 기대와는 달리 각 성마다 반대를 받아 조용히 성을 떠나게 되었다. 베뢰아를 떠나 아덴을 거쳐 고린도에 온 바울은 데살로니가에서 복음을 받은 성도들을 생각하면서 편지를 쓴다.

---

14 바울과 바울 일행은 베뢰아에서 수개월 사역했을 것으로 생각된다. cf. S.J. Kistemaker, *Acts* (*NTC*, Grand Rapids: Baker, 1990), p.621.

데살로니가전서는 종말론을 강조한 서신이다. 좀 더 구체적으로 설명하면 예수님의 재림을 강조한 서신이다. 전체 5장으로 되어 있는 서신이 매장마다 예수님의 강림에 대한 내용으로 끝을 맺는다.

데살로니가전서 1:10 -"또 죽은 자들 가운데서 다시 살리신 그의 아들이 하늘로부터 강림하실 것을 너희가 어떻게 기다리는지를 말하니 이는 장래의 노하심에서 우리를 건지시는 예수시니라"(개역개정)

데살로니가전서 2:19 - "우리의 소망이나 기쁨이나 자랑의 면류관이 무엇이냐 그가 강림하실 때 우리 주 예수 앞에 너희가 아니냐"(개역개정)

데살로니가전서 3:13 - "너희 마음을 굳건하게 하시고 우리 주 예수께서 그의 모든 성도와 함께 강림하실 때에 하나님 우리 아버지 앞에서 거룩함에 흠이 없게 하시기를 원하노라"(개역개정)

데살로니가전서 4:13-18 - "우리가 주의 말씀으로 너희에게 이것을 말하노니 주께서 강림하실 때까지 우리 살아 남아 있는 자도 자는 자보다 결코 앞서지 못하리라"(15절, 개역개정).

데살로니가전서 5:1-3,23 - "평강의 하나님이 친히 너희를 온전히 거룩하게 하시고 또 너희의 온 영과 혼과 몸이 우리 주 예수 그리스도께서 강림하실 때에 흠 없게 보전되기를 원하노라"(23절, 개역개정).

비교적 짧은 서신에 예수님의 강림을 이렇게 강조한 것은 특기할 만하다. 바울은 자신이 데살로니가 성과 베뢰아 성에서 데살로니가 유대인들에게 받은 핍박을 데살로니가 성도들도 받고 있을 것으로 생각했을 것이다. 고난을 겪는 성도들은 소망을 필요로 한다(살전 1:3; 5:8). 바울은 데살로니가 교회가 어려운 형편 가운데서 복음을 받았고 믿음의 본을 지켜 다른 지역에까지 알려졌다고 말한다(살전 1:8). 이런 어려운 형편 가운데서 믿음을 지킨 데살로니가 교회에게 바울은 예수님의 재림이 밤의 도적같이 갑자기 올 것이라고 가르친다(살전 5:2,3; 참조. 마 24:43; 눅 12:39,40). 그리고 바울은 주님이 재림하실 때에 살아 있는 사람들이 죽은 자들보다 결코 유리한 입장에 서지 못한다는 것을 명확히 가르친다. 그리스도 안에서 죽은 자들이 먼저 부활하고 그 후에 살아남은 자들도 그들과 함께 구름 속으로 끌어 올려 공중에서 주를 영접하고 주님과 함께 영원히 살 것이라고 가르친다(살전 4:13-18).[15]

(3) 시련 극복의 목회(데살로니가후서)

목회자의 교훈이 교회에 의해 곡해될 수도 있다. 주님께서 갑자기(sudden) 오실 것이라는 말씀을 바울이 데살로니가 교회에 편지로 썼을 때 데살로니가 교회는 주님이 곧(immediate) 오실 것으로 잘못 생각하여 어떤 이들은 자신들의 생업을 포기하고 게으르고 무질서하게 살았다. 이런 무질서한 생활로 다른 사람들도 혼란에 빠지게 되고 무질서한 삶을 살

---

15   바울은 본문에서 예수님 재림 때에 살아있는 사람들이나 이미 죽은 사람들이나 차이가 있을 수 없다고 말한다. 예수님 재림 때에 살아 남아있는 자들이나 이미 죽은 성도들이나 공평한 대우를 받게 될 것이다. cf. John Stott, *The Gospel and the End of Time: The Message 1 and 2 Thessalonians* (Downers Grove: IVP, 1991), p.98.

게 되었다(살후 3:6-15).[16]

이처럼 사도의 교훈이 곡해를 일으키듯이 목회자의 교훈도 곡해될 수 있음을 알아야 한다. 설상가상으로 어떤 이가 바울이 쓴 것처럼 편지를 써서 데살로니가 교회에 보낸 것 같다(살후 2:2; 3:17). 이런 상황 가운데서 바울은 고린도에서 데살로니가후서를 쓰게 된 것이다. 바울은 데살로니가후서 1장과 2장에서 예수님의 재림 때에 어떤 일이 있을 것인지와(살후 1:10-12), 예수님의 재림 전에 어떤 일이 나타날 것인지를(살후 2:3-8) 설명한다. 그리고 바울은 데살로니가후서 3장에서 예수님이 재림하실 날자는 알 수 없으므로 성도들은 재림을 기다리면서 자신의 일을 성실하게 해야 한다고 가르친다(살후 3:6-15). 데살로니가후서에서 바울은 도적같이 재림하실 주님은 불법의 사람[17]이 도래하기까지는 오시지 않을 것이라고 가르친다. 그가 정체를 드러내고 멸망당하기까지는 종말은 오지 않을 것이다(살후 2:9-12). 마침내 주님께서 재림하실 때 하나님의 선택받은 자들은 구원을 받게 될 것이다. 하나님은 데살로니가 교인을 그때까지 보존시켜 줄 것이다(살후 2:13-17)라고 쓴다. 성도들은 현재의 삶 속에서 환난을 받을지

---

16   Bruce, *1 and 2 Thessalonians*, p. xlii: "it will come when least expected, 'like a thief in the night'(1 Thess 5:2). This may have led some readers to conclude that it was so imminent that there was no point in going on with the ordinary concerns of daily life."

17   불법의 사람(살후 2:3)이 누구를 가리키느냐에 대한 견해가 논란의 대상이 된다. 그는 사단의 사자로 언급되며(살후 2:9) 또한 모든 형태의 신앙들을 대적하고 신적 지위를 지녔다고 주장하는 자이다. 그는 초자연적인 은사와 그의 추종자들을 매료시킬 권력을 소유했다(살후 2:9,10). 그는 현재도 활동 중이며(살후 2:7) 그의 활동이 제거될 때까지 계속할 것이다(살후 2:7). 그가 제거될 때 그리스도의 파루시아(Parousia)가 임할 것이다. 그리스도는 이 불법의 사람을 소멸할 것이다(살후 2:8,9). 이 불법의 사람에 대해 어떤 이는 네로, 교황, 나폴레옹, 히틀러, 스탈린 등 여러 가지로 말하지만, 어거스틴(Augustine) 이래 그 의미의 열쇠는 오직 바울과 그의 독자들만이 쥐고 있다는 데 의견의 일치를 보고 있다.

라도 공의롭게 안식으로 갚아주실 하나님을 바라보며 성실하게 살아가야 한다(살후 1:4-9).

(4) 진리 고수의 목회(갈라디아서)

목회자는 그리스도의 기본 진리를 결코 양보하면 안 된다. 바울 사도는 부활하신 예수를 다메섹 도상에서 만난 후 개종하고 곧 다메섹 회당에서 예수 그리스도를 하나님의 아들로, 메시아로 전했다(행 9:19-22). 바울의 증거를 듣고 회개하는 사람도 있었지만 반대도 일어나 바울을 죽이기로 공모하므로 바울은 다메섹에서 광주리에 담겨 성 밖으로 달아내려 도망했다(행 9:25). 바울은 반대 세력의 강함을 "아레다 왕의 방백이 나를 잡으려고 다메섹 성을 지킬 새"(고후 11:32-33)라고 강조해서 표현했다.

바울의 아라비아 여행은 사도행전에 없지만 갈라디아서에서 찾을 수 있다(갈 1:17). 바울의 아라비아 여행은 다메섹에서 복음을 전하고 있을 때나 아니면 다메섹에서 탈출한 후에 이루어졌을 것이다. 어느 경우건 바울은 아라비아 여행에서 다메섹으로 다시 돌아간다(갈 1:17). 그 후 바울은 예루살렘을 방문한 후(행 9:26), 헬라파 유대인들이 그를 죽이려 하므로 가이사랴를 거쳐 그의 고향인 다소로 갔다. 바울은 자신의 고향 다소에서 약 8-9년 동안 지내면서 아마 복음전도, 영적체험(고후 12:1-9), 핍박(고후 11:23-27) 등의 경험을 했을 것이다. 그 후 안디옥에 와 있던 바나바의 초청으로 바울은 안디옥에 오게 되고(행 11:25-26), 안디옥 교회의 파송으로 바나바와 함께 1차 전도여행 때 비시디아 안디옥, 이고니온, 루스드라, 더베 등 남갈라디아 지역에 복음을 전하고 교회를 개척한 것이다(행 13-14장).

바울은 8, 9년 동안 다소에 있을 때나 1차 전도여행 중 복음이 단순히 이스라엘의 신앙에 대한 부가적인 것이 아니라 하나님의 약속의 성취요 율법의 완성이라고 전했다. 바울은 자신이 전한 진리가 이스라엘만 위한 것이 아니요 전 세계를 위한 것이라고 선포했다. 바울은 유대인이나 헬라인이나 할 것 없이 모든 사람에게 복음을 전했다.

이런 결과로 많은 이방인들이 교회에 들어왔다. 이방인들은 할례를 받지 않고 교회에 들어왔다. 이런 사실은 유대 기독교인들의 마음에 의문을 일으켰다. "이방인이 무슨 조건으로 교인 자격을 얻게 되는가?" "이스라엘과 하나님과의 언약관계의 모든 증표도 모두 폐기되는가?" "모든 거룩한 관습은 그리스도 안에 나타난 새로운 계시에 의하여 모두 취소되는가?" 유대 기독교인들이 이런 생각을 하고 있을 때 사도회의는 이방인이 기독교인이 되기 위해서는 유대의 의식인 할례를 받지 않아도 좋다고 결정을 내렸다(행 15:1,24,29). 그러나 유대 기독교인 사이에는 질문이 끊이지 않았다. 할례 받고 의식적으로 정결한 유대 기독교인들과 할례 받지 않은 이방 기독교인이 같이 애찬과 성찬에 참여할 수 있는가?

사도회의의 결정에도 불구하고 유대 기독교인들은 바울이 전한 복음에 도전하였다. 유대주의자들은 완전한 구원을 위해서는 할례를 받아야 한다고 가르치고 오로지 믿음으로만 구원을 받을 수 있다는 기독교의 교훈은 초보적이요 불완전하다고 가르쳤다. 그들은 할례를 준수함으로 완전한 구원이 확립되고 아브라함의 참 자녀가 될 수 있다고 가르쳤다. 오랜 전통으로 전수된 율법을 폐기하는 것은 잘못된 것이며, 율법 없는 생활은 위험한 종류의 자유를 누리는 생활로 전락할 것이라고 가르쳤다.

유대주의자들은 이런 주장과 함께 바울의 사도성을 부인한다. 그들은 바울이 갈라디아 교인들에게 구원에 필요한 모든 것을 말해주지 않았고 일부만 말해주었는데, 그럴 수밖에 없었던 이유는 바울이 예루살렘의 사도와 동등한 1급 사도가 될 수 없었기 때문이라고 하며 바울의 사도성에 도전을 한다. 유대주의자들은 삼중으로 바울을 공격했다.

① 바울의 사도직은 2급 사도직이다.
② 바울의 복음은 일부가 생략된 불완전한 것이다.
③ 바울은 많은 개종자들을 얻기 위해 하나님의 은혜와 용서를 강조하는 데 그 결과 도덕적 위험을 초래하게 될 것이다.

유대주의자들의 공격은 교묘하고 치명적이었다. 그들의 방법은 많은 사람에게 영향을 미치게 되었고 희생당한 사람이 많았다.[18] 이처럼 바울이 전한 복음은 공격을 당하고 하나님의 은혜는 무시를 받았다. 이런 형편에서 바울은 고린도에서 갈라디아서를 쓴다.[19] 바울은 서론부터 심각한 태도로 자신의 사도권이 하나님께로부터 왔고 그리스도가 십자가에 달리신 것은 우리를 이 악한 세대에서 해방시키기 위한 것이라고 강조한다(갈 1:1-5).

바울은 자신이 모욕을 당한 것은 참을 수 있었지만(cf. 빌 1:12-18) 그가 전한 그리스도의 구속의 복음이 손해를 볼 때는 강하게 대처한다. "그리스도의 은혜로 너희를 부르신 이를 이같이 속히 떠나 다른 복음을 따르는 것

---

18 갈라디아 교회를 처음 유혹한 지도자는 한 사람이었다고 생각된다. 이 한 사람의 영향으로 많은 사람들이 피해를 입었다. "너희를 요동하게 하는 자는 누구든지 심판을 받으리라"(갈 5:10)의 요동하게 하는 자는 단수이다. 참조. ὁ δὲ ταράσσων ὑμᾶς βαστάσει τὸ κρίμα.

19 W. Hendriksen, *Survey of the Bible* (Grand Rapids: Eerdmans, 1976), p.325. Hendriksen과는 달리 Merill C. Tenney (*New Testament Survey*, Grand Rapids: Eerdmans, 1961, p.286)는 갈라디아서가 예루살렘공회 직전 A.D. 48년이나 A.D. 49년에 수리아 안디옥(Antioch)에서 기록되었을 것으로 추정한다.

을 내가 이상하게 여기노라 다른 복음은 없나니 다만 어떤 사람들이 너희를 교란하여 그리스도의 복음을 변하게 하려 함이라 그러나 우리나 혹은 하늘로부터 온 천사라도 우리가 너희에게 전한 복음 외에 다른 복음을 전하면 저주를 받을지어다"(갈 1:6-8, 개역개정). "다른 복음은 없다"(갈 1:6,7), "사람들에게 좋게 하랴"(갈 1:10), "어리석도다 갈라디아 사람들아"(갈 3:1), "너희가 이같이 어리석으냐 성령으로 시작하였다가 이제는 육체로 마치겠느냐"(갈 3:3), 율법은 우리를 그리스도에게 인도하는 "초등교사"(갈 3:24)이다, 그리스도는 때가 찼을 때 여자에게서 나셨고 율법 아래 나셨는데 그 이유는 율법 아래 있는 자들을 속량하시고 아들의 명분을 주시기 위해서이다(갈 4:4), 그리스도께서 너희에게 자유를 주셨는데 너희는 종의 멍에를 메고 있다(갈 4:30; 5:1). 할례를 받은 자들은 율법전체를 지킬 의무가 있지 않느냐 율법전체를 완전히 지킬 사람이 없으니 어찌 구원을 받을 수 있겠는가(갈 5:3-4), "율법 안에서 의롭다 함을 얻으려 하는 너희는 그리스도에게서 끊어지고 은혜에서 떨어진 자로다"(갈 5:4, 개역개정). 이상의 말씀들은 복음으로 얻은 구원과 자유함이 얼마나 귀한 것인지를 강조하고 있는 것이다.

바울은 더 나아가 우리의 구원은 성령으로 성취되었으며 하나님으로부터 얻은 참된 자유는 성령에 따라 사는 것이라고 천명한다. 성령에 따라 사는 생활은 부활하신 주 예수 그리스도로 하여금 우리의 생활을 지도하게 하심을 뜻한다. 이는 내적 욕망과 싸우는 것을 뜻한다. 육체의 욕망은 사람들을 완전히 지배하려고 온갖 수단을 다 동원한다. 성령에 의해 인도된 사람들은 그 욕망들을 물리치기 위해 성령의 능력을 의존하며 살아간다.

바울은 다음과 같이 유대주의자들의 공격을 조목조목 분명하게 반박한다.

① 유대주의자들이 사도직을 의문시할 때 자신의 사도직을 강하게 옹호한다. 바울은 자신의 사도직이 하나님 아버지로부터임을 확실하게 천명한다(갈 1:1, 11-12; 2:11-13)

② 유대주의자들이 진리를 왜곡시킬 때 복음의 진리를 옹호한다. 바울은 "다른 복음은 없다"(갈 1:7-8), "사람이 의롭게 되는 것은 오직 예수 그리스도를 믿음으로만 가능하다"(갈 2:16), "의인은 믿음으로 살리라"(갈 3:11)라는 말로 확실하고 온전한 진리를 선포한다.

③ 유대주의자들이 기독교인의 자유를 무시할 때 그리스도 안에서의 온전한 자유를 옹호한다. 바울은 "그리스도께서 우리를 자유롭게 하려고 자유를 주셨으니…. 다시는 종의 멍에를 메지 말라"(갈 5:1)라고 하며 그리스도 안에서의 온전한 자유를 선포한다.

바울은 유대주의자들이 할례를 단순히 의학적인 수단이나 전통에 대한 연민으로 생각해서 행하기를 원했다면 그렇게 허락했을 수도 있다(갈 5:6; 행 16:3). 그러나 바울은 할례와 기타 의식들이 구원에 필수적이라는 유대주의자들의 주장에 대해서는 한 치의 양보도 하지 않고 단호하게 이신칭의 교리를 강조했다. 이처럼 바울은 그리스도의 복음을 옹호하는 데 한 치의 양보도 하지 않는다.

(5) 사랑의 목회(고린도전서)

목회자는 상처 많은 교회를 포기하지 않고 사랑으로 교회 문제를 해결해야한다. 고린도 교회는 여러 가지로 문제가 많은 교회였다. 이 문제를 바울 사도가 어떻게 처리했는지 비교적 자세하게 그 과정을 추적해 보고자 한다.

먼저 고린도 교회가 위치한 고린도 시에 대해 간단히 생각해 보자. 고린도는 아덴과는 판이한 도시다. 아덴은 문학의 도시요, 철학의 도시요, 예술의 도시인 반면 고린도는 해변에 위치한 상업의 도시요 돈이 많고 흥청거리는 도시였다. 따라서 호화찬란하고, 운동경기가 많고, 도덕적으로 문란한 도시였다. 고린도 사람들은 당시 느슨한 이방기준으로 판단하여도 하등에 속한 삶을 살고 있었다. "고린도 사람들처럼 산다."[20]라는 말은 "인생의 찌꺼기처럼 산다."는 뜻을 함축하고 있다. 한때 고린도에 있는 아프로디테(Aphrodite) 신전에는 천여 명이나 되는 신전 창녀가 기거하면서 공적으로 성행위를 하고 있었고 이들 가운데 한 사람과 성관계를 갖는 것이 예배의 행위로 생각될 정도였다.

바울은 제2차 전도여행 기간 도중 마게도냐를 거쳐 아덴에 이르러 복음을 전하고 곧 고린도로 옮긴다. 바울은 고린도에서 18개월 동안 전도활동을 하고 교회를 설립했다(행 18:11). 고린도 교회는 주로 이방인들로 구성되어 있기 때문에 구약성경을 잘 알지도 못했고 그들의 종교적이고 도덕적인 삶은 기독교적 원리와는 정반대로 그들의 영적인 완숙을 위해서는 많은 교훈이 필요한 형편이었다(고전 3:1-3).

바울은 고린도에서 충실한 동역자 브리스길라와 아굴라 부부를 만났다(행 18:2). 마침 그들의 생업이 장막을 만드는 일이었으므로 바울과 속히 교제할 수 있게 되었다(행 18:3). 브리스길라와 아굴라는 글라우디오(Claudius) 황제[21]의 명에 의해 로마에서 쫓겨나 고린도에 온 사람들이었다

20　　"To live as do the Corinthians."

21　　Claudius (A.D.41-54)는 로마의 제4대 황제로 집권 초기에는 유대인들에게 융화정책을 폈다. 그러므로 유대인들을 로마에서 쫓아낸 사실은 집권 후기로 간주된다. cf. Josephus, *Antiquities of the Jews*, 19,5,2f.

(행 18:2). 그들이 고린도에 오기 전 이미 기독교인들이었는지는 분명하지 않지만 바울을 고린도에서 만나 같이 활동하면서 기독교인이 되었다는 것은 확실하다. 바울은 매 안식일마다 회당에서 말씀을 가르치고 평일에는 장막을 만들어 생계를 꾸렸다. 브리스길라와 아굴라는 아볼로가 요한의 세례만 전함으로(행 18:25) 그를 데려다가 하나님의 도를 더 자세히 풀어 설명할 수 있을 정도로 탁월한 바울의 동역자였다.

바울이 고린도에서 18개월의 사역을 마치고 에베소를 거쳐 팔레스틴으로 돌아갔다가 다시 제3차 전도여행(행 18:23-21:16) 도중 에베소에 도달하는 사이 아볼로가 고린도를 방문하여 복음을 전파했으며(행 18:27-28; cf. 고전 16:12), 베드로 역시 그 어간에 고린도를 방문했던 것 같다(고전 1:12). 이는 베드로도 순회하면서 복음을 전한 듯하다(행 12:17 참조). 그 이유는 베드로가 고린도에서 복음을 전하지 않았다면 그를 추종하는 파벌이 생기지 않았을 것이기 때문이다(고전 1:12).

바울이 제3차 전도여행 도중 에베소에 도착한 후 한통의 편지를 써서 고린도 교회에 보냈다(고전 5:9). "내가 너희에게 쓴 편지에 음행하는 자들을 사귀지 말라 하였거니와"(고전 5:9, 개역개정)가 이를 증거 한다. 고린도 전서를 쓰기 전 바울이 다른 편지를 쓴 것이 확실하다. 이 편지는 고린도 교회 성도들 중 어떤 이들이 범한 음행을 교정하기 위한 것임은 확실하지만 구체적인 내용에 대해서는 알 길이 없다(고전 7:1-5). 어떤 이는 기발한 추측으로 잃어버린 편지인 고린도전서 6:12-20과 고린도후서 6:14-7:1이 일부 보존되었다가 후에 고린도전서와 고린도후서에 삽입되었다고 주장한다. 이런 주장은 내용의 연계성으로 그렇게 주장하나,[22] 순전한 주관적

---

22   cf. David Smith, *Life and Letter of St. Paul* (New York: George H. Doran Co., n.d.), Appendix I, p.654.

판단이요 그것을 증명할 외적인 증거도 없고 현존하는 모든 사본이 현재의 내용을 고린도전서와 고린도후서에 모두 포함하고 있으므로 받아들일 수 없는 입장이다.

그러나 분명한 것은 바울이 고린도전서를 쓰기 전 다른 편지를 써서 고린도 교회에 보낸 것이 사실이고 그 편지가 우리에게 전해지지 않고 있다는 것이다. 고린도전서 5:9-11은 우리에게 바울이 잃어버린 편지에서 고린도 교회의 당면한 문제들, 즉 음행, 토색, 우상숭배 등에 대해서 다루었다고 전해준다.

첫 번째 편지에 대한 결과는 만족스럽지 못했다. 아볼로도 고린도를 떠나 다른 곳으로 갔고 베드로도 떠났다. 지도자가 없는 고린도 교회는 많은 문제를 안고 혼란에 빠졌다. 이런 소식이 에베소에 있는 바울에게 전해졌다. 바울은 이제 에베소에서 고린도 교회의 어려운 일들을 보살필 수 있도록 디모데를 보낸다. "이로 말미암아 내가 주 안에서 내 사랑하고 신실한 아들 디모데를 너희에게 보내었으니 그가 너희로 하여금 그리스도 예수 안에서 나의 행사 곧 내가 각처 각 교회에서 가르치는 것을 생각나게 하리라"(고전 4:17, 개역개정). 디모데는 고린도를 향해 육로로 떠난다(행 19:22). 그래서 바울은 디모데가 이르거든 조심하여 그로 그들 가운데 두려움 없이 있게 하라고 고린도 교회에 부탁한다(고전 16:10,11). 그리고 정확한 시간은 알 수 없으나 고린도 교회에서 스데바나(Stephanas)와 브드나도(Fortunatus)와 아가이고(Achaicus)가 바울을 위한 헌금과 고린도 교회가 명백히 해주기를 원하는 질문이 담긴 편지를 가지고 바울에게 왔다(고전 16:17). "너희가 쓴 문제에 대하여"라고 언급된 관련 성구(고전 7:1,25; 8:1; 12:1)가 이해의 도움을 주리라 생각된다. "내가 스데바나와 브드나도와 아가이고가 온 것을 기뻐하노니 그들이 너희의 부족한 것을 채웠음이라 그들이 나와 너희 마음을 시원하게 하였으니 그러므로 너희는 이런 사람들을 알아주라"(고전 16:17-18, 개역개정).[23]

바울이 고린도 교회의 질문을 받고 고린도전서를 기록했다는 사실은 고린도전서의 내용이 이를 증명한다. "너희가 쓴 문제에 대하여"(고전 7:1), "처녀에 대하여는"(고전 7:25), "우상의 제물에 대하여는"(고전 8:1), "형제들아 신령한 것에 대하여"(고전 12:1), "성도를 위하는 연보에 대하여는"(고전 16:1) 등의 구절은 바울이 고린도 교회의 질문을 받고 구체적으로 대답한 사실을 알려준다.

이런 형편과 계기를 근거로 바울은 고린도전서를 기록한다. 그러므로 바울의 고린도전서는 교정과 교훈이 절실히 필요한 고린도 교회에 보낸 서신인 것이다.

여기서 고린도전서를 쓰게 된 배경을 간략히 개술하면 다음과 같다.

① 바울이 3차 전도여행시 에베소에서 복음사역을 하고 있을 때 고린도 교회의 문제에 대해 전해 들었다.

② 바울은 한통의 편지를 써서 고린도 교회에 보냈다(고전 5:9). 이 편지는 우리에게 전해 내려오지 않고 분실되었으며 고린도 교회는 그 편지를 달게 받지 않았다.

③ 바울은 디모데를 육로로 고린도에 보내 고린도 교회의 문제를 보살피게 한다.

④ 한편 고린도 교회는 스데바나와 브드나도와 아가이고를 바울에게 보내 생활에 필요한 것을 전하고 여러 문제점에 대해 질문한다(고전 16:17; cf. 7:1; 7:25; 8:1; 12:1; 16;1).

---

23 "너희의 부족한 것"은 바울의 생활을 위해 보탬이 되는 것을 가리킨다. 참고. 고후 11:9, 빌 4:16-19.

⑤ 그래서 바울은 고린도 교회를 교정하고 교훈하기 위해 고린도전서를 기록한다.

어떤 이는 바울이 고린도 교회에 다음과 같이 네 통의 편지를 썼다고 말한다.

① 고린도전서를 보내기 전에 바울은 한 통의 편지를 보냈다(고전 5:9).

② 그 후 바울은 고린도전서를 기록했다. 고린도전서는 달갑게 받아들여지지 않았고 바울 사도는 사태를 수습하기 위해 고린도 교회를 방문하기로 하고 소위 "고통스러운 방문"(고후 12:14; 13:1,2; 참조. 고후 2:1)을 한다. 그러나 이 방문은 아무런 성과도 거두지 못했다.

③ 바울은 에베소로 돌아와 세 번째 편지를 썼다. 이 편지는 많은 눈물을 흘리며 쓴 것이다(고후 2:3,4,9; 7:8,12). 그 후 바울은 에베소를 떠나 드로아에서 디도를 만나 고린도 교회의 소식을 듣기 원했다(고후 2:12,13). 그러나 마게도냐에서 디도를 만나 고린도 교회의 소식을 듣고 위로를 받았다(고후 7:5-7). 디도는 바울에게 고린도 교회가 회개하고 화해하게 되었다고 보고했다(고후 7:9-12).

④ 그 후 바울은 마게도냐(빌립보)에서 고린도후서를 기록했다.

이처럼 어떤 이들은 바울이 네 통의 편지를 썼다고 주장하나 눈물을 흘리며 쓴 세 번째 편지는 고린도전서에 해당한다고 생각할 수 있다. "내가 편지로 너희를 근심하게 한 것을 후회하였으나"(고후 7:8)라는 표현은 반드시 고린도전서 이외의 다른 서신을 가리킨다고 생각할 수 없다. 고린도전서에 이런 책망의 내용이 얼마든지 있으며 교부 터툴리안은 고린도전서를 평하면서 "잉크로 쓰이지 않고 쓸개즙으로 쓰였다."[24]고 했다. 그러

---

24 Tertullian, *De Pudicitia*, XIV.

므로 우리의 주장대로 바울은 세 통의 편지를 썼는데 그 중 맨 처음 기록한 것이 우리에게 전해지지 않는다고 생각하는 것이 타당한 줄로 안다.

고린도전서에는 교정과 교훈의 내용이 담겨 있다. 다른 말로 표현하면 글로에의 집편으로 듣게 된(고전 1:11) 보고에 대한 답변(고전 1:10-6:20), 스데바나와 브드나도와 아가이고(고전 16:17)가 전달한 편지의 질문에 대한 답변(7:1-16:9)으로 구성된다.

바울이 어떤 목회자적 심정으로 교회의 문제를 교정하고 교훈했는지 고린도전서의 내용을 교정과 교훈을 생각하면서 간단히 살피는 것이 좋은 줄 안다.

1. 인사(1:1-9)
2. 교정(글로에의 집편으로 듣게 된 보고)
   (1) 파당의 문제(1:10-4:21)
    · 교정 : 영적 성숙을 촉구함(3:1-9).
   (2) 음행의 문제(5:1-13)
    · 교정 : 범죄자가 회개하고 회복될 때까지 교회는 징계를 해야 함
      (5:1-5).
   (3) 이방 법정에서의 송사 문제(6:1-20)
    · 교정 : 교회 공동체 내의 중재가 있어야 함(6:1-6).
3. 교훈(고린도 교회의 편지에 대한 구체적 회답)
   (1) 결혼 문제(7:1-40)
    · 교훈 : 믿는 자의 관심은 믿지 않는 자를 구원하는 데 있으며
         (7:16), 결혼하지 않은 처녀는 자제할 줄 알아야 하고, 합
         법적인 결혼을 해야 한다(7:36, 37).

(2) 우상에 바쳐진 음식 문제(8:1-10:33)

 · 교훈 : ① 우상을 평가하고(8:1-13), ② 복음 안에서의 자유를 설
　　　　　명하며(9:1-27), ③ 하나님과 성도의 관계를 설명하고
　　　　　(10:1-22), ④ 다른 사람과의 관계를 설명한다(10:23-11:1).

(3) 예배(회집) 문제(11:2-34)

 · 교훈 : 공적 예배에서 바른 태도를 가져야 하며(11:2-16), 모였을
　　　　　때 성찬은 바로 시행되어야 한다(11:17-34).

(4) 여러 가지 영적 은사들(12:1-14:40)

 · 교훈 : ① 이적이나 능력이나 방언할 수 있는 것이나 예언을 말
　　　　　할 수 있는 것은 같은 성령이 주신 은사이므로 전체 공동
　　　　　체를 위해 사용되어야 한다(12:1-31). ② 성도가 따라야 할
　　　　　제일 좋은 길은 사랑이다(13:1-13). ③ 예언이 방언보다 낫
　　　　　다(14:1-40).

(5) 신비스러운 것들에 관한 문제(15:1-58)

 · 교훈 : ① 그리스도인들은 그리스도처럼 부활할 것이다(15:1-49).
　　　　　② 그리스도인들이 순식간에 변화하여 사망을 이기게 될
　　　　　것이다(15:50-58).

(6) 헌금에 대한 문제(16:1-9)

 · 교훈 : 고린도 교인들은 능력에 따라 질서 있고 규모 있게 헌금해
　　　　　야 한다(16:1-4).

4. 마지막 인사(16:10-24)

바울은 여기서 몇 사람의 교회 지도자들을 천거하는 말을 한다. 바울은
디모데, 아볼로, 스데바나 등을 언급하며 그들이 교회의 유익한 일꾼들
이라고 추천한다. 그리고 바울은 마지막 인사로써 편지를 끝맺는다.

바울은 이처럼 고린도 교회를 생각하면서 그들의 잘못을 교정해주고 그들의 문제에 대한 바른길을 제시해 준다. 고린도전서 기록 전에 고린도로 파송한 디모데의 사명이 어떤 결과를 가져왔는지에 대해서는 언급이 없다(행 19:22; 고전 16:10,11). 정황으로 보아 그의 사명이 성공적인 것이 아닌 듯하다. 그래서 바울은 에베소에 머물면서 고린도전서를 기록한 후 에베소를 떠나기 전 고통스런 고린도 방문을(고후 12:14; 13:1,2) 단행한 것이다.[25] 이로 보아 당시 디모데의 사명도 성공하지 못했고 고린도전서도 달갑게 받아들여지지 않은 것 같다. 바울의 고통스런 고린도 방문을 말할 수밖에 없는 것은 고린도후서에서 바울은 앞으로의 자신의 방문이 세 번째가 될 것이라고 확언하고 있기 때문이다(고후 12:14; 13:1-2). 사도행전과 바울의 나타난 행적으로 보아 바울의 고린도 방문은 제2차 전도여행 때의 방문으로 고린도 교회를 개척했고 그 후에 나타난 기록으로는 제3차 전도여행 때 방문한 것 밖에 없다. 그럼에도 불구하고 바울은 제3차 전도여행 때의 방문이 있기 전 자신이 두 번 고린도를 방문했다고 말하므로 제3차 전도여행 방문 이전에 또 한 차례의 방문이 있었다는 것은 확실하다. 이 방문이 바로 바울이 에베소 체재 시 고린도를 방문한 고통스러운 방문이었고 이 사실은 사도행전에 기록되지 않았다. 이 방문을 통해 바울은 고통과 반대를 무릅쓰고 문제를 일으킨 사람들에 대해 바른 권징을 시행한 것이다.[26]

이처럼 바울은 문제 많고 상처 많은 고린도 교회를 결코 포기하지 않고 끝까지 인내로 교정해 나간다. 바울은 몇 차례의 편지를 쓰고, 자신을

---

25 Hendriksen (*Survey of the Bible.*, p.338)은 이 방문을 인정하지 않는다. 그러나 그 이유는 설명하지 않는다.

26 박형용, 『사도행전 주해』 p.227.

대신해서 다른 사람을 파송하고, 또 친히 방문하는 수고를 아끼지 않음으로써 그리스도의 교회를 치유하고 보살피는 사랑의 목회를 한 것이다.

(6) 인내의 목회(고린도후서)

목회자는 교회의 문제가 해결될 때까지 계속 노력하면서 인내로 기다려야 한다. 바울이 고린도 교회에 전한 자신의 순회 계획은 에베소에서 직접 고린도로, 고린도에서 마게도냐로, 마게도냐에서 다시 고린도로, 고린도에서 예루살렘으로 가는 것이었다(고후 1:15,16). 고린도 교회에 보낸 이 여행계획이 어느 편지에 언급되었는지는 알 수 없으나 분실된 첫째 편지에 기록된 듯하다(고전 5:9). 그런데 바울은 고린도 교회 내에 발생한 문제들을 교정하고 치유하기 위해 고린도전서를 쓰면서 여행계획의 변경을 알린다. "내가 마게도냐를 지날 터이니 마게도냐를 지난 후에 너희에게 가서 혹 너희와 함께 머물며 겨울을 지낼 듯도 하니 이는 너희가 나를 내가 갈 곳으로 보내어 주게 하려 함이라"(고전 16:5-6, 개역개정). 바울이 이렇게 여행계획을 변경한 것은 고린도 교회를 위한 좋은 이유(고후 1:23) 때문이었다. 여행 계획 변경의 이유가 바울 쪽에 있다기보다 고린도 교회가 바울을 영접할 수 없는 형편에 있었기 때문이다.[27] 그럼에도 불구하고 바울은 여행계획을 경솔히 변경했다고 혹평을 받았다(고후 1:17).[28]

바울은 변경한 여행 경로대로 드로아를 거쳐 마게도냐로 갔다(행

---

27   John Calvin, *The Second Epistle of Paul The Apostle to the Corinthians and the Epistles to Timothy, Titus and Philemon* (Grand Rapids: Eerdmans, 1973), p.18.

28   J.H. Bernard, *The Second Epistle to the Corinthians* (*The Expositor's Greek Testament*, Vol, 111, Grand Rapids: Eerdmans, 1980), p.43.

20:1). 바울은 마게도냐로 가기 전 드로아에서 디도를 만나 그로부터 고린도 교회의 소식 듣기를 간절히 원했다.[29] 바울은 드로아에서 고린도 교회의 소식을 듣지 못한 고로 "심령이 편하지 못했"다고 서술한다(고후 2:13). 바울이 드로아를 지나 마게도냐에 갔을 때 거기서 디도를 만나 고린도 교회의 형편을 듣는다(고후 7:5-7). 디도의 보고는 고린도 교회가 분쟁과 파당과 음행에 그대로 머물러 있지 않고 회개하고 서로 화해하게 되었다는 것이었다. 바울은 고린도 교회에 대한 디도의 보고를 "그가 너희에게서 받은 그 위로로 위로하고 너희의 사모함과 애통함과 나를 위하여 열심 있는 것을 우리에게 보고함으로 나로 더욱 기쁘게 하였느니라"(고후 7:7, 개역개정)라고 표현한다. 고린도후서는 바울이 디도를 만난 후 마게도냐(아마 빌립보)에서 쓴 서신이다. 바울은 고린도후서에서 고린도전서와는 달리 자신의 느낌, 소망, 책임 등 자신에 관한 개인적인 내용을 많이 쓴다. 그 이유는 바울이 그를 공격하는 반대자들을 의식하면서 서신을 썼기 때문이다.[30]

바울의 반대자들은 바울이 육체대로 행했으며(고후 10:2), 대면하여 말할 때는 약하고 편지로만 큰소리치는 비겁자이며(고후 10:10), 교회의 사례를 받지 않고 자급자족함으로 자신의 권위를 떨어뜨렸고(고후 11:7), 원래의 사도들보다 한 등급 낮은 사도이며(고후 11:5; 12:11-12), 게다가 신임장도 없는 사람이라고 공격했다(고후 3:1). 그들은 바울이 육체적이며(고후 10:2), 자랑을 많이 하고(고후 10:8,15), 연보를 오용했다고 공격했다(참조. 고후 8:20-23). 바울은 자신을 공격하는 교회를 향해 자신이 "버림받은

29　디도를 고린도에 보낸 시기는 바울의 고통스런 고린도 방문 후의 어느 시기나 혹은 바울이 에베소를 떠나기 전 어느 시기였을 것으로 추정된다.

30　바울을 공격하는 사람들은 유대인들로 자기 스스로 그리스도의 일군처럼 행세하고(고후 11:22,23) 바울이 개척한 교회를 좌지우지 하려는 자들이요(고후 11:19, 20), 그리스도를 위해 고난을 받지 않는 그런 사람들이었다(고후 11:23,33).

자 같을지라도"(고후 13:7), 고린도 교회만 바로 되고 선을 행하면 그것으로 기뻐한다고 말한다. 이처럼 바울은 인내를 가지고 고린도 교회를 교정시키고 양육시킨다.

(7) 비전의 목회(로마서)

목회자는 교회를 바른 진리로 인도하며 교회에 비전을 심어 주어야 한다. 디도가 고린도후서를 가지고 고린도를 떠난 후 바울은 마게도냐 지방에서 그해 가을과 겨울을(A.D. 57년) 지낸 것 같다(행 20:2). 이 때에 바울은 마게도냐 서북쪽에 있는 일루리곤 지방까지 복음을 전한 듯하다(롬 15:19). 바울은 그 후 고린도에 도착하여 석 달을 체류했다(행 20:3).

바울은 로마에 가고 싶은 열망은 있었지만(롬 1:13) 고린도에서 직접 로마로 갈 수는 없었다. 그는 마땅히 헌금을 가지고 예루살렘에 가야만 했다(행 24:17; 롬 15:25-26; 고전 16:1; 고후 8:1-2). 로마에 가고 싶은 바울의 열망은 그가 에베소 체재 시에도 분명히 있었다(행 19:21). 그러나 바울은 자비의 사역을 위해 먼저 예루살렘에 가야만 했다. 이런 형편 가운데서 바울은 고린도에서 로마서를 써서 뵈뵈를 통해 로마교회에 전달한 것 같다(롬 16:1 참조).[31]

로마서는 그리스도의 교회가 소중히 간직한 복음의 내용이 무엇인지를 말해주며 로마교회에 선교의 비전을 보여준다. 로마교회는 바울이 개

---

31   William Hendriksen, *Exposition of Paul's Epistle to the Romans* (*New Testament Commentary*, Grand Rapids: Baker, 1981), p.499; James Denney, *St. Paul's Epistle to the Romans* (*The Expositor's Greek Testament,* Vol.II, Grand Rapids: Eerdmans, 1980), p.718; John Calvin, *The Epistles of Paul to the Romans and Thessalonians* (Grand Rapids: Eerdmans, 1973), p.320.

척하지 않은 교회요, 또 방문도 하지 않은 교회였기 때문에 서론부터 복음의 내용을 구체적으로 설명한다. 바울은 복음이 아들에 관한 것이요 아들은 약속대로 "육신으로는" 다윗의 혈통에서 나셨고 "성결의 영으로는" 죽은 가운데서 부활하여 능력으로 하나님의 아들로 인정되었다고 말한다(롬 1:3-4). 바울은 여기서 그리스도의 낮아지신 상태와 높아지신 상태를 언급함으로 그리스도의 인격과 사역을 전 포괄적으로 복음과 연결시킨다.[32] 로마서 1-8장까지의 내용은 그리스도의 죽음과 부활을 통해 성취된 복음이 어떤 복음인지를 조직적으로 설명하며 또 명쾌하게 진술하고 있다. 이처럼 바울은 이방교회인 로마교회에 복음의 바른 진리를 설명하므로 교회에 유익을 주고 바른 길을 제시한 것이다. 그리고 복음을 다른 지역에도 전해야 한다는 비전을 로마교회에 보여 주었다. "이는 지나가는 길에 너희를 보고 먼저 너희와 사귐으로 얼마간 기쁨을 가진 후에 너희가 그리로 보내주기를 바람이라"(롬 15:24, 개역개정). 바울의 비전은 로마에서 멈추지 않고 서바나까지 펼쳐진다. 바울은 로마교회가 그 일에 참여하여 그를 서바나로 보내줄 것을 희망한다. 이처럼 바울은 로마교회에 바른 복음을 제시하고 그 복음이 땅 끝까지 전파되어야 한다는 비전을 심어주고 있다.

(8) 이단적 사상에 대해 단호한 목회(골로새서)

목회자는 결코 교회 내의 이단적 사상을 용납해서는 안 된다. 제3차 전도여행을 마치고 예루살렘에 도착한 바울은 아가보의 예언대로 붙잡힌다(행 21:10-11). 바울은 그 후 가이사랴로 옮겨져 약 2년간 감금 생활을 하게

---

32 앞에서 논의한 "하나님의 아들로 인정되셨으니"(롬 1:1-5)를 참조 바람(pp.188-205).

된다(행 24:27). 가이사랴의 감금생활 후 선편으로 로마에 도착한 바울은
감금생활이 비교적 자유스러웠다(행 28:16,23,30-31). 바울의 1차 투옥은
상당한 자유를 누릴 수 있는 형편이었다.

바울이 감옥생활을 하고 있을 때 골로새 교회에서 에바브라가 로마에
왔다. 골로새 교회는 에바브라에 의해 이방교회로 설립된 듯하다(골 1:7).
바울은 에바브라에게 골로새 교회의 사정을 들었다. 골로새 교회는 "거짓
된 가르침" 때문에 복음이 위태로웠다(골 2:18-23). 바울은 비록 자신이 설
립한 교회는 아니었지만(골 2:1) 사도로서 골로새 교회에 편지를 써야 한
다고 생각했을 것이다.

골로새 교회 내의 이단이 어떤 것이었는지는 단언하기 어렵다. 그 이
유는 바울이 이단의 정체는 밝히지 않은 가운데 복음과 이단을 대립시켜
복음을 옹호하고 있기 때문이다.

골로새 교회의 이단의 성격은 다음과 같이 요약할 수 있다.

① 이단들은 영적 세계의 세력들에 중요성을 부여했다. 영적 세계의
세력과 천사 숭배가 연관된 듯하다(골 2:18).

② 이단들은 절기와 금식, 월삭과 안식일 등 의식적인 규례를 대단히 중
시하였다(골 2:11,16-19). 이단들은 금욕적인 요소도 내세운 듯하다(골 2:21).

③ 이단들은 자기들이 하나님으로부터 높고 심오한 신비로운 지식을
받았다고 주장했다(골 2:4,8,18).

이와 같은 이단들의 주장은 그리스도의 유일성을 부인하고 그리스도
사역의 충족성을 무너뜨리는 역할을 한다.[33]

---

33   E.F. Harrison, *Introduction to the New Testament* (Grand Rapids: Eerdmans,
1971), pp.324-326.

바울은 이런 이단적인 교훈에 대해 단호하게 다음과 같이 대처한다.

① 그리스도는 우주와 그 안에 존재하는 모든 세력들을 주관하는 주님이시다. 그리스도 안에 신성의 모든 충만함이 있다(골 1:15-20; 2:9-10).

② 거룩함과 하나님과의 사귐에 이르는 길은 금욕주의나 자기중심적인 노력을 통해서가 아니라 그리스도로 옷 입고 옛사람을 벗어버리고 새사람을 입는 데 있다(골 2:20-23; 3:1-4, 10).

③ 바울은 세상 철학이 참된 지혜가 될 수 없다고 말한다(골 2:8). 참된지혜는 곧 그리스도이시다. 그리스도는 그를 영접하는 모든 사람 가운데 거하시며 사람을 차별하시지 않는다(골 1:27; 3:10-11).

바울은 이처럼 골로새 교회 내의 이단적인 교훈을 단호하게 지적하고 교정시켜 준다.

(9) 한 심령의 중요성을 아는 목회(빌레몬서)

목회자는 한 사람의 심령도 중요하게 생각한다. 바울은 골로새 교회에 편지를 보내야 할 형편에 처해 있을 때 마침 빌레몬에게서 도망쳐 나온 노예 오네시모[34]를 빌레몬에게 돌려보내는 것을 좋게 생각하였다. 오네시모는 빌레몬의 노예로 로마에서 바울을 만나 회개하고 이제는 기독교인이 되었다. 마침 빌레몬이 골로새 교회의 성도였기 때문에 골로새서를 전달할 두기고가 빌레몬서와 함께 오네시모를 데리고 갈 수 있게 되었다.

바울은 오네시모를 가리켜 "갇힌 중에서 낳은 아들"(몬 10), "내 심

---

34   오네시모(ὀνήσιμος)라는 이름은 "유용한" 혹은 "유익한"이란 뜻이다. cf. W. Arndt and F.W. Gingrich, *A Greek-English Lexicon of the New Testament* (Chicago and London: The University of Chicago Press, 1979), p.570.

복"(몬 12)이라고 말한다. 그리고 빌레몬에게 노예인 오네시모를 "사랑 받는 형제"(몬 16)로 영접하라 부탁하고 오네시모가 빚진 것이 있으면 자신이 갚아주겠다고 하는 섬세한 배려까지 아끼지 않는다(몬 17-18).[35] 빌레몬서는 오네시모 한 사람을 위해 쓴 편지인데 전체 25절밖에 되지 않는 서신이지만 오네시모의 이름이 10절에 가서야 등장한다. 바울은 빌레몬으로부터 탈출한 노예 오네시모에 대한 충격적인 이야기를 언급하기 전에 주인인 빌레몬의 마음을 부드럽게 하기 위한 준비작업을 한다. 그래서 바울은 내가 이 문제로 너에게 명령을 할 수도 있지만 사랑으로써 간구하기를 원하며 내가 지금 나이가 많지만 갇혀 있는 상태로 갇힌 중에서 낳은 아들 오네시모를 위해 너에게 간구한다고 함으로 오네시모에 대한 세심한 배려를 한다.

빌레몬서는 비록 한 장밖에 되지 않는 짧은 서신이지만 당시의 사회상의 일면을 잘 보여주는 서신이며 또 바울이 한 사람의 신자라도 지위고하를 막론하고 극진하게 보살핀다는 사실을 웅변적으로 설명해 주는 책이다.

(10) 교회 중심의 목회(에베소서)

목회자는 그리스도의 몸 된 교회의 중요성을 잠시도 잊지 않는다. 골로새서와 빌레몬서를 가지고 로마에서 소아시아의 골로새로 갈 사람은 에

35　전체가 25절밖에 되지 않는 서신에서 오네시모라는 이름을 10절에 가서야 언급한 사실도 바울의 심정을 표현해 준다. 오네시모의 이름이 언급되기 전 호의를 유도하는 말이 많이 나타난다. W. Hendriksen, *Exposition of Colossians and Philemon* (*New Testament Commentary*, Grand Rapids: Baker, 1975), p.216; "Hence, before he ever mentions the name of the person in whose interest he is writing, he first of all seeks to create in the mind of Philemon a favorable impression of him and also sympathy for the one who is writing."

베소를 들를 것이 틀림없다. 지역적으로 볼 때 로마에서 골로새로 여행할 사람은 에베소를 거쳐야 하기 때문이다. 이런 형편을 감안하여 바울은 자신이 3년 동안 일사각오로 정성을 다해 목회했던 에베소 교회에 편지를 쓰게 된다(행 20:17-35).

바울은 에베소서에서 교회 설립에 있어서 하나님의 주권적인 목적을 서신의 전반부(1-3장)에서 설명하고 후반부(4-6장)에서 교회에 속한 성도들의 생활이 어떠해야 할 것인지를 설명한다.[36] 에베소서는 문제 있는 교회의 문제해결을 위해 쓴 서신이 아니며 또 초신자가 어떻게 신앙생활 해야 할 것인지를 설명하는 서신도 아니다. 오히려 에베소서는 교회설립에 있어서 하나님의 깊은 뜻이 무엇인지를 설명한다. 바울은 교회가 얼마나 귀한 믿음의 공동체인지를 "우리는 그가 만드신 바라"(엡 2:10)[37]라는 한 마디로 잘 표현한다. 바울은 교회의 기초, 교회의 목적, 교회의 중요성을 밀도 있게 설명하며, 교회의 연합, 교회의 유기적 관계, 세상에서 교회의 위치와 책임을 설명한다. 그리고 바울은 교회 생활의 역동적 힘은 성령이심을 분명히 한다. 이처럼 바울 사도는 그리스도의 몸 된 교회의 중요성을 깨우쳐 주고 있다.

(11) 복음 중심적, 그리스도 중심적, 교회 중심적 목회(빌립보서)

목회자는 사심을 갖지 않고 복음 중심적, 그리스도 중심적, 교회 중심

---

36   Merrill C. Tenney (*New Testament Survey*, p.319)는 에베소서의 제목을 "교회의 서신"으로 잡고 그 내용 분류를 Ⅰ.서론, Ⅱ.교회의 구성, Ⅲ.교회의 기도, Ⅳ.교회의 창립 및 목적, Ⅴ.교회의 통일성, Ⅵ.교회의 소명, Ⅶ.교회의 사역, Ⅷ.교회의 투쟁, Ⅸ.결어로 구분한다.

37   "We are God's workmanship." (αὐτοῦ γάρ ἐσμεν ποίημα).

적으로 생각하고 행동한다. 바울이 로마의 감옥에 1차로 투옥되었을 때 쓴 옥중서신은 골로새서, 빌레몬서, 에베소서, 빌립보서이다. 그 중 골로새서, 빌레몬서, 에베소서는 거의 같은 시기에 기록했다. 그러나 같은 옥중서신이지만 빌립보서의 경우는 약간 다르다.

바울은 에바브로디도 편에 빌립보 교회의 소식과 함께 빌립보 교회가 헌금한 바울의 쓸 것을 전해 받는다(빌 4:15-18). 바울은 그들의 사랑에 대해 감사의 말과 함께 빌립보 교회의 관심을 목회적 심정으로 설명한다. 빌립보 교회의 관심은 사도가 갇혔으므로 복음도 갇히게 되었다고 생각한 것이다. 이에 대해 바울은 자신이 로마의 옥중에 있으므로 복음이 갇힌 것이 아니요 "도리어 복음 전파에 진전이"(빌 1:12) 되었다고 말한다. 바울은 자신이 옥중에 갇히지 않았으면 복음을 전해 듣지 못했을 사람들까지도 자신이 옥중에 갇힘으로 그리스도의 복음을 들을 수 있었다고 말하고 이를 기뻐한다는 자신의 심경을 토로한다. 자신은 인격적으로 손해를 보고 어려움을 당할지라도 그리스도만 전파되면 기뻐한다고 말한다(빌 1:13-18). 바울은 자신의 죽고 사는 문제도 복음 중심적으로 생각한다. 그는 죽는 것이 자신에게는 더 유익하지만 복음을 위해 살기를 원한다고 말한다(빌 1:21-26). 그리고 바울은 자신의 학문적, 가정적, 사회적 자랑거리도 그리스도의 "부활의 권능과 그 고난에 참여함"(빌 3:10)과 비교할 때는 배설물과 같은 것들이라고 말한다. 바울의 이와 같은 태도는 자기중심적으로 생각하지 않고 그리스도 중심적으로 자신의 생을 생각하는 본이 되는 것이다.

(12) 후배 양성과 교회 조직 강화의 목회(디모데전서, 디도서)

목회자는 교회의 지속적인 역할을 생각하여 후배를 양성하며 교회의 조직을 강화한다. 디모데전서, 디모데후서, 디도서를 목회서신이라 부른다.[38] 디모데전서와 디도서는 바울이 1차 투옥에서 풀려난 후 마게도냐와 소아시아의 전도여행을 하던 중[39] 마게도냐의 빌립보에서 기록했다. 바울은 에베소에서 교회를 보살피는 디모데에게 디모데전서를 기록하고, 그레데의 교회를 보살피는 디도에게 디도서를 기록했다.

목회서신은 바울이 젊은 목회자 디모데와 디도에게[40] 교회의 조직을 바로 해야 하며 또 교회는 건전한 교리에 따라 운영되어야 한다고 가르친다. 바울은 목사(감독)의 자격을 자상하게 제시하고(딤전 3:1-7; 딛 1:5-9) 교회가 "살아 계신 하나님의 교회요 진리의 기둥과 터"(딤전 3:15)임을 명

---

38 1703년 D.N. Berdot에 의해 처음으로 사용되었고 1726년에 Paul Anton이 딤전, 딤후, 디도서를 "목회서신"이라 명칭하여 한 권의 책을 쓴 이후 목회서신이라는 명칭이 널리 사용되게 되었다. cf. E.F. Harrison, *Introduction to the New Testament*, p.347.

39 바울이 로마감옥에서 풀려난 후 어떤 경로로 전도여행 했는지는 확실치 않으나 목회서신의 내용과 전통에 의거 그 행로를 추적할 수 있다. See, Hendriksen, *Survey of the Bible*, pp.405-406; 박형용, 『사도행전 주해』 pp.276-277.

40 디모데와 디도는 오늘날 목사와 같은 위치는 아니었다. 바울이 디도를 그레데에 남겨두고(딛 1:5), 디모데로 하여금 에베소 교회를 목양토록 한 것은(딤전 1:3) 잠정적인 것이었지 영구적인 것은 아니었다. 디모데와 디도는 오늘날 목사들처럼 한 교회만 책임을 진 그런 직책의 소유자들은 아니었다. Cf. Hendriksen, *Survey of the Bible*, p.407; "We purposely surround the term 'minister' with quotation marks, for Timothy's office was not exactly identical with that of the present day local pastor, whose main duties are limited to just one congregation to which he is bound until he accepts a call to go elsewhere. Timothy occupies a special office: he is Paul's special emissary, representing the apostle now in this, then in that congregation."

심해야 한다고 가르친다. 목회서신은 완숙 단계에 있는 순교 직전의 바울 사도가 젊은 후배들에게 그리스도의 교회를 목회하는 데 필요한 공적인 내용과 사적인 권고들을 담고 있다. 바울은 자신의 순교 이후에도 그리스도의 교회가 바른 조직과 건전한 교리에 의해 운영되어야 할 것을 내다보고 후배들이 바른 목회를 할 수 있도록 권면하고 있는 것이다.[41]

(13) 순교하기까지 교회를 사랑하는 목회(디모데후서)

디모데후서는 바울 사도가 로마의 감옥에서 풀려난 후 아시아 지역 특히 드로아에서 다시 붙잡힌 후(딤후 4:13 참조) 로마 감옥에 재차 투옥되어 순교하기 직전 믿음의 아들 디모데에게 마지막으로 쓴 서신이다. 디모데후서는 바울 사도가 자신의 삶 전부를 정리하여 디모데에게 교훈하는 유언과 같은 말씀이다.

첫째, 바울은 목회의 사역에서 믿음의 전통의 중요함을 강조한다. 바울은 "조상 적부터 섬겨 오는 하나님께 감사한다는 표현과"(딤후 1:3) 그의 속에 있는 거짓이 없는 믿음은 그의 외조모 로이스와 어머니 유니게로부터 이어받은 것이라는 표현(딤후 1:5)을 통해 믿음의 전통이 중요함을 강조한다. 또한 바울은 이 중요한 전통을 이어 가도록 부탁하면서 "내게 들은 바를 충성된 사람들에게 부탁하라 그들이 또 다른 사람들을 가르칠 수 있으리라"(딤후 2:2, 개역개정)고 권면한다. 주님으로부터 전해 받은 사도

---

41   George W. Knight, III, *The Faithful Sayings in the Pastoral Letters* (*Biblical and Theological Studies*, Nutley: Presbyterian and Reformed Publishing Company, n.d.), p.149.

의 가르침(고전 15:1-4)을 신앙과 생활의 전통으로 전수하는 일은 중요하다.[42]

둘째, 바울은 구원의 핵심이 예수 그리스도의 죽음과 부활을 믿는 것임을 강조하는 것이 목회의 중요한 사역이라는 것을 확실히 한다. 바울은 디모데에게 "내가 전한 복음대로 다윗의 씨로 죽은 자 가운데서 다시 살아나신 예수 그리스도를 기억하라"(딤후 2:8, 개역개정)고 말한다. 바울은 성도들의 구원은 성도들 자신의 공로로 이루어진 것이 아니요 그리스도와 연합되어 그리스도가 성취한 온전한 구속 때문인 것을 강조한다. 그래서 바울은 "미쁘다 이 말이여 우리가 주와 함께 죽었으면 또한 함께 살 것이요 참으면 또한 함께 왕 노릇할 것이요"(딤후 2:11-12, 개역개정)라고 함으로 성도들의 그리스도와의 연합을 분명히 한다. 성도들은 그리스도의 죽음과 연합되었고(롬 6:3), 그리스도의 부활과 연합되었으며(롬 6:5), 그리스도의 생명과 연합되었다(롬 6:8-11). 바울은 구원에 관한 이 핵심적인 진리를 순교하기 전 디모데에게 전한다.

셋째, 바울은 목회의 사역이 하나님의 말씀인 성경의 기초 위에 세워져야함을 강조한다. 바울은 "모든 성경은 하나님의 감동으로 된 것으로 교훈과 책망과 바르게 함과 의로 교육하기에 유익하니 이는 하나님의 사람으로 온전하게 하며 모든 선한 일을 행할 능력을 갖추게 하려 함이라"(딤

---

42   James D. G. Dunn (*Unity and Diversity in the New Testament,* Philadelphia: The Westminster Press, 1977, pp.66-69)에 따르면, 초대교회의 전통을 선포적 전통(Kerygmatic Tradition)과 교회 전통(Church Tradition)과 도덕적 전통(Ethical Tradition)으로 나눈다. 선포적 전통은 바울 사도가 부활하신 예수님의 계시를 해석하여 선포한 메시지이며(갈 1:11-12), 교회 전통은 예수님께서 교회로 하여금 지키도록 명령한 것을 그대로 실천하는 것이며(고전 11:23-25, 예: 성만찬), 도덕적 전통은 예수님께서 그를 따르는 자들에게 지키도록 명하신 행위와 도덕에 대한 책임들을 그대로 실천하는 것이다 (고전 7:10; 9:14; 11:2; 빌 4:9; 골 2:6; 살전 4:1; 살후 2:15; 3:6).

후 3:16-17, 개역개정)고 말한다. 성경은 하나님의 영감으로 정확무오하게 기록되었을 뿐만 아니라, 사람으로 예수 그리스도 안에 있는 구원에 이르는 지혜를 얻게 하고(딤후 3:15), 그리고 하나님의 사람을 온전하게 하는 역할을 한다(딤후 3:17).[43] 바울이 순교 직전 성경에 대한 이런 중요한 말씀을 디모데에게 남긴 것은 그만큼 성경이 목회의 모든 영역에 중요하기 때문이다.

넷째, 바울은 디모데에게 자신을 목회자의 본으로 제시한다. 바울은 "나는 선한 싸움을 싸우고 나의 달려갈 길을 마치고 믿음을 지켰으니 이제 후로는 나를 위하여 의의 면류관이 예비되었으므로 주 곧 의로우신 재판장이 그 날에 내게 주실 것이며 내게만 아니라 주의 나타나심을 사모하는 모든 자에게도니라"(딤후 4:7-8, 개역개정)고 하며 자신을 목회자의 모델로 설명한다. 바울의 이런 말은 교만에서 나온 것이 아니다. 그는 이미 "죄인 중에 내가 괴수니라"(딤전 1:15)라고 자신을 평가한바 있다. 하지만 바울은 순교 직전에 디모데에게 이 세상에서의 삶이 전부가 아니요, 죽음 이후의 삶이 있기 때문에 현재를 성실하게 살아야 한다고 권면하고 있다(딤후 4:1-2; 5-6). 바울은 성도들이 현 세상을 종말론적인 의식으로 살 것을 권면한다. 후배 목회자가 목회를 잘 하기 위해서는 좋은 선배 목회자가 걸어간 길이 있어야 한다.

이상으로 전반부에서는 목회자 바울을 다루었고 후반부에서는 바울의 목회 원리를 다루었다. 처음에는 바울의 목회자상을 간단하게나마 그리

---

43   Hendriksen, *I-II Timothy and Titus*, p.302.; "The human authors were powerfully guided and directed by the Holy Spirit. As a result, what they wrote is not only without error but of supreme value for man. It is all that God wanted it to be. It constitutes the infallible rule of faith and practice for mankind."

려고 노력했으며 나중에는 바울이 서신들을 기록할 때 목회적 관심을 가지고 기록한 관계로 각 서신의 기록 배경에 근거해 서신 내용을 고찰함으로 각 서신 속에서 바울의 목회 원리를 찾으려고 노력했다. 바울은 그리스도의 몸 된 교회를 진정으로 사랑한 참 목회자였고 그는 평생토록 교회를 위해 쓰임 받은 하나님의 "택한 그릇"(행 9:15)이었다.

제14장

세상을 향한 성도의 삶
: 사랑과 전도와 봉사

세상을 향한 성도의 삶
: 사랑과 전도와 봉사

　　바울은 세상을 향한 성도들의 삶이 사랑과 봉사로 채워져야 한다고 생각한다. 바울은 원래 인간이 사랑을 베풀 수 있는 존재들이 아님을 알았다. 그래서 바울은 예수 믿기 이전의 불신자의 상태를 가리켜 "허물과 죄로 죽었던 너희"(엡 2:1)라고 정의한다. 죽은 자는 움직일 수 없다. 죽은 자는 아무 것도 할 수가 없다. 죽은 자는 사랑과 봉사를 할 수가 없다. 시체는 말이 없고 움직이지도 않는다. 성도가 예수 믿기 이전에는 하나님께 대해서 적어도 시체와 같은 사람들이었다. 그런데 본질상 진노의 자녀들을 긍휼에 풍성하신 하나님이 그의 사랑으로 그리스도와 함께 살리셨고, 그리스도와 함께 일으키셨고, 그리고 그리스도와 함께 하늘에 앉히셨다(엡 2:3-6).[1]

　1　엡 2:1에 주어와 동사가 없고 엡 2:2과 2:3은 관계대명사가 이끄는 문장으로 연속된다. 그리고 엡 2:4에 가서야 하나님(ὁ θεός)이 주어로 나타난다. 바울은 의도적으로 그리스도 없는 인간의 상태를 설명하다가 4절에 가서야 하나님을 주어로 사용하고 다음 5절에서 하나님을 주어로 받는 동사 "함께 살리셨다"(συνεζωοποίησεν)를 사용한다. 그리고 엡

이제 성도들은 그리스도와 함께 살아났고 새 생명을 소유했기 때문에 사랑을 베풀 수 있는 삶을 계속할 수 있다. 성도들은 하나님의 큰 사랑을 먼저 받았기 때문에 다른 사람에게 사랑을 베풀 수 있다. 바울 사도는 "우리가 아직 죄인 되었을 때에 그리스도께서 우리를 위하여 죽으심으로 하나님께서 우리에 대한 자기의 사랑을 확증하셨느니라"(롬 5:8, 개역개정)고 하여 이 사실을 확실히 한다. 세상의 어떤 것도 우리를 향한 하나님의 사랑에서 우리를 끊을 수 없다(롬 8:35-39). 이처럼 성도들은 하나님의 사랑으로 새 생명을 부여받았으니 세상을 향해 하나님의 사랑을 전달할 책임이 있다. 여기서 바울 사도가 사랑의 특성을 집중적으로 설명하고 있는 고린도전서 13장을 구체적으로 다루고자 한다.

I. 사랑의 사역

1. 사랑의 우월성(고전 13:1-3)

고린도전서 13장은 사랑을 예찬하는 사랑장이다. 고린도전서 13장은 고린도전서 12장, 고린도전서 14장과 연관이 있다. 바울은 고린도전서

2:6에서 "함께 살리셨다"를 더 발전적으로 설명하는 "함께 일으키다"(συνήγειρεν)와 "함께 앉히다"(συνεκάθισεν)를 사용한다. cf. 박형용, 『에베소서 주해』(수원: 합동신학대학원출판부, 1998), p.98.

12:31에서 "더욱 큰 은사를 사모하라"(ζηλοῦτε)를 현재 명령형[2]으로 사용하고 고린도전서 13장 사랑장을 설명한 후 다시 고린도전서 14:1에서 "사랑을 추구하라 신령한 것들을 사모하라"(διώκετε τὴν ἀγάπην, ζηλοῦτε δὲ τὰ πνευματικά)를 사용하여 현재 명령형을 두 번 씀으로 자신의 이전 논리로 다시 복귀했음을 나타낸다. 이 사실은 바울이 고린도전서 13장을 사용하여 고린도전서 12장과 고린도전서 14장을 연결시키기 원함을 알려준다. 바울은 고린도전서 12-14장에서 교회의 은사에 대해서 언급하는 가운데 고린도전서 13장에서 사랑을 찬미함으로 고린도 교인들에게 은사에 대한 바른 태도를 가르치기 원한 것이다. 바울은 성령의 은사들이 교회를 세우는 데 필요하다고 생각했다. 그래서 "너희는 더욱 큰 은사를 사모하라"(고전 12:31)라고 명령한 것이다. 그러나 바울은 고린도 교회의 은사에 대한 잘못된 태도를 의식하고 고린도 교회 성도들이 사랑 안에서 은사들을 활용하도록 은사에 대해 설명하고 있다. 바울의 관심은 고린도 교회 성도들

---

2 고전 12:31의 ζηλοῦτε를 현재, 직설법으로도 해석할 수 있다. 본문의 ζηλοῦτε를 직설법으로 해석할 경우 본문은 "너희는 더욱 큰 은사를 사모한다"라고 번역할 수 있으며, 그 의미는 바울 사도가 교회 내의 은사들을 열거한 다음(고전 12:27-30) 고전 12:31에서 큰 은사만 추구하기 좋아하는 고린도 교인들을 냉소적으로 책망하고 있음을 뜻한다. 이런 견해를 지지하는 학자들은 G. Iber, "Zum Verständnis von I Kor. 12.31," *Zeitschrift für die neutestamentliche* 54(1963), pp.43-52; James D.G. Dunn, *Jesus and the Spirit* (London: SCM Press, 1975), chapter IX, note 37(p.430) 등이다. 그러나 본문의 ζηλοῦτε를 현재, 명령형으로 해석하는 것이 더 타당하다고 생각된다. 그 이유는 첫째, 본문에서 냉소적인 요소를 찾기 힘들기 때문이다. 둘째, 바울은 고전 12:28의 주장을 분명히 하기 위해 고전 12:29,30에서 고전 12:28의 내용을 질문형으로 반복한다. 그리고 바울은 고전 12:30까지 질문형을 사용하고 고전 12:31 상반절에서 지금까지의 논리를 마무리하고 고전 12:31 하반절을 고전 13장 사랑장과 연결시킨다. 따라서 "너희는 더욱 큰 은사를 사모하라"는 교회 내에 은사가 필요하다고 인정하는 바울의 입장을 제시하는 것이다. 그러므로 제일 좋은 길은 고전 13장에서 제시한 사랑의 길이 확실하다. 셋째, 바울은 본 문맥에서 사랑과 은사를 대칭시키지 않고, 사랑이 은사를 은사되게 하는 바탕이 됨을 강조하고 있기 때문에 고린도 교인들의 은사에 대한 태도를 냉소적으로 책망하기보다는 사랑의 중요함을 긍정적으로 강조하고 있다고 생각되기 때문이다.

이 은사를 사모하되 교회를 세우는 정신으로 사랑과 함께 은사를 활용해야 한다고 강조한다. 바울은 사랑을 바탕으로 하지 않는 은사는 아무 유익이 없으며, 기독교인의 삶과 교회 공동체의 삶에 별로 기여할 것이 없다고 말한다. 바울은 교회에 필요한 은사들을 언급하는 가운데(고전 12-14장) 특히 고린도전서 13장에서 사랑을 언급함으로 하나님께서 교회에 주신 은사들은 교회를 든든히 하고 또 교회를 세우기 위해(οἰκοδομή) 주신 것이라고 암시한다. 따라서 바울은 고린도전서 13장에서 "사랑과 은사들"을 대칭시키기 원한 것이 아니요, "은사들을 위한 유일한 바탕(context)으로서의 사랑"을 소개하기 원한 것이다.[3] 피(Gordon D. Fee)는 현재의 논의에서 타당한 것은 그 구조와 위치이다. 바울은 세 개의 구절에서 고린도 교인들의 방언에 대한 열망을 넓은 도덕적 맥락 속에 제한시켜 결국 통역되지 않은 방언은 회중이 모이는 곳에서는 할 수 없도록 한 것이다. 본 맥락은 자기 자신의 유익대신 다른 사람들을 사랑하는 것에 대하여 말하고 있다. 14장에서 그런 사랑이 교회를 세워나가는 것으로 구체화될 것이다."[4]라고 말한다. 그러므로 사랑은 교회를 세우는 데 반드시 있어야 할 덕목이다.

(1) 사랑의 자리

바울은 사랑 장을 시작하기 바로 직전 고린도전서 12:31에서 "너희는 더욱 큰 은사를 사모하라 내가 또한 가장 좋은 길을 너희에게 보이리라"[5]

---

3   Gordon D. Fee, *The First Epistle to the Corinthians* (NICNT, Grand Rapids: Eerdmans, 1987, reprinted 1991), p.625.

4   Fee, *The First Epistle to the Corinthians*, p.627.

5   밴 위닉(Van Unnik)은 본문의 말씀을 "너희는 더욱 큰 은사를 사모하되 더욱 열

고 말한다. 이 말씀은 사랑이 "가장 좋은 길"임을 밝히고 있다. 그런데 바울 서신이나 다른 성경 어느 곳에서도 사랑이 성령의 은사 중 하나라고 말한 곳은 없다. 성령의 은사를 집중적으로 언급하고 있는 로마서 12:6-8, 고린도전서 12:8-10, 고린도전서 12:28-30, 에베소서 4:11에서도 사랑이 성령의 은사로 나타나지 않는다.

그런데 성경은 사랑이 성령의 열매 중 하나라고 진술한다. 성령의 열매는 "사랑과 희락과 화평과 오래 참음과 자비와 양선과 충성과 온유와 절제"(갈 5:22-23)이다. 여기서 우리는 사랑에 대한 바울의 생각을 정리해 볼 수 있다. 바울은 사랑을 성령의 은사로는 생각지 않고, 성령의 열매로 생각했다. 하지만 바울은 사랑에 특별한 위치를 부여했다. 그래서 바울은 성령의 열매들 중 사랑을 가장 먼저 언급했고 "가장 좋은 길"이라는 표현으로 사랑을 묘사한 것이다. 사랑은 특별한 위치를 차지한다. 사랑은 교회에 다양성을 제공하는 성령의 은사와 교회에 통일성을 제공하는 성령의 열매 사이에 가교역할을 하고 있는 특별한 덕목이라고 할 수 있다. 사랑은 교회 안에서 항상 덕을 세운다(고전 8:1).

우리는 성령의 열매가 나열된 성구의 문맥을 살펴 볼 필요가 있다. 갈

열하게 사모하라. 내가 한 길을 보이리라" (ζηλοῦτε δὲ τὰ χαρίσματα τὰ μείζονα καὶ ἔτι καθ᾽ ὑπερβολὴν ὁδὸν ὑμῖν δείκνυμι)로 번역한다. 밴 위닉이 이렇게 번역한 이유는 καθ᾽ ὑπερβολὴν을 부사구로 생각하여 그 부사구가 ὁδὸν(개역한글판과 같이)을 수식하는 것으로 번역하지 않고 ζηλοῦτε를 수식하는 것으로 생각하기 때문이다. 밴 위닉은 καθ᾽ ὑπερβολὴν이 부사구로 사용된 롬 7:13 (ἵνα γένηται καθ᾽ ὑπερβολὴν ἁμαρτωλὸς ἡ ἁμαρτία διὰ τῆς ἐντολῆς "이는 계명으로 말미암아 죄로 심히 죄 되게 하려 함이라"), 고후 1:8 (καθ᾽ ὑπερβολὴν ὑπὲρ δύναμιν ἐβαρήθημεν - "힘에 겹도록 심한 고난을 당하여"), 고후 4:17 (καθ᾽ ὑπερβολὴν εἰς ὑπερβολὴν αἰώνιον βάρος δόξης - "지극히 크고 영원한 영광의 중한 것"), 갈 1:13 (καθ᾽ ὑπερβολὴν ἐδίωκον τὴν ἐκκλησίαν τοῦ θεοῦ - "하나님의 교회를 심히 박해하여") 등을 예로 들어 고전 12:31의 καθ᾽ ὑπερβολήν도 부사구로 받아야 한다고 주장한다. cf. Willem C. Van Unnik, "The Meaning of I Corinthians 12:31," *Novum Testamentum* XXXV, 2(1993), pp.144-149.

라디아서 5:22-23의 주변을 살펴보면 성령과 연관된 세 가지 표현을 찾을 수 있다. "너희는 성령을 따라 행하라"(갈 5:16), "너희가 성령의 인도하시는 바가 되면"(갈 5:18), 그리고 "우리가 성령으로 살면"(갈 5:25)이 그것이다. 이 표현들은 성령의 열매를 열거하고 있는 갈라디아서 5:22-23을 둘러싸고 있다. 이 세 표현 중 첫 번째 것인 "성령을 따라 행하라"는 성도들의 행동을 강조한 것이며,[6] 두 번째 것인 "성령의 인도하시는 바가 되면"은 성도들의 의지를 성령의 인도에 따라 맡기는 것을 강조하며,[7] 그리고 세 번째 것인 "성령으로 살면"은 성도들이 성령과 생동력 있는 영적 교제를 갖는 것과 신비한 연합을 누리는 것을 강조한다. 성령은 성도들 속에 내주하셔서 성도들이 그리스도의 성품을 닮을 수 있도록 동기를 부여하시며, 능력을 제공하시고, 방향을 제시하신다.

성령의 열매인 사랑은 성도 안에서 역사하여 성도들이 성령으로부터 받은 은사들을 교회를 위해 사용할 수 있게 하여 교회가 하나의 목적을 위해, 하나의 방향으로 전진할 수 있도록 만드는 것이다. 이렇게 볼 때 사랑은 성령의 열매 중 하나이지만 모든 열매를 열매되게 하고 성령의 은사를 은사되게 하는 역할을 한다.

---

6 본문에서 περιπατεῖτε를 현재 명령형으로 사용한 것은 갈라디아 성도들이 성령의 임재를 경험하면서 계속적으로 성령 안에서 새로운 삶을 살아야 할 것을 뜻한다. 그리고 성령(πνεύματι)을 여격으로 사용한 것은 성령이 도구로서 성도들의 삶의 질을 주장하여야 함을 증거 한다.

7 ἄγεσθε는 현재, 명령형으로 16절의 περιπατεῖτε와 실제적으로 동의어이지만 이 용어를 본문에서 쓰므로 강조된 부분은 성도가 인도하시는 성령에 자발적으로 그의 의지를 복종시킨다는 뜻이 있다. 성령의 인도하심은 성령이 성도들에게 단순히 바른 길을 제시해 주는 것으로 그치지 않고, 성도들의 마음에 계속적인 영향과, 효과적이고 유익한 영향을 행사하여 성도들의 삶 속에서 죄의 세력을 분쇄하고 하나님의 명령을 즐겁게 따르도록 하는 것이다. William Hendriksen, *Exposition of Galatians* (*NTC*, Grand Rapids: Baker, 1974), p.217.

(2) 최고의 선

1) 성경의 증언

바울은 믿음을 강조한 사도이다. 바울은 우리가 믿음으로만 구원을 얻을 수 있다고 말한다(롬 10:9-10). 성도들은 믿음으로 의롭게 되며(롬 9:30; 엡 2:8) 믿음으로 살게 된다(갈 3:11). 바울은 우리의 행위나 공로로 구원 얻는 것이 아니요 오로지 믿음으로만 구원을 얻는다고 누차 강조한 사도이다. 그런데 바울은 고린도전서 13장에서 믿음에 대해 방금 이야기한 후 "믿음, 소망, 사랑, 이 세 가지는 항상 있을 것인데 그 중의 제일은 사랑이라"(고전 13:13, 개역개정)고 하여 사랑이 "최고의 선"임을 명백히 한다.[8]

사랑이 최고의 선이라고 말하는 사람은 바울 사도만이 아니다. 베드로도 "무엇보다도 뜨겁게 서로 사랑할지니 사랑은 허다한 죄를 덮느니라"(벧전 4:8, 개역개정)라고 말한다. 예수님의 품에 기대어 예수님의 사랑을 제일 많이 체험한 사도 요한도 "사랑하는 자들아 우리가 서로 사랑하자 사랑은 하나님께 속한 것이니 사랑하는 자마다 하나님으로부터 나서 하나님을 알고 사랑하지 아니하는 자는 하나님을 알지 못하나니 이는 하나님은 사랑이심이라"(요일 4:7-8, 개역개정)라고 하여 사랑이 최고의 선임을 분명히 한다.

2) 율법의 완성

사랑이 최고의 선일 수밖에 없는 것은 "사랑은 율법의 완성"(롬 13:10)

---

8 칼빈은 여러 가지 면에서 믿음이 사랑보다 우월하지만 본 절에서는 사랑의 영원성 때문에 사랑이 믿음보다 우월한 것으로 설명되었다고 해석한다. See, John Calvin, *The First Epistle of Paul to the Corinthians*, trans. John W. Fraser (Grand Rapids: Eerdmans, 1973), p.283.

이기 때문이다. 어느 율법을 택해서 고찰해 보더라도 사랑이 있을 때 그 율법이 진정으로 성취됨을 볼 수 있다. 십계명의 제1계명인 "너는 나 외에는 다른 신들을 네게 두지 말라"(출 20:3)의 경우도 사랑이 있으면 성취된다. 어떤 사람이 하나님을 사랑하면 그 사람은 하나님 이외의 다른 신을 생각조차 할 수 없다. 하나님을 사랑하는 이 사람에게 다른 신에 대해 이야기하는 것은 오히려 실례가 되고 만다. 제3계명인 "너는 네 하나님 여호와의 이름을 망령되게 부르지 말라"(출 20:7)의 경우도 사랑이 있으면 성취되는 것이다. 사람이 하나님을 사랑하면 어떻게 사랑하는 대상인 하나님의 이름을 망령되게 일컬을 수 있겠는가? "안식일을 기억하여 거룩하게 지키라"(출 20:8)는 제4계명도 하나님을 사랑하는 사람에게는 문제가 되지 않는다. 왜냐하면 사람이 사랑하는 대상에게 일주일에 하루 바치는 것을 기뻐하지 않을 리 없기 때문이다.

둘째 돌비에 적혀있는 십계명의 나머지 계명들도 마찬가지이다. "네 부모를 공경하라"(제5계명), "살인하지 말라"(제6계명), "간음하지 말라"(제7계명), "도둑질하지 말라"(제8계명), "네 이웃에 대하여 거짓 증거 하지 말라"(제9계명), "네 이웃의 집을 탐내지 말라"(제10계명)는 모든 계명도 사랑하는 사람에게는 상식에 벗어난 요구가 되고 만다. 부모를 사랑하는 사람이 부모를 공경하지 않을 수 있겠는가? 상대방을 사랑하는 사람이 그를 죽일 수 있겠는가? 상대방을 사랑하는 사람이 어떻게 간음을 행하여 상대방에게 영원한 상처를 남길 수 있으며, 아내를 사랑하는 사람이 어떻게 다른 여자와 성적인 관계를 맺을 수 있으며, 남편을 사랑하는 사람이 어떻게 다른 남자와 성적인 관계를 가질 수 있겠는가? 이웃을 사랑하는 사람이 어떻게 이웃의 물건을 훔치며, 이웃집의 물건을 탐낼 수 있겠는가? 더구나 이웃을 사랑하는 사람은 이웃에 대해 거짓 증거를 할 수 없지 않겠는가? 이

처럼 사랑은 율법의 완성인 것이다.[9]

사랑은 모든 율법을 성취하는 법칙이요 모든 옛 계명을 지키는 새로운 계명이요, 그리스도인의 생활을 위해 그리스도께서 모범을 보이신 생활의 원동력인 것이다.

3) 하나님의 속성

사랑이 최고의 선인 이유는 사랑이 하나님의 중요한 성품 중의 하나이기 때문이다. 하나님의 속성에 믿음과 소망은 없다. 그러나 하나님의 속성에서 사랑은 중요한 위치를 차지한다. 우리의 구원 문제와 관련하여 우리는 하나님의 두 속성을 언급한다. 하나는 하나님이 의로우시다는 것이다. 하나님은 의로우시기 때문에 우리의 죄를 용납하실 수가 없다. 죄는 마땅히 심판 받아야 한다. 그런데 "죄의 삯은 사망"(롬 6:23)이기 때문에 죄지은 우리는 마땅히 죽어야 한다. 하지만 하나님은 우리를 사랑하신다. 하나님의 사랑은 우리를 용서하기 원하시고, 하나님의 의는 우리의 죄를 심판하시기 원하신다. 이런 상황에서 하나님은 자신의 두 성품을 모두 만족시킬 방법을 마련하셨다. 그것은 죄 없으신 하나님의 아들 예수 그리스도를 이 땅에 보내시기로 한 것이다. 의로우신 하나님이 죄인인 우리를 그대로 묵인하면서 사랑하실 수 없었기 때문에 하나님은 우리를 대신하여 그리스도를 십자가상에서 심판하심으로 하나님의 의도 세우시고 우리를 향한 하나님의 사랑도 실천하신 것이다.[10] 이렇게 볼 때 우리의 구원은 하나님의 사

---

9   Henry Drummond, 『세상에서 가장 귀한 것』, 박형용 역 (서울 : 새순출판사 , 1983), pp.15-17.

10   성도들에 대한 하나님의 공의와 하나님의 사랑이 그리스도의 십자가 사건에서 성취되었다는 사실은 바울 서신 어느 곳에서나 찾을 수 있다. 그런데 딤전 1:12-17은 이런 하나님의 양면적인 은혜를 체험한 바울의 경험을 선명하게 기록해 주고 있다. 하나님은

랑으로 성취된 것이다. 하나님의 의는 예수님이 이루어 주셨고 우리는 순전히 하나님의 사랑으로 구원을 얻게 된 것이다. 그래서 바울은 "우리가 아직 죄인 되었을 때에 그리스도께서 우리를 위하여 죽으심으로 하나님께서 우리에 대한 자기의 사랑을 확증하셨느니라"(롬 5:8, 개역개정)라고 감탄을 표한다. 우리는 하나님의 사랑으로 구원받았고 이 사랑은 우리가 살아 있을 때나 죽은 후에도 영원히 계속될 것이다. 그러므로 사랑이 최고의 선인 것이다.

(3) 사랑의 우월성

바울은 사랑을 다른 덕목들과 비교함으로 고린도전서 13장을 시작한다.

1) 사랑과 방언

바울은 먼저 사랑과 방언을 비교한다. 바울은 "내가 사람의 방언과 천사의 말을 할지라도 사랑이 없으면 소리 나는 구리와 울리는 꽹과리가 되고"(고전 13:1, 개역개정)라고 하여 사랑과 방언을 비교한다. 바울은 방언의 은사를 받은 사람이 사랑이 없으면 단순히 소리만 내는 무감각하고 비인격적인 도구에 지나지 않는다고 말한다. 바울은 고린도 교회 성도들이 행한 방언이 성령의 행위라는 것에 대해서 이의를 제기하지 않는다. 이 구절의 의도는 사랑 없는 방언과 사랑 있는 방언을 대칭하여 사랑 있는 방언

죄인인 바울을 향해 진노하시지 않고 오래 참으셨으며(15-16절), 그리스도 안에서 풍성한 사랑으로 은혜를 베풀어 주셨다(14절).

을 장려하기 위한 것이 아니라 방언과 사랑을 비교하기 위한 것이다.[11] 고린도 교회 성도들은 진정한 사랑은 실천하지 않으면서 방언을 하나의 중요한 종교 행위로 생각한 것이다. 따라서 바울은 고린도 교회 성도들이 부정한 성관계, 탐욕, 우상숭배(고전 5:9,10; 6:1-20; 8:1-10:22)도 허용하거나 지지했음을 지적하고 고린도 교회 성도들의 영적인 상태가 사랑을 버리고 자신들의 종교적 성향에 따라 행동함으로 진정한 기독교적인 도덕에서 벗어났다고 지적한다.[12] 바울이 본문에서 "천사의 말"을 사용한 것은 방언을 말하는 사람이 하늘의 언어로 의사전달을 한다는 의미가 들어 있다. 감동을 주는 말은 사람들의 영혼과 의지를 움직이게 한다. 천사의 말처럼 감동적인 말을 하는 사람은 다른 사람의 마음을 움직여 그 사람으로 하여금 고귀한 목적과 거룩한 삶을 살게 한다. 그러나 바울은 천사의 말도 사랑이 뒤따르지 않으면 그것은 공기만 움직이고 진실성이 없는 말이 된다고 지적한다. 바울이 사랑과 방언 그리고 천사의 말을 비교할 당시, 즉 바울이 고린도전서 13장을 쓰고 있을 당시 헬라의 어머니들은 자식이 태어나면 웅변가가 되기를 원할 정도로 말을 잘한다는 것은 아주 중요한 은사였다. 하지만 아무리 감동적인 말이 좋을지라도 사랑이 뒷받침되지 않는 말은 아무 쓸모없는 무책임한 말이 된다고 바울은 말한다.

2) 사랑과 예언

바울은 둘째로 사랑과 예언을 비교한다. 예언은 하나님의 감추어진 뜻을 나타내는 유일하고 탁월한 은사이다. 따라서 예언자들은 사람들에게

---

11   F.W. Grosheide, *Commentary on the First Epistle to the Corinthians* (NICNT, Grand Rapids: Eerdmans, 1968), p.304.

12   Fee, *The First Epistle to the Corinthians*, p.627.

보내진 하나님의 전령자이다. 예언은 성령의 감동으로 기록된 하나님의 뜻을 사람들이 이해할 수 있는 메시지로 전달하는 것이다. 이 메시지는 사람들을 교화시키고 격려한다. 예언자는 자기 자신을 제어하면서 예언을 한다(고전 14:29-33 참고).[13] 예언은 미래의 사건을 내다보는 특성도 있다(행 11:28; 21:11). 앞으로 일어날 사실을 미리 안다는 것이 얼마나 감탄스러운 일인가? 다른 사람이 모르는 모든 비밀을 안다는 것이 얼마나 유능한 일인가? 이렇게 예언이 중요하지만 바울은 사랑이 없는 예언은 자신이 아무것도 아닌 것을 증거 할 뿐이라고 말한다. 바울은 예언이 대단히 중요한 은사이지만 사랑이 없는 예언은 예언하는 사람을 "아무 것도 아닌"(고전 13:2)[14] 존재로 만든다고 천명한다.

3) 사랑과 지식

바울은 셋째로 사랑과 지식을 비교한다. 지식은 고린도 교회 교인들이 추구하는 은사였다(고전 1:5; 8:1). 이 구절의 지식은 성령의 은사로서 고린도전서 12:8에 언급된 지식을 가리킨다. "어떤 사람에게는 성령으로 말미암아 지혜의 말씀을, 어떤 사람에게는 같은 성령을 따라 지식의 말씀을"(고전 12:8, 개역개정) 주셨다. 지식은 거룩한 것들에 대한 이해를 뜻하고, 지혜는 거룩한 것들을 철저하게 파악하는 것을 뜻한다.[15] 바울이 고린도전서를 쓸 당시 고린도 교인들은 지식을 대단히 중요한 은사로 생각했다.

---

13 John Calvin, *The First Epistle of Paul to the Corinthians.*, p.263.

14 οὐθέν εἰμι (I am nothing.)

15 Calvin, *The First Epistle of Paul to the Corinthians*, p.262.

4) 사랑과 믿음

바울은 넷째로 사랑과 믿음을 비교한다. 바울은 "산을 옮길 만한 모든 믿음이 있을지라도 사랑이 없으면 내가 아무 것도 아니요"(고전 13:2)라고 하며 사랑과 믿음을 비교한다. 이 구절에 사용된 믿음은 특별한 종류의 믿음을 가리킨다. 고린도전서 12:9에 언급된 성령의 은사 중 하나로 언급된 믿음과 동일한 믿음이다. 이 믿음은 성도가 그리스도의 죽음과 부활을 믿어 구원을 얻는 그런 믿음을 가리키지 않는다(롬 10:9, 10).[16] 하지만 이적을 행하는 믿음도 구원으로 인도하는 믿음과 무관하지 않다. 하나님과 사람이 전혀 무관한 상태로 있을 때 하나님으로부터 오는 능력을 행하는 믿음을 어떻게 소유할 수 있겠는가? 따라서 좀 더 심오한 차원에서 사랑과 믿음을 비교해 볼 수 있다. 믿음은 사람을 하나님과 연결시킨다. 우리는 예수 그리스도를 믿는 믿음으로 하나님께 나아간다. 그런 의미에서 믿음은 수단이 된다. 그러나 우리가 믿음으로 하나님께 나아가는 이유는 우리가 하나님과 사랑의 관계를 가지기 위해서이다. 하나님과의 사랑은 우리가 추구해야 할 궁극적 목적이다. 그렇다면 목적이 수단보다 위대한 것처럼, 사랑이 믿음보다 위대하다고 말할 수 있다.

5) 사랑과 구제

바울은 다섯째로 사랑과 구제를 비교한다. 바울은 "내가 내게 있는 모든 것으로 구제하고 또 내 몸을 불사르게 내줄지라도 사랑이 없으면 내게 아무 유익이 없느니라"(고전 13:3, 개역개정)라고 말한다. 우리가 구제할 때는 우리가 가진 것의 일부를 가지고 구제한다. 구제는 사랑의 일부분

---

16   Calvin, *The First Epistle of Paul to the Corinthians*, pp.262, 275; Lenski, *I and II Corinthians,* pp.550-551.

에 지나지 않는다. 구제는 수많은 종류의 사랑의 표현 중 한 가지에 지나지 않는다. 그리고 사랑 없이 행해지는 구제도 얼마든지 있다. 예를 들면, 거리에 앉아 있는 거지에게 동전 한 푼 던져 주는 것은 그 거지를 사랑해서 구제하는 것이 아니요, 자기 자신의 체면을 유지하기 위해 구제하는 경우도 많다. 이런 구제는 사랑 없이 행해지는 것이다. 이처럼 구제는 기껏해야 사랑의 일부에 지나지 않는다. 하지만 사랑은 전체를 내어 주는 것이다. 예수님이 우리를 사랑하셔서 자신을 전체로 내어 놓으셨다. 예수님은 우리를 사랑하시기 때문에 죽음까지도 감수하셨다. 사랑은 전체를 주는 것이다. 이런 의미로 볼 때 구제는 일부요, 사랑은 전체이다. 그러므로 사랑이 구제보다 위대할 수밖에 없다.

바울 사도가 고린도전서 13:1-3에서 사랑과 방언, 사랑과 예언, 사랑과 지식, 사랑과 믿음, 사랑과 구제를 비교하면서 강조하고자 하는 것은 사랑이 없을 때 "사람의 방언과 천사의 말" 자체가 "소리 나는 구리와 울리는 꽹과리"가 된다는 뜻이 아니요, "내가" 소리 나는 구리가 되고 "내가" 울리는 꽹과리가 된다는 것이다. 바울은 사랑 없이 말하는 방언은 "내 자신"을 가치 없는 존재로 축소시키는 역할을 한다고 강조한다.[17]

바울 사도는 "내가 사람의 방언과 천사의 말을 할지라도 사랑이 없으면 '내가' 소리 나는 구리와 울리는 꽹과리가 되고, 내가 예언하는 능이 있어 모든 비밀과 모든 지식을 알고 또 산을 옮길 만한 모든 믿음이 있을지

---

[17]   Fee, *The First Epistle to the Corinthians*, p.629.: "He begins with tongues because that is where the problem lay; and for that reason it also gets individual treatment. He then expands his list to include a variety of the charismata from chap. 12, which he himself had argued for so vigorously as part of the need for diversity. Finally, he includes examples of self-sacrificial deeds. In each case the conditional clause presupposes that both he and they are agreed that the activity has value. Thus what is at stake is not the activity without love, but the person himself/herself."

라도 사랑이 없으면 '내가' 아무 것도 아니요 내가 내게 있는 모든 것으로 구제하고 또 내 몸을 불사르게 내줄지라도 사랑이 없으면 '내게' 아무 유익이 없느니라"(고전 13:1-3)[18]라고 말하고 있다.

하나님의 수학은 사람의 방언과 천사의 말에서 사랑을 빼면 허풍쟁이가 남고, 예언에서 사랑을 빼면 점쟁이가 남고, 믿음에서 사랑을 빼면 형식주의가 남고, 구제에서 사랑을 빼면 체면치레만 남는 것이 된다. 그러나 이 모든 것에 사랑을 더하면 이 모든 것이 "온전한 것"이 된다. 사랑은 주는 것으로 온전하게 되고, 희생하는 것으로 온전하게 되며, 양보하는 것으로 온전하게 되고, 자신을 버림으로 온전하게 된다.

2. 사랑의 특성(고전 13:4-7)

(1) 구조 분석

바울은 사랑의 특성을 아홉 가지로 설명하고 있지만 구조를 살펴보면 세 부분으로 나누인다.

---

18 헬라어의 표현은 본문 이해에 도움을 준다. "내가 소리 나는 구리와 울리는 꽹과리가 되고"는 γέγονα χαλκὸς ἠχῶν ἢ κύμβαλον ἀλαλάζον인데 γέγονα가 완료시상으로 "내가 소리 나는 구리와 울리는 꽹과리가 되어 그 상태가 지속된다는 뜻을 강조한다." "내가 아무 것도 아니요"도 οὐθέν εἰμι로 "I am nothing." 혹은 "I am an absolute zero."라는 뜻이요, "내게 아무 유익이 없느니라"도 οὐδὲν ὠφελοῦμαι로 "I profit nothing."이라는 강한 의미가 있다.

1) 사랑의 긍정적인 표현

첫째, 사랑은 오래 참고 둘째, 사랑은 친절하며(온유하며)

사랑이 오래 참는다는 것은 사랑의 수동적인 표현이요, 사랑이 친절하다는 것은 사랑의 능동적인 표현이다. 성경은 하나님께서 우리에게 진노를 내리셔야 마땅하지만 그 진노를 참고 계시며, 또 우리를 향한 수천의 자비를 통해 친절을 베푸신다고 가르친다. 하나님은 죄인인 우리를 향해 진노를 참으심으로 사랑의 수동적인 특성을 나타내셨고, 하나님은 죽을 수밖에 없는 상태에 있는 우리에게 그리스도를 보내주시는 친절을 베푸심으로 사랑의 능동적 특성을 나타내셨다. 바울은 사랑을 설명하면서 사랑의 인내의 특성과 친절의 특성을 먼저 언급한다.

2) 사랑의 부정적인 표현

사랑의 부정적인 표현 일곱 가지는 "···아니하며"(οὐ로 시작)로 설명한다.

첫째, 사랑은 투기하지 아니하며

바울은 고린도 교회 성도들이 "나는 바울파요 나는 아볼로파요 나는 게바파요 나는 그리스도파요"(고전 1:12 참조)라는 파벌 의식을 가지고 싸우기 때문에 사랑은 투기하지 않는다고 말한다. 바울은 분파를 만드는 것을 지식의 이름으로 하고 있는 고린도 교인들에게 사랑은 투기하지 않는다고 말하는 것이다.

둘째, 사랑은 자랑하지 아니하며[19]

이 말의 뜻은 허풍선이처럼 행동하지 않는다는 뜻이다. 자랑하는 것

---

19   περπερεύεται는 *hapax legomenon*이다.

은 자기 자신을 중심으로 생각하고 행동하는 것을 뜻한다. 바울은 고린도 교회 성도들이 더 많은 자랑을 하기 위해 은사를 구하는 것을 의식하고 이 말씀을 쓰고 있다.

셋째, 사랑은 교만하지 아니하며

사랑하는 사람은 잘난 체하지 않는다는 의미가 이 구절에 포함되어 있다. 고린도 교회 교인들이 거룩하지도 않고 사랑도 하지 않으면서 잘난 체하는 것은 비기독교인과 같은 죄를 짓는 것이다.

넷째, 사랑은 무례하지 아니하며

마음에 사랑이 있는 사람은 예의범절을 지켜 행동한다. "사랑은 무례히 행하지 아니하며"는 치욕적으로 행동하지 않는다는 뜻이다. 즉 창피하게 행동하지 않는다는 뜻이다. 이 말씀은 고린도 교회 여인들이 "권세 아래에 있는 표를 그 머리위에 두어야"(고전 11:10) 하는데 그것을 벗으므로 무례하게 행동했을 수 있고, 성찬식을 거행할 때에 부자가 가난한 사람을 욕되게 한 사건을(고전 11:18-22) 생각나게 하는 말씀이다.

다섯째, 사랑은 자기의 유익을 구치 아니하며

바울은 "누구든지 자기의 유익을 구하지 말고 남의 유익을 구하라"(고전 10:24)라고 말했고, "나와 같이 모든 일에 모든 사람을 기쁘게 하여 자신의 유익을 구하지 아니하고 많은 사람의 유익을 구하여 그들로 구원을 받게 하라"(고전 10:33, 개역개정)라고 했다. 자신의 유익을 구하지 아니하는 것은 그리스도인의 사랑의 전모라고 할 수 있다.

바울은 지금까지 부정적 표현을 사용하여 성도들 안에서 발견되는 사랑의 5가지 특성을 다루었다. 이제 나머지 두 가지는 상대방에게 영향을 미치는 사랑의 특성을 언급한다.

여섯째, 사랑은 성내지 아니하며

본문은 다른 사람이 자극할지라도 쉽사리 성을 내지 않는다는 뜻이다. 이 사랑의 특성은 인내의 특성과 연관하여 생각할 수 있다. 성을 자주 내는 사람은 교회 안에 있는 사람을 비참하게 만들고 교회 밖에 있는 사람을 교회 안으로 들어오지 못하게 하는 장애물 역할을 한다.

일곱째, 사랑은 악한 것을 생각지 아니하며[20]

이 말씀은 스가랴 8:17(LXX)과 비슷하다. "마음에 서로 해하기를 도모하지 말며 거짓 맹세를 좋아하지 말라"(슥 8:17). 이 말씀은 "사랑은 다른 사람을 해치기 위해 악한 계획을 세우지 않는다"는 뜻이다. 하나님이 그리스도 안에서 우리의 죄를 기억하시지 않는 것처럼 우리도 다른 사람의 잘못을 기억할 필요가 없다는 뜻이 들어 있다.

지금까지 바울 사도는 일곱 가지의 사랑의 부정적인 표현을 두 범주로 나누어 열거했다.

3) 부정과 긍정의 균형

바울은 고린도전서 13:6에서 부정과 긍정으로 균형을 잡는다. 즉 바울은 "불의를 기뻐하지 아니하며 - 진리와 함께 기뻐하고"(6절)라고 말한다. 그리고 바울은 고린도전서 13:7에서 네 개의 동사와 네 개의 목적어를 사용한다.[21] 바울이 여기서 생각하는 "모든 것"은 악을 제외한 모든 선한 것

---

20 οὐ λογίζεται τὸ κακόν이라는 표현은 슥 8:17 (LXX) καὶ ἕκαστος τὴν κακίαν τὸ πλησίον αὐτοῦ μὴ λογίζεσθε ἐν ταῖς καρδίαις ὑμῶν이라는 표현과 비슷하다. 스가랴는 악한 생각을 갖지 않아야 할 대상을 "이웃"이라고 명시한다.

21 πάντα στέγει
πάντα πιστεύει
πάντα ἐλπίζει
πάντα ὑπομένει

을 가리킨다.[22]

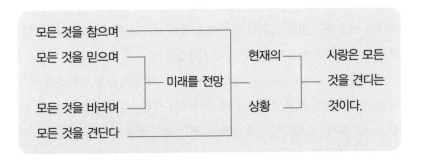

사랑은 현재에 강인하며 미래에 대해 절대적인 확신을 가지고 있다. 따라서 어떤 상황에서도 견딜 수 있다. 바울은 고린도전서 13:4-7에서 예수님의 생애와 사역을 가장 잘 묘사하고 있다. "사랑"의 자리에 예수님을 넣어서 생각하면 의미가 잘 통한다.

(2) 내용 분석

고린도전서 13:4-7은 고린도교회가 은사 현상을 너무 과대평가한 것에 대한 해결책으로 제시되었다. 고린도 교회에서 가장 크게 문제로 등장한 은사들은 방언, 예언, 지식이다. 왜냐하면 바울이 방언, 예언, 지식을 논증적인 특성이 있는 고린도전서 13:1-3과 고린도전서 13:8-13에서 언급하고 있기 때문이다. 바울은 은사를 지나치게 선호하는 고린도 교회 교인들이 교회의 연합에 기여하기보다는 조급함, 불친절, 시기, 자랑, 교만, 무례함, 이기심, 분냄, 타인의 실패를 기뻐하는 마음을 가지고 교회를 분열시킨다

22   Calvin, *The First Epistle of Paul to the Corinthians*, p.278.

는 것을 알고 사랑의 아홉 가지 특성을 가르침으로 간접적으로 책망하고 있는 것이다. 바울은 믿음과 소망과 사랑이 결여된 고린도 교회 교인들이 은사만 선호하는 것은 교회의 연합에 위협이 된다고 지적하고 믿음, 소망, 사랑이 중요하다고 상기시킨다(고전 13:13).[23]

드러먼드(Drummond)는 고린도전서 13:4-7의 내용을 분석하면서 이는 마치 과학자가 빛을 투명 프리즘에 통과시켜 프리즘 다른 쪽으로 빨강, 파랑, 노랑, 보라, 오렌지라는 무지개의 모든 빛깔들을 발생하게 하는 것처럼 바울이 사랑을 영감된 지능의 프리즘에 통과시켜 우리에게 사랑의 여러 요소를 보여주고 있다고 말한다.[24] 그리고 사랑의 여러 요소들은 우리가 매일 듣는 덕행들이며 모든 사람이 생활의 현장에서 실천할 수 있는 것들이라고 말한다. 여기 모든 요소가 사람과 관계되고 실제 생활과 관계가 있다. 우리는 사랑의 실천이 오늘과 내일에 관한 것이지 영원과 관계가 있지 않음을 알아야 한다. 하지만 오늘과 내일에 필요한 사랑은 영원으로부터 온 그리스도의 사랑이 있었기 때문에 가능한 것이다. 그리고 사랑은 인간의 의지의 결단이 아니라 인간의 감정과 의지를 굴복시켜 그리스도의 모습을 닮게 하는 성령의 능력이다. 그러므로 다음에 열거되는 사랑의 특성은 인간의 성품들의 일면이 아니라 성령의 역사로 성도들의 삶의 열매가 되는 것이다.

이제 사랑의 아홉 가지 스펙트럼을 더 구체적으로 고찰하고자 한다.

① 인내 — "사랑은 오래 참고"

② 친절 — "사랑은 온유하며"

---

23   Dunn, *Jesus and the Spirit,* pp.266-267; Calvin, *The First Epistle of Paul to the Corinthians*, p.276.

24   Drummond, 『세상에서 가장 귀한 것』 , p.23 (Eng. p.17).

③ 관용 ― "사랑은 시기하지 아니하며"

④ 겸손 ― "사랑은 자랑하지 아니하며 교만하지 아니하며"

⑤ 예절 ― "사랑은 무례히 행하지 아니하며"

⑥ 무사욕 ― "사랑은 자기의 유익을 구하지 아니하며"

⑦ 온순 ― "사랑은 성내지 아니하며"

⑧ 정직 ― "사랑은 악한 것을 생각하지 아니하며"

⑨ 진실성 ― "사랑은 불의를 기뻐하지 아니하며 진리와 함께 기뻐하고"

① 인내(사랑은 오래 참고)

사랑의 인내의 특성과 친절의 특성은 성도를 향한 하나님의 태도에서 뿌리를 찾을 수 있다. 하나님은 죄인인 우리를 당장 저주하시거나 멸망시키지 않고 그의 아들 독생자를 우리를 위해 세상에 보내시기까지 성도들에게 친절을 베푸신다. 인내와 친절은 우리를 향한 하나님의 사랑의 두 가지 특성이다. 인내는 수동적이요 친절은 능동적이다.[25]

인내는 수동적인 특성으로 시작하기를 기다리며 서두르지 않고 조용하며 언제든지 요청이 있을 때 일을 할 수 있는 준비가 되어있다. 인내는 수확을 기다리는 농부의 태도에서 나타난다(약 5:7-8). 사랑은 온유하며 오래 참으며 이해하므로 오래 기다리는 것이다. 바울이 "사랑은 오래 참고"라고 말한 것은 하나님이 우리를 향해 오래 참으시는 것처럼 우리도 다른 사람에 대해 오래 참아야 한다는 뜻이다. 인내는 타고난 성품이 아니요 기

---

25 고전 13:4의 인내는 μακροθυμία이고 고전 13:7의 인내는 ὑπομονή이다. 4절의 인내는 하나님의 속성을 나타낼 때 주로 사용된다. 따라서 μακροθυμία는 대인관계의 인내를 설명할 때 사용되고, 7절의 ὑπομονή는 어떤 시련을 당할 때 고상한 용기로 그 시련을 참는 상태를 가리킨다. see, R.C.H. Lenski, *The Interpretation of I and II Corinthians* (Minneapolis: Augsburg Publ. House, 1963), pp.554-555.

독교인의 소명에 속하며 성령을 의지할 때 개발된다. 인내는 또한 상대를 배려하며 참는 것이다. 인내는 배가 고플 때 아내가 밥을 늦게 만들어도 남편이 참는 것이요 남편이 퇴근 후 집에 늦게 들어와도 아내가 참는 것이다. 화가 났을 때 끝까지 참는 것이 사랑이다. 화가 날 때 그냥 참으면 심리적인 문제가 생긴다. 사람이 화가 날 때 무조건 참기만 하면 스트레스가 쌓이고 건강을 해치게 된다. 그런데 화가 날 때 화를 터뜨리면 남는 것은 터뜨린 것만 남는다. 그러므로 화가 나면 기독교적인 방법으로 해결해야 한다. 기독교적인 해결책은 먼저 자신이 화낸 잘못을 인정하고, 그 후에 회개하며 그리고 다시 화내지 않도록 노력하는 것이다.

② 친절(사랑은 온유하며)

본문의 "사랑은 온유하며"는 "사랑은 친절하며"로 번역해야 한다.[26] 본문의 "온유"는 마태복음 5:5의 "온유"와 다르다. 우리말의 온유에 대해 살피면, 마태복음 5:5의 온유(πραεῖς)가 정상적인 온유이다. 본문의 "온유"(χρηστεύεται)는 "친절"의 뜻을 가지고 있다. 이 용어는 동사형으로 이곳에 한번만 사용된 용어이다. 명사형으로는 골로새서 3:12에 나타난다 (χρηστότητα - 자비로 번역).

"친절은 하나님의 속성 중 하나이다. 그리고 이 속성은 사람이 중생 하는 순간 그 사람의 속에 재창조된다.[27] 따라서 본문에서 사랑의 특성으로

---

26   여러 역본의 경우를 보면 다음과 같다. 개역 (온유), 개역개정 (온유), 새번역 (친절), 표준 신약전서 (친절), 공동번역 (친절), 표준새번역 (친절), AV (kind), 표준새번역개정판 (친절), NIV (kind), NASB (kind), The Everyday Bible (kind), New Living Translation (kind), Novum Testament Latine (benigna est), Bijbel (goedertieren, mercyful, clement), Die Bibel (freundlich) 등을 볼 때 본문의 온유를 친절로 번역한 역본이 대다수이다.

27   John W. Sanderson, *The Fruit of the Spirit* (Phillipsburg: Presbyterian and

서의 친절은 타고난 성품을 가리키지 않는다.

사랑은 친절에서 능동적으로 나타난다. 친절은 즉각적으로 사역한다. 친절은 실패함이 없고 항상 사랑을 산출한다. 예수님은 다른 사람에게 친절을 베풀기 위해 많은 시간을 보내셨다. 드러먼드는 "세상에서 행복보다 더 위대한 것은 거룩함밖에 없다."[28]라고 말하면서 거룩함은 우리의 소장품이 아니라고 말한다. 거룩함은 하나님이 인간에게 줄 수 있는 것이지만 우리는 친절을 통해 상대방을 행복하게 만들 수 있다고 말한다. 그러므로 우리가 친절을 베풀므로 세상에서 두 번째로 귀한 것을 상대방에게 줄 수 있는 것이다. 바울은 우리에게 위대하고, 훌륭하고, 놀랄 만한 행위를 성취하는 사랑의 역할을 묘사하지 않고, 오히려 사랑을 마음에 가진 사람이 죄인들 가운데서 또 연약하고 필요한 사람들 가운데서 어떻게 보이느냐를 보여주고 있다. 바울은 친절과 애정으로 둘러싸여 있는 사랑의 모습을 그리지 않고, 악한 세상과 허물 많은 성도들 사이에서 나타난 사랑의 긍정적 힘과 가치를 묘사하고 있다.[29] 드러먼드는 "나는 한 번 이 세상을 지나갑니다. 그러므로 내가 할 수 있는 어떤 선한 일이나 다른 사람에게 보일 수 있는 어떤 친절은 지금 행하게 해 주십시오. 왜냐하면 나는 다시 이 길을 지나지 않을 것이기 때문입니다."[30]라는 말로 성도들이 친절해야 할 것을 권면한다. 세상에는 친절이 필요하다. 예수님은 나무 위에 올라간 삭개오에게 "내가 오늘 네 집에 유하여야 하겠다"(눅 19:5)라고 말씀하심으로 친절을 베풀었다. 또한 예수님은 수가성 우물가에서 만난 사마리아 여인에게

Reformed Publ. Co., 1985), p.102.

28 Drummond, 『세상에서 가장 귀한 것』, p.26.(Eng. p.21).

29 Lenski, *I and II Corinthians*, p.555.

30 Drummond, 『세상에서 가장 귀한 것』, p.28.(Eng. p.22).

"물을 좀 달라"(요 4:7)고 말씀하심으로 친절을 베푸신 것이다. 당시의 상황으로 볼 때 유대인인 예수님께서 세리나 사마리아 여인과 같은 사람들에게 말을 걸 필요도 없었지만 그들과 대화하고 그들의 영혼에 관심을 가지실 만큼 친절하셨다.

③ 관용(사랑은 시기하지 아니하며)

사랑과 시기는 공존할 수가 없다. 사랑은 만족을 함축하고 있기 때문에 다른 사람을 나보다 낫게 여기는 반면(빌 2:3), 시기는 다른 사람을 나의 경쟁 대상으로 삼는 것이다. "시기는 자아 우월감의 결과로 자기를 언제나 우위에 두려는 욕망에서 난다. 그러므로 남의 성공을 싫어하고 낮추려 한다."[31] 바울은 "시기하지 아니하는" 사랑의 특성, 즉 관용을 베푸는 사랑의 특성을 설명하고 있다.[32]

관용은 사람이 다른 사람과 경쟁할 때 나타나는 요소이다. 드러먼드는 "만약 우리가 이 도량의 은혜로 강화되어 있지 않는 한 기독교인의 마음을 어둡게 하는 가장 비열하고 가치 없는 기분이 모든 일을 시작할 때 우리를 기다리고 있다."[33]라고 말한다. 시기는 우리와 같은 처지에 있는 사람들에게 악의의 감정을 품는 것이다. 참으로 기독교인이 부러워할 유일한 것은 "시기하지 아니하는" 크고, 부요하고, 도량이 넓은 마음이라고 한다. 바울 사도는 자신에게 괴로움을 더하게 하기 위해 복음을 전하는 사람들을 관용으로 용서하면서 "겉치레로 하나 참으로 하나 무슨 방도로 하든지 전파되는 것은 그리스도니 이로써 나는 기뻐하고 또한 기뻐하리라"(빌 1:18,

---

31   이상근, 『고린도 전·후서』 (서울: 총회교육부, 1985), p.181.

32   Grosheide, *Commentary on the First Epistle to the Corinthians*, p.306.

33   Drummond, 『세상에서 가장 귀한 것』, p.29.(Eng. p.23).

개역개정)라고 심중을 토로한다. 바울은 "너희 관용을 모든 사람에게 알게 하라 주께서 가까우시니라"(빌 4:5)라고 말한다. 우리가 관용을 베풀 수 있는 시간은 한정되어 있는 것이다.

④ 겸손(사랑은 자랑하지 아니하며 교만하지 아니하며)

사랑을 소유한 사람은 교만할 수 없다. 고린도 교회 성도들은 스스로 지혜를 가졌다고 자랑하고(고전 3:18), 지식을 가졌다고 자랑했으며(고전 8:2), 또 스스로 신령한 자로 자처하기도 했다(고전 14:37). 사람은 자랑하고 사랑하는 일을 동시에 할 수가 없다.[34]

바울은 여기서 사랑의 겸손의 특성을 설명한다. 겸손은 그리스도를 닮는 것이요(빌 2:5-8) 따라서 자기중심적으로 생각하거나 행동하지 않는 태도이다.

드러먼드는 "겸손은 당신이 베푼 사랑이 열매를 맺을 때 당신의 입술에 봉인을 하며 당신이 한 일에 대해서는 잊어버리는 것이다."[35]라고 말한다. "당신이 친절을 베푼 다음, 사랑이 세상에서 역사하므로 아름다운 일을 이룬 다음 다시 그늘로 되돌아가 이룬 사실에 대해 아무 말도 하지 않는 것이다."[36] 교만이 최악의 죄라면 겸손은 최선의 미덕이다. 노벨 수상자 11명이 서울 심포지엄 선언문에서 이런 말을 한다. "지식은 평화와 인류의 행복에 커다란 기여를 할 것이다. 우리는 지식의 입문 단계에 섰을 뿐이며 앞으로 해야 할 일이 무궁하다." 성경은 "사람의 마음의 교만은 멸망의 선봉이요 겸손은 존귀의 길잡이니라"(잠 18:12, 개역개정)라고 함으로 겸손의

---

34 Fee, *The First Epistle to the Corinthians*, p.638.

35 Drummond, 『세상에서 가장 귀한 것』, p.29.(Eng. p.23).

36 Drummond, 『세상에서 가장 귀한 것』, p.29.(Eng. p.23).

중요성을 가르친다.

우리는 여기서 바울의 삶 속에 나타난 겸손을 배워야 한다. 바울은 글을 많이 쓴 사람이다. 그런데 바울의 글 중 바울이 자신을 다른 사람들과 비교하면서 자신을 평가한 세 구절에 우리는 관심을 두고자 한다. 바울은 "나는 사도 중에 가장 작은 자라"(고전 15:9)고 하여 자신을 사도와 비교한다. 그 후 바울은 "모든 성도 중에 지극히 작은 자보다 더 작은 나에게"(엡 3:8)라고 하여 자신을 성도와 비교한다. 그런데 생의 마지막 단계에 와서 바울은 "죄인 중에 내가 괴수니라"(딤전 1:15)고 하여 자신을 죄인과 비교한다. 곡식이 익을수록 머리를 숙이는 것처럼 바울은 생을 더 살면 살수록 겸손해졌다.

⑤ 예절(사랑은 무례히 행하지 아니하며)

바울 자신이 "무례히 행하지 아니하는" 좋은 예이다. 그는 친구들과 있을 때나 적들과 있을 때나, 통치자들 앞에 서거나 가난한 자들과 함께 있거나 항상 어떻게 처신할 줄을 알았다.[37]

바울은 이 말씀을 쓰면서 자신들의 머리에 부끄러움을 가져온 여인들의 무례한 행동(고전 11:2-16)과, 성만찬을 먹을 때 "가진 자"가 "가지지 못한 자"를 부끄럽게 한 무례한 행동을 염두에 두었을 수 있다(고전 11:17-34).

사실상 예절이 사랑의 요소에 포함된 것이 이상할 정도이다. 그러나 예절은 사회에서나 공동체의 삶 속에서의 사랑의 특성이다. 공손한 예절은 사소한 일에서의 사랑이다.[38] "당신이 가장 배우지 못한 사람들을 가장

---

37   Lenski, *I and II Corinthians*, p.557.

38   Drummond, 『세상에서 가장 귀한 것』, p.29.(Eng. p.24).

높은 상류사회에 어울리게 해도, 만약 그들의 마음속에 사랑만 저축하고 있다면 그들은 무례히 행하지 않을 것이다."[39]라는 말로 드러먼드는 예절의 중요성을 말한다. 우리가 마음에 사랑을 가지고 있으면 자동차 주차를 할 때에도 다른 사람이 주차할 것을 생각하고 주차하게 된다. 우리에게 사랑이 있으면 교회당에서 의자에 앉을 때도 다음에 오는 사람이 편리하도록 앉는다. 우리에게 사랑이 있으면 화장실도 다음 사람을 위해 깨끗하게 사용한다.

⑥ 무사욕(사랑은 자기의 유익을 구하지 아니하며)

사랑은 자신의 것을 구하지 아니한다. "사랑은 우리의 권리들을 전혀 구하지 않고, 그것들을 무시하며, 우리의 계산에서 개인적인 요소를 모두 제거하라고 요구한다."[40] 이 말은 사랑이 우리의 본성에 속하지 않은 것임을 분명히 한다. 왜냐하면 우리는 항상 우리 자신을 사랑하고 우리 자신의 것을 구하는 심성이 있기 때문이다. 바울은 우리의 이런 못된 심성을 고칠 수 있는 묘약은 사랑밖에 없다고 진술한다.[41] 자기 부인도 그 자체로는 아무것도 아니다. 왜냐하면 더 큰 것을 이루기 위해 자기 부인을 할 수가 있기 때문이다. 정치인들은 "나는 마음을 비웠다"고 공언하지만 더 큰 욕심을 챙기기 위해 그런 소리를 하곤 한다. 이는 진정으로 마음을 비운 것이 아니다. 사랑은 수고와 희생을 통해 전달된다. 하나님은 독생자 예수 그리스도를 희생시키는 대가를 치르고 우리를 사랑하셨다. 바울은 "우리가 아직 죄인 되었을 때에 그리스도께서 우리를 위하여 죽으심으로 하나님께서

---

39   Drummond, 『세상에서 가장 귀한 것』, p.30.(Eng. p.24).

40   Drummond, 『세상에서 가장 귀한 것』, p.31.(Eng. p.25).

41   Calvin, *The First Epistle of Paul to the Corinthians*, p.277.

우리에 대한 자기의 사랑을 확증하셨느니라"(롬 5:8, 개역개정)라고 말한다. 하나님은 조건 없이 큰 희생을 치르고 우리를 사랑하신 것이다. 우리를 향한 하나님의 사랑은 자기의 유익을 구하지 아니한 사랑이었다. 드러먼드(Drummond)는 "사랑에는 어려운 일이 있을 수 없다. 아무 것도 어려울 수 없다. 나는 그리스도의 '멍에'가 가벼웠다고 믿는다. 그리스도의 멍에는 그의 생활 방식이었다. 나는 그 길이 다른 길보다 더 쉬운 길이었다고 믿는다. 나는 그 길이 다른 길보다 더 행복한 길이었다고 믿는다."[42]라고 말함으로 무사욕을 통한 그리스도의 사랑의 깊이를 갈파했다. 사랑은 행복이 소유하거나 얻는 데 있지 않고 주는 데 있다고 말한다.

⑦ 온순(사랑은 성내지 아니하며)

본문의 "성내다"(παροξύνω)는 동사가 능동형으로 사용될 때는 다른 사람을 자극하여 성을 내게 한다는 의미가 있지만 이 구절에서처럼 수동형으로 사용될 때는 다른 사람이 자극할지라도 성내지 않는다는 더 적극적인 의미가 있다. 예수님과 바울이 바로 "성내지 않는 모본"이셨다. 예수님은 자신의 대적들이 모욕하고, 때리고, 얼굴에 침을 뱉어도 성을 내지 않고 온순하게 그의 갈 길을 갔다(마 27:27-44). 바울도 같은 동족 유대인들이 그를 모욕하고 핍박했지만 그들을 고소하지 않았다(행 28:19).

온순은 사랑의 다른 요소보다 우리의 매일 매일의 삶과 더 직접적인 연관이 있다. 때로 우리는 성미가 급한 것을 사람의 천성적인 연약성으로 생각하여 심각하게 생각하지 않는 경향이 있는데 사실은 성미가 급한 것이 인간 본성의 가장 파괴적인 요소 중의 하나이다.[43] 거의 완벽한 성품의

---

42 Drummond, 『세상에서 가장 귀한 것』, p.32.(Eng. p.26).

43 Drummond, 『세상에서 가장 귀한 것』, p.33.(Eng. p.27).

소유자일지라도 성미가 급하여 화를 속히 내면 모든 것이 허사로 돌아가고 만다.

　드러먼드는 몸으로 짓는 죄와 마음으로 짓는 죄를 구분하면서 탕자와 맏아들을 비교하여 설명한다.[44] 우리는 맏아들이 짓는 죄에 대해서는 별로 심각하게 생각하지 않는 반면 탕자가 짓는 죄에 대해서는 심각한 것으로 생각한다. 그러나 사랑이신 하나님의 눈으로 볼 때 탕자와 맏아들 어느 쪽이 더 잘못했겠는가? 맏아들은 동생의 귀가를 못 마땅히 여겨 화를 내면서 집에 "들어가기를 원하지 않았다"(눅 15:28). 맏아들의 태도 때문에 아버지에게, 탕자에게, 손님들에게 미친 영향은 얼마나 지대했겠는가? 맏아들처럼 천국 안에 있다고 고백하는 사람들의 사랑스럽지 못한 태도 때문에 얼마나 많은 탕자들이 천국밖에 머물러야 하겠는가?[45] 드러먼드는 맏아들의 이런 온순하지 못한 성질은 시기, 분노, 자만, 무자비, 잔인, 독선, 급한 성질, 완고 등으로 구성된다고 하며 그 심각성을 지적한다.[46] 맏아들의 눈썹에 모인 뇌운(雷雲)은 금방이라도 번개를 동반한 천둥소리를 내기에 충분할 만큼 충전되어 있다. 예수님께서 "내가 진실로 너희에게 이르노니 세리들과 창녀들이 너희보다 먼저 하나님의 나라에 들어가리라"(마 21:31, 개역개정)라고 말씀하신 뜻을 깊이 깨달아야 한다. 급한 성미를 조절하지 못하는 것은 내부에 질병이 계속 있다는 것을 말하는 간헐적인 열과 같은 것이다. 성을 자주 내는 사람은 천국 안에 있는 모든 사람을 비참하게 만들고 천국밖에 있는 사람들에게 장애물 역할을 한다. 급한 성미는 사랑을 위한 테스트요, 사랑하지 않는 본성의 노출이다.

44　Drummond, 『세상에서 가장 귀한 것』, p.34-37.(Eng. p.28-30).

45　Drummond, 『세상에서 가장 귀한 것』, p.35.(Eng. p.29).

46　Drummond, 『세상에서 가장 귀한 것』, p.35.(Eng. p.29).

그러면 급한 성미를 어떻게 고칠 수 있을까? 우리의 성격 개조는 인간의 의지나 시간의 경과에 의해서 성취되는 것이 아니요 우리가 그리스도를 우리의 구주로 영접하고 그를 본 받을 때 가능하다. 그리스도의 성령만이 우리의 영혼을 통찰하시고, 달콤하게 만들며, 정결하게 하고 모든 것을 변화시킬 수 있다. 그리스도의 영만이 우리 속에 있는 잘못을 제거할 수 있고 재생시킬 수 있다.[47] 그러므로 이 문제는 생사의 문제이다.

드러먼드는 "누구든지 나를 믿는 이 작은 자 중 하나를 실족하게 하면 차라리 연자 맷돌이 그 목에 달려서 깊은 바다에 빠뜨려지는 것이 나으니라"(마 18:6, 개역개정)는 예수님의 말씀을 인용하면서 이는 "사랑하지 않는 것보다 살지 않는 것이 더 낫다"는 심각한 경고의 말씀이라고 한다.[48]

⑧ 정직(사랑은 악한 것을 생각하지 아니하며)

"악한 것을 생각하지 않는 것"은 다른 사람을 해칠 생각을 갖지 않는다는 뜻이다. 즉 정직은 동기가 불순하지 아니하며, 밝은 면을 바라보며, 모든 행위를 가장 좋게 이루려는 마음의 상태이다. 사람이 일을 처리해 나가다 보면 결과가 나빠질 수 있다. 그러나 그 사람의 동기가 깨끗했으면 그 사람은 정직한 사람인 것이다. 그런 사람을 가리켜 무능한 사람이라고 말할 수 있을지는 몰라도 그 사람이 부정직한 사람이라고 말할 수는 없다. 반대로 "악한 것을 생각하는 것"(고전 13:5)은 다른 사람에게 해를 끼치기 위해 방법과 수단을 숙고하는 것이다. 사랑은 이런 것과는 무관한 것이다.[49] 그러므로 정직한 사람은 다른 사람에게 영향을 끼칠 수 있다. 의심의

---

47 Drummond, 『세상에서 가장 귀한 것』, p.37.(Eng. p.31).

48 Drummond, 『세상에서 가장 귀한 것』, p.38.(Eng. p.32).

49 Grosheide, *Commentary on the First Epistle to the Corinthians*, p.307.

분위기 속에서는 사람들이 기를 펼 수 없다. 신뢰의 분위기에서는 마음에 안도감을 갖고 격려와 권고를 받게 된다. 자녀들이 부모에게 약점이 있는 것을 알면서도 왜 부모 곁에서는 편안함을 느끼는가? 그 이유는 부모가 그를 믿어준다고 생각하기 때문이다. 우리에게 영향을 끼친 사람은 우리를 믿어주는 사람이라는 것을 우리는 알 수 있다. 이런 사람들과 어울리면 마음이 즐겁고, 느슨해지며, 격려가 된다.[50]

⑨ 진실성(사랑은 불의를 기뻐하지 아니하며 진리와 함께 기뻐하고)

진실한 사람은 불의를 좋아하지 않는다. 불의는 거짓이다. 왜냐하면 불의는 정당한 주장을 부인하기 때문이다. 사랑과 진리는 함께 존재한다. 사랑은 도덕적 선이요 진리는 지성적인 선이다. 사랑을 베푸시는 구세주이신 그리스도가 진리의 증거이시다(요 8:40 이하; 18:37).[51]

진리를 사랑하는 것이 진실성이다. 어느 교회의 교리나, 어떤 주의 주장을 기뻐하지 아니하고 진리 안에서 기뻐하는 것이 진실성이다. 진실한 사람은 겸손하고 편견 없는 마음으로 진리를 추구하고 어떤 희생에도 불구하고 진리 안에서 즐거워 할 것이다. 진실성은 다른 사람의 약점들을 이용해서 자기의 유익을 구하지 않으려는 자기제어와 다른 사람의 약점을 들추어 내지 않고 덮어두는 자비와 사물을 바로 판단하는 바른 심성과 다른 사람을 의심하고 비방하기보다 그를 더 낮게 보려는 기쁨을 포함한다.[52] 사랑과 진리는 늘 함께 다닌다. 사랑은 결코 중립적이 될 수 없다. 사랑은 편을 들게 된다. 그런데 사랑은 항상 진리 편을 들기 마련이다.

---

50   Drummond, 『세상에서 가장 귀한 것』, pp.38-39.(Eng. pp.32-33).

51   Grosheide, *Commentary on the First Epistle to the Corinthians*, p.307.

52   Drummond, 『세상에서 가장 귀한 것』, p.40.(Eng. p.34).

바울은 연속되는 부정적인 표현 후에(고전 13:4-6) 이제 고린도전서 13:7에서 사랑에 대한 네 개의 긍정적인 진술을 한다. "사랑은 모든 것을 참으며"는 다른 사람들을 위해 지워진 짐을 불평 없이 감당한다는 뜻이며, "사랑은 모든 것을 믿으며"는 동료들을 의심하지 않고 끝까지 신뢰한다는 뜻이며, "사랑은 모든 것을 바라며"는 하나님에게서 좋은 은사를 기대하는 소망이 아니요 동료들에게서 가장 좋은 것을 기대하는 소망을 뜻한다. 소망은 비관주의와 공존하지 않는다. 그러나 본문에서 사랑의 특성은 단순히 자연적인 낙관주의가 아니요 예수 그리스도의 효과적인 은혜에 기초를 한 것이다. "사랑은 모든 것을 견디느니라"는 어떤 시련과 어려움 속에서도 용감하게 인내한다는 뜻이다.[53] 렌스키는 "이 네 진술에서 사랑의 내적인 능력이 드러났다. 사랑의 머리는 높이 들렸고, 사랑의 눈은 밝고 빛나며, 사랑의 손은 튼튼하고 진실하며, 사랑의 심장은 위로부터 오는 능력으로 강하다."[54]라고 설명한다.

바울 사도는 지금까지 사랑의 아홉 가지 특성을 설명했다. 사랑의 특성을 대략적으로 다음과 같이 요약 정리해 볼 수 있다.

첫째, 사랑은 은사가 은사 되게 하며 사역이 사역되게 한다. 즉 사랑은 은사와 사역에 가치를 부여하는 것이다.

둘째, 사랑은 그 자체로 가치가 있다. 은사들은 사랑이 있어야만 은사의 가치를 소유하지만 사랑은 다른 것의 도움 없이 그 자체로 가치를 가지고 있다.

셋째, 사랑은 다른 모든 은사보다 뛰어난 가치를 지니고 있다. 사랑은

---

53   Lenski, *I and II Corinthians*, pp.560-561.

54   Lenski, *I and II Corinthians*, p.561.

다른 어느 은사와도 비교할 수 없을 만큼 큰 가치를 지니고 있다.[55]

넷째, 사랑은 사상이 아니요 행위이다. 우리의 일상생활에서 부딪치는 모든 상황에서 사랑은 행위로 표현된다. 따라서 사랑은 항상 다른 사람의 유익을 위해 역사한다.

그러면 이 사랑의 요소를 어떻게 우리의 성품으로 만들 수 있겠는가? 우리는 매일 사랑을 배울 수 있는 수천의 기회를 갖는다. 세상은 운동장으로 노는 곳이 아니요, 학교 교실로 배우는 곳이다.[56] 어떻게 훌륭한 음악가, 훌륭한 조각가가 탄생되는가? 그 비결은 계속해서 연습하는 길 밖에 없다. 그러므로 잘 사랑하려면 계속해서 사랑을 실습해야 한다. "재능은 외로움 가운데서 개발되지만 성품은 생활의 흐름 속에서 개발된다."는 괴테(Goethe)의 말처럼 우리의 성품개조를 위해 우리는 매일의 생활 속에서 사랑의 요소를 실천해 나가는 길밖에 없다. 사람이 자신의 영혼을 활동하게 하지 않으면 영혼의 근육도 개발하지 못하며, 도덕적 소질도, 영적 성장의 아름다움도 개발하지 못한다. 그런데 이렇게 하기 위해서는 사랑이신 그리스도를 바라보아야 한다. 우리는 명령으로 사랑하게 할 수는 없다. 우리가 사랑하는 대상을 볼 때 사랑에 빠지게 되고 그 대상을 닮아가게 된다. 마찬가지로 우리는 완전하신 그리스도를 바라볼 때 사랑을 실천하게 될 수 있다.

---

55   Lenski, *The Interpretation of I and II Corinthians,* p.562.

56   Drummond, 『세상에서 가장 귀한 것』, p.41.(Eng. p.35).

3. 사랑의 영원성(고전 13:8-13)

바울 사도는 이제 고린도전서 13:8-13에서 사랑이 왜 최고의 선인지를 논증한다.

(1) 사랑은 영원하다(고전 13:8)

바울은 본문에서 "사랑은 언제까지나 떨어지지 아니하되 예언도 폐하고 방언도 그치고 지식도 폐하리라"(고전 13:8, 개역개정)라고 하여 사랑은 영구하지만 다른 은사들은 잠정적이라고 강조한다.[57] 바울 사도는 여기서 사랑을 한편에 두고 예언과 방언과 지식을 다른 편에 두어 한편에 있는 사랑과 다른 편에 있는 예언, 방언, 지식을 비교한다. 바울은 사랑을 세 가지 은사들과 비교하면서 한 가지는 자신이 고린도 교회에 추천한 은사를 사용하고, 두 가지는 고린도교인들이 좋아하는 은사들을 사용한다. 예언은 바울 자신이 고린도 교회의 덕을 위해 추천한 은사였지만, 방언과 지식은 고린도 교인들이 자랑하고 좋아하는 은사였다. 그런데 바울 사도는 이 세 가지 은사들이 모두 흘러가는 것들이요, 잠정적인 것이며, 지나가는 것들이라고 강조한다.

예언은 많은 사람들이 소유하기를 원하는 은사이다. 예언은 교회를 위해 필요한 은사이기도 하다. 신구약을 통해서 하나님의 예언의 말씀을 해

---

57   Gaffin은 본 절(고전 13:8)을 해석하면서 본 절의 특별한 요점은 "신자의 현재의 지식의 일시성과 준비적인 성격 뿐 아니라 그와 관련하여 신자의 인식 방법의 일시성과 준비적인 성격을 강조하는데 있다."(p.110)라고 말함으로 신자의 현재 지식과 인식 방법의 준비적 성격을 부각시키고 있다. See, Richard B. Gaffin, Jr. *Perspectives on Pentecost* (Grand Rapids: Baker, 1979), p.110.

석한 예언자가 얼마나 귀하고 유익한 일을 했는가! 하나님께서 수백 년 동안 예언자들을 사용하여 자신의 뜻을 밝혀 주셨다. 하나님의 뜻을 직접 받아 백성들에게 전달한다는 직책 때문에 하나님의 예언자는 왕보다 더 위대했다.

예언을 한다는 사실이 얼마나 귀하고 멋있는가! 하나님의 뜻을 미리 안다는 사실이 얼마나 유익한 일인가! 구약의 마지막 예언이 있은 후 약 400여 년 동안 예언이 끊기자, 사람들은 동경심을 가지고 하나님의 음성을 그의 입에 담는 선구자가 나타나기를 기다렸다. 이처럼 예언을 하는 것은 사람들이 바라는 바요 귀한 은사를 소유하는 것이었다. 그런데 바울 사도는 "예언도 폐하고"(고전 13:8)라고 말한다. 예언은 우리가 지상에서 생활하는 동안에만 필요한 것이다. 하나님께서 세상을 완성하실 그때에는 더 이상 예언이 필요하지 않다. 그때에는 예언자들의 계통이 끊겨질 것이요 예언자들의 사역과 그 결과가 더 이상 필요하지 않게 될 것이다.

바울은 그 다음으로 "방언도 그칠 것"이라고 말한다(고전 13:8). 방언은 초대교회 당시 굉장한 은사였다. 본 서신을 받는 고린도 교회도 방언을 대단히 중요하게 생각했다. 그런데 바울은 방언이 그칠 것이라고 강조한다. 본문의 "그치다"(παύσονται)라는 말은 방언에 아주 적합한 용어이다. 그 뜻은 말하는 자가 말하는 것을 멈춘다는 뜻이다. 영어의 포즈(pause)가 그 의미를 잘 전달하고 있다. 말하는 사람이 더 이상 말을 하지 않고, 방언이 완전한 침묵으로 잠기게 된다는 뜻이다. 바울 사도는 방언도 하나님께서 완전한 세상을 만드실 때 필요 없는 은사가 된다고 강조한다. 오늘날 사용하는 언어를 생각해도 결과는 마찬가지이다. 역사상의 어떤 언어는 수세기 지난 후에 사장되거나 더 이상 쓸모없는 언어로 변한다. 또 어떤 언어는 그 의미가 달라져 더 이상 50년 전의 의미 그대로를 뜻하지 않는다. 결국 언어도 변하고 없어진다는 의미에서 "방언도 그치고"를 적용해 볼 수 있다.

바울은 "지식도 폐하리라"(고전 13:8)라고 말한다. 여기 "폐하리라"는 단어는 "예언도 폐하고"라고 할 때의 "폐하다"와 같은 단어이다. 본문의 지식은 일반적인 인간의 지식을 뜻하지 않는다. 우리가 학교 교실에서 배울 수 있는 그런 지식이 아니다. 본문의 지식은 성령의 은사로서의 지식을 뜻한다(고전 12:8 참조). 이 지식은 계시된 비밀을 이해하는 그런 지식을 뜻한다. 이 지식은 특별히 현 시대에서 성도들의 삶을 위한 하나님의 방법을 아는 지식을 뜻한다. 이렇게 해석하는 것이 분명한 이유는 이 구절이 나타나는 문맥을 보면 고린도전서 13:9에서 "부분적으로 안다"라는 표현이 있고, 고린도전서 13:12에서 "지금은 내가 부분적으로 아나"를 "그때에는 주께서 나를 아신 것같이 내가 온전히 알리라"와 비교하고 있기 때문이다. 본문의 지식은 현세에서 알고 있는 부분적인 지식을 가리키고, 이 지식이 완전하게 되는 종말이 올 때 "얼굴과 얼굴을 대하여" 보듯 알게 되는 지식과 비교된다.[58] 바울은 하나님의 진리를 명확하게 체계화시키고, 설명하는 그런 지식도 현세가 지나면 모두 폐하게 된다고 말한다. 사실상 일반적인 지식도 시간이 흐르면 아무 쓸데없는 것이 되어 버리곤 한다.

이처럼 예언이나 방언이나 지식과 같은 은사들은 현재 불완전한 상태에서만 우리를 도울 수 있는 은사들이다. 완전한 종말이 오면 이런 은사들은 더 이상 필요하지가 않다. 그러나 한 가지 기억해야 할 것은 지식과 예언에 제한이 있을지라도 우리가 현재 알고 있는 지식과 우리에게 계시된 예언의 말씀은 그 가치가 결코 과소평가될 수 없다는 것이다. 그 이유는

---

58   Gordon D. Fee, *The First Epistle to the Corinthians,* p.644.

우리가 계시된 예언의 말씀으로 하나님이 누구이시며, 하나님이 무슨 일을 하셨고, 그리스도가 우리를 위해 무슨 일을 하셨는지 알 수 있고, 또 믿을 수 있으며, 하나님을 알고 그리스도를 아는 것은 우리에게 영생이기 때문이다. "영생은 곧 유일하신 참 하나님과 그가 보내신 자 예수 그리스도를 아는 것이니이다"(요 17:3, 개역개정).[59]

바울은 "예언도 폐하고 방언도 그치고 지식도 폐하지만" 사랑은 언제까지든지 떨어지지 아니한다고 말한다. 바울은 "그리스도께서 영광 중에 다시 오실 그 때의 완전한 상태에 대해 말하고 있다. 즉 은혜의 왕국이 영광의 왕국으로 통합되어질 그 때를 말하고 있는 것이다."[60]

바울은 여기서 사랑이, 현 세상뿐 아니라 오는 세상에서도 계속해서 효과를 나타낼 것이라고 말한다. 바울은 영구히 변하지 않고 지속될 것이 여러 가지라고는 말하지 않는다. 바울은 부귀와 영화를 언급하지 않았다. 그런 것들은 영구히 존재하지 않는다. 바울은 당시 위대한 사람들이 스스로 가졌다고 생각할 수 있는 것들을 언급하고 그것들은 이 세상에서나 필요한 것이지 영존하는 것은 아니라고 단호히 말한다. 그것들은 위대한 것들이지만 최고의 것은 아니고 우리의 생을 바칠 그런 것도 아니다. 세상의 일들이 다 나쁜 것들이 아니다. 그것들은 단순히 지나갈 뿐이다. 세상에는 사람의 마음을 끄는 것들이 많다. 그러나 그것들이 영구히 지속되지 않을 것이다. 안목의 정욕, 육체의 정욕, 이생의 자랑도 잠시뿐 영원한 것이 되지 못한다(요일 2:16). 그러나 사랑은 이 세상뿐 아니라 오는 세상에서도

---

59   Lenski, *I and II. Corinthians*, p.565.

60   Lenski, *I and II. Corinthians*, p.563: "Paul is speaking regarding the consummation when Christ shall return in glory, and when the kingdom of grace merge into the kingdom of glory."

영구히 지속될 것이다. 사랑은 무엇과도 비교할 수 없는 고귀한 덕목이다.

세상이 보유하고 있는 어느 것도 생명과 바꿀 수 없고 영혼의 가치와 비교할 수 없다. 불멸의 영혼은 마땅히 영원한 것에 맡겨져야 한다. 그런데 그 영원한 것은 믿음, 소망, 사랑이다. 그 중에 최고는 사랑이다. 그러면 우리는 무엇을 원해야 하는가? 그것은 두 말할 것 없이 사랑이다. 사랑의 덕목은 개인의 삶을 유익하게 하고, 두 사람이 모이면 상대를 기쁘게 하고, 여럿이 모이면 전체를 세우는 역할을 한다. 우리는 사랑을 늘 구해야 한다.

(2) 사랑은 현재와 미래를 연결하는 가교이다(고전 13:9-12)

바울은 여기서 현시대의 불완전한 상태와 앞으로 완성될 완전한 종말의 상태를 비교한다. "우리는 부분적으로(ἐκ μέρους) 알고 부분적으로 예언하니 온전한 것이(τὸ τέλειον) 올 때에는 부분적으로 하던 것이 폐하리라"(고전 13:9-10, 개역개정). 바울은 "온전한 것"이 올 때에는 "불완전한 것"이 없어지게 될 것이라고 분명하게 말한다. 그러면 온전한 것이 올 때 없어질 것은 무엇인가? 온전한 것이 올 때 없어지는 것은 현 세상에서 알고 있는 부분적인 지식이다. 부분적인 지식은 온전한 지식에 의해 삼켜질 것이다. 성령의 은사로서의 지식, 개인적으로 예언하는 일, 그 이외의 모든 성령의 다른 은사들은 온전한 것이 올 때 폐해질 것이다.[61] 현 세상에서 신적인 사건에 대한 우리의 지식은 부분적이다. 현 세상에서의 예언 역시 부분적인 예언에 불과하다. 바울 시대의 이런 부분적인 성령의 은사들은 온

---

61   D.A. Carson, *Showing the Spirit: A Theological Exposition of I Corinthians 12-14* (Grand Rapids: Baker, 1987), pp.67-68.

전한 것이 올 때에 온전한 지식에 의해 삼켜질 것이다. 바울은 고린도전서 13:9의 "부분적으로 알고 부분적으로 예언하니"에서 "부분적으로"(ἐκ μέρους)를 두 번 사용하고 10절에서 "온전한 것"(τὸ τέλειον)과 대칭시키기 위해 "부분적으로" 앞에 정관사(τό)를 붙여 "부분적인 것"(τὸ ἐκ μέρους)으로 만든다.[62] 그래서 바울은 "부분적인 것"은 "온전한 것"이 올 때 사라질 것이라고 증거 한다.

그러면 언제 온전한 것이 오는가? 이 해석은 몇 가지로 나누어진다.

첫째, 온전한 것을 개인 성도의 완숙한 상태(maturity)나 교회의 완숙한 상태로 보는 견해이다.[63] 이 해석은 바로 뒤에 나오는 어린아이와 어른 사이의 유추에서 지지를 받는다. 또한 온전(τέλειον)이라는 용어가 성도의 완숙을 가리키는 데 자주 사용되기 때문에 바울이 이 용어를 특별히 선택하여 사용했다고 생각한다.

둘째, 온전한 것을 사랑 자체와 연계하여 해석하는 견해이다. 이 해석은 고린도 교인들이 은사들을 소망하는 것은 아직 미숙의 상태에 있었기 때문이요, 사랑이 충만하게 되면 그런 어린아이와 같은 소원은 버리게 될 것이라고 주장한다.[64]

첫 번째 해석이나 두 번째 해석은 본문의 "부분적으로"가 은사와 관계되어 사용되었지, 성도들 자신과 연계되어 사용되지 않았기 때문에 본문

---

62   표준새번역은 이 대칭을 더 명확히 하기 위해 "온전한 것이 올 때에는, 부분적인 것은 사라집니다"(10절)로 번역했다. 개역한글판은 "온전한 것이 올 때에는 부분적으로 하던 것이 폐하리라"고 번역함으로 그 대칭이 분명하지 않다. NIV는 τὸ ἐκ μέρους을 "The imperfect"로 번역함으로 그 의미를 살리려 했다.

63   Robert L. Thomas, *Understanding Spiritual Gifts: The Christian's Special Gifts in the light of I Corinthians 12-14* (Chicago: Moody, 1978), pp.106ff.

64   F.F. Bruce, *1 and 2 Corinthians, NCB* (London, 1971), p.128.

이해에 적합하지 않다.

셋째, 온전한 것을 완성된 정경과 연계하여 해석하는 견해이다.[65] 이 해석은 바울의 위치에서 볼 때 앞으로 신약이 완전히 기록되면 "부분적"인 은사적 계시 형태는 사라지게 될 것이라는 주장이다. 이 해석은 성경 진리의 최종성을 염두에 둔 견해이다. 이 해석은 바울이 신약의 완성을 미리 내다보고 신약의 완성과 은사적 계시 형태를 비교했다고 주장하는 견해이다. 그런데 이 견해의 약점은 바울이 "온전한 것"(τὸ τέλειον)을 사용하면서 정경 형성까지 미리 내다보았다고 생각해야 하는 약간의 억지가 뒤따른다는 점이다. 바울이 "온전한 것"이라는 용어를 사용하여 고린도 교인들에게 정경의 완성 개념을 전달하기 원했다고 생각하는 것은 약간의 무리가 뒤따른다.

넷째, 온전한 것을 예수님의 재림과 연계하여 해석하는 견해이다.[66] 온전한 것이 재림 자체라고 말하는 것은 아니다. 오히려 온전한 것은 예수님의 재림으로 발생하는 총체적인 모든 사건들을 가리킨다고 생각할 수 있다.[67] 바울은 예수님이 재림하여 온전한 것이 올 때에는 부분적으로 아는 것들이 더 이상 필요하지 않게 될 것이라고 말한다. 이 주장을 예언, 방언, 지식과 연계하여 생각할 때 대단히 중요하다. 그 이유는 바울이 생각하는 "온전한 것"이 오는 그 때에는 예언도 폐하고, 방언도 그치고, 지식도 폐하

---

65 Douglas Judisch, *An Evaluation of Claims to the Charismatic Gifts* (Grand Rapids: Baker, 1978)을 참조하라.

66 Fee, *The First Epistle to the Corinthians*, pp. 645-6; G.G. Findlay, "St. Paul's First Epistle to the Corinthians," *The Expositor's Greek Testament*, Vol. II (Grand Rapids: Eerdmans, 1980), p.900.

67 이렇게 해석하는 것이 더 안전한 것은 παρουσία는 여성명사요 반대로 τὸ τέλειον 은 실명사(substantive)이기 때문이다.

여질 것이기 때문이다(고전 13:8). 만약 온전한 것이 오는 시점이 1세기와 2세기 초라고 한다면 오늘날 예언, 방언, 지식은 더 이상 존재하지 않는다는 뜻이요, 이 시점이 예수님의 재림의 때를 가리킨다면 예언, 방언, 지식이 오늘날 있을 수 없다는 주장을 이 본문을 근거로는 할 수 없게 된다.[68] 그리스도가 오시면 하나님이 그리스도 안에서 이루시고자 하시는 구원 사역의 목적이 성취되게 된다. 그때에 교회를 세우기 위해 필요한 모든 은사들은 더 이상 필요하지 않게 될 것이다.[69]

이 견해는 다른 곳에서 나타나는 바울 사도의 견해와 일치된다. 바울 사도는 그리스도의 재림으로 세상이 완전하게 된다고 자주 언급했다. "그는 만물을 자기에게 복종하게 하실 수 있는 자의 역사로 우리의 낮은 몸을 자기 영광의 몸의 형체와 같이 변하게 하시리라"(빌 3:21). "우리 생명이신 그리스도께서 나타나실 그 때에 너희도 그와 함께 영광 중에 나타나리라"(골 3:4). 요한도 같은 어조로 "사랑하는 자들아 우리가 지금은 하나님의 자녀라 장래에 어떻게 될지는 아직 나타나지 아니하였으나 그가 나타나시면 우리가 그와 같을 줄을 아는 것은 그의 참모습 그대로 볼 것이기 때문이니"(요일 3:2, 개역개정)라고 말한다. 사실상 예수님의 재림으로 온

---

68 이 문제는 대단히 복잡한 문제로 단순히 고전 13:8-13만 근거로 교리를 정립할 수 없다. 특히 이 문제는 신약 정경 종결의 문제와 함께 다루어야 한다. 일반적으로 오늘날 은사를 주장하는 사람들은 이 문제의 복잡성을 바로 인식하지 못하고 있다. 이 문제는 신약성경의 종결 문제와 연관하여 고려해야 한다. 예언과 방언이 신약성경의 종결과 함께 멈추었다는 견해에 대해서는 Gaffin, *Perspectives on Pentecost*, pp.89-116을 보라. 반면 칼빈은 "그러므로 '부분적으로'라는 말은 우리가 아직 완전하게 되지 않았다는 뜻이다. 그러므로 지식과 예언은 불완전이 우리에게 매달려 있는 동안에는 우리의 생애에서 귀중한 위치를 차지하게 될 것이다. 왜냐하면 그것들은 우리가 불완전한 상태로 있을 때 우리를 돕기 때문이다" (See, Calvin, *The First Epistle of Paul to the Corinthians*, p.280.)라고 말한다.

69 Fee, *The First Epistle to the Corinthians*, p.646.

전하게 되면 우리의 지식도 하나님께서 우리를 아는 지식과 상응한 정도
에 이르게 될 것이다. 그렇다고 바울이 그때에 우리가 하나님처럼 전지하
게 될 것이라고 말하는 것은 아니다.

본문은 예수님의 재림으로 온전한 것이 오면 현재는 하나님과 그의 말
씀에 대해 잘못 이해하거나 이해할 수 없는 것들을 바로 이해할 수 있게
된다는 뜻이다. 본문에서 바울의 요점은 성령의 은사들이 그 자체로 약점
이 있어서 폐해지고 없어질 것이 아니요, 그저 온전한 것이 올 때에 그것
들이 더 이상 필요하지 않게 된다는 것이다. 즉 바울의 논리는 앞으로 올
것에 근거하여 세운 논리이다.[70] 그래서 바울 사도는 이 구절에서 "지금은
내가 부분적으로 아나 그 때에는 주께서 나를 아신 것 같이 내가 온전히
알리라"(고전 13:12, 개역개정)라고 분명히 하는 것이다. 바울은 그리스도
의 재림의 때가 되어 온전한 것이 오게 되면 부분적인 것은 모두 사라지고
더 이상 필요하지 않게 될 것이라고 주장한다. 칼 발트(Karl Barth)가 "해가
떠오르기 때문에 모든 전등은 끄게 된다."[71]라고 말한 표현이 이 상황에 잘
적용된다고 생각한다.

바울은 이제 자신의 주장을 두 가지의 유추로 설명한다. 바울은 어린
아이와 장성한 사람의 관계를 비교하는 유추와 거울로 보는 것과 얼굴과
얼굴을 대하여 보는 관계를 비교하는 유추를 사용한다.

바울은 어린아이와 장성한 사람의 관계를 설명하는 유추에서 어린 아
이의 "말하는 것," "깨닫는 것," "생각하는 것"이 유치하고, 장성한 사람의

---

70   Günther Bornkamm, *Early Christian Experience*, trans. Paul L. Hammer
(London: SCM, 1969), pp.184-85.

71   Karl Barth, *The Resurrection of the Dead*, trans. H.J. Stenning (New York:
Arno, 1977), p.81.

그것들은 성숙한 것이라는 뜻으로 이 유추를 사용하고 있지 않다. 바울의 유추는 서로의 상태를 비교하는 데 강조가 있지 않고, 장성한 사람이 될 때 그 이전의 상태가 어떻게 된다는 데 강조가 있다. 이 말씀은 어린아이 의 때에 모든 행동은 어린아이에게는 적합한 것이지만 어른의 때에는 적 합하지 않다는 뜻이다. 어른에게는 어른의 때에 적합한 행동양식이 있다. 그래서 어른들은 어렸을 때의 행동을 그대로 하지 않는다. 이 유추를 은사 와 연관시켜 생각하면 예언이나 방언이나 지식은 현세에서는 적합한 것이 될 수 있으나 온전한 것, 즉 완전한 종말이 오면 그런 은사들은 그때에는 적합한 것이 되지 못한다는 뜻이다.[72]

바울은 거울로 보는 것과 얼굴과 얼굴을 대하여 보는 관계를 유추로 사용한다. 바울은 여기서도 "존재의 두 양태"(two modes of existence)를[73] 설명하고 있다. 고대의 고린도는 놋으로 거울을 잘 만드는 곳이었다. 그러 므로 고린도의 거울은 당시의 상황으로는 상당히 성능이 좋은 것이었다. 따라서 당시 고린도 사람들이 거울 앞에서 자기의 모습을 볼 때 신기하 게 보고 감탄하면서 보았지, 거울이 희미하게 보이는 구나 하고 생각하면 서 보지 않았다. 본문의 "희미하다"(ἐν αἰνίγματι)를 거울의 성능과 연관시 켜 거울로 보는 것은 희미하게 보는 것이라고 생각하는 것은 현대의 거울 을 의식하고 본문에 현대의 의미를 첨가시키는 해석이다. 이는 "엑세제시 스"(exegesis)가 아니요 "아이세제시스"(eisegesis)라고 할 수 있다. 고대에 고린도 사람들은 자신들이 거울 앞에서 자신의 모습을 보면서 자신의 모 습이 흐릿하게 나타난다고 생각할 수가 없었다.[74]

---

72 Fee, *The First Epistle to the Corinthians*, pp.646~47.

73 Fee, *The First Epistle to the Corinthians*, p.647.

74 KJV는 darkly로, TCNT는 dimly로 해석했다.

또 한 가지 중요한 것은 만약 바울이 거울로 보는 것을 "희미한 것"으로 생각했다면 결국 오늘날 그리스도에 관한 우리의 지식이 희미한 것이라는 뜻이 된다. 그리스도 안에서 우리가 가진 지식은 왜곡된 지식이 아니다. 그것은 희미한 지식이 아니다.

이 해석은 거울로 보는 것을 간접적으로 본다는 의미로 본문을 해석하게 한다.[75] 우리가 거울을 통해 볼 때에는 간접적으로 보지만 예수님의 재림으로 온전한 것이 올 때에는 "얼굴과 얼굴을 대하여" 보는 것처럼 직접 보게 될 것이다.

바울은 이렇게 고린도전서 13:8부터 시작하여 계속 성령의 은사로서 예언이나, 방언이나, 지식은 현세에 필요한 것이요, 그것들이 아무리 중요해도 오로지 현세 교회를 세우는 데 필요하며, 그리스도나 하나님에 관한 우리의 현세의 지식은 기껏해야 간접적인 지식이지만, 예수님이 재림하심으로 온전한 것이 올 때에는 "얼굴과 얼굴을 대하여" 보는 것처럼 직접적으로 알게 될 것이라고 말한다. 바울은 성령의 은사가 좋은 것이지만 그것들은 오로지 현세에서만 필요한 것이요, 고린도 교회 교인들이 갖고 있지 못한 그리스도인의 사랑은 현세뿐 아니라 온전한 세상에서도 꼭 필요한 "가장 좋은 길"(고전 12:31)[76]이라고 말하고 있다.

(3) 사랑은 최고의 선이다(고전 13:13)

바울은 고린도전서 13장 사랑 장을 "그런즉 믿음, 소망, 사랑, 이 세 가지는 항상 있을 것인데 그 중의 제일은 사랑이라"(고전 13:13, 개역개정)라

---

75   Fee, *The First Epistle to the Corinthians*, p.648.

76   Fee, *The First Epistle to the Corinthians*, p.649.

고 끝을 맺는다. 이 구절은 가장 잘 알려진 구절이지만 또한 고린도전서 13장에서 가장 해석하기 어려운 부분이기도 하다.

어떤 이는 "그리고 이제는"(νυνὶ δὲ)을 시간적으로 해석하여[77] "이제는" 즉 현 시대에는 믿음, 소망, 사랑이 계속 존재하지만 그 가운데 제일이 사랑이라는 뜻으로 해석한다. 이 해석은 믿음은 보는 것으로(고후 5:7), 소망은 실재(實在, 롬 8:24-25)로 대치된다는 바울의 교훈의 지지를 받는다. 바울은 고린도후서 5:1-7에서 우리의 장막집(현재의 몸)이 무너지면 우리는 하나님이 지으신 영원한 집(부활체)을 덧입게 될 터인데 그때에는 믿음으로 바라보지 않고 직접 보게 될 것이라고 말한다. 즉 믿음은 보는 것으로 대치될 것이다. 로마서 8:18-25에서 바울은 "우리가 소망으로 구원을 얻었다"(롬 8:24)고 말하고 몸의 구속이 되는 날 우리의 소망은 성취되는 것이라고 말한다. 즉 소망은 실재로 대치될 것이다. 그래서 어떤 이는 바울의 이런 교훈을 근거로 믿음과 소망은 잠정적인 것이지만 사랑만은 영원성을 갖는다고 말한다.

그러나 바울은 믿음 소망 사랑 모두가 항상 있을 것이라고 말한다. 바울은 믿음과 소망은 예수님의 재림으로 사라지고 사랑만 영원까지 존속될 것이라고 말하지 않는다.[78] 믿음을 생각해 보면, 믿음이 보는 것으로 대치되는 것도 사실이지만, 믿음은 하나님을 신뢰하고 그에게 감사하며 그에게 전적으로 복종하는 뜻도 있다. 그렇다면 믿음이 현시대에서만 필요

---

[77] νυνὶ δὲ는 시간적이라기보다는 논리적이다. 개역한글판은 νυνὶ δὲ를 "그런즉"으로 번역했다. Lenski, *I and II Corinthians*, p.571.

[78] 동사 μένει가 믿음, 소망, 사랑을 모두 받고 있기 때문에 세 덕목이 함께 존재한다고 생각하는 것이 본문의 뜻이다. cf. G.G. Findlay, "St. Paul's First Epistle to the Corinthians," *The Expositor's Greek Testament*, Vol. II (Grand Rapids: Eerdmans, 1980), p.901.

하고 예수님 재림 이후 영원한 시대에서는 필요하지 않다고 말할 수 없다. 물론 예수 그리스도를 믿음으로 의롭다 함을 받는다는 뜻으로의 믿음은 영원한 시대에서는 필요하지 않다. 하지만 영원한 시대에도 우리는 하나님을 신뢰하고 그에게 전적으로 복종할 것이다. 그러므로 믿음은 항상 있을 것이다.

소망을 생각해 보면, 물론 소망이 실재로 대치되는 의미도 있지만, 바울이 "만일 그리스도 안에서 우리가 바라는 것이 다만 이 세상의 삶뿐이면 모든 사람 가운데 우리가 더욱 불쌍한 자이리라"(고전 15:19, 개역개정)라고 말하는 것으로 보아 소망(바라는 것)의 다른 의미가 있는 것을 알 수 있다. 우리가 바라는 것은 이 세상의 삶에서 끝나는 것이 아니다. 우리의 소망은 대망하는 것이 도착함으로 끝나는 것이 아니요, 우리는 영원한 세상에서도 삼위일체 하나님과 관계를 가지고 그를 바라면서 살게 될 것이다. 그 이유는 우리의 소망은 하나님 안에 있고, 그리스도 안에 깊이 뿌리를 박고 있기 때문이다. 우리가 영원한 시대에서도 창조자가 아니요 피조물이기 때문에 삼위일체 하나님과 영원한 관계를 가지면서 살게 된다. 그러므로 우리는 영원한 시대에서도 하나님을 바라보면서 살게 될 것이다.

그래서 바울은 믿음, 소망, 사랑은 항상 있을 것이라고 말하는 것이다. 믿음, 소망, 사랑은 성도의 전 존재와 관련된 덕목들이다. 바울은 믿음과 소망을 소개하고 그것들을 사랑에 첨부시키는 것이다. 이 세 가지 덕목은 성도들이 가져야 할 덕목들로 초대교회 때에 자주 언급된 덕목들이었다(참조. 롬 5:1-5; 갈 5:5,6; 엡 4:2-5; 살전 1:3, 5:8; 히 6:10-12; 10:22-24; 벧전 1:3-8, 21,22). 그러면 왜 바울이 믿음과 소망과 사랑 이 세 가지 중에 사랑이 제일이라고 말하는가? 피(Fee)는 이 문제를 답하면서 이는 "사랑이 은

사들과 같지 않다"[79]는 것을 강조하기 위한 바울의 관심에서 그 답을 찾을 수 있다고 주장한다. 하지만 이 해석은 설득력이 없다. 왜냐하면 믿음과 소망도 사랑과 마찬가지로 은사들과 같지 않다고 말할 수 있기 때문이다. 오히려 이 문제의 해석은 이 구절(고전 13장) 자체에서 찾아야 한다. 바울은 고린도전서 13:2에서 믿음을 언급하면서 사랑 없는 믿음은 믿음을 가진 사람을 아무것도 아닌 것으로 만든다고 말했다. 그리고 바울은 고린도전서 13:7에서 사랑은 "모든 것을 참으며 모든 것을 믿으며 모든 것을 바라며 모든 것을 견디느니라"(개역개정)라고 말했다. 이 말씀에서 바울은 사랑과 참는 것, 사랑과 믿음, 사랑과 소망, 사랑과 인내를 연계시키고 있다. 이처럼 사랑은 다른 여러 덕목들에 가치를 부여하는 덕목인 것이다. 이는 소망이 사랑의 전부가 아니요 사랑의 일부에 지나지 않음을 가르치고 있다. 소망은 사랑의 도움을 받는 여러 덕목들 가운데 하나일 뿐이다. 바울은 사랑을 기초적인 덕목으로 생각하므로 사랑은 영원한 시대에서 살 하나님의 백성들을 묘사하는 데도 사용한다. 그러므로 바울 사도는 믿음, 소망, 사랑 중에 사랑이 제일이라고 말할 수 있었다.

하나님은 사랑이시다(요일 4:16). 하나님은 우리를 사랑하시되 독생자를 아끼지 아니하셨다. 사랑은 우리가 하나님께 속한 것을 증명하고, 우리가 서로 사랑할 때 우리가 하나님께로 난 것을 증거 하게 된다(요일 4:7). 풍성하게 사랑하는 것은 풍성하게 사는 것이다. 영원히 사랑하는 것은 영원히 사는 것이다. 영생은 사랑과 뗄 수 없는 관계이다. 우리는 내일을 살기 원하는 똑같은 이유로 영원히 살기 원한다. 왜 우리는 내일을 살기 원하는가? 그 이유는 우리가 누군가를 사랑할 대상이 있고, 또 우리가 사랑

---

79   Fee, *The First Epistle to the Corinthians*, p.651.

을 받을 수 있기 때문이다. 사랑 받고 사랑하는 것이 없다면 계속 살아야 할 이유가 없다. 사람이 자살할 때는 사랑할 상대가 없다고 생각할 때이다. 사람은 친구가 있고 상대해 줄 사람이 있고 사랑을 베풀 대상이 있으면 계속 살아가는 것이다. 그 이유는 사랑의 원동력이 그를 살아가도록 하기 때문이다.

바울 사도가 사랑이 최고라고 말하는 뜻은 사랑은 지금 실천해야 하는 것이지 죽을 때 가서 얻는 것이 아니라는 것이다. 지금 우리가 사랑으로 살고 있지 않는 한 우리가 죽을 때 사랑을 얻기가 더욱 어려운 것이다. 사람이 세상에서 사랑하지도, 사랑을 받지도 못하면서 늙어 가는 것보다 더 비참한 삶은 없다. 그러므로 우리는 우리를 사랑해 줄 사람이 없을지라도 다른 사람을 풍성히 사랑해야 한다. 그럴 때 우리의 삶은 풍요한 삶이 될 수 있다. 사랑을 베풀지 않는 사람은 그리스도의 정신을 부인하는 사람이요, 그리스도를 알지 못한 사람이며, 세상을 향한 그리스도의 사랑에 한 번도 붙들려 보지 못한 사람이다. 그리스도의 피로 값 주고 산 교회의 성도들은 하나님이 죄인 된 우리에게 보여주신 "가장 좋은 길"인 그 사랑을 다른 성도들과 세상을 향해 실천하면서 살아야 한다.

II. 전도와 봉사의 사역

예수님의 전도 대 명령(The Great Commission)은 갑자기 생각해낸 명령이 아니다. 전도 대 명령은 구속 역사 완성을 위한 한 부분이다. 하나님은 인간을 죄와 사망에서 구원하시기 위해 예수님을 통한 구속의 사건을 계획 하셨을 뿐 아니라 그 구속의 복음이 전달 될 수 있는 방법도 계획하신 것이다. 그러므로 복음 전도는 하나님의 계획이요 하나님의 심장의 표현이다.

그래서 예수님은 그의 죽음과 부활을 통해 구속(redemption)을 성취하시고 구속역사가 완성될 때까지 그를 따르는 백성들이 해야 할 사명과 일을 설명하신다. 예수님은 "또 이르시되 이같이 그리스도가 고난을 받고 제삼일에 죽은 자 가운데서 살아날 것과 또 그의 이름으로 죄 사함을 받게 하는 회개가 예루살렘에서 시작하여 모든 족속에게 전파될 것이 기록되었으니 너희는 이 모든 일의 증인이라"(눅 24:46-48, 개역개정)라고 가르치신다. 이 말씀은 기독교의 두 진수가 무엇인지와 예수님의 죽음과 부활이 복음의 내용이어야 함을 밝혀주고, 복음 전도의 책임이 누구에게 있는지를 확실하게 설명한다. 기독교의 두 진수는 "예수님의 죽음과 부활"(눅 24:46) 사건과 "복음의 전 세계적인 전파"(눅 24:47)이다. 예수님은 "이처럼 기록되었으니"(οὕτως γέγραπται; Thus it is written)라는 말씀으로 누가복음 24:46의 내용과 누가복음 24:47의 내용을 함께 묶는 방법으로 기독교의 두 진수가 그리스도를 통한 하나님의 구속 계획이요 바로 이 계획이 성경의 주요 내용임을 분명하게 밝히신다. 그런데 "예수님의 죽음과 부활"은 이미 부활하신 예수님께서 성취하셨기 때문에 이에 예수님은 그의 백성들에게 "복음의 전 세계적인 전파"의 책임을 명령하신 것이다(마 28:18-20; 행 1:8).

그래서 예수님은 "너희는 이 모든 일의 증인이라"(눅 24:48)라고 하시며 그 책임이 성도들에게 있다고 말씀하신다.

바울 사도는 예수님을 만나기 전까지는 이 사실을 이해하지 못했지만 다메섹(Damascus) 도상에서 부활하신 예수님을 만난 후 그가 알고 있던 구약의 내용이 바로 예수님의 죽음과 부활을 통해 구속을 성취하는 것이며 또한 그리스도의 생명의 복음이 땅 끝까지 전파되는 것이 하나님의 뜻임을 알게 되었다(출생: 미 5:2; 죽음: 사 53:4-9; 시 22:6; 부활: 시 16:10; 49:15; 전도: 사 42:6; 49:6; 60:1-3). 바울의 삶은 예수님의 삶을 본 받는 삶이었다.

1. 예수님이 보여주신 삶의 본

예수님은 그의 백성을 사랑하셔서 죽기까지 하나님의 명령을 순종하시는 본을 보여 주셨다(빌 2:8). 예수님은 그의 백성들에게 하나님의 사랑을 알게 하기 위해서 "내가 아버지의 이름을 그들에게 알게 하였고 또 알게 하리니 이는 나를 사랑하신 사랑이 그들 안에 있고 나도 그들 안에 있게 하려 함이니이다"(요 17:26)라고 말함으로 성부 하나님의 사랑과 성자 예수님의 사랑이 그의 백성들 안에 머물러 있기를 원하신다. 그리고 예수님은 그의 백성들이 서로 사랑함으로 그의 제자 됨을 증거 하기 원하셨다(요 13:34-35). 이처럼 예수님은 그의 백성들을 지극 정성으로 사랑하신 본을 보여 주셨을 뿐만 아니라, 전도와 봉사의 본도 보여 주셨다. 예수님의 삶은 한 마디로 하나님의 복음을 전파하고 그의 백성들을 위해 섬기고 봉사하는 본을 보여 주시는 것이었다. 예수님은 공생애를 시작하면서 하나님의 복음을 전파하셨고(눅 4:16-21; 9:60) "내가 다른 동네들에서도 하나님의 나라 복음을 전하여야 하리니 나는 이 일을 위해 보내심을 받았노라"(눅 4:43; 참조, 마 9:35)라고 하심으로 성육신 하신 목적이 궁극적으로 하나님의 나라 복음을 전하는 것이었다고 밝히신다. 또한 예수님은 죄인한 사람의 회개가 의인 아흔아홉으로 말미암은 기쁨보다 하늘에서 더 크다고 하심으로 전도를 통한 회개를 강조하신다(눅 15:7, 10).

예수님의 삶은 섬기는 삶이었고 봉사의 삶이었다. 예수님은 제자들의 발을 씻어 주시면서(요 13:4-14) "너희도 서로 발을 씻어 주는 것이 옳으니라"(요 13:14)라고 하시며 섬기는 삶의 본을 보여 주셨다. 그래서 예수님은 "나는 섬기는 자로 너희 중에 있노라"(눅 22:27)라고 말씀하시고, "인자의 온 것은 섬김을 받으려 함이 아니라 도리어 섬기려 하고 자기 목숨을 많은 사람의 대속물로 주려 함이니라"(마 20:28)라고 하시며 자신이 오신 목적이 섬기고 봉사하기 위해서임을 확실히 한다. 이처럼 예수님은 그의 삶을 통해 사랑과 전도와 봉사의 본을 제자들에게 보여 주셨다.

2. 예수님을 닮은 바울의 사역

바울은 예수님의 삶의 본을 받아 그가 예수님을 다메섹 도상에서 만난 후부터 하나님의 사랑과 복음의 중심 메시지의 전파와 교회를 위한 섬김과 봉사의 일을 끊임없이 계속한 사도였다. 그래서 바울 사도는 선교여행을 하면서 설교할 때 항상 예수님의 죽음과 부활을 강조했다(행 13:30,34,35,37; 17:31; 20:28; 23:6; 24:21; 26:22-23; 28:23). 바울은 로마서를 쓸 때 "하나님의 복음"(롬 1:1)을 예수 그리스도와 연계시킨다(롬 1:2-3).

바울은 예수님이 성육신하심으로 비하(humiliation)의 단계로 들어 오셔서 죽기까지 복종하심으로 인간의 죄 문제를 해결하시고(롬 1:3: 육신으로는), 부활하심으로 승귀(exaltation)의 단계로 진입하셔서 그의 백성들의 영생을 확보하셨음을(롬 1:4: 성결의 영으로는) 분명히 한다.[80] 그래서 바울의 일관된 복음의 메시지는 "네가 만일 네 입으로 예수를 주로 시인하며 또 하나님께서 그를 죽은 자 가운데서 살리신 것을 네 마음에 믿으면 구원을 받으리라 사람이 마음으로 믿어 의에 이르고 입으로 시인하여 구원에 이르느니라"(롬 10:9-10)라고 요약할 수 있다. 바울은 제 1차 전도여행(행 13:1-14:28), 제 2차 전도여행(행 15:36-18:22), 제 3차 전도여행(행 18:23-21:17), 그리고 죄수의 신분으로 로마로 끌려가서도(행 27:1-28:31) 계속적으로 예수 그리스도를 통한 구속의 복음을 전파하여 교회를 설립함으로 사랑과 전도와 봉사를 실천하였다.

바울은 성도들에게 "피차 사랑의 빚 외에는 아무에게든지 아무 빚도 지지 말라 남을 사랑하는 자는 율법을 다 이루었느니라"(롬 13:8)라고 가르치고, 사랑의 행위가 율법의 완성임을 분명히 한다(롬 13:10). 그리고 바울은 고린도전서 13장 사랑장을 통해 사랑의 특성을 구체적으로 설명한다(고전 13:1-13). 바울은 교회를 섬기면서 "겸손과 눈물"(행 20:19)로 섬겼

---

80   롬 1:3-4의 "육신으로는"(κατὰ σάρκα)과 "성결의 영으로는"(κατὰ πνεῦμα ἁγιωσύνης)의 대칭을 어떤 이는 예수님의 인간 존재의 구성 요소인 "몸과 영의 대칭"으로 해석하기도 하고(Meyer, Sanday and Headlam), 어떤 이는 예수님의 "인성과 신성의 대칭"으로 해석하기도 한다(Calvin, Hodge, Shedd, Haldane). 하지만 "육신으로는"과 "성결의 영으로는"의 대칭을 예수님의 생애의 연속되는 두 여정(two stages), 즉, "예수님의 비하의 여정과 승귀의 여정의 대칭"으로 해석하는 것이 하나님의 복음을 가장 잘 설명하는 해석이며 문맥에 비추어 볼 때 가장 타당한 해석이라고 사료된다(Smeaton, Gaffin, Bruce, Wilson, Nygren, Murray). 더 자세한 설명은 본서 pp. 188-205를 참조하기 바란다.

으며, 자신의 "생명조차 조금도 귀한 것으로 여기지 않고"(행 20:24) 교회를 위해 봉사했으며, "삼년이나 밤낮 쉬지 않고 눈물로 각 사람을 훈계"(행 20:31)했던 그의 섬김과 봉사의 진정성을 밝힌다. 그리고 바울은 예수님이 한 사람의 심령을 귀하게 여긴 것처럼 오네시모(Onesimus)라는 한 노예의 회심을 귀하게 여겨 그를 위해 빌레몬서라는 한 서신을 쓸 정도로 한 사람의 생명을 귀하게 여겼다.

Allan, John A., *The Epistle to the Ephesians: Torch Bible Commentaries*. London: SCM Press, 1959.

Allen, Roland, *Missionary Methods: St. Paul's or Ours?*. London: World Dominion Press, 1960.

Anderson, Charles, *Critical Quests of Jesus*. Grand Rapids: Eerdmans, 1964.

Arndt, W. F. & Gingrich, F. W., *A Greek-English Lexicon of the New Testament and Other Early Christian Literature*. Chicago: The University of Chicago Press, 1957.

Arnold, Clinton E., *Ephesians: Power and Magic*. Grand Rapids: Baker, 1992.

Balz, H., "ἀρραβών," *Exegetical Dictionary of the New Testament*. Vol. 1. Grand Rapids: Eerdmans, 1990, pp.16-20.

Bandstra, A. J., *The Law and The Elements of the World : An Exegetical Study in Aspects of Paul's Teaching*. Kampen: J.H.Kok, 1964.

Banks, Robert. *Paul's Idea of Community: The Early House Churches in their Historical Setting*. Grand Rapids: Eerdmans, 1980.

Barnes, Albert, *Notes on the New Testament: Ephesians, Philippians and Colossians*. Grand Rapids: Baker, 1982.

Barrett, C. K., *A Commentary on the First Epistle to the Corinthians*. New York and Evanston: Harper and Row, 1968.

Barrett, C. K., *From First Adam to Last. A Study in Pauline Theology*. London: Adam and Charles Black, 1962.

Barrett, C. K., *A Commentary on the Epistle to the Romans*. Harper's New Testament

Commentaries. New York, Evanston, and London: Harper & Row, 1957.

Bartels, K. H., "Firstborn," *The New International Dictionary of New Testament Theology*. Vol. I, ed., Colin Brown. Grand Rapids: Zondervan, 1975, pp.667-669.

Barth, Karl, *The Resurrection of the Dead*. trans. H.J. Stenning. New York: Arno, 1977.

Bavinck, Herman, *Our Reasonable Faith*. Grand Rapids: Eerdmans, 1956.

_____, *Gereformeerde Dogmatiek*, 3rd ed., Vol.I. Kampen: J.H. Kok, 1906.

Beare, F. W., *The Epistle to the Ephesians. The Interpreter's Bible*. Vol.X. New York: Abingdon Press, 1953.

Behm, J. "ἀρραβών," *Theological Dictionary of the New Testament*, vol.I. Grand Rapids: Eerdmans, 1972, p.475.

Bengel, John A., *Bengel's New Testament Commentary*. Vol.2. Grand Rapids: Kregel Publications, 1981.

Bernard, J. H., *The Second Epistle to the Corinthians. The Expositor's Greek Testament*. New York: Dodd, Mead and Company, 1903.

Bietenhard, H., *Das Tausendjährige Reich*, 1955.

Blaiklock, E. M., *The Positive Power of Prayer*. Glendale: G/L Publications, 1974.

Bornkamm, Günther, "μυστήριον," *Theological Dictionary of the New Testament*. IV, ed. by G. Kittel. Grand Rapids: Eerdmans, 1964., pp.802-828.

_____, *Early Christian Experience*, trans. Paul L. Hammer. London: SCM, 1969.

Bounds, E. M., *The Necessity of Prayer*. Grand Rapids: Baker, 1976.

Bousset, Wilhelm, *Kyrios Christos*. Nashville: Abingdon Press, 1970.

Brauch, Manfred T., *Hard Sayings of Paul*. Downers Grove: IVP, 1989.

Brown, F., S. R. Driver, C. A. Briggs, *A Hebrew and English Lexicon of the Old*

Testament. Oxford: Clarendon Press, 1976.

Bruce, F. F., *1 and 2 Corinthians. New Century Bible.* London, 1971.

_____, *1 and 2 Thessalonians: Word Biblical Commentary.* vol.45. Waco: Word
Books, Publisher, 1982.

_____, *Paul : Apostle of the Heart Set Free.* Grand Rapids: Eerdmans, 1977.

_____, *The Book of the Acts.* Grand Rapids: Eerdmans, 1970.

_____, *The Epistle of Paul to the Romans. The Tyndale New Testament Commentaries.*
Grand Rapids: Eerdmans, 1963.

_____, *The Letter of Paul to the Romans. Tyndale New Testament Commentaries.*
Leicester: Inter-Varsity Press, 1990.

_____, *The Epistles to the Colossians to Philemon and to the Ephesians(NICNT).*
Grand Rapids: Eerdmans, 1988.

Büchsel, F., "εἰλικρινής," *Theological Dictionary of the New Testament.* Vol.II. Grand
Rapids: Eerdmans, 1971, pp.397-398.

Bultmann, R., *Theology of the New Testament,* Vol.I. New York: Charles Scribner's
Sons, 1951.

_____, *Theology of the New Testament.* Vol.II. New York: Charles Scribner's Sons,
1955.

Burney, C.F., "Christ as the APXH of Creation," *Journal of Theological Studies,* 27,
pp.160-177.

Calvin, J., *Commentaries on the Epistle of Paul the Apostle to the Romans.* Grand
Rapids: Eerdmans, 1947.

_____, *The Acts of the Apostles.* vol.,1. Grand Rapids: Eerdmans, 1973.

_____, *The Epistle of Paul the Apostle to the Hebrews and the First and Second
Epistles of St. Peter.* trans. W.B. Johnston. Grand Rapids: Eerdmans, 1974.

_____, *The Epistles of Paul the Apostle to the Galatians, Ephesians, Philippians and Colossians*. Grand Rapids: Eerdmans, 1974.

_____, *The Epistles of Paul to the Romans and Thessalonians*. Grand Rapids: Eerdmans, 1973.

_____, *The First Epistle of Paul to the Corinthians*. trans. John W. Fraser. Grand Rapids: Eerdmans, 1973.

_____, *The Second Epistle of Paul the Apostle to the Corinthians and The Epistles to Timothy, Titus and Philemon*. Grand Rapids: Eerdmans, 1973.

_____, *Institutes of the Christian Religion*, 2 Vols. Philadelphia: The Westminster Press, 1967.

Carson, D. A., *The Gospel According to John*. Grand Rapids: Eerdmans, 1991.

_____, *Showing the Spirit: A Theological Exposition of I Corinthians 12-14*. Grand Rapids: Baker, 1987.

Clowney, Edmund P., *The Church*. Downers Grove: IVP, 1995.

Coenen, L., "Resurrection," *The New International Dictionary of New Testament Theology*. Vol. 3 . Grand Rapids: Zondervan, 1979, pp.275-278.

Cornelis P. V., *Getting the Gospel Right: Assessing the Reformation and New Perspectives on Paul*. Edinburgh: The Banner of Truth Trust, 2006.

_____, *The Gospel of Free Acceptance in Christ*. Edinburgh: The Banner of Truth Trust, 2006

Cullmann, O., *Christ and Time*. Philadelphia: The Westminster Press, 1964.

_____, *Salvation in History*. New York and Evanston: Harper and Row, 1967.

_____, *The Christology of the New Testament*. Philadelphia: The Westminster Press, 1959.

Davies, W. D., *Paul and Rabbinic Judaism*. New York and Evanston: Harper and Row, 1967.

Deissmann, A. *The Religion of Jesus and the Faith of Paul*. New York: George H. Doran Co., [1923].

_____, *The New Testament in the Light of Modern Research*. London: Hodder and Stoughton, 1929.

Delling, G., "ἀπαρχή," *Theological Dictionary of the New Testament*. I. Grand Rapids: Eerdmans, 1963, pp.478-489.

Denney, James, *St. Paul's Epistle to the Romans. The Expositor's Greek Testament*, Vol.II, Grand Rapids: Eerdmans, 1980.

Drummond, Henry., 『세상에서 가장 귀한 것』 박형용 역 . 서울 : 새순출판사 , 1983.

Dunn, J. D. G. *Baptism in the Holy Spirit. SBT*, 2nd Series, 15, Naperville: Alec R. Allenson, Inc., 1970.

_____, *Jesus and the Spirit*. London: SCM Press, 1975,

_____, "2 Corinthians III, 17- 'The Lord is the Spirit'," *Journal of Theological Studies*, 21, 1970, pp.309-320.

_____, *Romans 1-8. Word Biblical Commentary*. Vol. 38A. Dallas: Word Books, 1988.

_____, Romans 9-16. *Word Biblical Commentary*. Vol. 38B. Dallas: Word Books, 1988.

_____, *The Theology of Paul the Apostle*. Edinburgh: T&T Clark, 1998.

_____, "The New Perspective on Paul," *The New Perspective on Paul*. Grand Rapids: Eerdmans, 2008, pp. 99-120.

Dupont, Jacques, *The Sources of Acts*. New York: Herder and Herder, 1964.

Eadie, John, *Commentary on the Greek Text of the Epistles of Paul to the Thessalonians*. Grand Rapids: Baker, 1979.

Ellis, E. E., *Paul and His Recent Interpreters*. Grand Rapids: Eerdmans, 1968.

Esser, Hans-Helmut. "εὐχαριστία (Thank)," *The New International Dictionary of New Testament Theology*. Vol. 3. Grand Rapids : Zondervan, 1979, p. 817-819.

Eusebius, P., *Historia Ecclesiastica*, iii, 3.

Evans, C. F. *Resurrection and The New Testament. Studies in Biblical Theology*. 2nd Series, 12. London: SCM Press Ltd., 1970.

Fee, Gordon D., *The First Epistle to the Corinthians. New Interantional Commentary on the New Testament,* Grand Rapids: Eerdmans, 1991.

_____, *God's Empowering Presence: The Holy Spirit in the Letters of Paul*. Peabody, MA: Hendrikson Publishers, 1994.

_____, *Paul's Letter to the Philippians(NICNT)*. Grand Rapids: Eerdmans, 1995.

Findlay, G. G., *St. Paul's First Epistle to the Corinthians*. The Expositor's Greek testament. Vol. II. Grand Rapids: Eerdmans, 1980.

Finkenrath, G., "Secret, Mystery," *The New International Dictionary of New Testament Theology*. Vol. 3. Grand Rapids: Eerdmans, 1979, pp.501-506.

Foerster, W., "κτίζω," *Theological Dictionary of the New Testament III*. Grand Rapids: Eerdmans, 1972. pp. 1000 ~ 1035.

Fraser, J. W., *Jesus and Paul: Paul as Interpreters of Jesus from Harnack to Kummel*. Appleford: Marcham Monor Press, 1974.

Fuller, Daniel P., *Easter Faith and History*. Grand Rapids: Eerdmans, 1965.

Funk, Robert W., *Honest to Jesus: Jesus for a New Millennium*. Harper San Francisco, 1996.

Gaffin, R., *Perspectives on Pentecost*. Grand Rapids: Baker, 1979.

_____, *Resurrection and Redemption*. Ann Arbor: University Microfilms, 1970.

_____, "Paul as Theologian," *Westminster Theological Journal*. Vol. XXX, No. 2. 1968, p.204-232.

Godet, F., *Commentary on St. Paul's Epistle to the Romans*. trans. A. Cusin. New York: Funk & Wagnalls, 1892.

_____, *Commentary on St. Paul's First Epistle to the Corinthians*. Vol.II. Edinburgh: T and T Clark, 1886.

Griffiths, D. R. "'The Lord is the Spirit' (2 Corinthians III, 17,18)," *The Expository Times*, 55. 1943-1944.

Grosheide, F. W., *Commentary on the First Epistle to The Corinthians*. Grand Rapids: Eerdmans, 1968.

_____, *Eerste Brief Aan De Kerk Te Korinthe. Commentaire du Nouveau Testament*. Kampen: J.H. Kok, 1957.

Grudem, Wayne A., *The Gift of Prophecy in 1 Corinthians*. Washington. D. C.: University Press of America, 1982.

_____, *I Peter: Tyndale New Testament Commentary*. Grand Rapids: Eerdmans, 1988.

_____, *Systematic Theology*. Grand Rapids: Zondervan, 1994.

Guhrt, J. "αἰών," *The New International Dictionary of New Testament Theology*. Vol. 3. Grand Rapids: Zondervan, 1979, pp. 826-833.

Guhrt, J. "Κόσμος," *The New International Dictionary of New Testament Theology*. Vol. 1. Grand Rapids: Zondervan, 1975, pp. 521-526.

Gunkel, Herman, *The Influence of the Holy Spirit*, trans. Roy A. Harrisville and Philip A. Quanbeck II. Philadelphia: Fortress Press, 1979.

_____, *Die Wirkungen des Heiligen Geistes nach der Populären Anschauung der Apostolischen Zeit und nach der Lehre des Apostels Paulus*, 1888.

Guthrie, Donald, *The Apostles*. Grand Rapids: Zondervan, 1975.

Haenchen, E., *The Acts of the Apostles*. Oxford: OUP, 1971.

Hagner, Donald A., "The Old Testament in the New Testament," *Interpreting the Word of God*, ed. S.J. Schultz and M.A. Inch. Chicago: Moody Press, 1976.

Haldane, R., *Exposition of the Epistle to the Romans*. London: The Banner of Truth

Trust, 1960.

Hamilton, N. Q., "The Holy Spirit and Eschatology in Paul," *Scottish Journal of Theology Occasional Papers*. No.6, Edinburgh: Oliver and Boyd, 1957.

Hanson, Anthony T., *Studies in Paul's Technique and Theology*. Grand Rapids: Eerdmans, 1974.

Hanson, Anthony T., *The Paradox of the Cross in the Thought of St. Paul* (Journal for the Study of the New Testament. Supplement series 17). Sheffield: JSOT Press, 1987.

Hanson, R. P. C., *The Acts.* New Clarendon Bible, Oxford, 1967.

Harris, Horton, *The Tübingen School: A Historical and Theological Investigation of the School of F.C. Baur*. Grand Rapids: Baker, 1990.

Harrison, Everett F., *Introduction to the New Testament*. Grand Rapids: Eerdmans, 1971.

_____, *Acts : The Expanding Church*. Chicago: Moody Press, 1975.

Hawthorne, G. F., *Philippians. Word Biblical Commentary*. Waco: Word Books, 1983.

Hawthorne, G. F., Martin, R. P., and Reid, D. G. (eds.), *Dictionary of Paul and His Letters*. Downers Grove: IVP., 1993.

Hegel, G. W. F., "World History," *Philosophy of Right*. Berlin, 1821, §341-360.

_____, *The Philosophy of History*, Col. 303b.

Hendriksen, W., *The Gospel of John*. London: The Banner of Truth Trust, 1969.

_____, *Exposition of Colossians and Philemon: New Testament Commentary*. Grand Rapids: Baker Book House, 1975.

_____, *Exposition of Ephesians: New Testament Commentary.* Grand Rapids: Baker, 1972.

_____, *Exposition of Paul's Epistle to the Romans*. Vol.I: *New Testament Commentary*.

Grand Rapids: Baker, 1980.

Hendriksen, W., *Exposition of Galatians: New Testament Commentary*. Grand Rapids: Baker, 1974.

_____, *Exposition of the Pastoral Epistles. : New Testament Commentary*. Grand Rapids: Baker Book House, 1974.

_____, *Survey of the Bible*. Grand Rapids: Eerdmans, 1976.

_____, *I-II Timothy and Titus : Exposition of the Pastoral Epistles*. Grand Rapids: Baker Book House, 1974.

_____, *Philippians. New Testament Commentary*. Grand Rapids: Baker, 1974.

Henry, Matthew, *Matthew Henry's Commentary on the Whole Bible*. Vol. VI. Old Tappan: Fleming H. Revell Co., N.D.

Hensel, R., "Fruit(καρπός)," *The New International Dictionary of New Testament Theology*. Vol.I. Grand Rapids: Zondervan, 1975, pp.721-723.

Hermann, I., *Kyrios und Pneuma: Studien Zur Christologie der Paulinischen Hauptbriefe. Studien zum Alten und Neuen Testament*. II, München : Kosel-Verlag, 1961, pp.17-58.

Herring, Ralph, *The Cycle of Prayer*. Wheaton: Tyndale House Publishers, 1974.

Hodge, C., *An Exposition of The First Epistle to The Corinthians*. Grand Rapids: Eerdmans, 1965.

_____, *An Exposition of the Second Epistle to the Corinthians*. New York: Robert Carter and Brothers, 1876.

_____, *Commentary on the Epistle to the Romans*. Grand Rapids: Louis Kregel, 1882.

_____, *Systematic Theology*. Vol.II. London: James Clarke & Co. LTD, 1960.

Holland, Tom, *Contours of Pauline Theology*. Geanies House, Fearn, Ross-Shire: Christian Focus Publications, 2004.

Holtzmann, H. J., *Lehrbuch der Neutestamentlichen Theologie.* II, 1911.

Hubbard, David A., *The Problem with Prayer is*······ Wheaton: Tyndale House Publ., 1972.

Hughes, P. E., *Paul's Second Epistle to the Corinthians.* Grand Rapids: Eerdmans, 1962.

Hunter, W. B., "Prayer," *Dictionary of Paul and His Letter*, editors, G.F. Hawthorne, Ralph P. Martin. Downers Grove: Inter Varsity Press, 1993, pp.725-734.

Iber, G., "Zum Verständnis von I Kor. 12.31," *Zeitschrift für die Neutestamentliche*, 54(1963), pp.43-52.

James, D. G. Dunn, "The New Perspective on Paul," *The New Perspective on Paul.* Grand Rapids: Eerdmans, 2005, pp.101-102

Jeremias, J. "Μωυσῆς," *Theological Dictionary of the New Testament.* Vol. IV. Grand Rapids: Eerdmans, 1973. pp. 848-873

Jones, Peter, *The Apostle Paul : A Second Moses According to II Corinthians 2:14-4:7.* Ann Arbor: University Microfilms, 1973.

Josephus, F., *The Works of Flavius Josephus*, Vols. I-IV. Grand Rapids: Baker, 1974.

Judisch, Douglas, *An Evaluation of Claims to the Charismatic Gifts.* Grand Rapids: Baker, 1978.

Kabisch, R., *The Eschatology of Paul in its Relationships with the General Concept of Paulinism. (Die Eschatologie des Paulus in ihren Zusammenhängen mit dem Gesamtbegriff des Paulinismus)*, 1893.

Käsemann, E., *Commentary on Romans.* Grand Rapids: Eerdmans, 1980.

Kauffman, D. T., *Baker's Pocket Dictionary of Religious Terms.* Grand Rapids: Baker, 1967.

Kenyon, E. W., *In His Presence.* Lynnwood: Gospel Publishing Society, 1969.

Kim, Seyoon, *The Origin of Paul's Gospel*. Tübingen: J.C.B. Mohr, 1981.

Kistemaker, S. J., *Exposition of the Acts of the Apostles : New Testament Commentary*. Grand Rapids: Baker, 1990.

Klausner, Joseph, *From Jesus To Paul*. New York: MacMillan, 1943.

Knight, George W. III, *The Faithful Sayings in the Pastoral Letters. Biblical and Theological Studies*. Nutley: Presbyterian and Reformed Publishing Company, n.d.

Knowling, R. J., *The Acts of the Apostles. The Expositor's Greek Testament*. Grand Rapids: Eerdmans, 1980.

Kreitzer, L. Joseph. *Jesus and God in Paul's Eschatology (Journal for the Study of the New Testament*. Supplement Series 19), Sheffield: JSOT Press, 1987.

Kruse, Colin, *2 Corinthians. Tyndale New Testament Commentaries*. Grand Rapids: Eerdmans, 1991.

Krutza, William V., *How much Prayer Should a Hamburger Get?* Grand Rapids: Baker Book House, 1975.

Kuiper, R. B., *The Glorious Body of Christ*. London: The Banner of Truth Trust, 1967.

Kuyper, A., *Encyclopaedie der Heilige Godgeleerdheid*. III. Amsterdam: Wormser, 1894.

_____, *The Principles of Sacred Theology*. Grand Rapids: Eerdmans, 1968.

Ladd, G. E., *A Theology of the New Testament*. Grand Rapids: Eerdmans, 1974.

_____, *The Pattern of the New Testament Truth*. Grand Rapids: Eerdmans, 1968.

_____, "The Resurrection of Jesus Christ," *Christian Faith and Modern Theology*. ed. C.F.H. Henry. New York: Channel Press, 1964.

_____, *Jesus Christ and History*. Chicago: Inter-Varsity Press, 1963.

_____, "Historic Premillennialism," *The Meaning of the Millennium*, ed. Robert G.

Clouse. Downers Grove: IVP, 1977, pp. 17-40.

Lake, K., *The Earlier Epistles of St. Paul*. London: Rivingtons, 1914.

Lange, J. P., *Epistle of Paul to the Romans*. trans. J. F. Hurst. New York: Charles
Scribner's Sons, 1892.

Lee, Sang Ho. *The Second Epistle of Paul to the Corinthians*. Seoul : The Christian
Literature Society, 1964.

Lenski, R. C. H., *The Interpretation of St. John's Gospel*. Minneapolis: Augsburg
Publishing House, 1943.

_____, *The Interpretation of Paul's Epistle to the Romans*. Columbus : Lutheran Book
Concern, 1936.

_____, *The Interpretation of St. Paul's Epistles to the Colossians, to the Thessalonians,
to Timothy, to Titus and to Philemon*. Minneapolis: Augsburg Publishing
House, 1964.

_____, *The Interpretation of St. Paul's Epistles to the Galatians*, Ephesians and
Philippians. Minneapolis: Augsburg Publishing House, 1961.

_____, *The Interpretation of the Acts of the Apostles*. Minneapolis: Augsburg Publishing
House, 1961.

_____, *The Interpretation of I and II Corinthians*. Minneapolis: Augsburg Publishing
House, 1963.

_____, *The Interpretation of the Epistles of St. Peter, St. John and St. Jude*. Columbus:
Lutheran Book Concern, 1938.

Lietzmann, H., *An die Korinther I, II*. rev. W. G. Kummel; HNT, 9; Tubingen: J. C. B.
Mohr, 4th edn, 1949.

Lightfoot, J. B., *Philippians*. Wheaton: Crossway Books, 1994.

Lim, S. David, "Fullness," *Dictionary of Paul and His Letters*. Downers Grove: IVP,

1993, pp. 319-320.

Lindsell, Harold, *When You Pray*. Grand Rapids: Baker Book House, 1975.

Lohse, Edward, *Colossians and Philemon*, trans. by W.R. Poehlmann and R.J. Karris. Philadelphia: Fortress Press, 1971.

Longenecker, R. N., *Paul : Apostle of Liberty*. New York, Evanston and London: Harper and Row, 1964.

Longenecker, R. N., *The Acts of the Apostles. The Expositor's Bible Commentary*. Grand Rapids: Zondervan, 1981.

Machen, J. Gresham, *The Origin of Paul's Religion*. Grand Rapids: Eerdmans, 1965.

Manson, W., "Notes on the Argument of Romans," *New Testament Essays in memory of T. W. Manson*. ed. A. J. B. Higgins. Manchester: The University Press, 1959, p.153.

Marshall, I. Howard, *Biblical Inspiration*. Grand Rapids: Eerdmans, 1983.

_____, *The Acts of the Apostles. Tyndale New Testament Commentaries*. Grand Rapids: Eerdmans, 1991.

_____, 『우리는 무엇을 믿는가 ?』. 서울 : 한국기독학생회출판부 , 1986.

Martin, Ralph P., *2 Corinthians. Word Biblical Commentary*. Vol. 40. Waco: Word Books, Publisher, 1986.

Mckelvey, R. J., *The New Temple*. Oxford: OUP, 1969.

Metzger, Bruce, M., *A Textual Commentary on the Greek New Testament*. London. New York: United Bible Societies, 1971.

Meyer, H. A. W., *Critical and Exegetical Handbook to the Epistle to the Romans*. New York: Funk and Wagnalls, 1884.

Michaelis, W., "πρωτότοκος," *Theological Dictionary of the New Testament*. Vol. VI. Grand Rapids: Eerdmans, 1971, pp. 871-882.

Mickelsen, A. Berkeley, *Interpreting the Bible*. Grand Rapids: Eerdmans, 1963.

Mitton, C. Leslie, *The Epistle to the Ephesians : Its Authorship. Origin and Purpose*. Oxford: The Clarendon Press, 1951.

Moo, Douglas, *The Epistle to the Romans(NICNT)*. Grand Rapids: Eerdmans, 1996.

Morris, Leon, *The First Epistle of Paul to the Corinthians*. Grand Rapids: Eerdmans, 1958.

_____, *The First and Second Epistles to the Thessalonians. The New International Commentary on the New Testament*. Grand Rapids: Eerdmans, 1970.

_____, *New Testament Theology*. Grand Rapids: Zondervan, 1986.

Motyer, J. A., "σῶμα, body," *The New International Dictionary of New Testament Theology*. Vol.I, ed. Colin Brown. Grand Rapids: Zondervan, 1975, pp. 232-242.

Moule, C. F. D., "The Holy Spirit in the Scriptures," *The Church Quarterly*, 3, 1970-1971.

_____, *The Origin of Christology*. Cambridge: Cambridge University Press, 1978.

Moulton, J. H. and Milligan, G., *The Vocabulary of the Greek Testament*. London: Hodder and Stoughton, 1930.

Müller, J., *The Epistles of Paul to the Philippians and to Philemon. New International Commentary on the New Testament*. Grand Rapids: Eerdmans, 1970.

Murphy-O'Connor, Jerome, *Paul: A Critical Life*. Oxford and New York: Oxford University Press, 1997.

Murray, John., *Redemption Accomplished and Applied*. Grand Rapids: Eerdmans, 1968.

_____, *The Atonement*. Grand Rapids: The Baker Book House, 1962.

_____, *The Epistle to the Romans. New International Commentary on the New*

Testament. Vol.I and Vol.II, Grand Rapids: Eerdmans, 1968.

_____, *The Imputation of Adam's Sin*. Grand Rapids: Eerdmans, 1959.

_____, "Who raised up Jesus?" *Westminster Theological Journal*, Vol.3, No.2 (May, 1941), pp. 113-123.

Nygren, A., *Commentary on Romans*. trans. C.C. Rasmussen. Philadelphia: Muhlenburg Press, 1949.

O'Brien, P. T., "Firstborn," *Dictionary of Paul and his Letters*. Downers Grove: IVP, 1993, pp. 301-303.

Painter, J., "World, Cosmology," *Dictionary of Paul and His Letters*. Downers Grove: IVP, 1993, pp. 979-982.

Parker, W.R. and Elaine St. Johns, *Prayer Can Change Your Life*. Pocket Books, 1957.

Peake,A. S., *The Epistle to the Colossians: The Expositor's Greek Testament*. Vol.III, Grand Rapids: Eerdmans, 1980.

Percy, E., *Die Probleme der Kolosser und Epheserbriefe*. Skrifter Utgivna Av Kungl. Humanistika Vetenskapssamfundet i Lund, 39. Lund: Gleerup, 1946.

Peterson, Erik, "ἀρραβών," *Theological Dictionary of the New Testament*. Vol.I. Grand Rapids: Eerdmans, 1972, pp. 380-381.

Philippi, A., *Commentary on St. Paul's Epistle to the Romans*I. Edinburgh: T & T Clark, 1878.

Pink, A. W., *An Exposition of Hebrews*. Grand Rapids: Baker, 1975.

Pinnock, C. H., "The Structure of Pauline Eschatology," *Evangelical Quarterly*, Vol. 37, 1965.

Plummer, A., *A Critical and Exegetical Commentary of the Second Epistle of St. Paul to the Corinthians. International Critical Commentary*. New York: Scribner's Sons, 1915.

Popper, K. R., *The Open Society and Its Enemies*. 2 Vols. London, 1980.

Porter, F. C., "Does Paul Claim to Have Known the Historical Jesus?," *Journal of Biblical Literature*, Vol. 47-48, pp. 257-275.

Ridderbos, H., *Aan de Romeinen. Commentaire du Nouveau Testament*. Kampen: J. H. Kok, 1959.

_____, *Paul and Jesus*. Philadelphia: The Presbyterian and Reformed Publishing Co., 1958.

_____, *Paul : An Outline of His Theology*. Grand Rapids: Eerdmans, 1975.

_____, *Paulus. Ontwerp Van Ziin Theologie*. Kampen : J. H. Kok, 1966.

_____, *When The Time Had Fully Come*. Pathway Books, Grand Rapids: Eerdmans, 1957.

Robertson, A., and Plummer A., *A Critical and Exegetical Commentary on the First Epistle of St. Paul to the Corinthians. International Critical Commentary*. New York: Charles Scribner's Sons, 1929.

Robinson, John A.T., *The Body*. London: SCM Press, 1977.

Salmond, S. D. F., *The Epistle to the Ephesians : Expositor's Greek Testament*. Vol III. Grand Rapids: Eerdmans, 1980.

Sanday, W. and Headlam, A. C., *A Critical and Exegetical Commentary on the Epistle to the Romans. International Critical Commentary*. New York : Charles Scribner's Sons, 1905.

Sanders, E.P., *Paul and Palestinian Judaism*. Philadelphia: Fortress Press, 1977.

Sanderson, John W., *The Fruit of the Spirit*. Phillipsburg: Presbyterian and Reformed Publ. Co., 1985.

Sasse, Hermann, "αἰών," *Theological Dictionary of the New Testament*. Vol. 1. Grand Rapids: Eerdmans, 1972, pp. 197-208.

Schep, J. A., *The Nature of the Resurrection Body*. Grand Rapids: Eerdmans, 1964.

Schmidt, K. L., "ὁρίζω," *Theological Dictionary of the New Testament*. Vol.V. Grand Rapids: Eerdmans, 1973, pp. 452-456.

Schoenborn, Ulrich, "δέησις," *Exegetical Dictionary of the New Testament*. Vol. 1. Grand Rapids: Eerdmans, 1990, pp. 286-287.

Schönweiss, H. and Brown, C., "Prayer," *New International Dictionary of the New Testament Theology*. Vol. 2. Grand Rapids: Zondervan, 1977, pp. 873-875.

Schurer, Emil, *The History of the Jewish People in the Age of Jesus Christ* (175 B.C.-A. D. 135), rev. and ed. Geza Vermes and Fergus Millar, 3 Vols. Edinburgh: Clark, Vol. 3, 1973-87.

Schweitzer, A., *Paul and His Interpreters*. New York: Schocken Books, 1964.

_____, *The Quest of the Historical Jesus*. New York: The Macmillan Co., 1968; German edition, 1906.

_____, *The Mysticism of Paul The Apostle*. London: Adam and Charles Black, 1967.

Schweizer, E., "πνεῦμα," *Theological Dictionary of the New Testament*. Vol. VI. Grand Rapids: Eerdmans, 1971, pp. 389-455.

_____, "σάρξ," *Theological Dictionary of the New Testament*, Vol. VII. ed. by G. Friedrich. Grand Rapids: Eerdmans, 1971. pp. 125-238.

Scott, E. F., *The Epistles of Paul to the Colossians, to Philemon and to the Ephesians. The Moffett New Testament Commentary*. New York: Richard R. Smith Inc. 1930.

Scott, W. M. F., *The Hidden Mystery*. 1942.

Scroggs, R., *The Last Adam. A Study in Pauline Anthropology*. Philadelphia: Fortress Press, 1966.

Shedd, W. G. T., *A Critical and Doctrinal Commentary on the Epistle of St. Paul to the Romans*. Grand Rapids: Zondervan, 1967.

Simpson, E. K. and Bruce, F. F., *Commentary on the Epistles to the Ephesians and Colossians. New International Commentary on the New Testament*. Grand Rapids: Eerdmans, 1957.

Smeaton, G., *The Doctrine of the Holy Spirit*. 2nd ed. Edinburgh: T & T Clark, 1889.

Smedes, Lewis B., *All Things Made New*. Grand Rapids: Eerdmans, 1970.

Smith, David, *Life and Letter of St. Paul*. New York: George H. Doran Co., n.d., Appendix I.

Smith, J. B., *Greek-English Concordance to the New Testament*. Scottdale: Herald Press, 1974.

Sparrow-Simpson, W. J., *The Resurrection and Modern Thought*. London: Longmans, Green & Co., 1911.

Spurgeon, Charles, *Twelve Sermons on Prayer*. Grand Rapids: Baker, 1971.

Stählin, G., "νῦν," *Theological Dictionary of the New Testament* IV. Grand Rapids: Eerdamans, pp. 1106-1123.

Stalker, James, *Life of Paul*. Atlanta: Jernigan Press, 1981.

Stanley, D. M., *Christ's Resurrection in Pauline Soteriology*. Rome: E Pontificio Instituto Biblico, 1961.

Stendall, Krister. *Paul Among Jews and Gentiles*. Philadelphia: Fortress Press, 1976.

Stonehouse, N. B., *Paul Before the Areopagus*. Grand Rapids: Eerdmans, 1957.

Stott, John, *The Gospel and the End of Time: The Message of 1 and 2 Thessalonians*. Downers Grove: Inter Varsity Press, 1991.

_____, *God's New Society: The Message of Ephesians*. Downers Grove: IVP, 1979.

Stott, John R. W., *The Spirit, The Church, The World : The Message of Acts*. Downers Grove : Inter Varsity Press, 1990.

Summers, Ray, *Ephesians : Pattern for Christian Living*. Nashville: Broadman Press, 1960.

Tenney, Merill C., *New Testament Survey*. Grand Rapids: Eerdmans, 1961.

Tertullian, *De Pudicitia*, XIV.

Thayer, J. H., *A Greek-English Lexicon of the New Testament*. New York: American Book Company, 1889.

Thomas, Robert L., *Understanding Spiritual Gifts : The Christian's Special Gifts in the light of I Corinthians 12-14*. Chicago: Moody, 1978.

Thrall, M. E., *The First and Second Letters of Paul to the Corinthians*. Cambridge: The University Press, 1965.

Van Unnik, Willem C., *Tarsus or Jerusalem the City of Paul's Youth*. London: Epworth, 1962.

Van Unnik, Willem C., "The Meaning of I Corinthians 12:31," *Novum Testamentum* XXXV, 2(1993). pp. 144-149.

Vos, G., *Biblical Theology : Old and New Testaments*. Grand Rapids: Eerdmans, 1968.

_____, *The Pauline Eschatology*. Grand Rapids: Eerdmans, 1966.

_____, "The Eschatological Aspect of the Pauline Conception of the Spirit," *Biblical and Theological Studies*. by the Members of the Faculty of Princeton Theological Seminary, New York: Scribner's Sons, 1912.

_____, "Eschatology of the New Testament," *The International Standard Bible Encyclopaedia*, Vol.II. Grand Rapids: Eerdmans, 1939, pp. 979-993.

_____, *Reformed Dogmatics*, Vol. 5. Bellingham: Lexham Press, 2016.

Wanamaker, Charles A., *Commentary on 1 and 2 Thessalonians. New International Greek Testament Commentary*. Grand Rapids: Eerdmans, 1990.

Warfield, B. B., *Faith and Life*. Carlisle: The Banner of Truth Trust, 1974.

_____, "The Resurrection of Christ a Fundamental Doctrine," *Selected Shorter Writings*. Vol, I, ed. John E. Meeter. Philadelphia: Presbyterian and Reformed Publishing Co., 1970.

Weiss, J., *Der erste Korintherbrief*. MeyerK, 5, 10. Afl.; Göttingen: Vandenhoeck & Ruprecht, 1925.

Weiss, K., "ἀρχή," *Exegetical Dictionary of the New Testament*, Vol. 1. Grand Rapids: Eerdmans, 1990, pp. 161-163.

Wiles, G. P., *Paul's Intercessory Prayers: The Significance of the Intercessory Prayer Passages in the Letter of Paul*. Cambridge: Cambridge University Press, 1974.

Williams, C. S. C., *A Commentary on the Acts of the Apostles*. New York: Harper and Row, 1957.

Wilson, Geoffrey B., *Romans. A Digest of Reformed Comment*. London: The Banner of Truth Trust, 1969.

_____, *Ephesians*. Carlisle: The Banner of Truth Trust, 1978.

Wrede, Wilhelm,*Paul*, trans. by E. Lummis. Lexington: American Theological Library Association Committee, 1962.

Wright, N. T. , *The Climax of the Covenant : Christ and the Law in Pauline Theology*. Minneapolis: Fortress Press. 1992.

Wright, N. T., *Colossians and Philemon. Tyndale New Testament commentaries*. Grand Rapids: Eerdmans, 1989.

_____, *The Resurrection of the Son of God*. Minneapolis: Fortress Press, 2003.

Wright, N. T., *Paul: In Fresh Perspective*. Minneapolis: Fortress Press, 2005

_____, "New Perspectives on Paul," *Justification in Perspective*, ed. Bruce L.

McCormack. Grand Rapids: Rutherford House, 2006.

Zahrnt, Heinz, *The Historical Jesus*, trans. J. S. Bowden. New York : Harper, 1963.

Zerwick, Maximilian, *Biblical Greek*. Roma: Editrice Pontificio Istituto Biblico, 1963.

김병원, 『목회학』 서울: 개혁주의 신행협회, 1985.

박동근, 『칭의의 복음』 수원: 합신대학원출판부, 2012.

박윤선, 『에베소서 주석, 바울 서신 주석』 서울: 영음사, 1967.

박형룡, 『교의 신학. 기독론』 서울: 보수신학서적 간행회, 1970.

박형용, 『사도행전 주해』 수원: 합신대학원출판부, 2003, 2017.

박형용, 『복음비평사』 서울: 성광문화사, 1985.

박형용, "바울의 신학과 설교"『신학정론』 4권 1호(1986, 5), pp.39-56.

박형용, 『에베소서 주해』 수원: 합신대학원출판부, 1998, 2006.

박형용, 『빌립보서 주해』 수원: 합신대학원출판부, 1997, 2011.

박형용, "신학자의 모델 바울"『성경과 신학』 제1권(1983, 5), pp.53-63.

박형용, 『교회와 성령』 수원: 합신대학원출판부, 1997, 2012.

박형용, 『히브리서』 서울: 도서출판 횃불, 2003.

이상근, 『고린도전.후서』 서울: 총회 교육부, 1985.

이한수, 『갈라디아서: 한국성경주석총서』 서울: 도서출판 횃불, 1997.

전경연, "부활의 현대적 이해"「현대사조」 3월호(1978), pp.22-26.

로마서

고린도전서

갈라디아서

에베소서

골로새서